Disharmonien zwischen deutschem und französischem Wertpapiererwerbs- und Übernahmerecht

Europäische Hochschulschriften

Publications Universitaires Européennes
European University Studies

Reihe II
Rechtswissenschaft

Série II Series II
Droit
Law

Bd./Vol. 4655

PETER LANG
Frankfurt am Main · Berlin · Bern · Bruxelles · New York · Oxford · Wien

Andreas Schöpperle

Disharmonien zwischen deutschem und französischem Wertpapiererwerbs- und Übernahmerecht

PETER LANG
Internationaler Verlag der Wissenschaften

Bibliografische Information der Deutschen Nationalbibliothek
Die Deutsche Nationalbibliothek verzeichnet diese Publikation in der Deutschen Nationalbibliografie; detaillierte bibliografische Daten sind im Internet über <http://www.d-nb.de> abrufbar.

Zugl.: Saarbrücken, Univ., Diss., 2007

D 291
ISSN 0531-7312
ISBN 978-3-631-57178-1

www.peterlang.de

Meinen Eltern, Roselyne und Jeanne

Vorwort

Übernahmen börsennotierter Unternehmen sind insbesondere in den Jahren 2006 und 2007 wieder in Mode gekommen. Ein Grund für diesen Aufschwung ist neben der allgemeinen Konjunktur zweifelsohne auch die am 21. April 2004 verabschiedete Richtlinie 2004/25/EG des Europäischen Parlaments und des Rates betreffend Übernahmeangebote. Hierdurch wurde nach jahrelangem Streit ein europäischer Rahmen für die in den einzelnen Mitgliedstaaten herrschenden nationalen Gesetze geschaffen und grenzüberschreitende Übernahmen erleichtert. Die Übernahmerichtlinie konnte jedoch eine Harmonisierung zwischen den einzelnen – teilweise seit Jahrzehnten vorhandenen – nationalen Übernahmerechten nur teilweise erreichen. Insbesondere das französische Übernahmerecht, welches auf eine über 40jährige Erfahrung zurückgreifen kann, weist noch heute trotz Umsetzung der Richtlinie im Jahre 2006 teilweise erhebliche Unterschiede zum jungen deutschen Übernahmerecht auf. Die vorliegende Arbeit untersucht in Form eines Rechtsvergleichs diese weiterhin zwischen französischem und deutschem Recht herrschenden Unterschiede, welche trotz Umsetzung der Richtlinie in beiden Ländern nicht beseitigt werden konnten. Die Arbeit zeigt einerseits für die Praxis interessante Disharmonien zwischen beiden Rechtssystemen auf, zum anderen werden aber auch die dogmatischen Begründungen für die vorhandenen Unterschiede dargestellt.

Mein besonderer Dank gilt Herrn Prof. Dr. Dr. Dr.h.c. Michael Martinek, M.C.J. für dessen außergewöhnliche Betreuung und Unterstützung, sowohl in fachlicher als auch in administrativer und moralischer Hinsicht. Ein weiterer Dank gilt Herrn Prof. Dr. Claude Witz durch dessen Unterstützung ich mein Auslandsstudienjahr an der Universität Robert Schuman in Strasbourg absolvieren konnte und hierdurch erste Erfahrungen mit dem Übernahmerecht sammelte. Ferner möchte ich einen Dank an Herrn Prof. em. Dr. Johann-Paul Bauer aussprechen, der als Zweitgutachter zur Verfügung stand.

Vor allem gebührt jedoch meinen Eltern für ihre stetige Geduld und finanzielle Unterstützung, ohne die diese Arbeit nicht zustande gekommen wäre, einen besonderen Dank. Besonders Danken möchte ich schließlich meiner Frau, die von Beginn an die Höhen und Tiefen dieser Arbeit miterlebt hat und mir stets liebevolle Unterstützung, Verständnis und Kraft geschenkt hat. Schließlich möchte ich mich noch bei allen Freunden und Bekannten für deren Hilfe und moralische Unterstützung bei der Erstellung meiner Disseratation bedanken.

Hannover, im September 2007 *Andreas Schöpperle*

Inhaltsverzeichnis

Abkürzungsverzeichnis

a.A.	anderer Ansicht
ADAM	Association des actionnaires minoritaires
a.F.	alte Fassung
AG	Die Aktiengesellschaft (Zeitschrift)
AktG	Aktiengesetz
AMF	Autorité des Marchés Financiers
Art.	Artikel
BAFin	Bundesanstalt für Finanzdienstleistungsaufsicht
BayObLG	Bayerisches Oberlandesgericht
BB	Betriebsberater (Zeitschrift)
BGB	Bürgerliches Gesetzbuch
BGH	Bundesgerichtshof
BGHZ	Entscheidungen des Bundesgerichtshofes in Zivilsachen
BRDA	Bulletin rapide de droit des affaires
BT-Drucksache	Bundestags-Drucksache
Bull.	Bulletin
BVerfG	Bundesverfassungsgericht
BVerfGE	Entscheidungen de Bundesverfassungsgerichts
bzgl.	bezüglich
bzw.	beziehungsweise
CA	Cour d'appel
Cass. com.	Arrêt de la chambre commerciale de la Cour des Cassation
Cass. crim.	Arrêt de la chambre criminelle de la Cour des Cassation
CBV	Conseil des bourses de valeurs
CCF	Crédit commercial de France
CDU	Christlich Demokratische Union
ch.	chambre
CMF	Conseil des Marchés Financiers
COB	Commission des Opérations de Bourse
CSU	Christlich Soziale Union
c/	contre
D.	Receuil Dalloz (Zeitschrift)
DAV	Deutscher Anwaltsverein
DB	Der Betrieb

DCGK	Deutscher Corporate Governance Kodex
ders.	derselbe
d.h.	das heißt
dies.	dieselbe(n)
DStR	Deutsches Steuerrecht
EG	Europäische Gemeinschaft
EuZW	Europäische Zeitschrift für Wirtschaftsrecht
evtl.	eventuell/eventuelle
f.	folgende
FAZ	Frankfurter Allgemeine Zeitung
ff.	fortfolgende
FF	französische Francs
FGG	Gesetz über die Angelegenheiten der freiwilligen Gerichtsbarkeit
FN	Fußnote
FS	Festschrift
GG	Grundgesetz
ggf.	gegebenenfalls
GWB	Gesetz gegen Wettbewerbsbeschränkungen
HGB	Handelsgesetzbuch
h.M.	herrschende Meinung
HS	Halbsatz
i.S.d.	im Sinne des
i.V.m.	in Verbindung mit
JCP E	La Semaine Juridique Edition Entreprise
JO	Journal Officiel
jurisp.	jurisprudence
KOM	Kommission der Europäischen Gemeinschaft
KWG	Kreditwesengesetz
L.	Loi
LBO	Leveraged Buy Out
LPA	Les Petites Affiches
M&A	Mergers & Acquisitions

m.w.N.	mit weiteren Nachweisen
n.F.	neue Fassung
NJW	Neue Juristische Wochenzeitschrift
Nr.	Nummer
NRE	Nouvelles régulations économiques
NZG	Neue Zeitschrift für Gesellschaftsrecht
OLG	Oberlandesgericht
OPA	Offre publique d'achat
OPE	Offre publique d'échange
RAMF	Règlement Générale de l'Autorité des Marchés Financiers
RegE	Regierungsentwurf
Rev.	Revue
RCMF	Règlement Générale du Conseil des Marchés Financiers
RGZ	Entscheidungen des Reichsgerichts
RIW	Recht der Internationalen Wirtschaft
RJ com.	Revue jurisprudentielle commerciale (Zeitschrift)
RJDA	Revue jurisprudentielle de Droit des Affaires (Zeitschrift)
Rn.	Randnummer
RTD com.	Revue trimesterielle commerciale (Zeitschrift)
S.	Seite
SBF	Société des bourses françaises
Soc.	Société
TGI	Tribunal de Grande Instance
u.a.	unter anderem
ÜbernahmeRL-UmsetzungsG	Übernahmerichtlinien-Umsetzungsgesetz
vgl.	vergleiche
VO	Verordnung
Vor.	Vorbemerkung

WM	Wertpapiermitteilungen Zeitschrift für Wirtschafts- und Bankrecht
WPg	Die Wirtschaftsprüfung
WpÜG	Wertpapiererwerbs- und Übernahmegesetz
WpÜG-AngebotsVO	Wertpapiererwerbs- und Übernahmegesetz Angebots Verordnung
z.B.	zum Beispiel
ZBB	Zeitschrift für Bankrecht und Bankwirtschaft
ZGR	Zeitschrift für Unternehmens- und Gesellschaftsrecht
ZHR	Zeitschrift für das gesamte Handels- und Wirtschaftsrecht
ZIP	Zeitschrift für Wirtschaftsrecht

Einleitung

Am 21. April 2004 wurde die Richtlinie 2004/25/EG des Europäischen Parlaments und des Rates betreffend Übernahmeangebote[1] verabschiedet und trat am 20. Mai 2004 in Kraft. Damit endete ein langer und steiniger Weg zur angestrebten Harmonisierung der nationalen Rechtssysteme für Übernahmeangebote, welcher von rechtspolitisch interessierten Diskussionen zwischen den verschiedenen Mitgliedstaaten geprägt war. Die Richtlinie wurde in Deutschland mit Gesetz vom 8. Juli 2006 umgesetzt und das Wertpapier-erwerbs- und Übernahmegesetz (WpÜG) entsprechend geändert[2]. Der französische Gesetzgeber hatte bereits am 31. März 2006 durch Gesetz 2006-387 die Übernahmerichtlinie in Frankreich umgesetzt.

Die Europäische Kommission verfolgte schon seit Mitte der 80er Jahre intensiv das Ziel einer Harmonisierung der Regelungen von Übernahmeangeboten in den Mitgliedsländern. Doch schon damals stieß diese Harmonisierungsinitiative auf breite Skepsis[3]. Rund 20 Jahre später liefern die Richtlinie 2004/25/EG selbst bzw. die jeweiligen nationalen Umsetzungen die Bestätigung der damals geäußerten Zurückhaltung hinsichtlich des Harmonisierungsziels der Kommission. Die gewünschte Harmonisierung von Übernahmeangeboten in den mittlerweile 27 Mitgliedstaaten blieb weit hinter ihren ursprünglichen Zielvorstellungen zurück. Vielmehr ist zu verzeichnen, dass die auf einem Kompromiss ruhende Wertpapiererwerbs- und Übernahmeangebots-Richtlinie insbesondere durch ihr Optionsmodell selbst zur heute in Europa überwiegend dominierenden Disharmonie beigetragen hat.

Ziel der vorliegenden Arbeit ist es, anhand einer rechtsvergleichenden Untersuchung im deutschen und französischen Übernahmerecht diese im Übernahmerecht vorzufindende – teilweise eklatante – Disharmonie aufzuzeigen. Innerhalb dieser Darstellung soll der jeweilige aktuelle Stand der Rechtsentwicklung in Deutschland und Frankreich wiedergegeben und Unterschiede zwischen beiden Rechtssystemen herausgearbeitet werden. Verdeutlicht wird die zwischen deutschem und französischem Übernahmerecht bestehende Disharmonie durch eine Bearbeitung beispielhaft ausgesuchter Themenkreise aus dem Übernahmerecht. Insoweit erhebt die Arbeit nicht den Anspruch der Vollständigkeit.

---

1 Richtlinie 2004/25/EG; ABlEG. Nr. L 142 vom 30. April 2004.

2 BGBl I 2006, 1426. Einen Überblick der Gesetzesänderungen verschafft Diekmann, NJW 2007, 17.

3 Assmann/Bozenhardt, Übernahmeangebote ZGR Sonderheft 1990, S. 32 ff., 36.

Sowohl in Deutschland als auch in Frankreich bestanden im Zeitpunkt des Inkrafttretens der Übernahmerichtlinie bereits gesetzliche Regelungen betreffend Übernahmeangebote. Eine Umsetzung der Richtlinie bedeutete somit eine Änderung des jeweils bestehenden nationalen Rechts. Hierin liegt auch der Grundstein der vorherrschenden Disharmonie im Übernahmerecht. Da viele Mitgliedsländer bereits über ein nationales Übernahmerecht verfügten und nicht auf eigene Errungenschaften verzichten wollten, war allen Beteiligten von Beginn an bewusst, dass die Übernahmerichtlinie 2004 die gewünschte Harmonisierung nicht erreichen konnte. Dass jedoch auch nach Umsetzung der Übernahmerichtlinie eine derart offensichtliche Disharmonie fortbesteht, ist bedauernswert.

Das deutsche WpÜG, welches den seit 1995 bestehenden freiwilligen Übernahmekodex ablöste, hatte bei Verabschiedung der Richtlinie allerdings erst knapp zwei Jahre Bestand. Zu diesem Zeitpunkt konnte die französische Übernahmepraxis bereits auf eine fast dreizehnjährige Erfahrung mit einer gesetzlichen Regelung zum Übernahmerecht blicken. Diese wurde mit Gesetz 89-531 vom 2. August 1989[4], geändert und ergänzt durch das Gesetz 96-597 vom 2. Juli 1996[5], eingeführt. Nur geringfügig älter ist die europäische Diskussion bezüglich einer einheitlichen Rahmenregelung für Übernahmen börsennotierter Unternehmen. Die schleppende Entwicklung der deutschen Übernahmepraxis hat indes seine Gründe. Diese lagen zum einen an den im internationalen Vergleich damals eher unterentwickelten Kapitalmärkten in Deutschland[6]. Zum anderen wurden Übernahmen durch Verflechtungen der deutschen Großunternehmen untereinander verhindert. Eine veritable Übernahmepraxis entfaltete sich erst mit der Entflechtung der deutschen Großkonzerne und der Einleitung eines grundlegenden Konsolidierungs-prozesses verschiedener Wirtschaftszweige Ende der 90er Jahre. Diese Entwicklung wurde zudem durch die Einführung des Euro und die steuerliche Freistellung von Gewinnen aus Unternehmensveräußerungen unterstützt. Die damalige Bundesregierung erhoffte sich insbesondere von letzterem Punkt eine größere Aktivität, welche letztendlich jedoch ausblieb. Kaum eine Rechtsmaterie hat in den letzten Jahren im deutschen Wirtschaftsrecht einen derartigen Aufschwung erfahren wie das Übernahmerecht. Nach etwa fünf Jahren des Bestehens einer gesetzlichen Regelung ist das Schrifttum nur noch schwer überschaubar. Die Fülle an Abhandlungen über das WpÜG bzw. Teilbereiche innerhalb weniger Jahre zeigt, dass das deutsche Übernahmerecht enormen Nachholbedarf hatte. Gleichwohl ist mit einem gesteigerten Interesse auch ein gesteigerter Druck auf

---

4 Abgedruckt in JO vom 4. August 1989, S. 9824.

5 Abgedruckt in JO vom 4. Juli 1996, S. 10063.

6 Gastinel/Bernard, Les marchés boursiers dans le monde, n° 52, S. 139; Witt, Übernahmen von Aktiengesellschaften und Transparenz der Beteiligungsverhältnisse, S. 49 ff., 59 ff.

das Gesetz an sich, den Gesetzgeber aber auch auf die Bundesanstalt für Finanzdienstleistungsaufsicht (BAFin) zu verzeichnen. Im Gegensatz zum französischen oder auch englischen Übernahmerecht musste der deutsche Gesetzgeber innerhalb weniger Monate und ohne Praxiserfahrung ein Gesetz schaffen, welches den internationalen Standards entsprechen sollte. Demzufolge war dieses nicht gewachsene Gesetz teilweise heftiger Kritik ausgesetzt. Insgesamt ist jedoch anzuerkennen, dass das deutsche Übernahme-recht an Konturen gewonnen hat[7] und europäischen Standards weitestgehend genügt.

Das französische Recht konnte sich hingegen nach und nach der Praxis und den hieraus resultierenden Bedürfnissen des nationalen Marktes anpassen. Profitiert hat das französische Übernahmerecht insbesondere von einer reichhaltigen Entscheidungspraxis der früheren Aufsichtbehörden CBV („*Conseil des bourses de valeurs*") und später CMF („*Conseil des marchés financiers*"), welche für die Überwachung von Übernahmeverfahren zuständig waren, und der COB („*Commission des opérations de bourse*"), welche die Transparenz und den Informationsfluss auf den Kapitalmärkten überwachte. Mit Gesetz 2003-706 vom 1. August 2003[8] wurden die Aufsichtsbehörden CMF und COB zu einer einheitlichen Finanzaufsicht AMF („*Autorité des marchés financiers*") verschmolzen. Heute unterliegen sowohl die Informationspflichten der Beteiligten als auch das Übernahmeverfahren an sich den Vorschriften von Titel II. des II. Buches des Règlements AMF (RAMF). Hinzu kommen die neu eingefügten bzw. ergänzten allgemeinen Regelungen betreffend Übernahmeangebote im Handelsgesetzbuch („*Code du commerce*") gemäß Art. L. 233-33 ff. sowie im Finanzgesetzbuch („*Code monétaire et produits financiers*") gemäß Art. L. 433-1 ff. Schließlich hat auch die französische Rechtsprechung einen großen Anteil an der Entwicklung des Übernahmerechts in Frankreich[9]. Zuständig für die Überprüfung der Entscheidungen der AMF ist der Cour d'appel de Paris.

Auf Grund der Übernahmerichtlinie 2004/25/EG waren sowohl der deutsche als auch der französische Gesetzgeber nunmehr aufgerufen, ihre übernahmerechtlichen Regelungen den europäischen Vorgaben bis zum 20. Mai 2006 anzupassen. Der Schwerpunkt des Anpassungsbedarfs beider Länder bezog sich hierbei insbesondere auf die Umsetzung des so genannten Optionsmodells hinsichtlich der Einrichtung von Abwehrmechanismen gegenüber Übernahmeangeboten. Beide Länder scheinen diesbezüglich auf den ersten Blick zwar Vorbilder für eine Öffnung der Märkte, mithin also übernahmefreundlich ausgerichtet, zu

---

7 Krause, NJW 2004, 3681.

8 Abgedruckt in JO vom 2. August 2003, S. 13220.

9 Zum Einfluss der Rechtsprechung auf das französische Übernahmerecht: Frison-Roche, RJDA 1999, S. 9 ff.

sein. Das deutsche Übernahmerecht auf Grund der vor nicht langer Zeit erfolgten Aufsprengung der rigiden Konzernverflechtung und der Einführung eines modernen, an internationale Standards ausgerichteten Übernahmerechts. Frankreich hingegen auf Grund der langjährigen Erfahrung mit Übernahmen von beachtlicher Größe. Dieser Schein trügt hingegen[10]. Beide Länder versuchten auch nach der Verabschiedung der Übernahmerichtlinie ihre nationalen Unternehmen bestmöglich vor einer ausländischen Kontrollübernahme zu schützen. So nutzt der deutsche Gesetzgeber im an die Übernahmerichtlinie durch Gesetz vom 8. Juli 2006 angepassten WpÜG alle Möglichkeiten, um den Kontrollorganen der Zielgesellschaft eine Abwehr gegen ein feindliches Übernahmeangebot zu eröffnen. Der französische Gesetzgeber setzt hingegen in seinem Gesetz 2006/387 vom 31. März 2006 zur Umsetzung der Übernahmerichtlinie[11] auf die Einführung bestimmter Abwehrmaßnahmen. Ferner scheut die französische Regierung sich keineswegs im Falle einer drohenden Übernahme eines französischen Unternehmens einzuschalten, und Abwehrstrategien vorzuschlagen. So geschehen im Rahmen der drohenden Übernahmen von ARCELOR durch MITTAL STEEL und von SUEZ durch die italienische ENEL.

Zu Beginn der Arbeit erscheint es hilfreich, die einzelnen Verfahrenstypen im französischen Übernahmerecht vorzustellen (Kapitel 1), denn es ist bereits hier eine auffallende Disharmonie zwischen deutschem und französischem Übernahmerecht festzustellen.

In Kapitel 2 werden die wichtigsten Vorgaben der Übernahmerichtlinie 2004/25/EG sowie deren Umsetzung in Deutschland und Frankreich herausgearbeitet. Hierbei zeigt sich, dass auch nach dem Harmonisierungs-versuch der nationalen Rechtssysteme weiterhin erhebliche übernahme-rechtliche Unterschiede zwischen den Mitgliedstaaten verbleiben bzw. teilweise geschaffen wurden.

Die Kapitel 3 bis 6 der Arbeit greifen jeweils Themenkreise auf, in denen die zwischen deutschem und französischem Übernahmerecht dominierende Disharmonie beispielhaft herausgearbeitet und das Ausmaß der jeweiligen nationalen Abweichungen trotz Erlass einer Übernahmerichtlinie verdeutlicht wird. Insoweit befasst sich Kapitel 3 mit der international aktuelle Diskussion bezüglich des Begriffs des gemeinsamen Handelns - *„acting in concert“* - auf. Disharmonien in der Angebotsfinanzierung sind Gegenstand von Kapitel 4. In Kapitel 5 wird die in Frankreich und Deutschland unterschiedlich ausgestaltete - stets problematische -Frage der Preisfindung im Übernahmerecht ausführlich

10 So auch für Frankreich: Bonneau, JCP G, I, 134, 24 avril 2006, S. 837.

11 Journal Officiel vom 1. April 2006, S. 4883.

dargestellt. Schließlich werden in Kapitel 6 die Pflichten des Bieters zur Abgabe von so genannten „Wasserstandsmeldungen“ während der Angebotsphase und der Fall des Konkurrenzangebots behandelt.

Anzumerken ist, dass der Vergleich zum französischen Recht überwiegend in den jeweiligen Abschnitten integriert ist. Eine klare Trennung beider Rechtssysteme wurde bewusst vermieden. Gleichwohl sind teilweise Abschnitte vorzufinden, die allein das deutsche oder das französische Recht behandeln. Dies ist insbesondere dann der Fall, wenn die Regelungen beider Rechtssysteme besonders stark abweichen bzw. ein direkter Vergleich zwischen den einzelnen Vorschriften nicht für sinnvoll gehalten wurde.

KAPITEL 1: Unterschiedliche Angebotsarten im französischen und deutschen Übernahmerecht

In der Einleitung wurde bereits angedeutet, dass trotz Erlass einer Europäischen Übernahmerichtlinie und deren jeweilige nationale Umsetzung keine Harmonie zwischen deutschem und französischem Übernahmerecht erzielt wurde. Es stellt sich hierbei die Frage, ob diese Disharmonie nur in Detailfragen anzutreffen ist, oder aber eine von Grund auf bestehende unterschiedliche Systematik zwischen beiden Rechtssystemen besteht. Zu Beginn der Arbeit sollen die verschiedenen Angebotsarten im französischen Recht im Vergleich zu den im WpÜG vorgesehenen Angebotstypen vorgestellt und die strukturellen und entscheidenden Abweichungen dargestellt werden. Hierbei wird schnell deutlich, dass zwischen beiden Rechtssystemen auch heute noch eine fortwährende Disharmonie in der übernahmerechtlichen Grundstruktur - trotz Umsetzung der Übernahmerichtlinie –vorzufinden ist.

Es erscheint zunächst sinnvoll, zwischen dem freiwilligen Übernahmeangebot (Ziffer I.), dem Pflichtangebot (Ziffer II.) und dem im französischen Recht spezifischen „Kurssicherungsverfahren" (Ziffer III.) zu unterscheiden. Die besonderen übernahmerechtlichen Verfahren des Ausschlussrechts von Minderheitsaktionären („*offre publique de retrait*" bzw. „*squeeze-out*") sowie des Andienungsrechts der Minderheitsaktionäre gegenüber einem Bieter („*offre publique de retrait obligatoire*" bzw. „*sell-out*") sollen hier hingegen nicht behandelt werden. Da diese beiden Verfahren im deutschen Übernahmerecht neu zu integrieren sind, soll hierauf erst im Rahmen des Kapitels 2 (Ziffer I.2.2; II.1.3 und II.1.4) eingegangen werden.

I. Das freiwillige Übernahmeangebot

Beide Rechtssysteme kennen dem Grunde nach zwei Arten der freiwilligen Verfahrenseinleitung. Im deutschen Recht sind dies das einfache Angebot zum Erwerb von Wertpapieren gemäß § 2 Absatz 1 WpÜG und das Übernahmeangebot nach § 29 WpÜG. Die Einleitung des Verfahrens beider Angebotsarten richtet sich im deutschen Recht nach §§ 10 ff. WpÜG.

Das französische Übernahmerecht sieht ebenfalls zwei freiwillige Angebotsverfahren vor. Das Normalverfahren („*procédure normale*") gemäß der Artikel 232-1 ff. des Règlement général de l'AMF (nachfolgend RAMF), offiziell als „*offre publique d'achat*" bezeichnet, und das so genannte vereinfachte

Angebotsverfahren („*procédure simplifiée*“) nach Artikel 233-1 ff. RAMF. Die beiden freiwilligen französischen Erwerbsverfahren sollen nachfolgend vorgestellt werden.

I.1 Das französische Normalverfahren - „*offre publique d'achat*“

In der vorliegenden Arbeit soll das Verfahren der „*procédure normale*“ mit „Normalverfahren“[12] übersetzt werden. Dieser Begriff bedarf aber bereits einiger Erläuterungen, da der er missverständlich ist. Zum einen kann unter einem Normalverfahren das Verfahren verstanden werden, welches der Gesetzgeber als Grundtatbestand vorgesehen hat. Der Begriff des Normalverfahrens könnte aber auch so verstanden werden, dass es sich um das in der Praxis am häufigsten anzufindende Verfahren handelt.

Im deutschen Recht ist unter einem Normalverfahren eine Art Grundtatbestand zu verstehen, auf dem abweichende und speziellere Gestaltungsarten bzw. Verfahrensarten aufbauen. Ein Spezialverfahren beinhaltet demnach die Tatbestandsvoraussetzungen des Normalverfahrens und ist zusätzlich mit weiteren Voraussetzungen bzw. Alternativen ausgestaltet. Das französische Übernahmerecht bietet diesbezüglich einen interessanten systematischen Unterschied zum deutschen WpÜG. Denn eine Legaldefinition des Angebots bzw. ein Grundtatbestand fehlt im französischen Übernahmerecht. Vielmehr handelt es sich bei dem unter Ziffer I.1.1 vorzustellenden Normalverfahren um eine spezielle Angebotsart, die stets die Kontrollerlangung in der Zielgesellschaft zum Ziel hat. Die Disharmonie beider Rechtssysteme zeigt sich folglich bereits in der Struktur des übernahmerechtlichen Grundtatbestands.

Eine weitere bedeutende Abweichung zwischen dem Normalverfahren in Frankreich und sämtlichen deutschen Angebotsarten ist die Verfahrenseinleitung (Ziffer I.1.2). Diese Unterschiede bei der Verfahrens-einleitung machen deutlich, dass es für eine echte Angleichung beider Rechtssysteme einer detaillierten und umfassend regelnden Übernahmerichtlinie bedurft hätte, welche jedoch letztendlich ausgeblieben ist. Unter Ziffer I.1.3 sollen die Gründe dieser verfahrensstrukturellen Disharmonie erörtert und rechtsvergleichend gegenübergestellt werden (Ziffer I.1.4). Schließlich ist in Ziffer I.1.5 die Rolle der Aufsichtsbehörde AMF bei der Eröffnung des Übernahmeverfahrens zu behandeln, welche die bestehenden Unterschiede in der Methodik beider Rechtssysteme abrunden.

---

12 So auch Assmann/Bozenhardt, Übernahmeangebote ZGR Sonderheft 1990, S. 26.

I.1.1 Vergleich zwischen deutschem und französischem Normalverfahren

Das im deutschen Übernahmerecht als das einfache Angebot zum Erwerb von Wertpapieren nach §§ 2, 10 ff. WpÜG bezeichnete Verfahren wird auch als Grundtatbestand für sämtliche Übernahmeangebote verstanden[13]. Es stellt somit das deutsche „Normalverfahren" dar. Dementsprechend enthält § 2 Absatz 1 WpÜG eine Legaldefinition für den Begriff des Angebots. Über die Vorschriften der §§ 3 und 10 ff. WpÜG finden darüber hinaus allgemeingültige Regeln für alle Angebotstypen, also auch für das auf die Kontrollerlangung gerichtete Übernahmeangebot (§§ 29, 34 WpÜG) und das Pflichtangebot (§ 39 WpÜG), Anwendung[14].

Die französische „*procédure normale*" als Normalverfahren stellt hingegen kein Grundangebotstyp für sämtliche Übernahmeverfahren dar und entspricht demzufolge auch nicht dem deutschen einfachen Angebot zum Erwerb von Wertpapieren. Das französische Normalverfahren kann vielmehr mit dem speziellen öffentlichen Übernahmeangebot nach § 29 WpÜG verglichen werden. Insoweit wird im Wortlaut des Art. 232-1 RAMF nicht der entsprechende Begriff des einfachen Angebots verwendet, sondern der Begriff des öffentlichen Angebots („*offre publique*"). Die „*procédure normale*" betrifft somit stets die Angebote, die auf den Erwerb der Kontrolle in der Zielgesellschaft gerichtet sind[15]. Ein den §§ 2, 10 ff. WpÜG entsprechender allgemeingültiger Angebotstyp kennt das französische Übernahmerecht folglich nicht.

Bezeichnend ist hierbei, dass der Gesetzgeber das Ziel des Bieters - die Kontrollerlangung in der Zielgesellschaft - im Gegensatz zu § 29 WpÜG nicht ausdrücklich im Gesetzestext der Artikel 232-1 ff. RAMF wiedergibt. Art. 231-7 RAMF weist lediglich darauf hin, dass ein „*offre publique*" auf die Gesamtheit des Kapitals bzw. der Stimmrechte der Zielgesellschaft abzielen muss. Der Begriff der Kontrolle ist hingegen nicht vorzufinden. Vielmehr wird das Ziel der Kontrollerlangung stillschweigend vorausgesetzt. Es handelt sich folglich um ein ungeschriebenes Tatbestandsmerkmal.

Diese Nichterwähnung des Kontrollbegriffs im Rahmen der „*offre publique*" hat historische Gründe. Tatsächlich ist insbesondere die geschichtliche Entwicklung des Übernahmerechts beider Länder einer der entscheidenden Gründe für die bis heute zu verzeichnenden Disharmonie beider Rechtssysteme. Ursprünglich sah das französische Übernahmerecht nur Angebotsarten vor, die zwingend auf die Kontrollerlangung in der Zielgesellschaft gerichtet waren. Die französischen

---

13 Geibel in Geibel/Süßmann, WpÜG, § 10 Rn. 1.

14 Vgl. auch Ekkenga/Schulz in Ehricke/Ekkenga/Oechsler, WpÜG, Einf. Rn. 5.

15 Vgl. auch Assmann/Bozenhardt, Übernahmeangebote ZGR Sonderheft 1990, S. 26.

Behörden ließen jedoch unter Einfluss der amerikanischen Übernahmepraxis ab dem Jahr 1973 Angebote zu, die lediglich auf eine Minderheitsbeteiligung abzielten[16]. Diese Art von Angebot wurde sodann in einem speziellen Verfahren geregelt, der „*procédure simplifiée*"[17].

Das französische Übernahmerecht kennt trotz Abwesenheit eines Grundangebotstyps allgemeingültige Regelungen, die grundsätzlich auf alle Angebotsarten Anwendung finden. Diese allgemeingültigen Regelungen finden sich in den Artikeln 231-3 ff. RAMF wieder. Insoweit ist eine Parallele zu den Verfahrensregeln der Vorschrift des § 3 WpÜG anzutreffen.

Festzuhalten ist demgemäß, dass das Normalverfahren im französischen Übernahmerecht dem speziellen Verfahren des öffentlichen Übernahmeangebots im deutschen Recht entspricht. Das dem deutschen einfachen Angebot zum Erwerb von Wertpapieren entsprechende Verfahren wird in Frankreich hingegen als Ausnahmeverfahren – so genannte „*procédure simplifiée*" – behandelt und unterliegt den speziellen Vorschriften der Artikel 233-1 ff. RAMF.

I.1.2 Verfahrenseinleitung beim Normalverfahren

Neben der oben angesprochenen abweichenden Systematik des Normalverfahrens herrscht bei den französischen freiwilligen Angebotstypen auch in der Verfahrenseinleitung Disharmonie. Denn bis zur vollständigen Umsetzung der Übernahmerichtlinie 2004 in Frankreich durch das Gesetz 2006-387 vom 31. März 2006 und des neuen Règlements der AMF brachte der Bieter das Übernahmeverfahren selbst in Gang.

Gemäß § 10 Absatz 4 Satz 1 WpÜG hat der Bieter im deutschen Übernahmerecht seine Erwerbsentscheidung „unverzüglich" der Bundesanstalt für Finanzdienstleistungsaufsicht (BAFin) mitzuteilen und entsprechend § 10 Absatz 1 Satz 1 i.V.m. Absatz 3 WpÜG in mindestens einem überregionalen Börsenpflichtblatt bzw. über ein elektronisch betriebenes Informationssystem selbst zu veröffentlichen. Nach französischem Recht legte der Bieter hingegen den Zeitpunkt der Mitteilung seiner getroffenen Erwerbsentscheidung gegenüber der Aufsichtsbehörde AMF selbst fest[18]. Die Pflicht zur „unverzüglichen" Übermittlung und Veröffentlichung war dem französischen Übernahmerecht somit bisher fremd. Darüber hinaus veröffentlicht der Bieter nicht selbst seine

16 Viandier, OPA, OPE, n° 22 und 33.

17 Hierzu unten: Kapitel 1 Ziffer I.2.

18 Diese Entscheidungsfreiheit entspricht dem englischen Recht. Vgl. auch Oechsler, ZIP 2003, 1330, 1333.

Erwerbsentscheidung. Vielmehr übernimmt dies für ihn die Aufsichtsbehörde AMF gemäß Art. 231-15 RAMF.

Die Überlassung der Entscheidung des Zeitpunkts zur Veröffentlichung des Übernahmevorhabens beim Bieter hatte durchaus seine Gründe und stellt nicht etwa eine Nachlässigkeit des französischen Gesetzgebers dar. Erst durch Einführung des Art. L. 433-1 Absatz 5 des Finanzgesetzes („Code monétaire et financier“) wurde das französische Recht auf Grundlage des Art. 6 der Übernahmerichtlinie 2004 angepasst[19].

Bis ins Jahr 1989 war die Erwerbsentscheidung des Bieters vollkommen unreglementiert und frei[20]. Dem Bieter wurde somit überlassen, ob und wann er seine Entscheidung zur Abgabe eines öffentlichen Übernahmeangebots offiziell Preis gibt und letztendlich die Einleitung des Verfahrens in Gang setzt. Die Einleitung des Übernahmeverfahrens hing somit allein von strategisch-taktischen Entscheidungen des Bieters und nicht von rechtlichen Verpflichtungen, insbesondere auf Grund Transparenzerfordernissen, ab[21]. Zwar wurde auch im deutschen Recht dem Bieter der Zeitpunkt der Veröffentlichung seiner Erwerbsentscheidung ursprünglich nicht vorgeschrieben[22]. Der deutsche Übernahmekodex von 1995 beinhaltete diesbezüglich keine Regelung. Die Pflicht des Bieters, die getroffene Entscheidung ohne schuldhaftes Zögern nunmehr zu veröffentlichen, wurde jedoch mit Inkrafttreten des WpÜG eingeführt. Die Einleitung des Verfahrens ist im deutschen Übernahmerecht somit nunmehr durch das Gesetz geregelt und vorgeschrieben.

In Frankreich wurde die freiwillige und zeitlich ungebundene Einleitung des Angebotsverfahrens erst durch das Finanzmarkt-Gesetz n° 89-531 vom 2. August 1989[23], welches zum Ziel ein Mindestmaß an Transparenz und Sicherheit der französischen Finanzmärkte hatte, eingeschränkt. Neu geregelt wurde jedoch nicht, wie man vielleicht vermuten konnte, der Zeitpunkt der Veröffentlichungspflicht. Es wurde vielmehr neben dem freiwilligen Übernahmeangebot das Pflichtangebot („offre obligatoire“) als zweite Verfahrensart eingeführt[24]. Dem Bieter wurde also nur dann der Zeitpunkt zur Einleitung des Übernahmeverfahrens vorgeschrieben, wenn es sich um ein Pflichtangebot handelte. Die einzelnen Voraussetzungen, welche ein Angebot erfüllen musste,

---

19 Hierzu siehe unten: Kapitel 2 Ziffer II.2.2.
20 Guyon, Les offres publiques d'acquisition en France in: Kreuzer „öffentlich Übernahmeangebote“, S. 85 ff.
21 De Vauplane/Bornet, n° 784.
22 Vgl. hierzu: Assmann/Bozenhardt, Übernahmeangebote ZGR Sonderheft 1990, S. 79.
23 Abgedruckt in JO vom 4. August 1989, S. 9824.
24 Zum Pflichtangebot siehe unten Kapitel 1 Ziffer II.

damit es als Pflichtangebot gewertet und der Bieter somit zur Einleitung des entsprechenden Verfahrens verpflichtet werden konnte, änderten sich mit der Erfahrung im Umgang mit öffentlichen Übernahmeangeboten. Hierauf soll jedoch später eingegangen werden[25].

In der Praxis weicht diese Entscheidungsfreiheit des Bieters jedoch oftmals dem Druck kursierender Übernahmegerüchte am Finanzmarkt. Um derartigen Gerüchten vorzubeugen bzw. sie zu bestätigen oder zu dementieren, blieb dem Bieter häufig keine andere Wahl als die Bekanntgabe seiner Entscheidung. In diesem Zusammenhang ist zu erwähnen, dass das englische Übernahmerecht dem Bieter durch Rule 2.8 des City Code die Möglichkeit eröffnet, anzukündigen, dass er kein Angebot abgibt. Die Gründe der unterschiedlichen Verfahrenseinleitung im französischen Übernahmerecht sollen hier aufgezeigt werden.

I.1.3 Gründe einer unterschiedlichen Verfahrenseinleitung im französischen Recht

Die unterschiedliche Verfahrenseinleitung im Rahmen des französischen freiwilligen Übernahmeangebots lässt sich in vielschichtiger Hinsicht begründen. Ein Grund der Disharmonie ist, wie bereits angedeutet, die historische Entwicklung des aus der Praxis gewachsenen und mit eigenen Erfahrungen über mehrere Jahrzehnte angereicherten französischen Übernahmerechts. Dass Ende der 60er Jahre, als erstmals in Frankreich eine Übernahmepraxis wahrgenommen wurde[26], kein allgemeingültiges Regelwerk für Übernahmengebote vorlag, und somit ein Bieter keinen speziellen Regeln hinsichtlich der Bekanntgabe seines Übernahmevorhabens unterlag, mag nicht verwundern. Bis zum Beginn der Privatisierungswelle in Frankreich Mitte der 80er Jahre änderte sich hieran nichts. Zwar waren vereinzelte Regelungen für Übernahmeangebote vorhanden, es fehlte gleichwohl an Homogenität und Effizienz. Nachdem sich das Übernahmeangebot zum Mittel für Wachstum und Umstrukturierung französischer Unternehmen entwickelte, führte jedoch kein Weg an einer gesetzlichen Einkleidung des Übernahmerechts vorbei. Durch das bereits angesprochene Finanzmarkt-Gesetz n° 89-531 vom 2. August 1989[27] wurde in Frankreich das Übernahmeverfahren erstmals einheitlich reglementiert; 12 Jahre früher als in Deutschland. Durch diese parlamentarische Grundlage erhielt der damals für das französische Übernahmerecht kompetente Börsenrat „Conseil des Bourses de Valeurs“ (CBV) den Auftrag, die Voraussetzungen für ein Pflichtangebot zu schaffen. Dies führte zu einer einschneidenden Neugestaltung der damaligen

25 Siehe unten Kapitel 1 Ziffer II.1.

26 Hierbei handelte es sich um ein Übernahmeangebot in Form des Aktientauschs von BSN über Saint-Gobain (Dezember 1968 und Januar 1969).

27 Siehe FN 4.

übernahmerechtlichen Regelungen[28]. Auf der selben Gesetzesgrundlage erließ sodann auch die „Commission des opérations de bourse" (COB) das Règlement 89-03 (abgeändert im Jahre 2002 durch das Règlement COB 2002-04 und mittlerweile in das RAMF integriert), welches zum Ziel die Information der Anleger hatte.

Bei näherer Betrachtung der Entwicklung des französischen Übernahmerechts liegt der Gedanke nicht fern, dass Teil eines immer größeren Bedürfnisses an Transparenz und an einem gesteigerten Anlegerschutz nun auch eine gesetzliche Regelung des Zeitpunkts der Einleitung eines freiwilligen Übernahmeverfahrens sein müsse. Die Pflicht zur unverzüglichen Veröffentlichung eines Übernahmevorhabens nach § 10 Absatz 1 Satz 1 WpÜG ist jedenfalls in Deutschland Ausdruck dieses gesteigerten Anlegerschutzes[29]. Der deutsche Gesetzgeber vertrat die Auffassung, dass gerade die rechtzeitige Information bei der Verfahrenseinleitung eine wichtige Säule des Anlegerschutzes darstelle. Zwar konnte in Deutschland weniger auf eigene Erfahrungen mit Übernahmeverfahren zurückgreifen werden. Es wurden jedoch ausländische Erfahrungen mit dem vorhandenen deutschen Börsenrecht, insbesondere dem WpHG, verknüpft. Diese Kombination führte dazu, dass der deutsche Gesetzgeber sich für eine gesetzlich festgelegte Regelung des Zeitpunkts der Verfahrenseinleitung entschied. Es stellt sich demzufolge die Frage, weshalb das französische Recht diese Problematik des Übernahmeverfahrens unterschiedlich regelte, wo doch die Grundprinzipien Anlegerschutzes, insbesondere Gleichbehandlung der Aktionäre, Beschleunigung der Verbreitung von Information sowie die Vermeidung des Insiderhandels, gleich laufen[30]. Demnach ist die Frage aufzuwerfen, worauf diese Disharmonie trotz gleichlaufender Grundprinzipien zu stützen ist und weshalb sie auch nach der Umsetzung der Übernahmerichtlinie fortwährt.

In Frankreich sahen weder der französische Gesetzgeber noch der Börsenrat bzw. die COB die Notwendigkeit, den Zeitpunkt der Veröffentlichung der Entscheidung des Bieters zu reglementieren. So hatte sich das französische Übernahmeverfahren in dieser Form über Jahre hin bewährt. Es fehlte folglich an einem Auslöser für eine Änderung des Verfahrens, welcher jedoch nunmehr in Art. 6 der Übernahmerichtlinie gesehen werden kann. Die französische Übernahmepraxis gleicht in diesem Punkt somit eher dem englischen Übernahmerecht, welches dem Bieter ebenfalls die Entscheidung über den Zeitpunkt seiner Vorankündigung belässt. Dennoch war das französische Recht auch in diesem Vergleich liberaler und überlies dem Bieter den größeren Freiraum.

28 Viandier, OPA, OPE, n° 76; Schindler, Das Austrittsrecht in Kapitalgesellschaften, S. 284.
29 Oechsler in Ehricke/Ekkenga/Oechsler, WpÜG, § 10 Rn. 2.
30 Lamy, Droit du Financement 2005, n° 1419 f.

Denn Rule 2.4 des englischen City Code grenzt letztendlich die Entscheidungsfreiheit des Bieters dergestalt ein, dass im Falle des Überschreitens einer gewissen Seriositätsschwelle eine Vorankündigung durch den Bieter zu tätigen ist. Werden also die Absichten des Bieters aus sicherer Quelle bekannt, und ist ihm dieser Zustand zurechenbar, wird eine Vorankündigung zwingend erforderlich[31].

Ein weiterer Grund für die Disharmonie in der Verfahrenseinleitung ergibt sich aber insbesondere auch aus dem französischen allgemeinen Vertragsrecht. Dies soll mit Hilfe des Pflichtangebots verdeutlicht werden. Sowohl das deutsche als auch das französische Übernahmerecht billigen es, dass der Bieter beim Pflichtangebot ab Überschreiten eines bestimmten Schwellenwertes nach Art. 234-2 RAMF bzw. ab Kontrollerlangung nach § 35 Absatz 1 WpÜG einem Kontrahierungszwang unterliegt, obwohl der Kontrahierungszwang in beiden Rechtsordnungen eine Ausnahmeerscheinung darstellt. So ist der Bieter bei Vorliegen der entsprechenden Voraussetzungen verpflichtet, in einem ersten Schritt ein Kaufangebot an alle Aktionäre zu unterbreiten und in einem zweiten Schritt ggf. alle ihm im Rahmen des Übernahmeverfahrens angebotenen Aktien zu erwerben. Diese Zwänge werden zugunsten des Anlegerschutzes und des kapitalmarktrechtlichen Gleichbehandlungsgrundsatzes hingenommen[32]. Zwar betrifft die Problematik des Kontrahierungszwangs[33] streng genommen nur das Pflichtangebot, denn beim freiwilligen Übernahmeangebot[34] tritt eine Bindung des Bieters erst mit tatsächlicher Übermittlung und Veröffentlichung der Angebotsunterlagen ein[35]. Der Unterschied im deutschen Recht liegt jedoch darin, dass für den Bieter durch die Erklärungspflicht nach § 10 Absatz 1 Satz 1 WpÜG faktisch eine (vertragliche) Bindung entsteht. Denn Rechtsfolge dieser Erklärungspflicht des Bieters ist eine vierwöchige Frist zur Veröffentlichung der Angebotsunterlagen nach § 14 Absatz 1 Satz 1 WpÜG. Die Erklärungspflicht stellt folglich eine Vorstufe der Bindung des Bieters dar, auch wenn es sich

31 Zur Verfahrenseinleitung im englischen Übernahmerecht: Oechsler in Ehricke/Ekkenga/Oechsler, WpÜG, § 10 Rn. 3.

32 De Vauplane/Bornet, n° 785; Oechsler in Ehricke/Ekkenga/Oechsler, WpÜG, § 34 Rn. 10 f.

33 Hierzu: Oechsler, ZIP 2003, 1330 ff.; vgl. im französischen Recht Artikel 1134 Code civil. Hierzu auch: Schindler, Das Austrittsrecht in Kapitalgesellschaften, S. 284.

34 Zwar sprechen Assmann/Bozenhardt, Übernahmeangebote ZGR Sonderheft 1990, S. 83 ff., die Frage der rechtlichen Qualifikation des Übernahmeangebots an. Die Problematik des Kontrahierungszwangs wird jedoch nicht angesprochen. Dies resultiert daraus, dass bis zur Einführung des WpÜG ein Bieter nicht zur Abgabe eines Pflichtangebots gezwungen werden konnte, so dass sich die Frage der Durchbrechung des Grundsatzes der Vertragsfreiheit nicht stellte.

35 Hierzu insbesondere: Oechsler, ZIP 2003, 1330 ff.; Oechsler in Ehricke/Ekkenga/Oechsler, WpÜG, § 10 Rn. 11 ff.

rechtlich gesehen nur um eine Absichtserklärung bzw. um eine Ankündigung einer zukünftigen rechtsverbindlichen Willenserklärung handelt[36]. Dem Bieter bleibt zwar die Möglichkeit, von seiner Ankündigung zurückzutreten. Hierbei riskiert er jedoch ggf. ein Bußgeld gemäß § 14 Absatz 3 Satz 1 i.V.m. § 60 Absatz 1 Nr. 2 lit. A WpÜG wegen unterbliebener Veröffentlichung der Angebotsunterlagen. Problematisch ist hierbei, dass der Bieter sein Vorhaben der Öffentlichkeit mitteilt, ohne vollkommen sicher zu sein, dass er das Übernahmeverfahren auch durchführen kann, denn er wird im Zeitpunkt der Mitteilung seiner Entscheidung in der Regel nicht alle notwendigen Informationen über die Zielgesellschaft vorliegen haben[37].

Im französischen Recht trat bis zur Umsetzung der Übernahmerichtlinie 2004 die Bindungswirkung hingegen erst ab Bekanntwerden des Vorhabens, also ab freiwilliger Mitteilung der Übernahmeentscheidung an die AMF ein. Die Unterscheidung macht deutlich, dass das französische Übernahmerecht das Risiko eines unseriösen und nicht ausreichend durchdachten Vorhabens minimieren wollte. Zum anderen sollte der Markt nicht mit zweifelhaften Übernahmevorhaben belastet werden. Dem Bieter in Frankreich wurde somit zugestanden, sein Übernahmevorhaben erst dann mitzuteilen, wenn er seiner Sache sicher war, da eine Rücknahme des Angebots auch im französischen Übernahmerecht grundsätzlich nicht vorgesehen ist. Diese unterschiedliche Sichtweise des französischen Gesetzgebers teilte der deutsche Gesetzgeber hingegen nicht, so dass es im deutschen Übernahmerecht zu einer völlig abweichenden Methodik der Verfahrenseinleitung kam.

Es ist folglich nicht abzustreiten, dass der Bieter im deutschen Übernahmerecht durch die Pflicht zur unverzüglichen Veröffentlichung seiner Entscheidung einem gewissen Zwang unterliegt, auch wenn es sich rechtlich gesehen nur um eine Vorstufe eines Kontrahierungszwangs handelt. Im französischen Recht war bis zur Umsetzung der Übernahmerichtlinie hingegen ein derartiger Zwang nicht vorzufinden. Zweifelsohne basiert diese Abweichung aus der in Frankreich intensiv geführten Diskussion über die Rechtswirksamkeit des Pflichtangebots und des hiermit verbundenen Kontrahierungszwangs[38]. Der französische Gesetzgeber versuchte somit bewusst den Grundsatz der Vertragsfreiheit und der freien Angebotsabgabe so wenig wie möglich einzuschränken. Die über Jahre hinweg geführte Abwägung zwischen Anlegerschutz und Vertragsfreiheit führte somit zu einer freiwilligen Verfahrenseinleitung.

---

36 Oechsler in Ehricke/Ekkenga/Oechsler, WpÜG, § 10 Rn. 11.

37 So auch Oechsler in Ehricke/Ekkenga/Oechsler, WpÜG, § 10 Rn. 11.

38 Schmidt, RJ com. n° spécial septembre 1990, S. 175; vgl. hierzu auch Bonneau/Faugérolas, Les offres publiques, n°. 6 ; Guyon, Traité des contrats, Les sociétés, Aménagements statuaires et conventions entre associés, n°. 225.

I.1.4 Rechtsvergleichende Überlegungen

Es wurde bereits erwähnt, dass die im deutschen Übernahmerecht gewählte Verfahrenseinleitung in erster Linie auf der Verknüpfung zum WpHG basiert. Der deutsche Gesetzgeber passte § 10 WpÜG der Vorschrift des § 15 WpHG an. Es sollte gewährleistet werden, dass die Öffentlichkeit frühzeitig über marktrelevante Daten informiert wird, um das Ausnutzen von Spezialwissen und folglich eine Benachteiligung der Anleger zu verhindern[39]. § 10 WpÜG konkretisiert damit das Marktverzerrungsverbot des § 3 Absatz 5 WpÜG[40] und soll der Gefahr des Insiderhandels vorbeugen[41]. Der deutsche Gesetzgeber sah es demzufolge als erforderlich an, den Zeitpunkt der Veröffentlichung der Übernahmeentscheidung dem Zeitpunkt der Veröffentlichung von (Insider-) Informationen anzugleichen. Der ehemalige Artikel 5 des deutschen Übernahmekodex von 1995 unterschied hingegen nicht zwischen der Veröffentlichung der Entscheidung zur Abgabe eines Angebots und der Veröffentlichung der Angebotsunterlagen[42]. Geregelt war lediglich die Pflicht zur Veröffentlichung des Angebots an sich und nicht die vorher getroffene unternehmensinterne Entscheidung[43].

Im französischen Recht besteht diese enge Verknüpfung zwischen Übernahme- und Wertpapierhandelsrecht hingegen nicht. Zwar regelt Art. 222-3-I RAMF (ehemals Art. 4 Règlement 98-07 der COB), ähnlich wie § 15 WpHG, dass kursbeeinflussende Tatsachen vom Wertpapier-Emittent veröffentlicht werden müssen. Im Gegensatz zu § 15 WpHG sind diese Tatsachen jedoch nicht „unverzüglich" zu veröffentlichen, sondern „so früh wie möglich" („le plus tôt possible"). Art. 222-3-I RAMF ermöglicht dem Emittent von Wertpapieren ferner, die Veröffentlichung der Information hinauszuschieben, sofern diese schutzwürdige Interessen des Unternehmens beeinträchtigen kann. Hierbei kann es sich nach der AMF sowohl um schutzwürdige Interessen des Emittenten als auch der Aktionäre handeln. In der Regel basieren derartige schutzwürdige Interessen auf Geheimhaltungspflichten, auf Verpflichtungen zu einer koordinierten Informationspreisgabe sowie auf Verpflichtungen zur Zurückhaltung von Informationen, um laufende Verhandlungen nicht zu gefährden[44]. Der Zeitpunkt der Veröffentlichung von kursbeeinflussenden Tatsachen ist somit auch im französischen Wertpapierhandelsrecht, wenn auch unterschiedlich zu §

---

39 BT-Drucksache, 14/7034, S. 39.

40 Hirte in Kölner Kommentar, WpÜG, § 10 Rn. 2.

41 Geibel in Geibel/Süßmann, WpÜG, § 10 Rn. 3.

42 Zwar wurde in der Praxis die Übernahmeentscheidung noch vor Benachrichtigung der Übernahmekommission veröffentlicht wurde; dies war jedoch eher eine taktische als eine rechtlich motivierte Entscheidung. Vgl. auch Geibel in Geibel/Süßmann, WpÜG, § 10 Rn. 4.

43 Riehmer in Haarmann/Riehmer/Schüppen, WpÜG, § 10 Rn. 5.

44 Bulletin COB, Juin 1990, S. 9.

15 WpHG, geregelt. Anders als im deutschen Übernahmerecht basiert die Veröffentlichung der Übernahmeentscheidung jedoch nicht auf den wertpapierhandelrechtlichen Regelungen. Weder Art. 233-1 des RAMF noch Art. 231-17 ff. RAMF beinhalten genaue zeitliche Vorgaben hinsichtlich der Veröffentlichung dieser Entscheidung. Demzufolge stellt sich im französischen Recht auch nicht das in Deutschland vorzufindende Konkurrenzproblem zwischen Informationsveröffentlichung nach WpÜG und WpHG[45].

Zwar fällt auch nach französischem Recht theoretisch die Entscheidung zur Abgabe eines Übernahmeangebots unter den Tatbestand der kursbeeinflussenden Information. Die Abgrenzung ist jedoch im französischen Recht deutlicher als im deutschen Recht, da sich beide Regelungen nicht entsprechen. Die Entscheidung zur Abgabe eines Übernahmeangebots des Bieters ist somit in zeitlicher Hinsicht allein vom Bieter zu entscheiden und richtet sich nach Art. 231-17 ff. RAMF; kursbeeinflussende Tatsachen während eines Übernahmeverfahrens, wie z.B. die Überschreitung von Schwellenwerten, sind hingegen nach Art. 222-3-I RAMF zu veröffentlichen[46].

Zusammenfassend ist folglich festzuhalten, dass das deutsche System zur Verfahrenseinleitung auf Transparenz und frühzeitige Information ausgelegt und folglich bereits vor Verabschiedung der Übernahmerichtlinie richtlinienkonform war. Es bleibt jedoch fraglich, ob der Anlegerschutz tatsächlich merklich gestärkt wird, zumal die Überprüfung der Einhaltung der Pflicht nach § 10 Absatz 1 Satz 1 WpÜG nur schwer durchzuführen ist. Es ist kaum vorstellbar, dass die Vorschrift potentielle Bieter zu einer früheren Veröffentlichung ihrer Übernahmeentscheidung als von ihnen selbst gewollt, veranlasst. Das französische System respektierte hingegen stets die freie Unternehmer-entscheidung. Dies führte dazu, dass das französische Recht die in der Praxis auftretenden Probleme hinsichtlich einer unverzüglichen Mitteilung des Übernahmevorhabens (noch) nicht kennt. So ist sich die deutsche Rechtsliteratur beispielsweise weiterhin uneinig, wann genau der Zeitpunkt der „unverzüglichen" Veröffentlichung vorliegt[47]. Diese Fragen sind bisher nicht abschließend geklärt. Auch die Übernahmerichtlinie 2004 beinhaltet diesbezüglich keine Vorgaben. Das französische System wies hingegen insbesondere den Vorteil auf, dass der oben angesprochene Grundsatzes der Angebotsfreiheit im Gegensatz zum deutschen Recht nicht durchbrochen wurde.

---

45 Hierzu Hirte in Kölner Kommentar zum WpÜG, § 10 Rn. 99 ff.

46 Lamy, Droit du Financement 2005, n° 1016.

47 Hirte in Kölner Kommentar zum WpÜG, § 10 Rn. 26 ff., Geibel in Geibel/Süßmann, WpÜG, § 10 Rn. 8 ff.; Ausführlich zur Frage des Zeitpunkts der Veröffentlichungspflicht: Oechsler in Ehricke/Ekkenga/Oechsler, WpÜG, § 10 Rn. 5 f.

Wie aber bereits mehrfach angemerkt, hat das französische System in Bezug auf die Verfahrenseinleitung ausgedient. Mit Art. L 433-1 Absatz 5 des Finanzgesetzes wurde am 31. März 2006 eine neue Erklärungspflicht für den (potentiellen) Bieter in das französische Übernahmerecht eingefügt[48]. Die AMF wird dementsprechend ihre Vorschriften angleichen, indem sie eine dem § 10 Absatz 1 Satz 1 WpÜG vergleichbare Regelung einfügen wird.

I.1.5 Eröffnung des Übernahmeverfahrens – Besonderheiten im französischen Recht

In Ziffer I.1.2 wurde bereits ein wichtiger Punkt der bestehenden Disharmonie zwischen deutschem und französischem Übernahmerecht - die unterschiedliche Verfahrenseinleitung im deutschen und französischen Übernahmerecht und deren Gründe - diskutiert. Hieran soll nun angeknüpft werden und der weitere Verlauf des Angebotsverfahrens, stets im Vergleich beider Rechtssysteme, behandelt werden. Dabei wird aufgezeigt, dass sich diese Disharmonie auch im weiteren Verlauf des Übernahmeverfahrens behauptet. Hierbei interessiert weniger Inhalt und Form der Angebotsunterlagen als vielmehr der Vergleich der unterschiedlichen Vorgehens- und Prüfungsweise der Aufsichtsbehörden in Frankreich (AMF) und Deutschland (BAFin) sowie deren Begründung.

I.1.5.1 Die Prüfung des Angebotsvorhabens durch die AMF

Wie bereits oben in Ziffer I.1.2 angesprochen, bestimmte im französischen Recht bis zur Umsetzung der Übernahmerichtlinie 2004 der Bieter den Zeitpunkt der eigentlichen Verfahrenseinleitung im Rahmen eines freiwilligen Übernahmeangebots ohne gesetzlichen Zwänge. Vertreten durch mindestens ein Wertpapierdienstleistungsunternehmen übermittelt der Bieter der Aufsichtsbehörde AMF gemäß Art. 231-14 RAMF sein Angebotsvorhaben („projet d'offre").

Der vorgeschriebene Inhalt eines „projet d'offre" ist in Absatz 3 des Art. 231-14 RAMF geregelt. Hiernach hat das Angebotsvorhaben folgende Angaben aufzuweisen:

- Ziele und Absichten des Bieters;
- die Anzahl und Art der Titel der Zielgesellschaft, die der Bieter selbst oder gemeinsam mit einem Dritten bereits hält; ferner den Zeitpunkt und die Umstände dieser Transaktionen;

48 Siehe hierzu unten: Kapitel 2 Ziffer II.2.2.

- die Höhe der vorgesehenen Gegenleistung bzw. die Tauschquote und die zugrunde gelegten Bewertungselemente;

- evtl. Bedingungen, von denen das Angebot abhängig gemacht wird.

Insoweit bestehen hier kaum Abweichungen zu § 11 WpÜG, so dass auf den eigentlichen Inhalt der Angebotsunterlagen nicht weiter einzugehen ist. Die inhaltlichen Voraussetzungen des „projet d'offre" machen jedoch deutlich, dass das französische Übernahmerecht wert darauf legt, dass die Absichten des Bieters den Aufsichtsbehörden bereits mit der ersten Bekanntgabe des Angebotsvorhabens offen gelegt werden. Grund hierfür ist, dass sich der französische Gesetzgeber dafür entschieden hatte, das Verfahren im Gegensatz zum deutschen Recht einstufig aufzubauen. Bekannt gegeben wird also nicht erst die einfache Entscheidung eines Angebotsvorhabens, dem dann erst nach Ablauf einer bestimmten Frist die Einreichung der Angebotsunterlagen folgt. Vielmehr sind im französischen Recht beide Schritte zusammengefasst. Auch dieser Punkt soll als wichtige Abweichung zum deutschen Übernahmerecht festgehalten werden.

Bis zur Umsetzung des neu eingefügten Art. L. 433-1 Absatz 5 des Finanzgesetzes in die Verordnung der AMF dürfte es bei dieser Vorgehensweise bleiben. Mit dem Einreichen des Angebotsvorhabens wird der Aufsichtsbehörde demnach erstmals die Entscheidung des Bieters zur Abgabe eines Angebots sowie deren Inhalt offiziell mitgeteilt. Im deutschen Übernahmerecht hingegen werden die obigen Angaben erst in einer zweiten Stufe veröffentlicht. Die Veröffentlichung der Übernahmeentscheidung gemäß § 10 Absatz 1 Satz 1 WpÜG beinhaltet zunächst nur die Information, dass der Bieter beabsichtigt, ein Angebot über die Wertpapiere einer bestimmten Zielgesellschaft abzugeben[49]. Das deutsche Übernahmerecht kennt somit eine Pflicht zur Vorhabinformation, wie sie im französischen Recht vorzufinden ist, nicht. Begründen lässt sich dieses zweistufige Informationsmodell im deutschen Recht dadurch, dass die Informationspflicht des Bieters den Ad-hoc Mitteilungen entsprechend § 15 WpHG nachgebildet wurde.

Nach Übermittlung des Angebotsvorhabens veranlasst die AMF die nächsten Schritte des Verfahrens. Insoweit ist es nicht Aufgabe des Bieters bzw. seines Dienstleisters, die Aussetzung des Börsenkurses bei den betroffenen Börsengesellschaften zu beantragen. Dies übernimmt gemäß Art. 231-16 des RAMF die

49 Vgl. Hirte in Kölner Kommentar zum WpÜG, § 10 Rn. 23.

AMF[50]. Ebenso übernimmt die Aufsichtsbehörde AMF im Gegensatz zur BAFin die Veröffentlichung des Angebots des Bieters gemäß Art. 231-16 RAMF selbst.

Das eigentliche Angebotsverfahren, also die Möglichkeit der Annahme des Angebots durch die verkaufswilligen Aktionäre der Zielgesellschaft, wird aber nicht schon mit Abgabe des Angebotsvorhabens eingeleitet, sondern erst durch eine Annahmeerklärung der Aufsichtsbehörde („avis de recevabilité"). Die AMF besitzt diesbezüglich gemäß Art. 231-22 RAMF ein fünftägiges Kontrollrecht. Hierbei prüft sie Ziele und Absichten des Bieters, sowie die Vereinbarkeit mit den einschlägigen Vorschriften, nicht hingegen die Zweckmäßigkeit des Vorhabens[51]. Diese Rolle übernimmt vielmehr der Markt selbst, indem das Angebot durch die Aktionäre angenommen oder abgelehnt wird. Die Frist von fünf Tagen wird in der Praxis oftmals überschritten, was jedoch im Gegensatz zu § 14 Absatz 2 Satz 1 WpÜG nicht einer konkludenten Genehmigung gleichkommt[52]. Während dieser Kontrolle kann die AMF weitere Informationen, Nachweise, Garantien oder Änderungen des Vorhabens vom Bieter verlangen. Nach Erhalt eventuell nachgeforderten Unterlagen beginnt die in Art. 231-22 des RAMF vorgesehene Prüfungsfrist von fünf Börsentagen erneut zu laufen. Ferner kann die AMF auch eine komplette Überarbeitung des Vorhabens durch den Bieter fordern – Art. 231-23 Absatz 2 RAMF –. Nach Ansicht Viandiers[53] kann eine derartige Entscheidung der AMF vom Bieter vor dem Cour d'appel de Paris angefochten werden, da es sich hierbei nicht mehr um ein einfaches Informationsbegehren der AMF handelt, sondern um einen angreifbaren Ermittlungsakt.

Erklärt die AMF das Vorhaben für angenommen, wird diese Entscheidung gemäß Art. 231-24 RAMF veröffentlicht. Das Angebotsverfahren wird dennoch erst eröffnet, sofern alle erforderlichen Genehmigungen etwaiger anderer Institutionen vorliegen. Die Eröffnung des Angebotsverfahrens wird dann bei Vorliegen aller Voraussetzungen – insbesondere erst bei Vorliegen des so genannten „visa"– gesondert publik gemacht. Im Rahmen ihrer Annahmeentscheidung legt die AMF gemäß Art. 231-24 RAMF das Datum der Wiedereinsetzung des Börsenkurses fest, sofern dieser zuvor ausgesetzt wurde. Die

---

50 Bis vor kurzem hatte der CMF die Pflicht, eine Aussetzung der Börsenkurse zu beantragen. Nunmehr liegt ein solcher Antrag in seinem Ermessen. Dies wird dadurch begründet, dass eine Aussetzung des Börsenkurses nicht immer erforderlich ist, um die Gleichbehandlung der Aktionäre zu gewährleisten. Hierzu: Hovasse, Droit des Sociétés oct. 2001, S. 24, 25. Ferner zur Kursaussetzung Viandier, OPA,OPE, n° 1100 ff.

51 Paris, lère ch., CBV, 27 octobre 1993, RJDA 1994, S. 327.

52 Viandier, OPA, OPE, n° 1124.

53 Viandier, OPA, OPE, n° 1122.

Entscheidung der AMF zur Eröffnung des Angebotsverfahrens stellt einen Verwaltungsakt dar. Sie ist von Dritten angreifbar[54]. Instanzgericht ist der Cour d'appel de Paris, welches die Entscheidung der AMF bestätigen oder aufheben kann.

I.1.5.2 Das „visa" der AMF

Eine Besonderheit im französischen Übernahmerecht stellte bis zur Fusion der beiden Aufsichtsbehörden CMF und COB (nunmehr AMF) ferner die Einschaltung einer zweiten Aufsichtsbehörde, der COB, im Rahmen der Veröffentlichung der Angebotsunterlagen dar. Dies war erforderlich, da der CMF lediglich das Übernahmeverfahren an sich überwachte. Die COB war hingegen für eine einheitliche Information des Marktes und die Einhaltung der Transparenzvorschriften zuständig. Der Bieter musste somit gemäß Art. 5-1-4 Absatz 4 RCMF a.F. bei der Übermittlung seines Angebotsvorhabens an den CMF eine Mittelung, so genannte „projet de note d'information", an die COB beilegen, damit die Transparenzvoraussetzungen erfüllt waren.

Die Fusion von CMF und COB auf Grund des Gesetzes n° 2003-706 vom 1. August 2003[55] führte zwar dazu, dass der Bieter im Rahmen des Übernahmeverfahrens nunmehr nur noch mit einer Aufsichtsbehörde, der AMF, zu tun hat. Demzufolge wurde auch die Mitteilung an die COB nach Absatz 4 des Art. 5-1-4 RCMF a.F. gestrichen. Die weiteren übernahmerechtlichen Vorschriften des CMF und der COB haben jedoch weiterhin Bestand. Ferner sind auch frühere Entscheidungen beider Aufsichtsbehörden für die AMF weiterhin richtungweisend[56]. Im Zuge der Neuregelung des RAMF im Rahmen der Umsetzung der Übernahmerichtlinie 2004 soll dieses zweigleisige Genehmigungsverfahren jedoch geändert werden, so dass mit einer Abschaffung des „visas" zu rechnen ist.

Bis dorthin hat der Bieter somit neben der Übermittlung des Angebotsvorhabens an die AMF („projet d'offre") gemäß der Vorschriften der Art. 231-17 ff. RAMF auch eine Informationsmitteilung („projet de note d'information"), ebenfalls an die AMF, zu übermitteln. Anzumerken ist, dass die Mitteilungspflicht nicht nur den Bieter trifft, sondern auch mit dem Bieter gemeinsam handelnde Dritte. Ferner hat auch die Zielgesellschaft eine Stellungnahme bezüglich des Angebots abzugeben. Für Bieter und Zielgesellschaft besteht die

---

54 Viandier, OPA, OPE, n° 1138, 1147. Unter n° 1139 und 1140 sind Beispiele einer Annahme- bzw. einer Eröffnungsentscheidung abgedruckt.

55 JO, 2 August 2003, S. 13220.

56 Lamy, Sociétés Commerciales 2004, n° 4275.

Möglichkeit, eine gemeinsame Mitteilung abzugeben. Dies wird natürlich nur bei einer freundlichen Übernahme geschehen.

Wie beim Angebotsvorhaben („projet d'offre") ist auch bei der Informationsmitteilung („projet de note d'information") der Inhalt vorgegeben. Gemäß Art. 231-20 RAMF hat die Mitteilung des Bieters folgende Angaben zu beinhalten[57]:

- Identität und Eigenschaften des Bieters;

- Angaben zur Bilanz und finanziellen Lage;

- Absichten des Bieters für einen Zeitraum von mindestens zwölf Monaten in Bezug auf das Übernahmevorhaben[58];

- Inhalt und Gegenstand des Angebots: hierzu zählen insbesondere die Angabe der Gegenleistung und deren zugrunde liegenden Bewertungsmethoden, die Anzahl der bereits alleine oder gemeinsam mit einem Dritten gehaltenen Anteile an der Zielgesellschaft, Angaben über das Finanzierungskonzept und dessen Auswirkung auf die betroffenen Gesellschaften;

- Sämtliche Vereinbarungen mit Dritten in Bezug zum Übernahmevorhaben;

- Je nach Typ der Zielgesellschaft eine Stellungnahmen des Verwaltungsrates, des Aufsichtsrates oder des zuständigen Organs, der Aktionäre und Arbeitnehmer und die zugrunde liegende Stimmenverteilung;

- Nachweis der Ermessenserwägungen;

- Unterschriften der die Richtigkeit der Informationen attestierenden Personen.

Die AMF besitzt auch hier ein Kontrollrecht, welches sie gemäß Art. 231-22 RAMF von bis zu fünf Tagen nach Eingang ausüben kann. Ziel dieser Kontrolle ist die Gewährleistung einer ausreichenden Information über den Bieter, dessen Absichten, sowie und dessen Angebot, damit die Aktionäre eine freie Verkauf-

---

57 Erläuterungen zu den vom Bieter zu machenden Angaben bei Noémie, Bull. Joly Bourse mai-juin 2002, S. 235 ff.

58 Die Abfassung dieser Absichtserklärung ist für den Bieter eine heikle Aufgabe. Er wird versuchen diese nicht zu präzise zu formulieren, da er später an dieser Absichtserklärung gemessen wird. Erfüllt er die angestrebten Ziele nicht, wirkt sich dies negativ auf den Aktienkurs aus. Beispiele solcher Absichtserklärungen bei: Viandier, OPA, OPE, n° 1206 ff.

entscheidung treffen können. Innerhalb von fünf Tagen hat die AMF ihre Zustimmung – „visa“ – zu erteilen bzw. zu verweigern[59]. Während dieser Kontrolle kann die AMF weitere Informationen und Belege vom Bieter verlangen. Die Entscheidung der AMF wird der Öffentlichkeit mitgeteilt. Sobald der Bieter das „visa“ erhält, hat er eine Abschrift entsprechend Art. 231-27 RAMF der Zielgesellschaft zu übermitteln. Nach Erhalt des „visa“ wird die „note d'information“ des Bieters auf der Internetseite der AMF und in der Presse veröffentlicht.

Die Informationsmitteilung gibt wiederum nicht der Bieter selbst ab, sondern dessen Vertreter, das Wertpapierdienstleistungsunternehmen. Die Mitteilung muss gemäß Art. 231-34 RAMF vor Eröffnung der Annahmefrist und spätestens am zweiten Börsentag nach Erteilung des „visa“ durch die AMF veröffentlicht werden.

Zusammenfassend ist somit festzuhalten, dass der Erhalt des „visa“ trotz Fusion der beiden Aufsichtsbehörden CMF und COB weiterhin – und dies bis zur Neugestaltung des Règlements der AMF auf Grund der Umsetzung der Übernahmerichtlinie – eine unabdingbare Voraussetzung für die Einleitung des Übernahmeverfahrens des Bieters darstellt. Demzufolge produziert das „visa“ Rechtsfolgen, die folgerichtig gerichtlich angreifbar sind. Teilweise wurde angenommen, dass das „visa“ eine Art Gütesiegel für das Angebot des Bieters verkörpert. Dies nahmen insbesondere immer wieder Minderheitsaktionäre an, was zur Folge hatte, dass die Rechtsprechung die Tragweite des „visa“ mehrfach festlegen musste. Doch wie auch bei der Kontrolle des „projet d'offre“ prüft die AMF nicht die Zweckmäßigkeit des Vorhabens[60]. Die Rechtsprechung hat durch mehrere Urteile[61] klargestellt, dass durch die Gewährung des „visa“ die Durchführung einer Schlüssigkeitskontrolle bezüglich der durch den Bieter übermittelten Informationen attestiert wird, jedoch keine Garantie für deren Richtigkeit übernommen werden kann. Die Kontrolle der AMF ist somit mehr als eine einfache formelle aber auch weniger als eine tiefgehende materielle Prüfung. Demzufolge ist auch das „visa“ der AMF schwer angreifbar, obwohl die Einlegung eines Rechtsmittels vor dem Cour d'appel de Paris grundsätzlich möglich ist.

---

59 Bis Mitte des Jahres 1999 ist keine Verweigerung des „visa“ durch die COB bekannt. Bekannt sind lediglich vorläufige Verweigerungen, die zu einer Verschiebung der Einleitung des Verfahrens geführt haben. Die Regel ist jedoch, dass die COB (jetzt AMF) das „visa“ ohne weitere Auflagen erteilt.

60 De Vauplane/Bornet, n° 796.

61 Paris, 1ère ch., COB, 7 juillet 1995, RJDA 1995, S. 776; diese Rechtsprechung wurde im Rahmen eines Börsengangs, für den ebenfalls ein visa der COB Bedingung ist, bestätigt: Paris, 1ère ch., H, 19 mai 1998, nicht veröffentlicht.

I.1.5.3 Die Neugestaltung der Verfahrenseinleitung im französischen Übernahmerecht

Im Rahmen der Umsetzung der Übernahmerichtlinie 2004 durch das Gesetz 2006-387 vom 31. März 2006 wird auch die AMF ihre Verordnung zum Übernahmerecht (RAMF) ändern und ergänzen. Diesbezüglich nahm die AMF zwischen April und Ende Juni 2006 eine öffentliche Befragung des Marktes vor[62]. Inhalt dieser Befragung war auch eine Reform des Kontrollverfahrens durch die AMF (Ziffer 1 der Befragung). Insoweit schlug die AMF vor, die Annahmeprozedur in Bezug auf das Angebotsvorhaben des Bieters sowie die Erteilung des „visa" zu vereinigen. Demnach soll nach Vorstellung der AMF die Annahmeerklärung („décision de recevabilité") durch eine einzige Konformitätserklärung in Bezug auf das Angebotsvorhaben ersetzen, welche gleichzeitig das „visa" und auch die Prüfung der Informationsmitteilung des Bieters („note d'information") umfassen soll. Gegen die Konformitätserklärung der AMF kann – wie auch zuvor gegen die Entscheidung hinsichtlich der Erteilung des „visa" – vor dem Cour d'appel von Paris Rechtsmittel eingelegt werden.

Die Neugestaltung der Verfahrenseinleitung im französischen Übernahmerecht ist konsequente Folge der Einführung der Pflicht zur unverzüglichen Erklärung von Übernahmevorhaben[63]. Es ist demnach zu erwarten, dass das französische Übernahmerecht von einer einstufigen zu einer zweistufigen Verfahrenseinleitung wechselt. Demzufolge, sowie auf Grund der im Jahre 2003 erfolgten Fusion der zwei Aufsichtsbehörden CMF und COB, macht ein Festhalten von Annahmeerklärung („décision de recevabilité") und „visa" keinen Sinn mehr. Eine einzige Konformitätserklärung erscheint demnach die praktikablere Vorgehensweise zu sein. Insoweit scheint dies der Markt auch zu bestätigen. So erfolgten auf die öffentliche Anhörung der AMF vom April 2006 keine Einwände des Marktes hinsichtlich der Vereinigung von Annahmeerklärung und „visa" in einer Konformitätserklärung[64]. Es ist folglich nur noch eine Frage der Zeit, bis die Verordnung der AMF diesbezüglich geändert wird.

Die Umstellung auf eine zweistufige Verfahrenseinleitung würde somit eine Angleichung an das deutsche Übernahmerecht bedeuten, auch wenn sich der französische Gesetzgeber nicht am deutschen Recht orientiert. Die Übernahmerichtlinie scheint in diesem Punkt ihrer Rolle gerecht zu werden, indem sie zur Angleichung beider Rechtssysteme und somit zur Entfernung eines Stückes Disharmonie beiträgt.

---

62 Pressemitteilung der AMF vom 25. April 2006.

63 Siehe hierzu: Kapitel 2 Ziffer II.2.2.

64 Zusammenfassung des Anhörungsverfahrens der AMF („synthese de réponse") vom 21. Juli 2006.

I.2 Das französische vereinfachte Verfahren – „Procédure simplifiée"

Das vereinfachte Verfahren ist als Ausnahmeverfahren vom Normalverfahren „procédure normale" zu verstehen. Es existierte in Frankreich bereits vor Inkrafttreten des Finanzmarkt-Gesetzes 89-531 vom 2. August 1989, also vor Einführung des Pflichtangebots, in zwei Varianten.

Die eine Verfahrensart wurde als „procédure allégée" (erleichtertes Verfahren) bezeichnet. Dieses Verfahren eröffnete Investitionsmöglichkeiten in Form des Erwerbs von Aktien börsennotierter Gesellschaften von bis zu 15 % des Kapitals einer Gesellschaft, einschließlich der sich bereits im Besitz des Bieters befindenden Anteile. Voraussetzung war jedoch, dass der Investor nicht die Kontrolle in der Gesellschaft anvisierte. Das zweite Verfahren, die so genannte „procédure simplifiée" (vereinfachtes Verfahren), ermöglichte es einem Aktionär, der mindestens 2/3 der Aktien einer Gesellschaft hielt und die „Auflösung" der Gesellschaft anstrebte, um sich von den gesetzlich vorgegebenen Pflichten und Zwängen, welche auf börsennotierten Gesellschaften liegen, zu befreien[65].

Später wurden die beiden Verfahrensarten unter dem Begriff „procédure simplifiée" vereint, dann im Jahre 1992 dem so genannten Kurssicherungsverfahren „garantie de cours"[66] angegliedert. Im Jahre 1998 erhielt das vereinfachte Verfahren dann wieder seine rechtliche Selbständigkeit. Heute ist das vereinfachte Verfahren in den Artikel 233-1 ff. RAMF geregelt und beinhaltet weitaus mehr Ausnahmetatbestände zum Normalverfahren als früher.

Artikel 233-1 RAMF regelt insgesamt acht Ausnahmetatbestände:

1. Das Angebot eines Aktionärs, welcher unmittelbar oder mittelbar, alleine oder gemeinsam gemäß Art. L. 233-10 des Code de commerce die Hälfte des Kapitals oder der Stimmrechte der Gesellschaft hält.

2. Das Angebot eines Aktionärs, welcher unmittelbar oder mittelbar, alleine oder gemeinsam gemäß Art. L. 233-10 des Code de commerce, die Hälfte des Kapitals oder der Stimmrechte der Gesellschaft durch erfolgten Erwerb hält.

3. Ein auf höchstens 10 % des Kapitals oder der Stimmrechte der Zielgesellschaft gerichtetes Angebot eines Bieters, einschließlich der bereits unmittelbar oder mittelbar gehaltenen Aktien oder Stimmrechte.

---

65 Viandier, OPA, OPE, n° 1300.

66 Siehe zum Kurssicherungsverfahren Kapitel 1 Ziffer III.

4. Das Angebot einer allein oder gemäß Art. L. 233-10 des Code de commerce gemeinsam handelnden Person, welche zum Ziel den Erwerb von Vorzugsaktien, Investmentzertifikate oder Stimmrechtszertifikate hat.

5. Das Angebot zum Erwerb eigener Aktien nach Art. L. 225-207 des Code de commerce.

6. Das Angebot zum Erwerb eigener Aktien nach Art. L. 225-209 des Code de commerce.

7. Das Angebot einer emittierenden Gesellschaft mit dem Ziel des Erwerbs eigener Aktien.

8. Das Angebot einer emittierenden Gesellschaft, welche zum Tausch Schuldtitel anbietet, die keinen Zugang zum Kapital gewähren gegen Aktien oder andere Titel, die Zugang zum Kapital gewähren.

Merkmal des vereinfachten Verfahrens ist somit, dass der Erwerber entweder bereits die tatsächliche Mehrheit des Kapitals oder der Stimmrechte, allein oder gemeinsam mit einem Dritten in der Gesellschaft inne hat oder aber diese Mehrheit erst gar nicht anstrebt.

Art. 233-1 RAMF macht deutlich, dass deutsches und französisches Übernahmerecht sich auch beim vereinfachten Verfahren in der Systematik unterscheiden. Es besteht also auch hier eine auffallende Disharmonie zwischen beiden Rechtssystemen. Im deutschen Recht stellen die Angebotsvorhaben, welche nicht auf den Erwerb der Kontrolle oder Mehrheit in der Gesellschaft abzielen, also das Angebot zum Erwerb von Wertpapieren gemäß §§ 2 Absatz 1 und 10 WpÜG, den Grundtatbestand und somit das Normalverfahren dar[67]. Das Übernahmeangebot nach § 29 WpÜG sowie das Pflichtangebot nach § 35 WpÜG sind demnach Ausnahmetatbestände im deutschen Übernahmerecht. Das vereinfachte Verfahren nach Art. 233-1 RAMF bildet auf Grund der Zielrichtung das entsprechende Verfahren zu § 2 Absatz 1 WpÜG, es stellt hingegen einen Ausnahmetatbestand zum französischen Normalverfahren, welches stets auf den Erwerb der Kontrolle bzw. die Mehrheit in der Gesellschaft gerichtet ist, dar. Das bedeutet somit, dass das Verfahren mit den geringsten Vorgaben und Zwängen nicht etwa als allgemeines Verfahren, also als Grundtatbestand für das Übernahmeangebot und das Pflichtangebot, gilt, sondern vielmehr einen Ausnahmetatbestand darstellt. Im deutschen Übernahmerecht hingegen stellt das Verfahren mit den geringsten Vorgaben, das einfache Angebot zum Erwerb von Wertpapieren, die Grund-voraussetzungen für Übernahme- und Pflichtangebot

---

67 Siehe bereits oben: Kapitel 1 Ziffer I.1.1.

dar. Der hier dargestellte Methodikunterschied unterstreicht folglich die bisher herausgearbeitete Disharmonie in der Struktur beider Übernahmerechtssysteme.

Dieser grundlegende systematische Unterschied zwischen deutschem und französischem Übernahmerecht ist insbesondere dadurch zu begründen, dass im französischen Rechtssystem der stringente Aufbau vom „Allgemeinen zum Speziellen" nicht derart ausgeprägt ist, wie im deutschen Recht. Diese unterschiedliche Systematik ist bereits beim Vergleich des BGB mit dem französischem Code civil anzutreffen. So beinhaltet z.B. das erste Buch des Code civil neben dem Personenrecht das Familienrecht; die Regeln über Willenserklärungen sind hingegen erst in den Art. 1109 ff. zu finden[68]. Die im BGB „vor die Klammer" gezogenen Prinzipien sind im Code civil indessen im jeweiligen Funktionszusammenhang anzutreffen[69]. Demzufolge verwundert es nicht, dass der französische Gesetzgeber als Grundtatbestand des Übernahmerechts nicht die Fallgestaltung mit den geringsten Vorgaben und Zwängen ausgewählt hat, sondern das Gesetz nach Funktionszusammenhängen aufgebaut ist.

Folge dieser unterschiedlichen Systematik ist, dass die „procédure simplifiée" als Ausnahmeverfahren die einzelnen Ausnahmetatbestände abschließend aufzuzählen hat. Das deutsche Angebot zum Erwerb von Wertpapieren gemäß § 2 Absatz 1 WpÜG erfordert eine derartige Aufzählung als Grundtatbestand hingegen nicht.

Trotz unterschiedlicher Systematik kennt auch das französische Übernahmerecht allgemeine (Verfahrens-) Grundsätze"[70], denn auf das vereinfachte Verfahren nach Art. 233-1 des RAMF ff. finden die allgemeinen Vorschriften des Normalverfahrens gemäß Art. 231-1 des RAMF ff. Anwendung.

Da es sich beim vereinfachten Verfahren um einen Ausnahmetatbestand zum Normalverfahren handelt, und eine Erlangung der Kontrolle bzw. der Mehrheit in der Zielgesellschaft nicht beabsichtigt ist oder bereits besteht, sind folglich auch die Anforderungen an den Aktionärsschutz geringer. Art. 233-1 RAMF regelt demzufolge zahlreiche Vereinfachungen in der Verfahrenseinleitung und Durchführung. So sind die Informationspflichten im Rahmen der Einleitung der „procédure simplifiée" im Vergleich zum Normalverfahren vereinfacht. Ferner erfolgt der Erwerb der Aktien außer in den Fallvarianten der Nummern 3 und 5

---

68 Hübner/Constantinesco; Einführung in das französische Recht, S. 139.

69 Hübner/Constantinesco; Einführung in das französische Recht, S. 140 f.

70 Sämtliche Regelungen des dritten Abschnitts des WpÜG hinsichtlich des Angebots zum Erwerb von Wertpapieren gelten auch für das Übernahmeangebot nach § 29 WpÜG und das Pflichtangebot nach § 35 WpÜG: BT-Drucksache 14/7043, S. 29 f.

am Markt selbst nach den Bedingungen des Angebots bei Eröffnung, wohingegen beim Normalverfahren (Übernahmeangebot) die Verkaufsangebote zentralisiert werden und gemäß Artikel 232-2 Absatz 4 RAMF bis zum Ende des Angebotsverfahrens widerrufen werden können[71]. Des Weiteren kann die Angebotsdauer nach Art. 233-3 RAMF auf 10 Tage begrenzt werden.

Im Jahr 2004 verzeichnete die AMF bei einer Gesamtzahl von 72 Übernahmeverfahren insgesamt 17 vereinfachte Verfahren[72]. Im gleichen Zeitraum lag die Anzahl der veröffentlichen Verfahren in Deutschland bei 33, davon 6 Entscheidungen zur Abgabe eines einfachen Wertpapier-Erwerbs-Angebots[73].

II. Das Pflichtangebot

Beim Pflichtangebot scheint die Disharmonie zwischen deutschem und französischem Recht auf den ersten Blick am Geringsten zu sein. Auf den zweiten Blick weist das französische Pflichtangebot („offre publique obligatoire“) aber auch hier mehrere Besonderheiten zum deutschen Pflichtangebot auf.

II.1 Allgemeines zum französischen Pflichtangebot

Das Pflichtangebot ist in den Art. 234-1 bis 234-9 RAMF geregelt. Die Regeln des Normalverfahrens finden gemäß Art. 234-2 Absatz 2 Satz 2 RAMF Anwendung, sofern die Vorschriften des Pflichtangebots keine speziellere Vorgaben aufweisen. Entsprechend dem deutschen Übernahmerecht ist das Pflichtangebot nur als Vollangebot, also gerichtet auf die Gesamtheit der Aktien, möglich.

Ein bedeutender Unterschied zwischen den beiden Rechtssystemen liegt in der geschichtlichen Entwicklung des Pflichtangebots. Während der französische Gesetzgeber das Pflichtangebot auf Grund der umfassenden Praxiserfahrung zum Schutz der (Minderheits-) Aktionäre durch das Gesetz 89-531 vom 2. August 1989 einführte, wurde das Pflichtangebot in Deutschland überwiegend auf Grund des internationalen Drucks und zum Zwecke der Rechtsangleichung erstmals im WpÜG gesetzlich verankert. Zwar sah der Übernahmekodex von 1995 in Artikel 16 bereits ein Pflichtangebot vor. Da die Unterwerfung unter diesen Kodex jedoch freiwillig war, kann letztendlich nicht von einem

71 Lamy, Droit du Financement 2005, n° 1638.

72 Rapport annuel AMF 2004, S. 104.

73 Siehe Statistik der BAFin über veröffentlichte Entscheidungen eines Bieters zur Abgabe eines Wertpapier-Erwerbs-Angebotes (§ 10 WpÜG)/Veröffentlichte Entscheidungen eines Bieters zur Abgabe eines Übernahme-Angebotes (§§ 29, 34, 10 WpÜG)/Veröffentlichte Kontrollerlangung eines Bieters über eine Zielgesellschaft (§ 35 WpÜG) auf www.bafin.de.

Pflichtangebot nach heutigem Verständnis gesprochen werden. Aus Gründen der Wettbewerbsfähigkeit und zur Steigerung der Attraktivität der deutschen Finanzmärkte, sowie zur Angleichung des deutschen Finanzrechts im Hinblick auf internationale Standards war der Schritt zu einem gesetzlich vorgeschriebenen Pflichtangebot für den deutschen Gesetzgeber unausweichlich. Auf eine Darstellung der Kritik hinsichtlich der Einführung des Pflichtangebots in Deutschland soll hier jedoch verzichtet werden[74].

Ein weiterer Unterschied zwischen den beiden Rechtssystemen ergibt sich aus der unterschiedlichen Verwendung der Begriffe im Hinblick auf den Auslösetatbestand des Pflichtangebots. Während im deutschen Recht der zentrale Begriff des Pflichtangebots die Kontrollerlangung ist, vermeidet das französische Übernahmerecht eine Erwähnung des Begriffs. Insoweit regelt § 35 Absatz 1 Satz 1 WpÜG:

„Wer unmittelbar oder mittelbar die Kontrolle über eine Zielgesellschaft erlangt, hat dies zu veröffentlichen".

§ 29 WpÜG liefert die Definition der Kontrolle im deutschen Übernahmerecht. Der Wortlaut des Art. 234-2 RAMF vermeidet indessen nicht nur den Begriff der Kontrolle, sondern es erfolgt auch keine Verweisung auf die gesellschaftsrechtliche Definition des Kontrollbegriffs in Art. L. 233-3 des Code de commerce. Vielmehr nennt die Regelung den Schwellenwert von 1/3 der Aktien oder Stimmrechte der Zielgesellschaft, bei dessen Überschreitung ein Pflichtangebot abzugeben ist. Dies macht deutlich, dass im französischen Recht der Begriff der Kontrolle allein gesellschaftsrechtlicher Natur ist. Auslöser des Pflichtangebots ist somit nicht die Kontrollerlangung, sondern die Überschreitung des Schwellenwertes von 1/3 des Kapitals oder der Stimmrechte. Letztendlich stimmen zwar die Schwellenwerte im deutschen und französischen Übernahmerecht nahezu überein. Durch die ausdrückliche Nennung eines Schwellenwertes und der gleichzeitigen Vermeidung des Begriffs der Kontrolle wird jedoch der Kontrollbegriff dem Gesellschaftsrecht und nicht dem Finanzrecht zugeordnet. Es besteht folglich zwischen beiden Übernahmerechten auch beim Pflichtangebot eine gewisse dogmatische Disharmonie. Ein Pflichtangebot ist zwar in beiden Übernahmerechten im Falle eines Kontrollwechsels abzugeben. Der Anknüpfungspunkt ist jedoch jeweils ein anderer. Im deutschen Recht liegt dieser im Finanzmarktrecht, im französischen Recht hingegen im Gesellschaftsrecht.

---

74 Die Kritik stütze sich insbesondere auf den Zwang 100 % der Anteile erwerben zu müssen, siehe: Letzel, NZG 2001, 260 f.; Houben, WM 2000, 1873, 1876 f.; Meyer in Geibel/Süßmann, WpÜG, § 35 Rn. 3 ff. Zur Verfassungsmäßigkeit des Pflichtangebots insbesondere Meyer in Geibel/Süßmann, WpÜG, § 35 Rn. 10 ff.

II.2 Auslöser des Pflichtangebots

Auslöser des Pflichtangebots nach Art. 234-2 RAMF können mehrere Sachverhalte sein. Zum einen handelt es sich um das Überschreiten von Schwellenwerten, so genannte „franchissement de seuil", (Ziffer II.2.1 ff.); zum anderen, und hier wird die Disharmonie zum deutschen Recht besonders deutlich, um den Fall der Beteiligungserhöhung, so genannte „Creeping-in" Regelung (Ziffer II.2.4). Schließlich kann Auslöser eines Pflichtangebots aber auch eine Verschmelzung in Form der Aufnahme einer anderen Gesellschaft sein (Ziffer II.2.5).

II.2.1 Überschreitung des Schwellenwertes nach Art. 234-2 Absatz 1 RAMF

Gemäß Art. 234-2 Absatz 1 RAMF ist im Falle der Überschreitung des Schwellenwertes von 1/3 des Kapitals oder der Stimmrechte in einer börsennotierten Gesellschaft ein Pflichtangebot abzugeben. Damit liegt die Schwelle geringfügig höher als bei § 29 Absatz 2 WpÜG. Im Gegensatz zum deutschen Recht (§ 35 Absatz 1 Satz 1 WpÜG) trennt das französische Übernahmerecht strenger zwischen unmittelbarer Überschreitung - „franchissement direct" - (Ziffer II.2.2) und mittelbarer Überschreitung - „franchissement indirect" - (Ziffer II.2.3) des Schwellenwertes.

II.2.2 Unmittelbare Überschreitung des Schwellenwertes

Erfasst wird sowohl die Überschreitung des Schwellenwertes durch den Bieter allein als auch ein Überschreiten mit Hilfe von Verbündeten in der Form des gemeinsamen Handels („action de concert"). Berücksichtigung finden bei der Berechnung des Schwellenwertes nur Kapitalanteile, die auch ein Stimmrecht vermitteln. Stimmrechtslose Vorzugsaktien und Investmentzertifikate („certificats d'investissements") spielen folglich keine Rolle[75]. Dies stellt nunmehr Art. 234-2 RAMF ausdrücklich klar. Die Art und Weise der Überschreitung des Schwellenwertes spielt dabei eine untergeordnete Rolle[76]. Stimmrechtslose Vorzugsaktien sind jedoch in die Berechnung einzubeziehen, wenn die vorgesehene Dividende nicht vollständig ausbezahlt wurde. Insofern lebt gemäß Art. L. 228-14 Code de commerce das Stimmrecht bei nicht vollständiger Ausbezahlung der Dividende auf[77].

In der Literatur ist hingegen streitig, ob von der Zielgesellschaft selbst gehaltene Aktien in die Berechnung mit einbezogen werden müssen oder nicht, obwohl

75 De Vauplane/Bornet, n° 786-1; Lamy, Droit du Financement 2005, n°1641.
76 Viandier, OPA, OPE, n° 1573; Bonneau/Faugérolas, Les offres publiques, n° 354.
77 Viandier, OPA, OPE, n° 1578.

diese entsprechend Art. L 225-210 und Art. L. 233-31 Code de commerce keine Stimmrechte gewähren[78]. Der deutsche Gesetzgeber und Teile der Literatur bejahen dies[79]. Auch in Frankreich vertritt die herrschende Ansicht, dass derartige Anteile und Stimmrechte mit in die Berechnung einzubeziehen sind, da es sich hier lediglich um ein zeitliches Ruhen der Stimmrechte handelt[80]. Dennoch wurde bisher keine klarstellende Regelung in das RAMF eingeführt.

Ein bisher ungelöstes Problem stellt die Beschränkung der Stimmrechte in der Hauptversammlung durch die Satzung dar. Im Gegensatz zum deutschen Recht können in Frankreich börsennotierte Aktiengesellschaften nach Art. L. 225-125 Code de commerce Höchststimmrechte in der Satzung regeln, sofern die Regelung auf alle Aktionäre Anwendung findet. Setzt beispielsweise die Satzung eine Höchstbeteiligung von 20 % fest, und überschreitet eine Person diese Höchstgrenze und dazu noch den Schwellenwert von 1/3, stellt sich die Frage, ob ein Pflichtangebot abgegeben werden muss, obwohl sie sämtliche über der Höchstgrenze liegende Stimmrechte nicht ausüben darf. Da es jedoch keinen Befreiungstatbestand für diesen Fall gibt, ist ein Pflichtangebot abzugeben[81].

In der Praxis ist in der Satzung häufig geregelt, dass im Falle eines Kontrollwechsels durch Übernahmeangebot die in der Satzung festgelegte Stimmenbeschränkung hinfällig wird, wenn mindestens 2/3 des Kapitals erworben wird[82]. Dieser Trend wird wohl durch die Umsetzung der Übernahmerichtlinie weiter verstärkt werden. Im deutschen Recht stellt sich diese Problematik hingegen nicht, da Höchststimmrechte seit der Änderung des § 134 Absatz 1 Satz 2 AktG durch Art. 1 Nr. 20 KonTraG nur noch bei nicht börsennotierten Gesellschaften zulässig sind[83].

---

78 Lamy, Droit du Financement 2005, n°1641.

79 BT-Drucksache 14/7034, S. 53 mit Verweis auf die h.M. zu § 21 WpHG; Süßmann in Geibel/Süßmann, WpÜG, § 29 Rn. 29; Oechsler in Ehricke/Ekkenga/Oechsler, WpÜG, § 29 Rn. 12; a. A. Steinmeyer/Häger, WpÜG, § 29 Rn. 40; Fleischer/Körber, BB 2001, 2589, 2593 f.

80 Gegen einen Abzug dieser Stimmrechte: Viandier, OPA, OPE, n° 1578; Bonneau, Rev. Droit bancaire et financier, sept./oct. 2000, S. 281, 282; Bonneau/Faugérolas, Les offres publiques, n° 356; Bucher/Rontchevsky, Dictionnaire Joly Bourse et Produits Financiers, n°. 399; Hinweis auf ein Urteil des CA Paris vom 1. Februar 2000 bei Bonneau, Rev. Droit bancaire et financier, sept./oct. 2000, S. 281, 282; Daigre, S. 85.

81 Viandier, OPA, OPE, n° 1579.

82 Francis Lefebvre, Memento Sociétés Commerciales 2006, n° 10651.

83 Hierzu: Hüffer, AktG § 134 Rn. 5.

II.2.3 Indirekte Überschreitung des Schwellenwertes – Der Fall ADAM / CGE und HAVAS

Von einer indirekten Überschreitung des Schwellenwertes wird im französischen Übernahmerecht gesprochen, wenn die Kontrolle in einer Drittgesellschaft erlangt wird, die selbst mehr als 1/3 des Kapitals oder der Stimmrechte an einer börsennotierten Gesellschaft hält, und diese Beteiligung einen wesentlichen Teil ihrer Aktiva darstellt. Diese Fallvariante regelt Art. 234-3 RAMF. Häufig wird es sich bei der Drittgesellschaft um eine Holding handeln. Als „wesentlichen Teil ihrer Aktiva" wird regelmäßig mindestens die Hälfte des Aktivvermögens der Zielgesellschaft angesehen[84]. Der AMF steht jedoch ein Ermessen hinsichtlich der Ermittlung des Aktivvermögens zu. Art. 234-3 Absatz 1 RAMF regelt zwei Fallgruppen des indirekten Überschreitens, wobei sich insbesondere eine intensive Behandlung der 1. Alternative anbietet. Die 1. Alternative regelt die Kontrollerlangung durch eine allein handelnde Person. Der Begriff der alleinigen Kontrollerlangung war lange Zeit heftig umstritten und führte zu unterschiedlichen und sich widersprechenden Urteilen der Rechtsprechung und infolgedessen auch zu Änderungen im RAMF bzw. RCMF. Die Entwicklung des Kontrollbegriffs im Rahmen des Art. 234-3 Absatz 1 1. Alternative RAMF ist symptomatisch für das französische Übernahmerecht, welches ständig den Bedürfnissen der Praxis angepasst wurde.

Es wurde bereits erwähnt, dass der Kontrollbegriff in Frankreich nicht wie im deutschen Recht im Übernahmerecht definiert (§ 29 Absatz 2 WpÜG) ist, sondern im Gesellschaftsrecht; Art. L. 233-3 Code de commerce. Hiernach

„kontrolliert eine Gesellschaft eine andere, wenn

◦ sie unmittelbar oder mittelbar einen Anteil am Kapital der Gesellschaft hält, welcher ihr die Mehrheit der Stimmrechte in der Hauptversammlung vermittelt" (Absatz 1 Nr. 1);

◦ „sie alleine über die Mehrheit der Stimmrechte in dieser Gesellschaft auf Grund einer Vereinbarung zwischen Aktionären, welche nicht dem Gesellschaftsinteresse widerspricht, verfügt" (Absatz 1 Nr. 2) oder

◦ „sie faktisch durch ihre Stimmrechte die Entscheidungen der Hauptversammlung dieser Gesellschaft bestimmt" (Absatz 1 Nr. 3).

---

84 Lamy, Droit du Financement 2005, n° 1641; Viandier, OPA, OPE, n° 1625.

Eine Vermutung der Kontrollausübung wird bei einer Beteiligung von 40 % angenommen.

Problematisch war, dass Art. L. 233-3 Code de commerce auch dann einschlägig ist, wenn ein gemeinsames Handeln gemäß Art. L. 233-10 Code de commerce (entsprechend § 2 Absatz 5 WpÜG) zweier oder mehrere Personen vorliegt. Das bedeutet, dass die in Art. L. 233-3 Code de commerce definierte Kontrolle auch gemeinsam ausgeübt werden kann, was zwangsläufig zu Anwendungsproblemen im Rahmen des Art. 234-3 Absatz 1 1. Alt. RAMF führte, denn der Wortlaut stellt nur auf eine allein handelnde Person ab. Insoweit traten immer wieder Spannungen zwischen französischem Kapitalmarkt- und Gesellschaftsrecht auf. Um diese Problematik zu verdeutlichen, soll folgender Rechtsstreit dargestellt werden, der zu einem richtungweisenden Urteil des Cour d'appel de Paris[85] geführt hat.

Die Gesellschaft CGE hielt 29,3 % des Kapitals der Gesellschaft HAVAS. Die Gesellschaft AUDIOPAR hielt 1,8 % des Kapitals von HAVAS und handelte mit der CGE i.S.d. Art. L. 233-10 Code de commerce (entsprechend § 2 Absatz 5 WpÜG) gemeinsam. Es lag folglich zwischen AUDIOPAR und CGE eine so genannte „action de concert" („acting in concert") vor. Die Gesellschaft CANAL+ wurde durch gemeinsames Handeln von HAVAS und RICHEMONT kontrolliert, es lag also auch hier eine „action de concert" vor. CANAL+ hielt wiederum 100 % des Kapitals von CANAL+ FINANCE, wobei CANAL+ FINANCE 4,8 % an HAVAS hält. Anhand der folgenden Skizze soll die Beteiligungsstruktur verdeutlicht werden.

85 CA Paris 20 février 1998, RJDA 4/98, S. 279, note Couret; JCP G 1998, II, 10096, S. 1051, note Daigre.

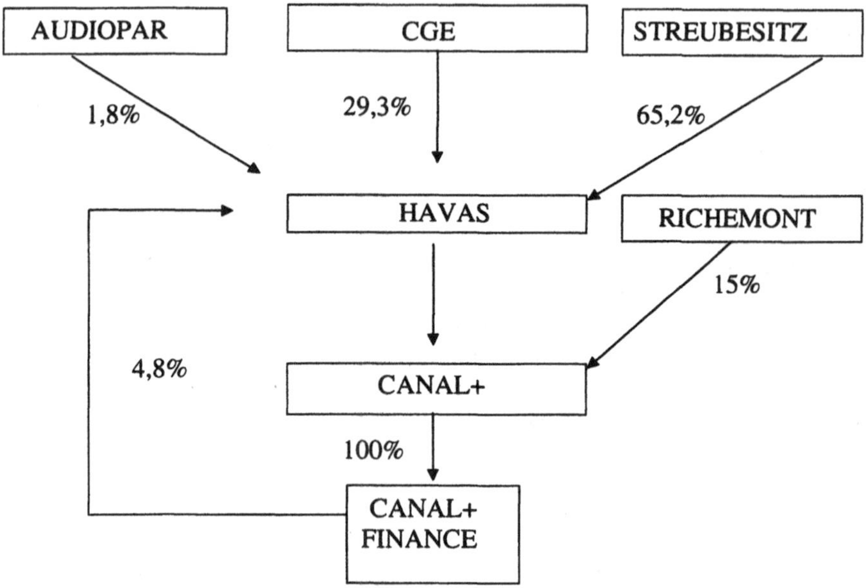

Die Klägerin, die Aktionärsvereinigung ADAM, verfolgte das Ziel, die CGE durch Klage zu einem Pflichtangebot über die Aktien der HAVAS zu zwingen. Sie war der Ansicht, dass die CGE den Schwellenwert von 1/3 überschritten hatte und demzufolge HAVAS kontrollierte und ein Pflichtangebot über die Gesamtheit der Aktien von HAVAS abzugeben hatte. Diese Ansicht stütze sie auf Art. L. 233-3 Nr. 2 Code de commerce[86] i.V.m. Art. 5-5-2 Absatz 1 1. Alt. Règlement CMF (nunmehr Art. 234-2 RAMF). Demnach hielte die CGE unmittelbar 31,1 % des Kapitals an HAVAS (29,3 % selbst und 1,8 % durch gemeinsames Handeln mit AUDIOPAR). Mittelbar müssten jedoch der CGE die 4,8 %ige Beteiligung von CANAL+ FINANCE am Kapital von HAVAS durch Anwendung des Art. L. 233-4 Code de commerce zugerechnet werden. Art. L. 233-4 Code de commerce besagt, dass jede Beteiligung, selbst unter 10 %, an einer Gesellschaft (hier: CANAL+ FINANCE an HAVAS), welche wiederum von einer anderen Gesellschaft (CANAL+) kontrolliert wird, der Letzteren mittelbar zuzurechnen wird. Demzufolge sei also auf Grund des Art. L. 233-4 Code de commerce die Beteiligung von CGE und AUDIOPAR an HAVAS

86 Hiernach wird angenommen, dass eine Gesellschaft eine andere kontrolliert, wenn diese allein dieMehrheit der Stimmrechte in dieser Gesellschaft durch eine Vereinbarung mit anderen Aktionären hält.

nicht 31,1 %, sondern 35,9 % und folglich der Schwellenwert von 1/3 überschritten, was zu einem Pflichtangebot führe.

Der CMF folgte der Ansicht der ADAM jedoch nicht und entschied, dass die CGE mangels Kontrolle über HAVAS kein Pflichtangebot abzugeben habe. Daraufhin klagte die ADAM vor dem Cour d'appel de Paris. Das Gericht sah die Klage der ADAM jedoch ebenfalls für unbegründet an und wies sie ab. Der Begründung des Cour d'appel de Paris lagen zwei juristisch bedeutende Fragen zugrunde. Einmal hatte es über das gemeinsame Handeln von CGE und AUDIOPAR zu entscheiden, welches das Halten von 1/3 des Kapitals von HAVAS begründen sollte, zum anderen über den Kontrollbegriff des Art. L. 233-3 Code commerce, der über Anwendung des Absatzes 1 Nr. 2 die Zurechnung der 4,8 % von CANAL+ FINANCE am Kapital von HAVAS erlauben sollte.

Zusammenfassend argumentierte das Gericht folgendermaßen. Eine Kontrolle der CGE auf Grundlage des Art. L. 233-3 Absatz 1 Nr. 2 Code de commerce über HAVAS liegt nicht vor, da der Wortlaut dieser Vorschrift von der Kontrolle einer einzigen Gesellschaft („*seule*") über eine andere ausgeht. Der gesamte Absatz 1 der Vorschrift (nicht nur Nr. 2) beziehe sich stets auf eine Person als Kontrollinhaber, so dass anzunehmen ist, dass es sich ausschließlich um eine exklusive Kontrolle handeln muss[87]. Damit entkräftete das Gericht die Argumentation der ADAM, die geltend machte, dass die Kontrolle auf einem gemeinsamen Handeln zwischen CGE und AUDIOPAR basiere. Laut Gericht bestand zwar zwischen CGE und AUDIOPAR eine Vereinbarung zur gemeinsamen Gestaltung der Unternehmenspolitik[88]. Dies widerspräche jedoch eindeutig dem Wortlaut der Vorschrift, welcher von einer exklusiven Kontrolle ausgehe. Die Richter fügten an, dass bei einem gemeinsamen Handeln, eine exklusive Kontrolle einer Person nur vorliegen könne, wenn die mit ihr gemeinsam handelnde Person ihre Stimmrechte vollständig auf die andere überträgt. Dieser Fall lag hier jedoch nicht vor.

Ferner argumentierte das Gericht, dass zwar die in Art. L. 233-3 Absatz 1 Nr. 2 Code de commerce gemeinte (exklusive) Kontrolle regelmäßig durch eine Stimmrechtsvereinbarung erlangt werden kann, auch wenn diese gleichzeitig ein gemeinsames Handeln („*action de concert*") darstellt. Andererseits bedeute dies nicht, dass jedes gemeinsame Handeln eine Kontrollausübung i.S.d. Art. L. 233-3 Absatz 1 Nr. 2 Code de commerce auslöse. Vielmehr sei die Anwendung des

---

87 So auch die h.M.: Storck, Rev. Sociétés 1986, S. 385, 395; Goyet/Rontchevsky/Storck, RTD com. avr.-juin 1998, S. 379, 380.

88 Eine derartige Vereinbarung stellt einen Fall des gemeinsamen Handels („action de concert") nach Art. L 233-10 Absatz 1 Code de commerce dar.

Begriffs des „gemeinsamen Handelns“ auf Zurechnung von Stimmrechten im Rahmen der Überschreitung des Schwellenwertes von 1/3 beschränkt. Eine Anwendung auf Art. L. 233-3 Absatz 1 Nr. 2 Code commerce sei hingegen nicht zulässig.

Des Weiteren widerlegte das Gericht auch das Argument der ADAM, dass die CGE nach Art. L. 233-3 Absatz 1 Nr. 3 Code de commerce faktisch die Kontrolle über HAVAS innehabe. Eine Kontrolle ist nach dieser Vorschrift gegeben, wenn die Gesellschaft mit Hilfe der gehaltenen Stimmrechte praktisch die Entscheidungen in der Hauptversammlung der Gesellschaft trifft (*„contrôle de fait“*). Dies habe im vorliegenden Fall nicht vorgelegen. Denn sämtliche Entscheidungen hätten durch die Hauptversammlung auch dann gefällt werden können, wenn sich die CGE gegenteilig ausgesprochen hätte. Dies lasse den Schluss zu, dass die CGE gerade nicht die Kontrolle über HAVAS innehatte. Ferner habe auch nur eine Hauptverhandlung seit der bestehenden Beteiligung der CGE an HAVAS stattgefunden, was für eine faktische Kontrolle nicht ausreichen würde[89].

Festzuhalten ist somit aus dem Urteil des Cour d'appel de Paris, dass bei Vorliegen eines gemeinsames Handelns der gesellschaftsrechtliche Kontrollbegriff nach Art. L. 233-3 Absatz 1 Nr. 2 Code commerce nur dann erfüllt ist, wenn die Kontrolle alleine ausgeführt wird. In dieser Hinsicht stimmte die französische Literatur dem Urteil zu. Das Gericht hätte nach dem geltenden Recht keine andere Entscheidung treffen können[90].

Dennoch stieß das Urteil auf Kritik, was zu einem Vorschlag zur Erweiterung des Kontrollbegriffs in Art. L. 233-3 Code de commerce im Hinblick auf das gemeinsame Handeln führte. Die Kritik bezog sich indes nur teilweise auf das Urteil selbst[91], sondern wies insbesondere auf das Auseinandriften von Gesellschaftsrecht und Kapitalmarktrecht hin[92]. *Daigre* schlug insoweit vor, in den Code de commerce einen eigenen Kontrollbegriff für das Kapitalmarktrecht einzufügen[93]. Der Gesetzgeber nahm die Kritik an, ging jedoch einen anderen als den von *Daigre* vorgeschlagenen Weg. Er fügte durch Gesetz vom 15. Mai 2001 (*„loi NRE“*) einen Absatz 3 in Art. L. 233-3 Code de commerce ein. Dieser Absatz 3 stellt nunmehr ausdrücklich fest, dass gemeinsam handelnde Personen

---

89 Diese Argumentation wurde jedoch zum Teil von der Literatur kritisiert, da Nr. 3 der Vorschrift nicht explizit die alleinige („seule“) Kontrolle festlegt: vgl. Couret, RJDA 4/1998, S. 279, 282 ff.

90 Rontchevsky, Bull. Joly Bourse 2001, S. 357, 358.

91 Kritik am Urteil selbst übte Schmidt, JCP E 2002 n° 2, S. 68, 69.

92 Hierzu: Couret, RJDA 4/1998, S. 279, 284 ff.

93 Daigre, note sous arrêt JCP G 1998 n° 10096.

auch gemeinsam die Kontrolle über eine Gesellschaft i.S.d. Art. L. 233-3 Code de commerce ausüben („*contrôle conjoint*“) können. Dieser Kontrollbegriff ist auf alle Gesellschaften und somit auch auf nicht börsennotierte Gesellschaften anwendbar[94].

Nach *Rontchevsky*[95] müssen hiefür drei Voraussetzungen vorliegen. Erstens muss es sich um eine vertragliche Vereinbarung zwischen den die Kontrolle ausübenden Parteien handeln. Zweitens muss diese Vereinbarung ein bestimmtes Ziel haben; beispielsweise die Durchführung einer gemeinsamen Unternehmenspolitik. Ein abgestimmtes Handeln bezüglich einzelner Punkte kann hingegen keine gemeinsame Unternehmenspolitik rechtfertigen. Schließlich müsse die Vereinbarung bestimmte Wirkungen in der Hauptversammlung entfalten, nämlich die Festlegung der unternehmens-rechtlichen Entscheidungen[96]. Die von *Rontchevsky* entwickelten Voraus-setzungen wurden bereits durch Gesetz vom 11. Dezember 2001 teilweise im Wortlaut des Art. L. 233-3 Absatz 3 Code de commerce eingefügt. So liegt eine gemeinsame Ausübung der Kontrolle in einer Gesellschaft dann vor, wenn tatsächlich die Entscheidungen in der Hauptversammlung auf Grund abgestimmten Handelns getroffen werden. Der Wortlaut des Art. L. 233-3 Absatz 3 Code de commerce lehnt sich somit an den in Art. L. 233-10 Code de commerce definierten Begriff der „*action de concert*“ an.

Doch auch nach Änderung des Art. L. 233-3 Absatz 3 Code de commerce stellte die Auslegung dieser Vorschrift den Mittelpunkt eines Rechtsstreits, diesmal vor dem obersten Verwaltungsgericht („*Conseil d'Etat*“) dar[97]. Hauptargument der beklagten Partei, welche das Vorliegen einer gemeinsamen Kontrolle („*contrôle conjoint*“) verneinte, war, dass Art. L. 233-3 Absatz 3 Code de commerce nur bei abgestimmten Handeln zweier Minderheitsaktionäre greife, nicht hingegen, wie vorliegend, im Falle abgestimmtes Handelns eines Mehrheitsgesellschafters mit einem Minderheitsgesellschafter[98]. Der „*Conseil d'Etat*“ folgte dieser Ansicht jedoch nicht und hielt sich streng am Wortlaut des Art. L. 233-3 Absatz 3 Code de commerce. Insoweit erlaubt weder Art. L. 233-3 Absatz 3 Code de commerce noch Art. L. 233-10 Code de commerce eine Interpretation dahingehend, dass die Vorschrift im Falle eines Mehrheitsgesellschafters, der zwar alleine die Entscheidungen in der Hauptversammlung treffen kann, sich jedoch mit einem oder mehreren Minderheitsaktionären abstimmt,

94 Chauvaux, RJDA 2005, n° 1, S. 3, 5.
95 Rontchevsky, Bull. Joly Bourse 2001, S. 357, 359.
96 So auch Memento Francis Lefebvre, Sociétés Commerciales 2006, n° 25525.
97 CE 20. Oktober 2004, n° 260898.
98 Vgl. hierzu: Chauvaux, RJDA 2005, n° 1, S. 3, 5.

nicht anwendbar sein soll[99]. Demnach spielt das Gewicht der Beteiligungsverhältnisse der einzelnen Personen für die gemeinsame Kontrolle nach Art. L. 233-3 Absatz 3 Code de commerce keine Rolle.

Festzuhalten ist somit, dass die gemeinsame Kontrolle des Art. L. 233-3 Absatz 3 Code de commerce an die Definition des gemeinsamen Handelns in Art. L. 233-10 Absatz 1 Code commerce angelehnt wurde. Voraussetzung der gemeinsamen Kontrolle ist dementsprechend eine gemeinsame Unternehmenspolitik. Ein einfaches paralleles Handeln in der Haupt-versammlung der Gesellschaft reicht hingegen nach der herrschenden Literatur und der Rechtsprechung nicht aus[100].

Der Vollständigkeit halber soll schließlich noch die zweite Alternative des indirekten Überschreitens des Schwellenwertes von 1/3 nach Art. 234-3 RAMF Erwähnung finden. Nach Alternative 2 wird ein Pflichtangebot ausgelöst, wenn mehrere gemeinsam handelnde Personen die Kontrolle an einer Gesellschaft („*société détentrice*“ - i.d.R. eine Holding) erlangen, die wiederum selbst mehr als 1/3 des Kapitals oder der Stimmrechte an einer börsennotierten Gesellschaft hält. Ein Pflichtangebot über die restlichen Anteile dieser börsennotierten Gesellschaft wird dann erforderlich. Ferner ist Voraussetzung, dass keine der Parteien bereits die Kontrolle in der Gesellschaft hält bzw. dominierend ist. Die zweite Alternative des Art. 234-3 RAMF betrifft in der Praxis Fälle eines gemeinsamen Erwerbs der Kontrolle oder Fälle interner Umverteilung der Kontrolle über die Holding („*société détentrice*“)[101].

II.2.4 Die „*Creeping-in-Klausel*“ nach Art. 234-5 RAMF

Das französische Übernahmerecht regelt neben der Überschreitung des Schwellenwertes von 1/3 einen weiteren Auslösetatbestand für das Pflichtangebot. Bis zur Reform des französischen Übernahmerechts im Jahre 1998 kannte das damalige Règlement des CBV sogar einen Dritten Tatbestand, der die Pflicht zur Abgabe eines Angebots auslöste. Es handelte sich hierbei um das Überschreiten des Schwellenwertes von 50 % des Kapitals bzw. der Stimmrechte in einer Gesellschaft. Diese Dritte Variante wurde jedoch aufgehoben, da man

99 Chauvaux, RJDA 2005, n° 1, S. 3, 7.

100 Memento Francis Lefebvre, Sociétés Commerciales 2006, n° 25525; Rontchevsky, Bull. Joly Bourse 2001, S. 357, 359; Viandier, OPA, OPE, n° 1512. Hierzu auch unten Kapitel 3 Ziffer I..

101 Hierzu: Bucher/Rontchevsky, Dictionnaire Joly Bourse et Produits Financiers, n° 403; Daigre, S. 86.

davon ausging, dass sie nichts anderes als das *„garantie de cours"* Verfahren (vgl. Kapitel 1 III.) darstellte[102].

Art. 234-5 RAMF regelt den Fall, dass eine natürliche oder juristische Person, alleine oder gemeinsam, unmittelbar oder mittelbar eine zwischen 1/3 und 50 % bestehende Beteiligung am Kapital einer Gesellschaft bzw. die entsprechenden Stimmrechte innerhalb von zwölf Monaten um mindestens 2 % aufstockt. Kommt es hierzu, ist ein Pflichtangebot abzugeben. In der französischen Literatur wird dieser Fall als *„excès de vitesse d'acquisition"* bezeichnet, was wörtlich übersetzt „Geschwindigkeitsüberschreitung im Rahmen der Akquisition" bedeutet. Erfasst wird folglich ein schnelles Aufstocken einer erlangten Beteiligung. Im übrigen Ausland spricht man von einer so genannten *„Creeping-in-Klausel"*[103], die auch in England (City Code Rule 9-1 b)[104] und Österreich (§ 22 Absatz 6 ÜbG)[105] bekannt ist.

Die „Geschwindigkeitsbegrenzung" liegt in Frankreich bei 2 % der Anteile bzw. Stimmrechte der Zielgesellschaft pro Jahr. Im englischen Recht reicht hingegen der Erwerb einer einzigen Aktie aus, um das Pflichtangebot auszulösen[106]. Werden also weitere Aktien über der genannten Höhe von einem Dritten erworben, so ist ein Pflichtangebot abzugeben. Eine indirekte „Geschwindigkeitsüberschreitung" ist hingegen unbeachtlich, was nicht unbedingt nachvollziehbar ist[107]. Hält somit beispielsweise ein Aktionär 36 % einer börsennotierten Gesellschaft und übernimmt dieser die Kontrolle über eine andere Gesellschaft, die selbst 3 % an dieser Gesellschaft hält, so ist kein Pflichtangebot abzugeben.

Nach Absatz 2 des Art. 234-5 RAMF muss im Falle einer Beteiligung von 1/3 bis 50 % jede Veränderung der AMF gemeldet werden. Anzumerken ist jedoch, dass es in der Praxis selten zu einem Pflichtangebot in solchen Fällen kommt, da in der Regel ein Befreiungstatbestand Anwendung findet[108]. So stimmt die AMF regelmäßig einer Befreiung von der Abgabe eines Pflichtangebots im Falle des

---

102 Hierzu: Bonneau/Rontchevsky, Bull. Joly Bourse 1999, jan.-fév., S. 30, 32.

103 Vgl. hierzu Helm in Hommelhoff/Hopt/Lutter, Konzernrecht und Kapitalmarktrecht, S. 69, 92; Hurstel/Süß, EuZW 1998, 203, 205.

104 Siehe Hirte, WpÜG, Teil 6 City Code on Takeovers and Mergers, S. 412 ff.; Prentice in Hommelhoff/Hopt/Lutter, Konzernrecht und Kapitalmarktrecht, S. 99,120 ff.; Zinser, RIW 2001, 481, 484.

105 Huber/Löber, Übernahmegesetz, § 22, Rn. 55 ff.; Kaindl, Das Pflichtangebot im Übernahmegesetz, S. 127 ff.; siehe auch Erläuterungen der österreichischen Übernahmekommission zur 2. ÜbV unter: www.takeover.at.

106 Vgl. auch Zinser, Übernahmeangebote im englischen und deutschen Recht, S. 125.

107 Viandier, OPA, OPE, n° 1652.

108 Viandier, OPA, OPE, n° 1655.

Ausbaus einer Kontrollposition auf Grund einer Kapitalerhöhung zu[109]. Der entsprechende Befreiungstatbestand, Art. 234-8 n° 6 RAMF, regelt, dass die AMF einer Befreiung zur Abgabe eines Pflichtangebots zustimmen kann, wenn der Erwerber und Antragsteller die Kontrolle bereits innehat. Ebenso erteilt die AMF stets eine Befreiung, wenn der Schwellenwert von 2 % auf Grund einer konzerninternen Umverteilung überschritten wird, ohne dass die Kontrollverhältnisse sich tatsächlich ändern[110]. Die Anzahl der Befreiungen von der „*Creeping-in-Klausel*" beliefen sich in Frankreich im Jahre 2005 auf insgesamt sieben.

Das deutsche Übernahmerecht kennt hingegen eine dem Art. 234-5 RAMF entsprechende Regelung nicht. Der Ausbau einer Kontrollposition innerhalb eines bestimmten Zeitraums wird im deutschen Recht nicht erfasst[111]. Auch die Übernahmerichtlinie 2004 sah eine derartige Regelung nicht zwingend vor. Die „*Creeping-in-Klausel*" stellt einen bedeutenden Nachweis der Disharmonie im Übernahmerecht, nicht nur im Vergleich zwischen französischem und deutschem Recht dar, sondern generell auf internationaler Ebene. Anhand der nachfolgenden Ausführungen sollen die Beweggründe für eine Einfügung einer „*Creeping-in-Klausel*" im französischen Übernahmerecht aufgezeigt werden.

Ziel der „*Creeping-in-Klausel*" ist es, den Kontrollwechsel durch schnelles und systematisches Aufkaufen von Aktienpaketen zu vermeiden. Der Sinn der Klausel kann anhand zweier Fallgestaltungen deutlich gemacht werden:

- Dem Bieter ist es möglich, durch geschickte Steuerung die Angebotspflicht durch Zukäufe über die Börse zu einem Zeitpunkt zu verwirklichen, in welchem der Börsenkurs niedrig ist. Überschreitet er dann den Schwellenwert, könnte er ein (unattraktives) Pflichtangebot abgeben, welches nur von wenigen Aktionären angenommen wird. Ziel des Bieters ist aber gerade eine geringe Annahmequote, da er dann seine Beteiligung ungestört, also ohne nochmalige Pflicht zur Abgabe eines Angebots, aufstocken kann. Ohne eine „*Creeping-in-Klausel*" könnte der Bieter somit weitere Aktienpakete erwerben, ohne hierfür ein Angebot an alle Aktionäre abgeben zu müssen.

- Der Bieter gibt ein freiwilliges (unattraktives) Übernahmeangebot ab, durch das eine kontrollierende Beteiligung von mindestens 30 % erreicht wird. Danach stockt er wiederum seine Beteiligung durch Paketkäufe auf.

---

109 Z.B. im Fall CS Communication et systemes: CMF, Déc. n° 202C0508 vom 2. Mai 2002.
110 Z.B. im Fall Groupe Guillin: AMF 206C0564 vom 24. März 2006.
111 Kleindiek, ZGR 2002, 546, 547.

Beide Fallgestaltungen würden es dem Bieter erlauben, nur eine beschränkte Anzahl an Aktien zu erwerben. Steuert er sein freiwilliges Übernahmeangebot bzw. Pflichtangebot so, dass er die Kontrollschwelle gerade noch erreicht, spart er womöglich durch spätere außerbörsliche Zukäufe viel Geld. Streng genommen stellt diese Umgehungstaktik einen Verstoß gegen den Gleichbehandlungsgrundsatz dar und somit eine Spaltung der Aktionäre. Im deutschen Übernahmerecht könnte sicherlich dahingehend argumentiert werden, dass oben genannte Umgehungsvarianten unter die nachgeschalteten Erwerbsvorgänge nach *„Best-Price-Rule“* entsprechend § 31 Absatz 5 WpÜG fallen. Etwaige Ausgleichszahlungen an benachteiligte Aktionäre bei Nacherwerben kommen jedoch nur den Aktionären zugute, die auch das im Vorfeld gemachte Angebot angenommen haben. Die anderen Aktionäre gehen hingegen leer aus. Anders ist es jedoch bei der *„Creeping-in-Klausel“*. Dadurch, dass bei Überschreitung des Schwellenwertes ein erneutes Pflichtangebot abzugeben ist, wird der Gleichbehandlungsgrundsatz gewahrt. Die *„Creeping-in-Klausel“* weist somit eindeutige Vorteile in Bezug auf die Gewährleistung der Gleichbehandlung zwischen den Aktionären auf.

Dennoch hat der deutsche Gesetzgeber keine *„Creeping-in-Klausel“* in das WpÜG eingefügt. Dies dürfte insbesondere politische Hintergründe haben. Die CDU/CSU Fraktion wollte eine derartige Regelung durch Änderungsantrag ins WpÜG einführen. Der Antrag wurde jedoch abgelehnt[112]. In rechtlicher Hinsicht kann hingegen argumentiert werden, dass diejenigen Aktionäre, die das (unattraktive) freiwillige Übernahmeangebot oder das Pflichtangebot, welches zum Kontrollwechsel geführt hat, nicht angenommen haben, eine neue Investitionsentscheidung vorgenommen haben und somit nicht mehr schützenswert sind[113]. Dabei würden jedoch die Umgehungsabsichten des Bieters, sofern sie überhaupt nachweisbar sind, unberücksichtigt bleiben. Andererseits kann argumentiert werden, dass es sich bei einem zweiten Pflichtangebot nicht mehr um Konzerneingangsschutz handele, da eine Kontrollstellung des Bieters bereits durch das erste Angebot aufgebaut wurde. Anstatt der *„Creeping-in-Klausel“* wären dann vielmehr die konzernrechtlichen Abfindungsregelungen nach §§ 311 ff. AktG anzuwenden[114]. Eben dieser Schutzmechanismus greift im deutschen Recht.

Demzufolge wird der Minderheitenschutz in Deutschland zum einen durch ein Konzernbildungsrecht (Übernahmerecht), zum anderen durch das im französischem Recht unbekannte Konzernverfassungsrecht nach §§ 291 ff. AktG

---

112 BT-Drucksache 14/7477, S. 4 f.

113 So Harbarth, ZIP 2002, 321, 324.

114 Hierzu: Assmann/Bozenhardt, Übernahmeangebote ZGR Sonderheft 1990, S. 48 ff.; Oechsler in Ehricke/Ekkenga/Oechsler, WpÜG, § 2 Rn. 16 ff.

gewährleistet. In Frankreich hingegen, wo es an einem echten Konzernrecht fehlt, wird der Minderheitenschutz durch die *„Creeping-in-Klausel"*, also allein durch das Übernahmerecht gewährleistet. Die anlässlich der *„Creeping-in-Klausel"* festzustellende Disharmonie zwischen deutschem und französischem Übernahmerecht, lässt sich folglich durch einen unterschiedlich ausgestalteten Aktionärsschutz begründen. Da in beiden Rechtssystemen der Anknüpfungspunkt für den Aktionärsschutz unterschiedlich angelegt ist, erscheint das Auseinanderfallen der übernahmerechtlichen Regelungen in diesem Punkt die logische Folge zu sein.

Sicherlich hätte der deutsche Gesetzgeber die Chance zu einem erhöhten Minderheitenschutz durch Einführung einer *„Creeping-in-Klausel"* wahrnehmen können. Eine Notwendigkeit bzw. eine Pflicht gab es hierfür hingegen nicht. Im Gegenteil hätte die Einführung einer *„Creeping-in-Klausel"* Abgrenzungsprobleme zum deutschen Konzernrecht entstehen lassen, so dass auch in Zukunft nicht mit deren Einführung ins deutsche Übernahmerecht zu rechnen ist.

II.2.5 Pflichtangebot auf Grund Verschmelzung

Art. 234-3 Absatz 2 RAMF regelt schließlich auch den Fall der Verschmelzung mit einer Gesellschaft, welche wiederum Aktien bzw. Stimmrechten an einer börsennotierten Gesellschaft hält und durch die Verschmelzung der Schwellenwert von 1/3 überschritten wird. Weitere Voraussetzung dieses Tatbestands ist, dass diese (indirekt) eingebrachten Aktien einen wesentlichen Teil der Aktiva[115] der aufgenommenen bzw. eingebrachten Gesellschaft darstellen. Ist dies der Fall, hat die aufnehmende Gesellschaft grundsätzlich ein Pflichtangebot abzugeben, denn es handelt sich hierbei um einen Unterfall der indirekten Kontrollerlangung[116].

Explizit ist der Verschmelzungsfall in Form der Aufnahme einer kontrollierenden Gesellschaft gemeint. Nimmt beispielsweise eine Gesellschaft A eine Gesellschaft B, welche mindestens 1/3 des Kapitals oder der Stimmrechte an einer börsennotierten Gesellschaft C hält, durch Verschmelzung auf, hat die Gesellschaft A ein Pflichtangebot über die Gesamtheit der Aktien der Gesellschaft C abzugeben. Insoweit ist ein Pflichtangebot die logische Konsequenz der Fusion, denn durch sie ist, wenn auch indirekt, ein Kontrollwechsel in der Gesellschaft C erfolgt, ohne dass Minderheitsaktionäre dies hätten verhindern können.

---

115 Zum Begriff des wesentlichen Teils der Aktiva: siehe oben Kapitel 1 Ziffer II.2.3.

116 Hovasse, Rev. Droit bancaire et bourse janv.-févr. 1999, S. 3, 4.

Als Beispiel der genannten Konstellation ist die im Jahre 2004 zwischen dem französischen Pharmaunternehmen SANOFI-SYNTHELABO und dem deutsch-französischen Pharmakonzern AVENTIS erfolgte Fusion zu nennen. So war SANOFI-SYNTHELABO gezwungen, über die Gesamtheit der Aktien der AVENTIS Tochtergesellschaft HÖCHST ein Pflichtangebot abzugeben. Zwar richtete sich dieses Pflichtangebot nach dem deutschen WpÜG. Der Hintergedanke der Pflicht zur Abgabe eines Pflichtangebots – nämlich Schutz der Minderheitsaktionäre der Gesellschaft HÖCHST – ist jedoch in beiden Rechtssystemen derselbe.

Dem Bieter wird hingegen durch Art. 234-8 n° 3 RAMF die Möglichkeit eröffnet, eine Befreiung von einem Pflichtangebot zu beantragen, wenn der Fall des Kontrollwechsels nicht zu bejahen ist. Gemäß Art. 234-8 n° 3 RAMF wird ein Kontrollwechsel verneint, wenn die anstehende Fusion bzw. Einbringung des wesentlichen Teils der Aktiva und somit der Kontrollwechsel vorher von der Hauptversammlung durch Beschluss der kontrollierten Gesellschaft (Gesellschaft C) genehmigt wird. Erforderlich ist eine 3/4 Mehrheit, wobei der Mehrheitsaktionär an der Abstimmung teilnehmen darf. Hierdurch soll ein ausreichender Schutz der Minderheitsgesellschafter gewährleistet werden.

In der französischen Übernahmepraxis werden die auf Art. 234-8 n° 3 RAMF basierenden Befreiungsanträge regelmäßig gewährt. Demnach kann immer häufiger die Pflicht zur Abgabe eines Übernahmeangebots auf Grund einer Fusion vermieden werden[117]. Im Jahre 2005 wurden insgesamt fünf Befreiungen durch die AMF zugesprochen[118].

III. Das französische Kurssicherungsverfahren – *„procédure de garantie de cours“*

Gemäß Art. 235-1 RAMF ist

„eine natürliche oder juristische Person, welche alleine oder gemeinsam im Sinne des Art. L. 233-10 Code de commerce handelt, und welche ein Aktienpaket erwirbt bzw. eine Vereinbarung über dessen Erwerb geschlossen hat, und dieses Paket ihr unter Berücksichtigung der bereits gehaltenen Aktien oder Stimmrechte die Mehrheit des Kapitals oder der Stimmrechte in einer Gesellschaft verschafft, verpflichtet, ein Angebot für ein Kurssicherungs-verfahren zu präsentieren“.

---

117 Revue mensuelle AMF n°13, Avril 2005, S. 27.

118 Z.B. Fall Focal AMF 2005C0132 vom 26. Januar 2005 und ADL Partner AMF 2005C1957 vom 18. November 2005.

Das in Art. 235-1 ff. RAMF festgelegte Kurssicherungsverfahren regelt den speziellen Fall des individuell ausgehandelten Erwerbs eines Aktienpakets, mit dessen Hilfe der Erwerber allein oder gemeinsam („*seule ou de concert*") die Mehrheit des Kapitals oder der Stimmrechte in der Zielgesellschaft erlangt; so genannter „*bloc de contrôle*". Die hier erfasste Erwerbsmethode eröffnet dem Erwerber einen besonderen Vorteil gegenüber einem öffentlichen Übernahmeangebot. So können Dritte das ausgehandelte Angebot nicht überbieten. Ferner ist der Preis frei verhandelbar, denn die Transaktion findet nicht zwingend am Markt statt. Die AMF kann darüber hinaus nicht wie beim öffentlichen Übernahmeangebot den angebotenen Preis überprüfen[119]. Schließlich kann der Erwerb schnell durchgeführt werden[120]. Überwiegend wird vertreten, dass ein Erwerb eines Aktienpakets im Rahmen des Kurssicherungsverfahrens dann vorliegt, wenn das Paket über 10 % des Kapitals der Zielgesellschaft ausmacht. Bei nur 5 % des Kapitals scheint es hingegen nicht vorzuliegen[121].

Die in Kapitel 1 herausgearbeitete Disharmonie in den übernahmerechtlichen Angebotsarten beider Rechtssysteme setzt sich beim Kurssicherungsverfahren fort. Das deutsche Recht kennt ein derartiges Verfahren nicht. Allein einige Elemente, sowie der zugrunde liegende Gedanke des Kurssicherungsverfahrens – der Aktionärsschutz - sind im deutschen Recht wieder zu finden. Wieder einmal ist jedoch die Umsetzung dieser Grundprinzipien in beiden Ländern völlig unterschiedlich.

Streng genommen, ist das Kurssicherungsverfahren kein Pflichtangebot. Es weist jedoch mehrere Merkmale auf, die auch dem Pflichtangebot eigen sind. So ist der Erwerber zum einen verpflichtet, ein übernahmerechtliches Erwerbsverfahren hinsichtlich der Aktien der Zielgesellschaft einzuleiten. Zum anderen hat der Erwerber im Rahmen des Kurssicherungsverfahrens den Minderheitsaktionären denselben Preis anzubieten, der im Rahmen des vorangegangenen Erwerbs des Aktienpakets gezahlt wurde. Das Kurs-sicherungsverfahren trägt somit dem im Übernahmerecht geltenden Gleich-behandlungsgrundsatz Rechnung und weist Ähnlichkeiten zur deutschen Mindestpreisregel des § 31 Absatz 1 Satz 1 WpÜG i.V.m. § 4 WpÜG-AngebotsVO auf[122]. Gleichwohl fallen schon beim ersten Durchlesen der Art. 235-1 ff. RAMF zwei fundamentale Unterschiede zur deutschen Mindest-preisregel auf. Im Gegensatz zu § 4 WpÜG-AngebotsVO findet das französische Kurssicherungsverfahren lediglich bei einem vorausgehenden Aktienerwerb, der dem Käufer die absolute Mehrheit in der Zielgesellschaft bringt, Anwendung. Das deutsche Übernahmerecht kennt

---

119 Viandier, OPA, OPE, n° 2361.

120 De Vauplane/Bornet, n° 806.

121 Viandier, OPA, OPE, n° 2338.

122 Hierzu siehe unten: Kapitel 5 Ziffer I.1 f.

eine derartige Beschränkung nicht. Vielmehr sind für die Mindestpreisregel im deutschen Recht jegliche Vorerwerbe zu berücksichtigen und nicht nur diejenigen, die zur Erlangung der absoluten Mehrheit führen. Ein zweiter bedeutender Unterschied zwischen beiden Rechtsinstituten stellt das Fehlen eines Referenzzeitraums (nunmehr sechs Monate nach § 4 WpÜG-AngebotsVO[123]) im französischen Recht dar. Ein solcher Referenzzeitraum kann jedoch auf Grund des ersten genannten Unterschieds nicht geregelt sein. Denn überschreitet der Käufer durch einen Paketkauf die 50 % Schwelle, ist er verpflichtet, unverzüglich ein Angebot nach Art. 235-1 RAMF abzugeben. Da eine Berücksichtigung von Vorerwerben nur bei Überschreitung dieses Schwellenwertes stattfindet, und eine sofortige Angebotsabgabepflicht auslöst, kann es keine entsprechende Regelung zum deutschen Recht geben. Ein dritter zu erwähnender Unterschied ist, dass das WpÜG bzw. § 4 WpÜG-AngebotsVO keine Ausnahmen kennt. Der Angebotspreis muss immer mindestens dem höchsten gewährten oder vereinbarten Preis des Vorerwerbs entsprechen. Das französische Recht kennt hingegen in Art. 235-3 Absatz 2 RAMF zwei Ausnahmeregelungen, die durch die AMF nach freiem Ermessen angewandt werden können[124].

Der ausgehandelte Erwerb brachte jedoch in Frankreich lange Zeit Probleme hinsichtlich des Schutzes von Minderheitsaktionären mit sich, da der Erwerber gerade kein öffentliches Übernahmeangebot über die Aktien der Zielgesellschaft einleitete und der Erwerber somit die strengeren Vorschriften des öffentlichen Übernahmeangebots umgehen konnte. Der ausgehandelte Erwerb widersprach folglich dem Gleichbehandlungsgrundsatz. Die COB vertrat deshalb seit 1970 die Ansicht, dass im Interesse der Finanzmärkte eine Gleichbehandlung der Aktionäre gewährleistet sein müsse. Anfang der 70er Jahre wurde sodann erstmals ein Kurssicherungsverfahren (ursprünglich als „*maintien de cours*" bezeichnet) eingeführt. Insoweit sollte den Minderheitsaktionären bei einem nicht gewünschten Kontrollwechsel ein Austrittrecht aus der Gesellschaft gewährt werden[125].

In Art. 201 ff. a.F. war geregelt, dass „*eine natürliche oder juristische Person, die beabsichtigt, von einer oder mehreren bestimmten Personen eine bestimmte Anzahl von Anteilen, welche ihr die Kontrolle in der Zielgesellschaft verschafft, zu erwerben, verpflichtet ist, folgendes Verfahren einzuleiten: - dem Verband der Börsenmakler ein öffentliches Übernahmeangebot zu präsentieren ...*".

---

123 Entsprechend Art. 5 Absatz 2 Unterabsch. 1 der Richtlinie war der Referenzzeitraum von ursprünglich drei Monaten auf sechs bis zwölf Monate anzupassen.

124 Rappr. Cass. Com. 2 juillet 1996, RJDA 1996, n° 1343.

125 Viandier, OPA, OPE, n° 2302.

Schwachstelle dieses ersten Kurssicherungsverfahrens war jedoch, dass es lediglich auf den Erwerb eines Aktienpakets über die Börse Anwendung fand. Der außerbörsliche ausgehandelte Erwerb wurde von dieser Regelung nicht erfasst. Im Jahre 1973 weitete die COB daraufhin die bestehenden Regelungen durch eine einfache Entscheidung auch auf außerbörsliche Erwerbe eines Aktienpakets an, ohne hierfür auf eine rechtliche Grundlage zurückzugreifen zu können.

Das ursprüngliche Kurssicherungsverfahren hatte jedoch weitere Schwachstellen. So blieb der Begriff der Kontrollerlangung lange Zeit undefiniert, was zu einer extensiven Auslegung der COB führte. Die Recht-mäßigkeit der Entscheidung von 1973 wurde darüber hinaus lange Zeit ernsthaft angezweifelt und als Abweichung vom gemeinen Recht empfunden[126]. Eine klarstellende Reform dieser undurchsichtigen und auf Auslegungen der COB beruhenden Verfahrensweise erfolgte jedoch erst durch das Gesetz vom 2. August 1989. Durch dieses Gesetz wurde der CBV (nachher CMF) ermächtigt, die Voraussetzungen und Bedingungen des Kurssicherungsverfahrens festzulegen. Die Entscheidung der COB aus dem Jahre 1973 hatte durch diese substantielle Änderung folglich keine Bedeutung mehr. Mittelpunkt der Diskussionen war jedoch dann, die unterschiedliche Rechtsfolge des Kurssicherungsverfahrens im Vergleich zum öffentlichen Übernahme-angebot[127]. So war der Erwerber eines ausgehandelten Aktienpakets verpflichtet, theoretisch die Gesamtheit der Aktien zu erwerben. Im Rahmen eines Übernahmeangebots hatte der Bieter hingegen bis zum Finanzmarktgesetz vom 15. Mai 1992 nur 2/3 der Titel zu erwerben. Zu den Diskussionen kam es insbesondere deshalb, weil die Minderheitsaktionäre die Anwendbarkeit des normalen Übernahmeverfahrens verhindern und an dessen Stelle das Kurssicherungsverfahren anwenden wollten. Diese Diskussionen verstummten nach Inkrafttreten des Finanzmarktgesetzes, welches den Gleichlauf der Verfahren in diesem Punkt anordnete. Das öffentliche Übernahmeangebot war demnach auch auf den Erwerb der Gesamtheit der Aktien zu richten. Durch Einführung des öffentlichen Übernahmeangebots über die Gesamtheit der Aktien verlor das Kurssicherungsverfahren hingegen vorübergehend seine Stellung als selbständiges Verfahren im Übernahmerecht und wurde in die bestehenden Übernahmeangebotsverfahren eingegliedert. Dies stieß aber auf Grund der oben bereits erwähnten Vorteile (kein Überbieten des Angebots, Freiheit in der Preisgestaltung und Schnelligkeit des Verfahrens) auf Widerstand des Pariser Finanzmarktes, der das Kurssicherungsverfahren als eigenständiges Verfahren beibehalten wollte. Daraufhin wurde das Kurssicherungsverfahren in

126 TGI Paris, 1. ch., 20 janvier 1988, JCP E 15177, n° 22, obs. Viandier et Caussain.

127 Z.B. im Zusammenhang mit der Verfahren Nouvelles Galeries: CA Paris vom 24. Juni 1991 in Bull. Joly 1991, § 289, S. 806; Rev. Jurisp. Com. 1991, n° 305, Anmerkung C. Goyet.

das vereinfachte Verfahren („*procédure simplifiée*") eingebettet, was jedoch zu einem komplizierten Wortlaut führte[128].

Im Rahmen der Reform des französischen Übernahmerechts im Jahre 1998 bekam das Kurssicherungsverfahren wiederum seine Eigenständigkeit als spezielles Verfahren im Übernahmerecht zurück, dessen gesetzliche Grundlage sich nunmehr in Art. L. 433-3 II des Finanzgesetzes („*Code monétaire et financier*") wieder findet. Das Kurssicherungsverfahren ist heute in Kapitel V des Règlement AMF (Art. 235-1 ff. RAMF) als selbständiges Verfahren geregelt, es wird jedoch als Pflichtverfahren angesehen[129].

In Deutschland wurde hingegen bislang herrschend vertreten, dass der individuell ausgehandelte Paketkauf nicht von den Regelungen des Übernahmerechts erfasst wird[130]. Diese Ansicht wurde im Rahmen der Gesetzesbegründung zum WpÜG unterstrichen[131]. Demnach gibt es auch kein dem französischen Kurssicherungsverfahren entsprechendes Übernahme-verfahren im WpÜG.

Die Regelungen des Art. 235-1 ff. RAMF finden, wie gesehen, erst bei Überschreitung von 50 % des Kapitals oder der Stimmrechte in der Zielgesellschaft durch Erwerb eines Aktienpakets an der Börse oder außerhalb Anwendung[132]. Abzustellen ist also nicht auf die Überschreitung der Kontrollschwelle von 1/3, sondern auf die Erlangung der einfachen Mehrheit in einer börsennotierten Gesellschaft. Hierbei sind die bereits gehaltenen Beteiligungen und Beteiligungen von gemeinsam handelnden Personen („*action de concert*") mit zu berücksichtigen. Allein die Kontrollerlangung in der Zielgesellschaft ist für die Einleitung des Kurssicherungsverfahrens nicht ausreichend[133]. Voraussetzung ist ferner, dass es sich um eine echte Transaktion handelt. Darunter fallen, wie im deutschen Recht, auch schuldrechtliche Vereinbarungen, auf Grund derer die Übereignung der Aktien verlangt werden kann. Andererseits fallen Tauschgeschäfte nicht in den Bereich des Kurssicherungsverfahrens.

Liegt einer der genannten Fälle vor, hat der Käufer des Aktienpakets ein Kurssicherungsangebot („*projet de garantie de cours*") unverzüglich mit Abschluss der Transaktion zu einem festgelegten Preis abzugeben. Eine Nichtbeachtung der Pflicht zur Abgabe eines Kurssicherungsangebots kann

128 Viandier, OPA, OPE, n° 2306.

129 Daigre, S. 95; De Vauplane, Bull. Joly Bourse jan.-fév. 1999, S. 44 ff.

130 Oechsler in Ehricke/Ekkenga/Oechsler, WpÜG, § 2 Rn. 2; Versteegen in Kölner Kommentar zum WpÜG, § 2 Rn. 30.

131 BT-Drucksache 14/7034, S. 33.

132 Cass. Com., 4 juillet 1995 in Banque et Droit n° 44, 1995, S. 22.

133 Hierzu: Viandier, OPA, OPE, n° 2341 ff.

Schadensersatzansprüche nach dem allgemeinen französischen Deliktsrecht auslösen bzw. durch die AMF beanstandet werden[134]. Im Gegensatz zu den Regelungen beim Pflichtangebot kennt das Kurssicherungsverfahren bei Nichtbeachtung der Pflichten aber nicht die Aussetzung der erlangten Stimmrechte. Abweichend zum normalen Übernahmeverfahren steht es dem Bieter frei, ob er ein Finanzdienstleistungsunternehmen mit der Angebotsabgabe beauftragt oder nicht.

Der Bieter verpflichtet sich gemäß Art. 235-3 RAMF zum Erwerb sämtlicher ihm in einem Zeitraum von zehn Börsentagen angebotenen Aktien. Dieser Verpflichtung unterliegen neben dem Bieter auch die mit ihm gemeinsam handelnden Personen, wobei die jeweiligen Verpflichtungen in einem Angebot zusammengefasst werden können. Das Kurssicherungsangebot ist unwiderruflich und kann nicht unter dem Vorbehalt einer Mindest-annahmeschwelle abgegeben werden. Der anzubietende Preis richtet sich nach der Gegenleistung des vorangegangenen Paketkaufs, auch wenn dieser Preis niedriger ist als der aktuelle Kurs der Aktien. Gestaltet sich die Preisermittlung hingegen als zu kompliziert, kann die AMF das Verfahren nach Art. 235-4 RAMF den Regeln des Pflichtangebots unterstellen[135]. Ferner sieht Art. 235-3 Absatz 2 RAMF Ausnahmen von der Identität zwischen Angebotspreis und vorherigem Paketpreis vor, so dass ausnahmsweise auch ein niedrigerer Preis angeboten werden kann. Die AMF hat jedoch stets eine solche Ausnahme zu genehmigen. Trotz der grundsätzlich angeordneten Identität zwischen Angebotspreis und Vorerwerbspreis spricht nichts gegen eine höhere Gegenleistung[136]. Die AMF stimmt z.B. regelmäßig einem höheren Angebotspreis zu, sofern die Veräußerungsvereinbarung eine Garantieklausel hinsichtlich eines bestimmten identifizierten Risikos enthält. Zu begründen ist die Möglichkeit eines höheren Preises damit, dass Minderheitsaktionäre etwaige Garantien dem Bieter nicht gewähren. Demnach sei durchaus im Falle einer Garantiegewährung ein höherer Preis logisch[137]. Da hierdurch der Schutz der Minderheitsaktionäre weniger berücksichtigt ist als gesetzlich vorgeschrieben, sieht weder der Gesetzgeber noch die AMF oder die Rechtsprechung einen Verstoß gegen die Grundprinzipien des Übernahmerechts. Einzige Voraussetzung ist hingegen die Zustimmung des Bieters[138]. So wurde beispielsweise ein höherer Angebotspreis des Bieters für eine vom Veräußerer gewährte Passivgarantie für laufende Rechtsstreitigkei-

134 Klein/Stucki, RIW 2001, 488, 490; De Vauplane/Bornet, n° 806.

135 Hierzu: Daigre, S. 101 ff.

136 Beispiele für einen höheren Angebotspreis im Kurssicherungsverfahren: Société Navale Caennaise: SBF, Avis n° 90-934, 21 mars 1990; Boulangerie de l'Europe: CMF, Déc. n° 201C0373, 6 avril 2001.

137 Viandier, OPA, OPE, n° 2408.

138 Viandier, OPA, OPE, n° 2416.

ten als Ausnahme zu Art. 235-3 Absatz 1 RAMF anerkannt[139]. Schließlich stimmt die AMF einem höheren Angebotspreis zu, wenn der Kaufpreis voll bzw. zum Teil gestundet wird. Im Fall ARUS[140] beispielsweise betrug der Vorerwerbspreis 101,58 FF pro Aktie. Die Zahlung sollte in vier Monatsraten erfolgen. Das Kurssicherungsverfahren berücksichtigte neben der Stundung ferner eine vom Verkäufer gewährte Passivgarantie und wurde mit einem Angebotspreis von 100 FF durchgeführt.

Die Ausführungen haben gezeigt, dass das Kurssicherungsverfahren zur Disharmonie von deutschem und französischem Übernahmerecht sicherlich bedeutend beiträgt. Das deutsche Übernahmerecht kompensiert jedoch das Fehlen eines solchen Verfahrens mit dem Pflichtangebot sowie mit der Mindestpreisregel nach § 31 Absatz 1 Satz 1 WpÜG i.V.m. § 4 f. WpÜG-AngebotsVO. Für die Praxis ist es jedoch mühsam, die Feinheiten und Unterschiede im jeweiligen Land zu erkennen. Insoweit wäre ein Gleichlauf der Regelungen wünschenswert.

IV. Zusammenfassung

Die Untersuchung der übernahmerechtlichen Angebotsarten wurde vorliegend in zwei Gruppen, in das freiwillige Angebot und das Pflichtangebot, eingeteilt. Es bedurfte jedoch auf Grund der zwischen beiden Rechtssystemen herrschenden Disharmonie einer dritten Gruppe, um das dem französischen Recht eigene Kurssicherungsverfahren „*procédure de garantie de cours*" darzustellen.

Die unterschiedliche systematische Ausgestaltung zwischen französischem und deutschem Übernahmerecht macht deutlich, dass ein Auseinandertriften der Rechtssysteme nur schwerlich verhindert werden kann. Hieran scheint nicht einmal die von einem Harmonisierungsgedanken geprägte Europäische (Übernahme-) Richtlinie Abhilfe zu verschaffen. So weichen deutsches und französisches Übernahmerecht bereits bei der Definition des Normalverfahrens ab. In Deutschland handelt es sich bei einem Normalverfahren um den einfachen Erwerb von Wertpapieren ohne weitere Absichten. In Frankreich hingegen ist unter dem Normalverfahren stets der auf den Kontrollwechsel in der Zielgesellschaft abgezielte Aktienerwerb gemeint. Demzufolge handelt es sich bei einem nur einfachen Erwerb von Wertpapieren entsprechend dem deutschen Verfahren nach §§ 2, 10 ff. WpÜG in Frankreich um ein Spezialverfahren („*procédure simplifiée*").

---

139 Fall Laboratoires Dolios: SBF, Avis n° 92-3135, déc. 1992.
140 SBF, Avis n° 96-2925, 6. September 1996.

Darüber hinaus erfolgte die Verfahrenseinleitung im französischen Übernahmerecht völlig unterschiedlich zum deutschen Recht. Wohingegen im in Deutschland der potentielle Bieter nach § 10 Absatz 2 Nr. 3 WpÜG ein Übernahmevorhaben unverzüglich der Aufsichtsbehörde BAFin mitzuteilen hat, konnte der französische Bieter diese Entscheidung nach eigenem Ermessen treffen. Die Übernahmerichtlinie aus dem Jahr 2004 sowie die insbesondere im Jahre 2005 am französischen Finanzmarkt gemachten Erfahrungen führten jedoch zu einem Umdenken im französischen Übernahmerecht, so dass zumindest in der Verfahrenseinleitung ein geringer Teil der bestehenden Disharmonie zwischen beiden Rechtssystemen abgebaut wurde.

Im Rahmen des Pflichtangebots sind die Unterschiede zwischen beiden Rechtssystemen am unscheinbarsten. Insbesondere der ein Pflichtangebot auslösende Umstand, das Überschreiten des so genannten Schwellenwertes, weichen vom jeweiligen Recht nur gering ab. Bemerkenswert ist hingegen, dass im französischen Übernahmerecht einen Auslösetatbestand vorzufinden ist, welchen das deutsche Übernahmerecht nicht einmal andeutungsweise kennt. Es handelt sich hierbei um die so genannte „*Creeping-in Klausel*“. Es handelte sich hierbei um das Überschreiten des Schwellenwertes von 50 % des Kapitals bzw. der Stimmrechte in einer Gesellschaft. In Deutschland wird dieses Problem durch das dem deutschen Recht eigene Konzernrecht.

Festzuhalten bleibt, dass trotz der relativ überschaubaren Anzahl von übernahmerechtlichen Angebotsarten eine auffallende Disharmonie zwischen deutschem und französischem Recht besteht, die sich zum einen in der systematischen Ausgestaltung aber auch in der aufsichtsrechtlichen Überwachung widerspiegelt.

KAPITEL 2: Die Umsetzung der Übernahmerichtlinie 2004/25/EG

Der Bundestag hat in dritter Lesung am 19. Mai 2006 das Umsetzungsgesetz zur europäischen Übernahmerichtlinie verabschiedet. Mit Gesetz vom 8. Juli 2006 ist das WpÜG geändert worden[141] Damit treten zahlreiche Änderungen und Neuerungen des Wertpapiererwerbs- und Übernahmegesetzes (WpÜG) in Kraft. Zuvor hatte der französische Gesetzgeber bereits am 31. März 2006 durch Gesetz 2006-387 die Übernahmerichtlinie entsprechend in Frankreich umgesetzt. Es stellt sich folglich die Frage, ob die Übernahmerichtlinie die bestehende Disharmonie bzw. Teile zwischen beiden Rechtssystemen – wenn auch nicht in der Grundstruktur wie in Kapitel 1 gesehen – abbauen konnte.

Das vorliegende Kapitel untersucht die durch die jeweilige Umsetzung vollzogenen Änderungen des geltenden nationalen Übernahmerechts in Deutschland und Frankreich. Gleichzeitig wird aufgezeigt, dass die Übernahmerichtlinie den einzelnen Mitgliedstaaten einen erheblichen Freiraum zur Umsetzung überlässt und zu einem Großteil die bestehende Disharmonie zwischen deutschem und französischem Übernahmerecht entgegen den Erwartungen fortbestehen lässt. Zu Beginn des Kapitels sollen die wichtigsten Regelungen der Übernahmerichtlinie vorgestellt werden (Ziffer I.). Unter Ziffer II. wird der Anpassungsbedarf des deutschen und französischen Übernahmerechts erörtert. Schließlich wird unter Ziffer III. die Umsetzung der Richtlinie in beiden Staaten behandelt, wobei der Schwerpunkt auf der Umsetzung der Regelungen in Bezug auf Abwehrmaßnahmen gegen Übernahmeangebote liegt.

I. Die Übernahmerichtlinie 2004/25/EG

Die Übernahmerichtlinie war von den einzelnen Mitgliedstaaten auf Grund der eklatanten Interessensunterschiede bereits abgeschrieben, so dass deren Verabschiedung im April 2004 letztendlich als Überraschung gewertet werden kann. Die Divergenzen zweier wirtschaftspolitischer Grundpositionen schienen damals geradezu unüberwindbar. So standen sich die liberalen Ansichten Englands und Frankreichs, die eine Reorganisation der Eigentumsverhältnisse börsennotierter Gesellschaften befürworteten, und die stark protektionistisch geprägte Haltung, insbesondere Deutschlands, gegenüber. Über Jahrzehnte

---

141 BGBl I 2006, 1426. Einen Überblick der Gesetzesänderungen verschafft Diekmann, NJW 2007, 17.

hinweg konnten beide Auffassungen nicht in einer Richtlinie vereinbart werden, denn die einzelnen nationalen Interessen wurden vehement verteidigt. Demnach überrascht nicht, dass die nun vorliegende Übernahmerichtlinie lediglich eine Kompromissregelung darstellt und wenig zum Abbau der vorherrschenden Disharmonie beigetragen hat.

Zur Verdeutlichung dieser langjährigen Auseinandersetzungen soll zunächst die geschichtliche Entwicklung der Richtlinie dargestellt werden (Ziffer I.1). In Ziffer I.2 ist sodann auf den Inhalt der Richtlinie einzugehen.

I.1 Historie der Richtlinie

Die Diskussion einer europäischen Harmonisierung der Regelungen von öffentlichen Übernahmeangeboten ist nahezu genauso alt wie das Institut der Übernahmeangebote selbst. Folglich war die Kenntnis über bestehende übernahmerechtliche Disharmonie in Europa bereits früh vorhanden. Die langjährigen Diskussionen über eine europäische Übernahmerichtlinie haben vor etwa zweieinhalb Jahren mit der Verabschiedung der Richtlinie am 21. April 2004 ein Ende gefunden. Die Richtlinie 2004/25/EG[142] ist am 20. Mai 2005 in Kraft getreten und sollte bis zum 20. Mai 2006 von den einzelnen Mitgliedstaaten umgesetzt werden[143].

Bis hierin war es jedoch ein langer Weg, geprägt von rechtspolitisch interessierten Diskussionen zwischen den verschiedenen Mitgliedstaaten. Mehrfach brachten einzelne Länderinteressen die jeweiligen Richtlinien-Vorschläge zum Scheitern. Die geschichtliche Entwicklung der nunmehr verabschiedeten Übernahmerichtlinie 2004 zeigt, dass sämtliche Staaten eine gesteigerte Kompromissbereitschaft aufzubringen hatten und teilweise tiefe Einschnitte in ihr nationales Recht hinnehmen mussten. Um den Verdienst der Einigung im April 2004 zu verdeutlichen, soll hier in gebotener Kürze die Entstehung der Übernahmerichtlinie dargestellt werden.

Ausgangspunkt der europäischen Harmonisierungsbemühungen war der im Auftrag der Europäischen Kommission erstellte Bericht des englischen Rechtsprofessors *Pennington* im Jahre 1974, welcher stark an den englischen City Code angelehnt war. Das Ergebnis dieses Berichts fand seinen Niederschlag im so genannten *Pennington-Entwurf*[144]. Die hierauf folgenden Diskussionen innerhalb der Europäischen Kommission zeigten jedoch, dass die Mehrzahl der Mitgliedstaaten ein nur eingeschränktes Interesse an einer

142 Richtlinie 2004/25/EG; ABlEG. Nr. L 142 vom 30. April 2004.

143 Art. 21 Absatz 1 der Richtlinie.

144 Hierzu: Behrens, ZGR 1975, 433 ff.

harmonisierenden Regelung von öffentlichen Übernahmeangeboten in Europa hatte, so dass das Projekt in Vergessenheit geriet[145]. Die Europäische Kommission beschränkte sich deshalb auch lediglich auf eine nicht bindende Empfehlung[146]. Erst acht Jahre später wurde das Vorhaben einer europäischen Vereinheitlichung des Übernahmerechts im so genannten *„Weißbuch zur Vollendung des Binnenmarktes bis 1992"*[147] im Jahre 1985 wieder auf-gegriffen. Ein offizieller Vorschlag für eine 13. (gesellschaftsrechtliche) Richtlinie über Übernahmeangebote folgte jedoch erst im Jahre 1989[148]. Der von der Europäischen Kommission vorgelegte Vorschlag wurde durch das Europäische Parlament 1990 abgeändert und dem Ministerrat unter weiteren Nachbesserungen vorgelegt[149]. Die Mitgliedstaaten hatten jedoch im Rahmen der Beratungen weiterhin Zweifel an der Regelungsbedürftigkeit der Materie. Hinzu kam, dass eine Vereinheitlichung teilweise tiefe Einschnitte in die bestehenden nationalen Rechtsordnungen bedeutet hätte. Von deutscher Seite wurde insbesondere die Einführung eines Pflichtangebots kritisiert, welches mit dem bestehenden deutschen Konzernrecht als nicht vereinbar angesehen wurde[150]. Da diese Unstimmigkeiten zwischen den Mitgliedstaaten nicht beseitigt werden konnten, wurden die Diskussionen im Juni 1991 ausgesetzt.

Erst weitere fünf Jahre später wurde ein völlig überarbeiteter Vorschlag für eine 13. Richtlinie am 8. Februar 1996 vorgelegt[151]. Eine Neuerung des Vorschlags war insbesondere, dass die Richtlinie nicht mehr sämtliche denkbaren Fallgestaltungen regeln sollte, sondern vielmehr als Rahmenrichtlinie konzipiert war. Insoweit wurde dem Wunsch der Mitgliedstaaten, die Harmonisierung auf eine Regelung in Form von allgemeinen Grundsätzen zu beschränken und den nationalen Institutionen einen weiten Umsetzungs- und Auslegungsspielraum zu gewähren, Rechnung getragen[152]. Das Europäische Parlament billigte den Entwurf am 26. Juni 1997, schlug jedoch wiederum zahlreiche Änderungen vor[153]. Die Kommission legte daraufhin einen neuen Vorschlag für eine 13.

---

145 Basaldua, Übernahmeangebote, ZGR-Sonderheft 9, S. 157, 158.
146 ABl. EG Nr. L 212 vom 20. August 1977, S. 37.
147 Dok. KOM (85) 310 vom 14. Juni 1985.
148 KOM/88/823 ABl. EG Nr. C 64 vom 14. März 1989, hierzu: Hommelhoff/Kleindiek, AG 1990, 106 ff.; Viandier in OPA, OPE, n° 132.
149 ABl. EG Nr. C 38 vom 19. Februar 1990, S. 41 ff. Geänderter Vorschlag: ABl. EG Nr. C 240 vom 26. September 1990, S. 7; hierzu: Grunewald, WM 1991, 1361.
150 Assmann/Bozenhardt, Übernahmeangebote, ZGR-Sonderheft 9, S. 1, 48 ff.; Grunewald, WM 1989, 1233, 1236.
151 ABl. EG Nr. C 162 vom 6. Juni 1996, S. 5; hierzu: Neye, DB 1996, 1121; Krause AG 1996, 209.
152 Kritisch zum neuen Vorschlag: Hopt, ZHR 161 (1997), 368 ff.
153 ABl. EG Nr. C 222 vom 21. Juli 1997 S. 20.

Richtlinie vor[154], welcher wiederum zu intensiven und kontroversen Diskussionen zwischen den Mitgliedstaaten führte. Vor dem Hintergrund des von der Europäischen Kommission veranlassten *„Aktionsplans für die Finanzdienstleistungen"* aus dem Jahre 1999, welcher bis zum Jahr 2005 die Schaffung eines integrierten europäischen Kapitalmarktes zum Ziel hatte, kam dann über den Text der Übernahmerichtlinie am 21. Juni 1999 eine Einigung zustande[155]. Die endgültige Verabschiedung der Richtlinie scheiterte jedoch schließlich an einem Streit zwischen Spanien und Großbritannien hinsichtlich der Gibraltar-Frage. Beide Länder konnten sich nicht über eine zu benennende Aufsichtsbehörde für in Gibraltar ansässige Gesellschaften einigen[156].

Knapp ein Jahr später, am 19. Juni 2000, verabschiedete der Rat einen gemeinsamen Standpunkt, welcher Grundlage für eine endgültige Verabschiedung der Übernahmerichtlinie sein sollte[157]. Das Europäische Parlament unternahm jedoch wiederum zahlreiche Änderungen an diesem Vorschlag[158], welcher durch den Ministerrat sodann abgelehnt wurden. Im nachfolgenden Vermittlungsverfahren zwischen Rat, Parlament und Kom-mission wurde dann am 6. Juni 2001 ein gemeinsamer Entwurf vorerst gebilligt[159]. Letztendlich fiel der Vorschlag im Rahmen der Abstimmung vom 4. Juli 2001 mit 273 zu 273 Stimmen bei 22 Enthaltungen durch. Die Richtlinie war damit nicht verabschiedet. Grund des Scheiterns waren insbesondere Unstimmigkeiten im Hinblick auf die Neutralitätspflicht der Zielgesellschaft im Rahmen eines feindlichen Übernahmeangebots[160].

Trotz des Scheiterns der Richtlinie im Europäischen Parlament wurde bereits im September 2001 eine Expertengruppe um den EU-Kommissar *Bolkenstein* gebildet, welche am 10. Januar 2002 ihren Bericht vorlegte[161]. Hierauf aufbauend, legte die Europäische Kommission am 2. Oktober 2002 einen neuen Richtlinienvorschlag vor[162]. Erneut kam jedoch keine Einigung zwischen den Mitgliedstaaten zustande. Die Unstimmigkeiten beruhten insbesondere auf zwei Vorschlägen des Berichterstatters *Winter*, welche die Möglichkeiten zu Abwehrmaßnahmen der Zielgesellschaft bei feindlichen Übernahmen einschränken

---

154 ABl. EG Nr. C 378 vom 13 Dezember 1997, S. 10. Hierzu: insbesondere Altmeppen, ZIP 2001, 1073 ff.
155 Hierzu: Neye, AG 2000, 289 ff.
156 Hierzu: Neye, ZIP 2001, 1120, 1121.
157 ABl. EG Nr. C 23 vom 24. Januar 2001.
158 Ratsdokument 14044/00 vom 22. Dezember 2000.
159 Abgedruckt in ZIP 2001, 1123 ff.
160 Lamy, Droit du Financement 2005, n° 1613.
161 So genannter „Winter-Bericht" der hochrangigen Gruppe von Experten auf dem Gebiet des Gesellschaftsrechts, Europäische Kommission, Brüssel, 10. Januar 2001.
162 Dokument KOM (2002), 534; abgedruckt in NZG 2002, 1146.

sollten. So sollten zum einen nach Art. 9 der Richtlinie die Leitungsorgane der Zielgesellschaft zur Neutralität gezwungen werden, sobald das Angebotsverfahren eröffnet wurde. Zum anderen sollten vertragliche und satzungsrechtliche Aktienübertragungshindernisse nach Art. 11 der Richtlinie dem Bieter nicht entgegengehalten werden können[163]. Insbesondere Deutschland wehrte sich gegen eine Lockerung der Abwehrmöglichkeiten von Zielgesellschaften. Die skandinavischen Länder hingegen lehnten eine Abschaffung von Abwehrmaßnahmen durch unterschiedliche Stimmrechtsverteilung ab. Der Ausweg aus diesem Dilemma war schließlich ein Kompromiss auf der Grundlage eines Vorschlags Portugals. Den Mitgliedstaaten und den dort ansässigen Gesellschaften sollte eine Umsetzung und Anwendung der Art. 9 und 11 bezüglich der Pflichten des Leitungs- bzw. Verwaltungsorgans der Zielgesellschaft selbst überlassen werden. Dieser Vorschlag stellte letztendlich den Durchbruch dar. Er wurde durch das Parlament am 16. Dezember 2003 angenommen[164], vom Rat am 30. März 2004 bestätigt und die Richtlinie schließlich am 21. April 2004 verabschiedet. Der erhoffte Harmonisierungs-effekt blieb jedoch, wie nachfolgend dargestellt, überwiegend aus.

I.2 Inhalt der Richtlinie

Es wurde bereits angedeutet, dass die Übernahmerichtlinie infolge rechtspolitischer Uneinigkeit in Rat und Parlament letztlich nicht über eine Kompromissregelung hinausging. Tragender Inhalt der neuen Übernahmerichtlinie ist demnach die Festlegung von Mindestvorgaben für die Abwicklung von Übernahmeangeboten und die Gewährleistung eines ausreichenden Aktionärsschutzes in der europäischen Gemeinschaft. Nachfolgend sollen die wichtigsten Regelungsinhalte der Übernahmerichtlinie vorgestellt werden.

I.2.1 Level playing field

Das ursprüngliche Ziel, nationale Sonderwege zu verschließen und Übernahmebeschränkungen und -Hindernisse aufzugeben, wurde zum Großteil aufgegeben bzw. nur bedingt erreicht[165]. Es galt demzufolge in Europa nicht zwingend sämtliche Disharmonien zu beseitigen, sonder eine gewisse Waffengleichheit zwischen den Mitgliedstaaten, ein so genanntes „*level playing field*", zu schaffen, welche Übernahmen grundsätzlich erleichtern sollte. Gleichzeitig stellte sich die Frage, inwieweit Drittstaaten, insbesondere die USA, von dem

---

163 Hierzu: Mülbert in Make it or break it: the Break-Through Rule as a Break-Through for the European Takeover Directive?, in Reforming Company and Takeover Law in Europe, S. 711 ff.

164 ABl. EG Nr. C 5 48.

165 Siehe auch Merkt/Binder, BB 2006, 1285, 1286.

„*level playing field*“ und somit von der Öffnung des europäischen Marktes profitieren sollten. Die Kernvorschriften der Übernahmerichtlinie stellen die Art. 9, 11 und 12 dar, welche nachfolgend behandelt werden.

I.2.1.1 Die Neutralitätspflicht – Art. 9 der Richtlinie

Inhalt der Neutralitätspflicht[166] nach Art. 9 der Richtlinie ist das Verbot für Leitungs- bzw. Aufsichtsorgane der Zielgesellschaft, Maßnahmen vorzunehmen, die den Erfolg eines Übernahmeangebots während der Übernahmephase (so genannte „Ad-hoc-Abwehrmaßnahmen“) – also ab dem Zeitpunkt der Veröffentlichung der Entscheidung zur Abgabe eines Angebots durch den Bieter bis zur Veröffentlichung des Ergebnisses – verhindern können. Demnach haben sich die Leitungsorgane im Falle eines Übernahmeangebots jeder aktiven Einflussnahme zu enthalten, um die Entscheidungsfreiheit der Aktionäre nicht einzuschränken. Die Entscheidung über die Zusammensetzung des Aktionärskreises in der Übernahmesituation soll folglich in die Kompetenz der Hauptversammlung und nicht in die Hand der Verwaltung fallen[167]. Ausdrücklich ausgenommen vom Neutralitätsgebot ist hingegen die Suche nach konkurrierenden Angeboten, eines so genannten „Weißen Ritters“.

Art. 9 der Richtlinie umfasst jedoch nicht nur Maßnahmen, die erstmals nach Kenntnis des Angebots von den Leitungs- bzw. Aufsichtsorgane der Zielgesellschaft in Erwägung gezogen werden, sondern gemäß Art. 9 Absatz 3 der Richtlinie ebenso die so genannten „Vorratsbeschlüsse“. Bei einem Vorratsbeschluss handelt es sich um eine präventive Abwehrmaßnahme der Zielgesellschaft. Die Hauptversammlung ermächtigt die Leitungsorgane durch Beschluss zur Umsetzung einer bestimmten Maßnahme im Falle eines Angebots. Die Leitungsorgane werden folglich auf „Vorrat“ ermächtigt, wobei – auch im weitergehenden deutschen Recht – eine „Blankettermächtigung“ unzulässig ist, da die Aktionäre im Zeitpunkt der Ermächtigung weder den Bieter noch den Inhalt des Angebots kennen. Art. 9 Absatz 3 der Richtlinie schränkt nun die Umsetzung von Vorratsbeschlüssen durch die Leitungsorgane während der Angebotsphase ein. Insoweit bedarf es einer weiteren Zustimmung oder Bestätigung der Hauptversammlung, wenn der Vorratsbeschluss weder teilweise noch vollständig umgesetzt und außerhalb des normalen Geschäftsverlaufs gefasst wurde und schließlich dazu führen könnte, dass das Angebot vereitelt wird.

---

166 Teilweise wird die Neutralitätspflicht auch als Vereitelungsverbot bezeichnet: so z.B. Seibt/Heiser, ZGR 2005, 201, 223; oder als Verhinderungsverbot: so z.B. Merkt/Binder, BB 2006, 1285, 1288.

167 Schlitt in MüKo zum AktG, § 33 WpÜG, Rn 47.

Der Vorschlag der Kommission sah ursprünglich zwingend die Neutralitätspflicht der Leitungs- und Aufsichtsorgane der Zielgesellschaft vor. Entsprechend des Richtlinien-Vorschlags von 2002[168] sollte ein generelles Verbot für den Vorstand und den Aufsichtsrat der Zielgesellschaft zur Ergreifung von Verteidigungsmaßnahmen während der Übernahmephase sowie die Durchbrechung bestimmter Satzungsvorschriften oder Vereinbarungen, die einen Bieter am Erwerb oder an der Ausübung der Kontrolle in der Zielgesellschaft hindern können (so genannte „Durchbrechungsregelung")[169], gelten. Es sollte somit den Leitungsorganen der Zielgesellschaft nicht die Möglichkeit eingeräumt werden, eigenhändig und ohne Konsultierung der Aktionäre Maßnahmen gegen ein Übernahmeangebot einzuleiten. Denn derartige Maßnahmen entsprechen oftmals nicht dem Aktionärsinteresse, sondern stellen in der Regel einen Rettungsversuch der Leitungsorgane dar, um ihre eigene Position zu sichern. Vor diesem Hintergrund ist anzumerken, dass in der Mehrzahl der Fälle die Leitungsorgane der Zielgesellschaft nach erfolgreicher Übernahme durch den Bieter und neuen Kontrollinhaber ausgetauscht werden. Demzufolge bedarf es im Falle eines Angebots nach den Vorstellungen der Richtlinie für die Einleitung von Abwehrmaßnahmen bzw. für die Umsetzung von Vorratsbeschlüssen, bei denen die Voraussetzungen des Art. 9 Absatz 3 nicht vorliegen, der Zustimmung der Hauptversammlung der Zielgesellschaft. Art. 9 der Richtlinie dient folglich dem Schutz der Aktionäre[170].

Im französischen Übernahmerecht war die Neutralitätspflicht bzw. etwaige Ausnahmen hierzu bis zur Umsetzung der Übernahmerichtlinie durch das Gesetz 2006-367 vom 31. März 2006[171] nicht ausdrücklich geregelt. Lediglich Art. L. 225-129-3 *Code de commerce*[172] regelte, dass jegliche Ermächtigung durch die Hauptversammlung in der Übernahmephase gehemmt ist, sofern sie nicht im Rahmen des üblichen Geschäftsverlaufs erfolgte und sie nicht geeignet ist, das Angebot zu vereiteln. In jedem Fall haben sämtliche Verteidigungsmaßnahmen der Leitungs- und Aufsichtsorgane dem Gesellschaftszweck (*„intérêt social"*) zu entsprechen. Insoweit ist anzumerken, dass die Leitungsorgane sich selbst im Rahmen von Präventivmaßnahmen ggf. zivilrechtlich und strafrechtlich haftbar machen, wenn sie Maßnahmen ergreifen, die mit dem Gesellschaftszweck nicht vereinbar sind[173]. Darüber hinaus regelt Art. 231-36

---

168 Dokument KOM (2002), 534; abgedruckt in NZG 2002, 1146.

169 Zur Durchbrechungsregelung siehe Kapitel 2 Ziffer I.2.1.2.

170 Eingehend zur Neutralitätspflicht: Krause, NJW 2002, 705, 711 ff.; Altmeppen, ZIP 2001, 1073 ff.

171 Journal Officiel vom 1. April 2006, S. 4883.

172 Die Vorschrift wurde im Rahmen der Umsetzung der Übernahmerichtlinie aufgehoben und durch Art. L. 232-23 Code de commerce ersetzt. Hierzu siehe unten: Kapitel 2 Ziffer II.2.3.1

173 Lamy, Sociétés Commerciales 2006, 4282; Viandier, OPA, OPE, n° 1983 ff.

RAMF, dass die Leitungsorgane der Zielgesellschaft Maßnahmen, die über den normalen Geschäftsverlauf („*gestion courante*") hinausgehen, der Aufsichtsbehörde AMF mitteilen müssen, sofern die Hauptversammlung die entsprechenden Maßnahmen nicht während der Angebotsphase genehmigt hat. Diese Vorschrift schränkt jedoch die Handlungsfähigkeit der Leitungsorgane nicht ein, sondern zwingt sie lediglich zur Mitteilung der jeweiligen Maßnahme. Sie ist folglich nicht mit Art. 9 der Richtlinie vergleichbar. Entscheidende Bedeutung hat schließlich Art. 232-11 Absatz 2 RAMF. Hiernach ist der Bieter berechtigt, sein Angebot zurückzuziehen, wenn die Zielgesellschaft während der Angebotsphase Maßnahmen ergreift, die die „Beschaffenheit"[174] der Gesellschaft verändern. Hierunter fallen z.B. eine Kapitalerhöhung aber auch ein Erwerb bzw. Verkauf von Geschäftsbereichen und Anlagevermögen. Die Vorschrift verweist folglich zumindest indirekt auf die Neutralitätspflicht, obwohl sie als Ausnahmetatbestand zum Grundsatz der Unwiderruflichkeit eines Übernahmeangebots ausgestaltet wurde. Festzuhalten ist somit, dass das französische Übernahmerecht bislang wenige Gemeinsamkeiten mit Art. 9 der Richtlinie aufwies, obgleich der Grundsatz der Neutralität auch in Frankreich eine tragende Maxime des nationalen Übernahmerechts darstellt.

Das Vorhaben der EU Kommission, die Neutralitätspflicht zwingend vorzuschreiben, blieb letztendlich sowohl innerhalb der EU als auch für transatlantische Übernahmen aus. Die Richtlinie schreibt weder einheitlich den Abbau von Übernahmehindernissen, noch eine zwingende Öffnung der Märkte innerhalb Europas bzw. für Drittstaaten vor. Ein Grund hierfür war, dass keine Einigung über die Frage, ob die Leitungsorgane ohne die Einholung der Zustimmung der Hauptversammlung Verteidigungsmaßnahmen gegen Über-nahmeangebote sollen treffen können, erzielt wurde. Ferner wollte Deutschland die Neutralitätspflicht nur unter der Bedingung akzeptieren, dass Mehr- und Doppelstimmrechte in die Durchbrechungsregelung einbezogen werden, was wiederum die skandinavischen Staaten ablehnten. Die Verhandlungen waren folglich festgefahren, die Einführung der Neutralitätspflicht hing unweigerlich von einer Erweiterung der Durchrechungsregelung ab[175].

174 Zum Begriff der Beschaffenheit: Viandier, OPA, OPE, n° 2013.
175 Hierzu: Maul, NZG, 2005, 151.

I.2.1.2 Die Durchbrechungsregelung – Art. 11 der Richtlinie

Die Durchbrechungsregelung[176] nach Art. 11 der Richtlinie sieht vor, dass etwaige in der Satzung der Zielgesellschaft vorgesehene Übertragungshindernisse oder Stimmbindungsverträge zwischen Aktionären der Zielgesellschaft, die den Bieter an der Kontrollerlangung in der Zielgesellschaft hindern können, gegenüber dem Bieter nicht gelten oder in ihrer Wirksamkeit durchbrochen werden. Art. 11 der Richtlinie dient folglich ebenso wie Art. 9 der Erleichterung der Kontrollerlangung eines Bieters in der Zielgesellschaft. Auch dieses Konzept war bereits Inhalt des Richtlinien-Vorschlags 2002[177]. Neu ist hingegen, dass die Durchbrechung nur noch für Stimmbindungsverträge bzw. Übertragungshindernisse gelten soll, die nach Annahme der Richtlinie, mithin nach dem 30. März 2004, abgeschlossen wurden.

Art. 11 der Richtlinie umfasst drei Teilregelungen. Erstens können satzungsmäßige, zwischen Zielgesellschaft und Aktionären oder zwischen Aktionären vereinbarte Übertragungsbeschränkungen, dem Bieter während der Übernahmephase nicht entgegengehalten werden; Art. 11 Absatz 2 der Richtlinie. Zweitens sollen satzungsmäßige Stimmrechtsbeschränkungen und Stimmrechtsbindungsverträge in einer Hauptversammlung, welche während der Annahmephase über Abwehrmaßnahmen beschließt, keine Wirkung entfalten; Art. 11 Absatz 3 der Richtlinie. Etwaige Mehrstimmrechtsaktien berechtigen demnach nur zu einer Stimme. Schließlich sollen in der ersten Hauptversammlung, die der Bieter nach erfolgreicher Übernahme einberuft, um die Satzung zu ändern, satzungsmäßige Stimmrechtsbeschränkungen, Stimmbindungsverträge sowie Entsendungsrechte keine Wirkung entfalten und Mehrstimmrechtsaktien nur zu einer Stimme berechtigen, sofern der Bieter nach dem Übernahmeverfahren mindestens 75 % der Stimmrechte der Ziel-gesellschaft hält; 11 Absatz 4 der Richtlinie. In Deutschland sind zwar Mehrstimmrechte mit Wirkung zum 1. Juni 2003 abgeschafft, die Regelung ist jedoch für deutsche Bieter, die eine Übernahme einer ausländischen Gesellschaft anstreben, durchaus von Bedeutung[178]. Keine Anwendung findet hingegen die Richtlinie beim so genannten VW-Gesetz[179], da es sich hierbei gerade nicht um eine Satzungsregelung oder vertragliche Vereinbarung handelt. Ferner findet die Durchbrechungsregelung auch auf stimmrechtslose Vorzugs-aktien keine Anwendung.

---

176 Teilweise auch Durchbruchs- oder Durchgriffsregelung genannt.

177 Hierzu: Seibt/Heiser, ZIP 2002, 2193, 2199 f.; Krause, BB 2002, 2341, 2342.

178 Mehrstimmrechte sind insbesondere in den skandinavischen Ländern und in Frankreich vorzufinden.

179 Das Gesetz sieht eine Stimmrechtsbegrenzung auf 20 % des Grundkapitals vor, BGBl. I/1970, S. 1149.

Die Durchbrechungsregel stellt sowohl für das deutsche als auch für das französische Übernahmerecht eine Neuheit dar, so dass sich ein Vergleich mit bestehenden Regelungen erübrigt.

Der Durchbruch von Übertragungshindernissen bzw. Stimmbindungsverträgen hat zur Folge, dass Rechte der Aktionäre entzogen werden. Wird also beispielsweise ein Mehrstimmrecht auf eine Stimme entsprechend Art. 11 Absatz 3 Unterabsch. 3 i.V.m. Absatz 4 der Richtlinie reduziert, erleidet der Inhaber einen Rechtsverlust. Die Richtlinie sieht für solche Fälle eine Entschädigungsregelung vor. Gemäß Art. 11 Absatz 5 haben die Mitgliedstaaten eine angemessene Entschädigung für den Rechtsverlust sicherzustellen, wobei den Mitgliedstaaten freigestellt wird, die Kriterien der Entschädigung zu bestimmen. Wer die Entschädigung zu zahlen hat, wird den Mitgliedstaaten überlassen. Es erscheint jedoch nahe liegend, dass dies der Bieter ist, da er den unmittelbaren Rechtsvorteil erlangt[180].

I.2.1.3 Das Optionsmodell – Art. 12 der Richtlinie

Auf Grund der bereits oben dargelegten Pattsituation bezüglich der Einführung der Neutralitätsklausel sowie hinsichtlich der Ausgestaltung des Umfangs der Durchbrechungsreglung konnten die Mitgliedstaaten sich letztendlich nicht einheitlich auf ein zwingendes harmonisierendes Model einigen. Ein Kompromiss konnte indes im so genannten Optionsmodell gefunden werden, nach welchem es den Mitgliedstaaten überlassen wird, sich in das jeweils strengere Recht der Richtlinie in Bezug auf die Neutralitätspflicht und die Durchbrechungsregelung „einzuwählen", so genanntes *„opt-in"*. Das Options-modell gemäß Art. 12 der Richtlinie umfasst zwei Stufen. Auf der ersten Stufe lässt es den Mitgliedstaaten die Wahl, ob sie die Neutralitätspflicht und die Durchbruchsregelung umsetzen und somit zwingend vorgeben wollen. Sollte sich der Mitgliedstaat nicht für eine Umsetzung entscheiden, wird auf zweiter Stufe die Einwahlmöglichkeit den nationalen Unternehmen und somit den Aktionären überlassen.

Die Einführung des Optionsmodells war sicherlich tragender Grund für die Zustimmung der Mitgliedstaaten zur Umsetzung der Richtlinie. Ohne das Optionsmodell wäre zweifelsohne die Richtlinie nicht zustande gekommen. Es ist deutlich hervorzuheben, dass der ursprüngliche Sinn und Zweck der Richtlinie, der Abbau von Disharmonien, hierdurch nicht erreicht wurde. Vielmehr ist festzustellen, dass durch das zweistufige Optionsmodell die übernahmerechtliche Disharmonie zwischen den Mitgliedstaaten gesteigert wird. Folglich erscheint es unbefriedigend, dass das Optionsmodell letztendlich

180 Seibt/Heiser, ZGR 2005, 201, 228.

die angestrebte Harmonie und Waffengleichheit, das *„level playing field“*, nur dann herbeiführt, wenn Bieter und Zielgesellschaften das gleiche Optionsmodell gewählt haben. Ist dies nicht der Fall, bestehen die ursprünglich zu vermeidenden Ungleichheiten weiter fort bzw. sie sind womöglich noch größer. Insoweit wird es in Europa weiterhin Gesellschaften mit geringeren oder höheren gesellschaftsinternen Barrieren gegen feindliche Übernahmen geben[181].

Entsprechend dem Zweistufenmodell des Art. 12 der Richtlinie hat sich der jeweilige Mitgliedstaat somit festzulegen, ob die Neutralitätspflicht und/oder die Durchbrechungsregelung im nationalen Recht entsprechend der Vorgaben der Art. 9 und 11 der Richtlinie übernommen werden soll. Die Mitgliedstaaten können somit selbst zwingend vorschreiben, ob die Leitungsorgane der Zielgesellschaft bei Kenntnis eines Übernahmeangebots für etwaige Verteidigungsmaßnahmen die Zustimmung der Aktionäre einholen müssen. Entsprechendes gilt hinsichtlich der Durchbrechungsregelung. Die Mitglied-staaten können auch hier zwingend vorgeben, dass Übernahmehindernisse in Form von Höchststimmrechten, Mehrstimmrechten, Vinkulierungen sowie Stimmrechtsbeschränkungen unter bestimmten Voraussetzungen während der Angebotsphase unberücksichtigt bleiben.

Sollte ein Mitgliedstaat nur eine der beiden Regelungen bzw. keine zwingend vorschreiben, findet die zweite Stufe des Optionsmodells Anwendung. Das nationale Übernahmerecht muss dann in jedem Fall vorsehen, dass sich die Gesellschaften in die Neutralitätspflicht und/oder die Durchbruchsregelung einwählen können. Der nationale Gesetzgeber kann somit nicht untätig bleiben. Er hat für die Einwahlmöglichkeit eine gesetzliche Regelung zu schaffen. Im Falle eines *„opt-out“* durch den Mitgliedstaat hat demnach die Gesellschaft durch die Hauptversammlung auf Grundlage dieser gesetzlichen Regelung selbst festlegen, ob sie die Neutralitätspflicht und/oder die Durchbruchsregelung anwenden möchte, also ein *„opt-in“* vornehmen will. Die Einwahl erfolgt durch Beschluss einer Satzungsänderung. Die in der Satzung bzw. im nationalen Aktiengesetz vorgesehenen Beschlussregelungen und Mehrheitserfordernisse sind selbstverständlich hierbei zu beachten. Der Einwahlbeschluss der Hauptversammlung ist unter denselben Beschluss-Voraussetzungen reversibel. Die Aufhebung des Einwahlbeschlusses kann durchaus sinnvoll sein. Denn sollte sich eine ursprüngliche (Bieter-) Gesellschaft für eine Einwahl in die Art. 9 und 11 der Richtlinie entschieden haben, sich in der Folgezeit jedoch zur potentiellen Zielgesellschaft entwickeln, erscheint eine Auswahl für sinnvoll, um sich so mehr Möglichkeiten bei der Abwehr im Fall eines Angebots zu

---

181 Seibt/Heiser, ZGR 2005, 201, 223; Boccara, PA 2004, n ° 225 vom 10 November 2004, S. 3.

eröffnen[182]. Insoweit erscheint eine Einwahl für einen Bieter stets vorteilhaft, da die Zielgesellschaft ggf. ihre Abwehrmaßnahme dem Bieter wegen des Grundsatzes der Reziprozität nicht entgegenhalten kann[183].

Kommt es hingegen weder zu einer zwingenden Verpflichtung durch den Mitgliedstaat, noch zu einer Einwahl des Unternehmens selbst, finden die im Mitgliedstaat bestehenden Regelungen Anwendung, in Deutschland mithin § 33 WpÜG.

I.2.1.4 Reziprozität

Das Optionsmodell wird durch die so genannte Reziprozitätsregelung des Art. 12 Absatz 3 der Richtlinie ergänzt. Sinn und Zweck der Reziprozität ist insbesondere die Herstellung der Waffengleichheit zwischen Bieter und Zielgesellschaft, wenn diese die Neutralitätspflicht und/oder die Durchbrechungsregelung unterschiedlich anwenden. Darüber hinaus soll durch die Reziprozitätsregelung eine generelle Benachteiligung von EU-Zielgesellschaften gegenüber Drittstaaten (insbesondere den USA[184]), deren Rechtssysteme eine Neutralitätspflicht nicht kennen, verhindert werden[185]. Ferner soll vor allem den Bietergesellschaften ein Anreiz geschaffen werden, das *„opt-in"* zu nutzen und somit die Neutralitätspflicht bzw. der Durchbruchsregelung anzuwenden[186]. Die Harmonie zwischen den Einzelnen Rechtssystemen soll hierdurch somit „auf Umwegen" wieder hergestellt werden. Dies ist jedoch ein Trugschluss, wie nachfolgend aufgezeigt wird.

Unter Berücksichtigung des Optionsmodells sind folgende Fallgestaltungen denkbar:

➢ Bieter und Zielgesellschaft haben sich in Art. 9 und/oder 11 der Richtlinie deckungsgleich eingewählt. Da in diesem Fall Waffengleichheit besteht, bedarf es nicht der Anwendung der Reziprozitätsregelung. Nicht entscheidend ist, ob sich die Anwendung der Regelungen aus Gesetz oder auf Grund eines *„opt-in"* der Gesellschaften ergibt[187].

---

182 Beispiele auch bei Maul, NZG 2005, 151, 152.
183 Zum Grundsatz der Reziprozität siehe unten: Kapitel 2 Ziffer I.2.1.4.
184 Hierzu: Schaefer/Eichner, NZG 2003, 150 ff.
185 Seibt/Heiser, AG 2006, 301, 312.
186 Maul, NZG 2005, 151, 152; Maréchal/Pietrancosta, Bull. Joly Bourse, n° 6 vom 1. November 2005, S. 203, 205.
187 Maul, NZG 2005, 151.

➢ Der Bieter wählt sich nicht in Art. 9 und/oder 11 der Richtlinie ein; die Zielgesellschaft entscheidet sich hingegen für ein *„opt-in"*. In diesem Fall besteht zwischen den Parteien keine Waffengleichheit, keine Harmonie der Verteidigungsregelungen. Die Zielgesellschaft befindet sich auf Grund der Einwahl in einer Schwächeposition. Eine Anwendung der Reziprozitätsregelung würde dazu führen, dass sich die Zielgesellschaft gegenüber dem Bieter nicht an ihrer Einwahl festhalten lassen muss.

➢ Der Bieter hat sich in Art. 9 und/oder 11 der Richtlinie eingewählt, die Zielgesellschaft hingegen nicht. Auch hier besteht eine Disharmonie zwischen den Parteien. Eine Anwendung der Reziprozitätsregelung würde dazu führen, dass sich der Bieter die über Art. 9 und 11 der Richtlinie hinausgehenden Abwehrmaßnahmen der Zielgesellschaft nicht entgegenhalten lassen muss.

Die Reziprozität ist jedoch kein Automatismus. Ebenso wie für Art. 9 und 11 der Richtlinie bedarf es für die Anwendbarkeit der Reziprozität einer Einwahl. Den Mitgliedstaaten wird hinsichtlich der Umsetzung der Reziprozität wiederum ein Wahlrecht eingeräumt. Die obigen Beispiele zeigen, dass der jeweilige Mitgliedstaat gut beraten ist, die Reziprozität in den nationalen Regelungen vorzusehen, denn ohne eine solche Regelung bzw. bei unterbleibender Einwahl der nationalen Gesellschaften sind mögliche Nachteile in einem Übernahmeverfahren nicht von der Hand zu weisen[188]. Sollte hiervon Gebrauch gemacht werden und die Reziprozität somit im nationalen Recht vorgesehen sein, muss die Hauptversammlung in einem weiteren Schritt entscheiden, ob die Gesellschaft die Reziprozität im Falle eines Übernahmeangebots anwenden soll. Die Gesellschaft hat zur Anwendung der Reziprozität für jeden Fall eine Ermächtigung zu erteilen. Eine Ermächtigung im Voraus (bis zu 18 Monate) ist gemäß Art. 12 Absatz 5 der Richtlinie möglich.

Für die Praxis bleibt abzuwarten, welche Art von Gesellschaften sich für die Reziprozität entscheiden wird. Anzunehmen ist jedoch, dass Gesellschaften mit überwiegend institutionellen Anlegern sich mehrheitlich gegen die Reziprozität entscheiden werden, da die Aktionäre ihre Aktien typischerweise ohne Hindernisse verkaufen wollen[189].

---

188 In Bezug auf das Vorhaben des französischen Gesetzgebers, die Reziprozität nicht vorzusehen: Grumberg/Servan-Schreiber, JCPE 2004, n° 44, 1598.
189 Maul, NZG 2005, 151, 155.

I.2.2 Ausschlussrecht („squeeze-out") und Andienungsrecht („sell-out")

Ein weiterer Schwerpunkt der Richtlinie stellt das Recht zum Ausschluss verbleibender Minderheitsaktionäre nach Art. 15 („*squeeze-out*") und das Andienungsrecht verbleibender Minderheitsaktionäre nach Art. 16 („*sell-out*") als zwingende Folge eines Erfolgs des Übernahmeangebots dar.

Art. 15 der Richtlinie ermöglicht den Ausschluss von Minderheitsaktionären in zwei Fällen. Der Bieter kann zum einen ein Ausschlussverfahren einleiten, wenn er 90 % des stimmberechtigten Kapitals bzw. der Stimmrechte hält oder zum anderen Wertpapiere erworben hat, die 90 % des stimmberechtigten Kapitals bzw. der Stimmrechte, auf die das Angebot gerichtet war, ausmachen. Im ersten Fall können die Mitgliedstaaten einen höheren Schwellenwert festlegen, der jedoch 95 % des stimmberechtigten Kapitals nicht überschreiten darf, Art. 15 Absatz 2 Unterabsch. 2 der Richtlinie. Das „*squeeze-out*" Verfahren beschränkt nach seinem Anwendungsbereich nur auf Wertpapiere, die Stimmrechte in einer Gesellschaft verleihen. Stimmrechtslose Vorzugsaktien werden folglich nicht miteinbezogen, da sie für die Kontrollausübung über die Gesellschaft durch die Hauptversammlung keine Rolle spielen.

Das „*squeeze-out*" Recht ist entsprechend Art. 15 Absatz 4 der Richtlinie innerhalb von drei Monaten nach Ablauf der Annahmefrist des Übernahmeangebots auszuüben. Es ist folglich zeitlich begrenzt. Nach Ablauf dieser Frist gelten nur noch die allgemeinen Regelungen für einen Ausschluss. Gemäß Art. 15 Absatz 5 haben die Mitgliedstaaten ferner sicherzustellen, dass eine angemessene Abfindung garantiert wird. Die Angemessenheit des Preises wird vermutet, wenn der Bieter durch die Annahme des Übernahmeangebots mindestens 90 % der Aktien erworben hat.

Art. 16 der Richtlinie regelt das Andienungsrecht. Das deutsche Recht kannte bislang kein entsprechendes Verfahren. Hinsichtlich des zu leistenden Preises gelten die Regelungen zum „*squeeze-out*".

I.2.3 Sonstige Regelungen

Der Vollständigkeit halber ist zu erwähnen, dass die Übernahmerichtlinie 2004 schließlich Regelungen zum Pflichtangebot (Art. 5), zur Offenlegung der Kapital- und Kontrollstrukturen (Art. 10), zum Kompetenzbereich der Aufsichtsbehörden sowie einzelne Verfahrensvorschriften (Art. 6) enthält. Sofern sich für diese Bereiche bedeutende Unterschiede zum bestehenden nationalen Recht ergeben, wird hierzu im entsprechenden Abschnitt Stellung genommen.

II. Die Umsetzung der Übernahmerichtlinie in Deutschland und Frankreich

Sowohl das deutsche als auch das französische Übernahmerecht weisen zum Teil erheblichen Umsetzungsbedarf auf, wobei Frankreich im Gegensatz zum deutschen WpÜG seit Jahrzehnten ein kodifiziertes Übernahmerecht kennt, welches stets auch an die europäische Entwicklung angepasst wurde.

Beide Länder haben insbesondere das unter Ziffer I.2.1.3 vorgestellte Optionsmodell umzusetzen. Des Weiteren sind im deutschen Übernahmerecht die Regelungen zum Ausschlussrecht („*Squeeze-out*") und Andienungsrecht („*Sell-out*") erstmals einzuführen. Ferner spielen auch die Änderungen hinsichtlich der Offenlegung der Kapital- und Kontrollstrukturen, sowie die neuen Kompetenzregeln der BAFin eine wichtige Rolle. Das französische Übernahmerecht kennt hingegen bereits seit dem Jahre 1989 eine gesetzliche Regelung bezüglich des Andienungsrechts und seit 1993 das Ausschlussrecht, so dass die Umsetzung dieser Regelungen der Richtlinie nur minimal war. Ferner war eine Regelung bezüglich der Bekanntgabe von Übernahmevorhaben durch den Bieter in das französische Recht einzufügen. Insoweit war Art. 6 Absatz 1 der Richtlinie umzusetzen. Schließlich wurden die Kompetenz-regelungen, die Regelungen zur Information und Offenlegung sowie die Regelungen zur Preisfestlegung an die Richtlinie angepasst.

Die Übernahmerichtlinie 2004 war gemäß Art. 21 der Richtlinie bis zum 20. Mai 2006 in nationales Recht umzusetzen. Frankreich ist dieser Vorgabe nachgekommen, indem am 31. März 2006 das Gesetz 2006-387 in Kraft getreten ist. Der deutsche Gesetzgeber konnte das Umsetzungsdatum hingegen nicht erreichen. Zwar wurde das Umsetzungsgesetz am 19. Mai 2006 in dritter Lesung verabschiedet und dem Bundesrat vorgelegt, so dass der ursprünglich vorgesehene Termin für das Inkrafttreten des Gesetzes, der 1. Juli 2006, nahezu eingehalten werden konnte. Das Übernahmerichtlinien-Umsetzungsgesetz wurde am 8. Juli 2006 verabschiedet und trat am 14. Juli 2006 in Kraft. Ergänzungen im HGB und AktG erfolgten jedoch erst später durch Gesetz vom 16. März 2007.

Nachfolgend soll zuerst die Umsetzung der Übernahmerichtlinie in Deutschland (Ziffer II.1) und anschließend das französische Umsetzungsgesetz (Ziffer II.2) dargestellt werden.

II.1 Umsetzung durch Änderungen im WpÜG, HGB und AktG

Das Bundesjustizministerium legte am 19. Dezember 2005 einen ersten Referentenentwurf zur Umsetzung der Übernahmerichtlinie vor, welcher teilweise auf heftige Kritik stieß[190]. Am 15. Februar 2006 wurde sodann ein Gesetzesentwurf zur Umsetzung der Übernahmerichtlinie (ÜbernahmeRL-UmsetzungsG) durch die Bundesregierung vorgelegt[191], auf den am 26. April 2006 eine Stellungnahme des Bundesrates folgte[192]. Das ÜbernahmeRL-UmsetzungsG wurdee schließlich am 8. Juli 2006 verabschiedet und das WpÜG an die Richtlinie angepasst. Ferner wurden Ergänzungen im HGB und im AktG aufgenommen.

Zu den wichtigsten Änderungen zählt neben der Umgestaltung der Regelungen zulässiger Abwehrmaßnahmen (Umsetzung des Optionsmodells) sicherlich die Einführung eines übernahmerechtlichen *„squeeze-out"* Rechts des Bieters sowie des korrespondierenden *„sell-out"* Rechts der Minderheitsaktionäre der Zielgesellschaft.

Vorliegend anzusprechen sind des Weiteren der erweiterte Anwendungsbereich des WpÜG, die Berichts- und Erklärungspflichten zur Gewährleistung einer bestmöglichen Transparenz erweitert sowie schließlich die Änderungen in Bezug auf die Preisfestlegung.

II.1.1 Anwendungsbereich des WpÜG und Aufsichtszuständigkeit

Hervorzuheben ist, dass der sachliche Anwendungsbereich des WpÜG weitergehender ist als die Vorgaben der Übernahmerichtlinie. Letztere findet nur auf Übernahmeangebote, also Angebote, die auf den Kontrollerwerb gerichtet sind, Anwendung. Das WpÜG erfasst hingegen auch Teilangebote, die nicht auf den Kontrollerwerb gerichtet sind (§ 19 WpÜG). Das WpÜG findet ferner auch auf den Erwerb von stimmrechtslosen Vorzugsaktien[193] sowie Aktien, die zum Handel in einem Staat des Europäischen Wirtschaftsraums zugelassen sind (§ 2 Absatz 7 WpÜG), Anwendung. Einer Anpassung an die engeren Vorgaben der Richtlinie bedurfte es hingegen nicht, da, der Geltungsbereich der nationalen Regelungen auch über die Richtlinie hinausgehen kann[194].

190 Insbesondere Schüppen, BB 2006, 165 ff.; Handelsrechtsausschuss des Deutschen Anwaltsvereins, NZG 2006, 217 ff.

191 BT-Drucksache 16/1003 vom 17. März 2006.

192 BT-Drucksache 16/1342 vom 26. April 2006.

193 BT-Drucksache 14/7034, S. 34.

194 Hierzu auch: Seibt/Heiser, ZGR 2005, 201, 203; Seibt/Heiser, AG 2006, 301, 302; Merkt/Binder, BB 2006, 1285, 1287.

Hinsichtlich des persönlichen Anwendungsbereichs war das WpÜG bislang nur auf Zielgesellschaften anwendbar, die im Inland börsennotiert sind und ihren Sitz in Deutschland haben, § 1 und 2 Absatz 3 WpÜG. Die Übernahmerichtlinie erweitert nunmehr den Anwendungsbereich des nationalen Rechts der Mitgliedstaaten. Im Zuge der Umsetzung der Übernahmerichtlinie wurden demnach auch ausländische Gesellschaften mit inländischer Börsennotierung bzw. inländische Gesellschaften, die zwar nicht im Inland, wohl aber in einem anderem Staat des europäischen Wirtschaftsraums börsennotiert sind, erfasst, § 1 Absatz 2 und 3 WpÜG. Insoweit wird der Begriff „Zielgesellschaft" in § 2 Absatz 3 WpÜG neu definiert.

Die Erweiterung hat jedoch zur Folge, dass bei internationalen Fällen Kompetenzprobleme auftreten können. Um diese Kompetenzüberschneidungen zu vermeiden, ist nun ein getrenntes Anwendbarkeits- und Zuständigkeitssystem vorgesehen. Demnach ist das WpÜG gemäß § 1 Absatz 2 WpÜG bei inländischen Gesellschaften mit ausländischer Börsennotierung lediglich hinsichtlich gesellschaftsrechtlicher Fragen einschlägig. Hierunter fallen Fragen hinsichtlich der für die Annahme eines Kontrollerwerbs notwendigen Anteilsquote, zur Zulässigkeit von Abwehrmaßnahmen, sowie Fragen zur Arbeitnehmerinformation. Für sämtliche übernahmerechtlichen Verfahrens-fragen (insbesondere Fragen zur Gegenleistung) ist hingegen die ausländische Behörde zuständig[195]. Sind allerdings im selben Fall die Aktien auch im Inland notiert – so genanntes „*dual listing*" -, bleibt das WpÜG in seiner Gesamtheit anwendbar.

Im Rahmen des „*dual listing*" sind ferner auch Fallgestaltungen vorzufinden, in deren Anwendungsbereich die Erstzulassung maßgebend sein soll. Sind nämlich die Aktien einer Gesellschaft des europäischen Wirtschaftsraums nicht nur im Inland notiert, sondern auch an anderen Märkten des europäischen Wirtschaftsraums (außer am Sitzstaat), so ist entsprechend § 1 Absatz 3 Satz 1 Nr. 2 b) WpÜG das anzuwendende Marktrecht nach der Erstzulassung zu bestimmen. Im Falle von mehreren Erstzulassungen im europäischen Wirtschaftsraum soll die Gesellschaft ein Wahlrecht hinsichtlich des anwendbaren Marktrechts erhalten, § 1 Absatz 3 Satz 1 Nr. 2 b) bb) WpÜG.

II.1.2 Umsetzung zulässiger Abwehrmechanismen

Die Umsetzung der Kernvorschriften der Übernahmerichtlinie, die Art. 9, 11 und 12, erfolgte im WpÜG in Form der Einführung der §§ 33 a bis 33 d WpÜG erfolgen.

---

195 Ausführlich hierzu: Seibt/Heiser, AG 2006, 301, 303 ff.

Der deutsche Gesetzgeber hat sich entschieden, von dem in Art. 12 der Richtlinie den Mitgliedstaaten zur Verfügung gestellten „*opt-out*" Gebrauch zu machen. Die Neutralitätspflicht bzw. das Verhinderungsgebot nach Art. 9 der Richtlinie und die Durchbrechungsregelung nach Art. 11 der Richtlinie werden folglich im WpÜG nicht zwingend vorgeschrieben. Vielmehr wird den inländischen Gesellschaften freigestellt, sich freiwillig unter diese Regelungen zu unterwerfen („*opt-in*"). Als Begründung für diese Variante der Umsetzung wird vorgebracht, dass die Übernahmerichtlinie trotz der Reziprozitätsregelung in Art. 12 Absatz 3 gerade kein „*level playing field*" schaffe und die Unterschiede hinsichtlich der verschiedenen Verteidigungsmöglichkeiten gegen Übernahmen in den einzelnen Mitgliedstaaten sowie im Verhältnis zu Drittstaaten nicht beseitigt. Eine Umsetzung des Verhinderungsverbots und der Durchbruchsregelung hätte folglich eine Benachteiligung deutscher Unternehmen zur Folge gehabt[196]. Die Begründung erscheint insgesamt paradox. Insoweit trägt Deutschland durch die Abweichung vom Idealbild der Richtlinie, also dem gesetzlichen „*opt-in*", zur Ausbreitung der Disharmonie zwischen den einzelnen Rechtssystemen bei, und begründet dies gleichzeitig mit der ohnehin bestehenden Disharmonie und Unfähigkeit zur Harmonisierung. Es besteht folglich kein Zweifel, dass der deutsche Gesetzgeber auch bei der Umsetzung der Übernahmerichtlinie protektionistische Zwecke verfolgte.

Insgesamt wurde die deutsche Umsetzung in Form eines „*opt-out*" jedoch überwiegend positiv aufgenommen[197]. Die entsprechenden Regelungen der §§ 33 a bis 33 d WpÜG sollen nachfolgend dargestellt werden.

II.1.2.1 Rechtsfolgen des „opt-out" in Bezug auf die Neutralitätspflicht

Durch die „*opt-out*" Wahl des deutschen Gesetzgebers wurden die Vorschriften zur Neutralitätspflicht und Durchbrechung von Übernahmehindernissen nach Art. 9 und 11 der Richtlinie nicht umgesetzt, sondern es wird erstmal der Status quo des nationalen Rechts, mithin § 33 WpÜG, beibehalten. Anzumerken ist, dass Art. 9 der Richtlinie weitereichender ist als die deutsche Regelung des § 33 WpÜG. Das deutsche Übernahmerecht sieht zwar in § 33 Absatz 1 Satz 1 WpÜG ebenfalls vor, dass der Vorstand der Zielgesellschaft während der Übernahmephase keine Handlungen vornehmen darf, durch die der Erfolg des Angebots verhindert werden könnte. Dass die Vorschrift nicht auch ausdrücklich den Aufsichtsrat in das Verbot mit einbezieht, scheint lediglich ein

---

196 Begründung zum RegE-WpÜG: BT-Drucksache 16/1003, S. 13.

197 Handelsrechtsausschuss des Deutschen Anwaltsvereins: NZG 2006, 217, 218; Deutsches Aktieninstitut: Stellungsnahme des DAI vom 24. Januar 2006, S. 3; Gemeinsame Stellungnahme des BDI, BDA, DIHK und GDV vom 24. Januar 2006.

redaktionelles Versehen zu sein[198]. § 33 Absatz 1 Satz 2 WpÜG regelt jedoch mehrere Ausnahmetatbestände, die den Leitungs- und Aufsichtsorganen der Zielgesellschaft einen gegenüber Art. 9 der Richtlinie größeren Handlungsspielraum belassen. So kann der Vorstand der Zielgesellschaft nach deutschem Übernahmerecht Handlungen vornehmen, die auch ein ordentlicher und gewissenhafter Geschäftsführer einer Gesellschaft, welche nicht Ziel eines Übernahmeangebots ist, vorgenommen hätte (§ 33 Absatz 1 Satz 2 Alt. 1 WpÜG). Ferner bedürfen die Leitungsorgane für die Umsetzung von Vorratsbeschlüssen nach § 33 Absatz 2 WpÜG keine erneute Zustimmung der Hauptversammlung wie es Art. 9 Absatz 3 der Richtlinie vorsieht. Schließlich bleiben auch Maßnahmen mit Zustimmung des Aufsichtsrats zulässig (§ 33 Absatz 1 Satz 2 Alt. 3 WpÜG). Art. 9 der Richtlinie sieht insbesondere die letzten beiden genannten Ausnahmetatbestände nicht vor.

Da jedoch parallel zu einem *„opt-out"* den Zielgesellschaften entsprechend Art. 12 Absatz 2 der Richtlinie die Möglichkeit eingeräumt werden muss, sich durch eine entsprechende Satzungsbestimmung freiwillig dem Regime der Übernahmerichtlinie zu unterwerfen, wurden in das WpÜG die §§ 33 a und 33 b WpÜG eingefügt. § 33 a WpÜG ist demzufolge deckungsgleich mit Art. 9 Absatz 2 und 3 der Richtlinie. Insoweit gelten gemäß § 33 a Absatz 1 WpÜG die in § 33 WpÜG vorgesehenen zulässigen Abwehrmaßnahmen nicht, wenn die Satzung der Zielgesellschaft dies vorsieht, eine Gesellschaft sich also in Art. 9 der Richtlinie einwählt. *Schüppen*[199] hat diesbezüglich angemerkt, dass der ursprüngliche Referentenentwurf vom 19. Dezember 2005 nicht entsprechend Art. 12 Absatz 2 der Richtlinie vorsieht, dass das Optionsrecht nur Zielgesellschaften mit Sitz im Inland zusteht. Auch wenn der am 15. Februar 2006 vorgelegte Gesetzesentwurf sowie das neue WpÜG diese Frage im Wortlaut der Regelung nicht klären, so weist die Begründung zum Gesetzesentwurf doch ausdrücklich darauf hin, dass das Optionsrecht nur inländischen Gesellschaften vorbehalten ist[200]. Demnach dürfte diese Frage geklärt sein.

Problematisch erscheint hingegen die Frage der Deckungsgleichheit zwischen § 33 a Absatz 2 Nr. 3 WpÜG und Art. 9 Absatz 3 der Richtlinie. Beide Vorschriften dienen der Erfassung von Maßnahmen der Leitungsorgane der Zielgesellschaft vor Beginn der Angebotsphase. Derartige Maßnahmen bedürfen nach Art. 9 Absatz 3 der Richtlinie einer Zustimmung der Hauptversammlung, wenn sie u.a. außerhalb des normalen Geschäftsverlaufs gefasst wurden. Der Wortlaut des § 33 a Absatz 2 Nr. 3 WpÜG übernimmt jedoch nicht den Begriff des „Geschäftsverlaufs", sondern ersetzt ihn durch den Begriff „Geschäftsbetrieb".

---

198 So auch Ekkenga in Ehricke/Ekkenga/Oechsler, WpÜG, § 33 Rn. 24.
199 Schüppen, BB 2006, 165, 166.
200 Begründung zum RegE-WpÜG: BT-Drucksache 16/1003, S. 19.

Zu Recht wird von *Seibt/Heiser* die Deckungsgleichheit beider Normen angezweifelt, denn der Begriff des „Geschäftsbetriebs" ist zweifelsohne weitergehend als der Begriff des „Geschäftsverlaufs"[201]. Diese Ungenauigkeit in der Begrifflichkeit des § 33 a Absatz 2 Nr. 3 WpÜG hätte sicherlich nur eine untergeordnete Bedeutung, wenn derartige Maßnahmen per se unzulässig wären, sofern sie den Erfolg des Angebots verhindern können. Dem ist aber nach § 33 a Absatz 2 Nr. 3 WpÜG im Gegensatz zu Art. 9 Absatz 3 der Richtlinie gerade nicht so. Demnach sind beide Regelungen zumindest nach dem Wortlaut nicht deckungsgleich. Es besteht folglich eine gewisse Rechtsunsicherheit, die, sofern der Gesetzgeber nicht doch noch die Begrifflichkeiten der Übernahmerichtlinie verwendet, durch Auslegung und somit ggf. durch die Rechtsprechung zu schließen sein wird.

II.1.2.2 Rechtsfolgen des „opt-out" in Bezug auf die Durchbrechungsregelung

Die Einwahlmöglichkeit in die Durchbrechungsregelung des Art. 11 der Richtlinie regelt § 33 b WpÜG. Die Regelung ermöglicht es, inländischen Gesellschaften durch Satzungsbestimmungen vorzusehen, dass im Übernahmefall keine Abwehrmechanismen in Form von Übertragungs-beschränkungen, Stimmbindungsverträgen und Mehrstimmrechten Anwendung finden („*opt-in*" der Gesellschaften). Es stellt sich wiederum die Frage der Deckungsgleichheit beider Vorschriften.

Die bereits oben unter Ziffer I.2.1.2 angesprochenen drei Teilregelungen des Art. 11 der Richtlinie sind auch in § 33 b Absatz 2 WpÜG wieder zu finden. Demnach sieht § 33 b Absatz 2 WpÜG vor, dass im Falle einer Einwahl in die Durchbrechungsregelung während der Annahmefrist des Angebots Übertragungsbeschränkungen, satzungsmäßigen Stimmrechtsbeschränkungen und Stimmbindungsverträgen durchbrochen werden, sowie die Wirkung von Mehrstimmrechtsaktien auf eine Stimme im Rahmen einer Hauptversammlung während reduziert werden. Dies entspricht Art. 11 Absatz 2 der Richtlinie. Schließlich erfasst § 33 b Absatz 2 Nr. 3 WpÜG (entsprechend Art. 11 Absatz 4 der Richtlinie) die erste Hauptversammlung nach dem Angebotsverfahren, in welcher der Bieter regelmäßig Satzungsänderungen vorsieht. Hält dort der Bieter mindestens 75 % des stimmberechtigten Kapitals der Zielgesellschaft nach dem Angebot, finden satzungsmäßige und vertragliche Stimmrechtsbeschränkungen sowie satzungsmäßige Entsendungsrechte keine Anwendung. Ebenso werden Mehrrechtsstimmrechte auf nur eine Stimme reduziert.

---

201 Seibt/Heiser, AG 2006, 301, 311.

Im Ergebnis sind somit das neue WpÜG und die Richtlinie in Bezug auf die Durchbrechungsregelung deckungsgleich und folglich richtlinienkonform. Die Kritik von *Seibt/Heiser*[202], dass der Gesetzgeber die einzelnen Übertragungsbeschränkungen im Tatbestand auflisten sollte, betrifft folglich allein die Ausgestaltung des Wortlautes. Nach der hier vertretenen Ansicht erfordert § 33 b WpÜG eine derartige Auflistung nicht, vielmehr würde dies die Vorschrift unübersichtlich machen[203]. Da Art. 11 der Richtlinie eine Auflistung der einzelnen Fallgestaltungen nicht vorschreibt, kann die bisherige Fassung von § 33 b WpÜG beibehalten werden.

Die Durchbrechung von Übertragungsbeschränkungen, Stimmbindungsverträgen und Mehrstimmrechten stellt in der Regel einen Entzug der Rechte[204] der betroffenen Aktionäre dar. Art. 11 Absatz 5 der Richtlinie sieht insoweit eine Entschädigungspflicht vor. Im deutschen Übernahmerecht ist die Entschädigung in § 33 b Absatz 5 WpÜG geregelt. Die ursprüngliche Entschädigungsregelung im Referentenentwurf vom 19. Dezember 2005 (dort noch § 33 b Absatz 4) wurde stark kritisiert[205], da sie ein Missbrauchsrisiko verberge. Demnach sei nicht auszuschließen, dass im Hinblick auf eine Entschädigung nachträglich Stimmrechtsvereinbarungen geschlossen würden, um auf diese Weise von der Entschädigungsregelung zu profitieren. Der *Handelsrechtsausschuss des Deutschen Anwaltsvereins* schlug vor diesem Hintergrund vor, Entschädigungen auf Vereinbarungen zu beschränken, die gegenüber der Zielgesellschaft vor Ankündigung des Angebots bekannt gemacht worden sind. Der Gesetzesentwurf vom 15. Februar 2006 berücksichtigte diese Kritik hingegen nicht. § 33 b Absatz 5 RegE-WpÜG sah lediglich vor, dass die Entschädigung für entzogene Rechte eine angemessene Entschädigung in Geld sein muss. Die Kritik wurde aber vom Bundesrat aufgenommen und in einem Ergänzungsvorschlag zu § 33 b Absatz 5 RegE-WpÜG umgesetzt[206]. Demnach ist nur dann eine Entschädigung zu leisten, *„soweit diese Rechte vor der Veröffentlichung der Entscheidung zur Abgabe des Angebots nach § 10 Absatz 1 Satz 1 WpÜG begründet wurden und der Zielgesellschaft bekannt sind*". Ferner wurde vom Bundesrat ein Satz 2 in § 33 b Absatz 5 WpÜG vorgeschlagen, der den Entschädigungsanspruch auf zwei Monate seit dem Entzug der Rechte befristet. Der Anspruch ist gerichtlich geltend zu machen. Beide Ergänzungs-

202 Seibt/Heiser, AG 2006, 301, 313.

203 Frankreich hat sich ebenfalls gegen eine Auflistung der einzelnen Fallgestaltungen entschieden. Hierzu: siehe unten Kapitel 1 Ziffer II.2.3.2.

204 Zur Frage, welche Rechte tatsächlich betroffen sind: Merkt/Binder, BB 2006, 1285,1289; Mülbert, NZG 2004, 633, 639 f.

205 Stellungsnahme des DAI vom 24. Januar 2006, S. 3; Handelsrechtsausschuss des Deutschen Anwaltsvereins: NZG 2006, 217, 218.

206 BR-Drucksache 336/06 vom 25. Mai 2006, S.4.

vorschläge des Bundesrats sind zu begrüßen, da sie die Missbrauchsgefahr verringern. § 33 b Absatz 5 WpÜG regelt jedoch die Berechnungsmethoden der Entschädigung bisher nicht. Es besteht hier folglich Nachholbedarf.

Weitere Kritik kam auch von *Schüppen*[207]. Er kritisiert, dass es für eine Durchbrechungsregel kraft Satzungsänderung der Zustimmung aller betroffenen Aktionäre bedürfe, da ansonsten ein enteignungsgleicher Eingriff in das Eigentum nach Art. 14 GG vorläge. Nach der hier vertretenen Ansicht muss dieser Nachteil jedoch unter Berücksichtigung einer Entschädigungszahlung hingenommen werden, da ansonsten die Durchbrechungsregelung in Form des *„opt-in"* keine Chance auf eine Anwendung hätte. Insoweit dürfte eine Zustimmung aller betroffenen Aktionäre kaum zu realisieren sein.

II.1.2.3 Reziprozität

Wie bereits angedeutet, ist in der Praxis zu erwarten, dass ein tatsächliches *„level playing field"* zwischen Bieter und Zielgesellschaft oftmals nicht vorliegen wird. Dies wird dann der Fall sein, wenn sich die jeweiligen Mitgliedstaaten hinsichtlich der Umsetzung der Art. 9 und 11 der Richtlinie unterschiedlich entschieden haben bzw. die betroffenen Gesellschaften eine unterschiedliche Entscheidung hinsichtlich der Einwahl in die Neutralitätspflicht und/oder die Durchbrechungsregelung getroffen haben und folglich Disharmonie im Rahmen der Abwehrregelungen vorherrscht.

Um das Ziel der Richtlinie, zumindest europaweit ein Gleichgewicht zwischen den Beteiligten eines Übernahmeverfahrens, zu erreichen, soll die Hauptversammlung einer Zielgesellschaft, deren Satzung die Neutralitätspflicht und/oder die Durchbrechungsregelung vorsieht, mit Wirkung von höchstens 18 Monaten beschließen können, dass die Neutralitätspflicht und/oder die Durchbrechungsregelung keine Anwendung findet, wenn der Bieter oder dessen Muttergesellschaft den entsprechenden Regelungen nicht unterliegen, § 33 c WpÜG. Es bedarf also im Gegensatz zur Einwahl in die Art. 9 und 11 der Richtlinie keiner Satzungsänderung. Eine inländische Gesellschaft, die sich im Sinne des § 33 a Absatz 1 bzw. § 33 b Absatz 1 WpÜG für ein *„opt-in"* entschieden hat, kann somit im Rahmen einer Hauptversammlung beschließen, dass der festgelegte Satzungsinhalt gegenüber einem Bieter, welcher selbst die Neutralitätspflicht und/oder die Durchbruchsregelung mangels Einwahl nicht anwendet, nicht gilt. Die Reziprozitätsregelung besteht auch gegenüber Bietern aus dem europäischen Wirtschaftsraum und aus Drittstaaten, so dass hierdurch nicht nur ein *„level playing field"* zwischen den Mitgliedstaaten geschaffen wird, sondern auch gegenüber Drittstaaten.

---

207 Schüppen, BB 2006, 165, 167.

Festzuhalten ist folglich, dass der deutsche Gesetzgeber durch die Einführung der Reziprozitätsregelung dem Harmonisierungsgedanken der Richtlinie „auf Umwegen" nachkommen möchte. Dennoch herrscht bei genauerem Hinsehen die Erkenntnis vor, dass die deutsche Umsetzungsstrategie viel mehr nationale protektionistische Interessen verfolgt. Hierzu gehört insbesondere auch die Einführung der Reziprozitätsregel, da diese überwiegend Zielgesellschaften zugute kommt.

Anzumerken ist schließlich, dass in Deutschland die Frage der Anwendbarkeit der Reziprozität auf einen nicht börsennotierten Bieter kaum problematisiert wurde. *Seibt/Heiser* vertreten die Ansicht, dass die Reziprozitätsregelung bei Einschaltung eines nicht börsennotierten Bieters keine Anwendung finden kann, da das Übernahmerecht auf eine nicht börsennotierte Gesellschaft nicht anwendbar sei[208]. Dem ist jedoch zu widersprechen. Zum einen regelt Art. 2 Absatz 1 c) der Richtlinie, dass ein Bieter sowohl natürliche Person als auch juristische Person sein kann. Diese Definition umfasst folglich auch nicht börsennotierte Gesellschaften. Gleiches gilt gemäß § 2 Absatz 4 WpÜG. Zum anderen würde eine Nichtanwendbarkeit der Reziprozität auf nicht börsennotierte Bieter die gesamte Reglung obsolet und das Ziel der Waffengleichheit unerreichbar machen[209]. Demzufolge ist die Reziprozitätsregelung auch gegenüber nicht börsennotierten Gesellschaften anwendbar.

II.1.3 Das Ausschlussrechts

Gänzlich neu im deutschen Übernahmerecht sind die in Art. 15 der Richtlinie geregelten und einzuführenden übernahmerechtlichen „*squeeze-out*" Regelungen. Diesbezüglich wurden die §§ 39 a und 39 b WpÜG eingefügt. Im Gegensatz zum aktienrechtlichen „*squeeze-out*" (§§ 327 a ff. AktG) beruht das Verfahren allein auf kapitalmarktrechtlichen Erwägungen. Das aktienrechtliche Ausschlussverfahren kann aber weiterhin parallel bestehen bleiben[210], wobei grundsätzlich der übernahmerechtliche „*squeeze-out*" Vorrang genießt. Der Bieter kann folglich nicht gleichzeitig einen übernahmerechtlichen- und einen aktienrechtlichen „*squeeze-out*" durchführen; § 39 a Absatz 6 WpÜG.

§ 39 a Absatz 1 Satz 1 WpÜG sieht vor, dass ein Bieter, der nach einem Übernahme- oder Pflichtangebot mindestens 95 % des stimmberechtigten

208 Seibt/Heiser, ZGR 2005, 200, 234; siehe auch in Merkt/Binder, BB 2006, 1285, 1286, FN 23.
209 Dies war die Argumentation des Sachverständigen Lepetit im Rahmen des Gesetzgebungsverfahrens in Frankreich, welcher letztendlich der Senat folgte: Journal Officiel déb. Sénat vom 21. Februar 2006, S. 735.
210 Erwägungsgrund 24 S. 4 der Übernahmerichtlinie.

Kapitals der Zielgesellschaft hält und über mindestens 95 % der Stimmrechte der Zielgesellschaft verfügt, einen Antrag auf Übertragung der übrigen stimmberechtigten Aktien gegen Zahlung einer angemessenen Abfindung stellen kann. Damit hat der deutsche Gesetzgeber den Schwellenwert unter Anwendung des Art. 15 Absatz 2 Unterabsch. 2 der Richtlinie von 90 % auf 95 % angehoben.

Anders als beim aktienrechtlichen *„squeeze-out“* erfolgt der Ausschluss der Minderheitsaktionäre im Übernahmerecht nicht durch Beschluss der Hauptversammlung, sondern durch Beschluss des ausschließlich zuständigen Landgerichts Frankfurt/Main, § 39 a Absatz 5 WpÜG. Das Gericht beschließt somit den Übergang der Aktien auf den Bieter. Demnach sind auch aktienrechtliche Anfechtungsklagen ausgeschlossen. Die Antragsfrist bei Gericht beträgt drei Monate nach § 39 a Absatz 4 WpÜG. Für das Verfahren selbst ist das FGG anwendbar. Gegen den Beschluss des Landgerichts Frankfurt/Main ist die Beschwerde vor dem Oberlandesgericht Frankfurt/Main zulässig. In diesem Zusammenhang ist das Erfordernis der Rechtskraft der gerichtlichen Entscheidung für die Übertragung der Aktien auf den Bieter zu kritisieren, da es ggf. zu unzumutbaren Verzögerungen kommen kann[211]. Insoweit wird dem Vorschlag des *Handelsrechtsausschusses des Deutschen Anwaltsvereins* gefolgt, der das Oberlandesgericht Frankfurt/Main als einzige Instanz für den übernahmerechtlichen *„squeeze-out“* vorschlägt[212]. Demnach ist die Ansicht des Gesetzgebers, dass durch das neue Verfahren ein zügiger und kostgünstiger Ausschluss verbleibender Aktionäre ermöglicht wird[213], zu relativieren. Hierbei berücksichtigt die Gesetzesbegründung gerade nicht, dass eine Beschwerde gegen den Beschluss des Gerichts zulässig ist und die Übertragung hierdurch auf nicht unbeachtliche Weise verzögert werden kann.

§ 39 a Absatz 1 Satz WpÜG gibt entsprechend Art. 15 Absatz 5 Satz 1 der Richtlinie vor, dass die Abfindung der ausgeschlossenen Aktionäre angemessen sein muss. Die vom Bieter zu leistende Abfindung hat gemäß § 39 a Absatz 3 WpÜG der Gegenleistung des Übernahme- bzw. Pflichtangebots zu entsprechen. Stets ist eine Geldleistung wahlweise anzubieten. Besteht die Gegenleistung des Bieters im Rahmen des Übernahmeangebots somit nur bzw. teilweise aus anderen Aktien (so genanntes Tauschangebot), muss im Rahmen des *„squeeze-out“* Verfahrens zusätzlich eine Gegenleistung in Geld angeboten werden.

211 So auch Schüppen: BB 2006, 165, 168.
212 Handelsrechtsausschuss des Deutschen Anwaltsvereins: NZG 2006, 217, 221.
213 Begründung zum RegE-WpÜG: BT-Drucksache 16/1003, S. 14.

Die Frage der Angemessenheit der Gegenleistung ist in Deutschland zum Streitpunkt geworden. § 39 a Absatz 3 S. 3 WpÜG regelt entsprechend Art. 15 Absatz 5 Unterabsch. 2 der Richtlinie eine Vermutung der Angemessenheit des Preises. Insoweit wird unwiderleglich vermutet, dass der angebotene Preis im Rahmen des vorausgegangen Übernahmeverfahrens auch als Gegenleistung beim *„squeeze-out“* Verfahren herangezogen werden kann, und folglich angemessen ist, wenn der Bieter auf Grund seines Übernahmeangebots den Schwellenwertes von 90 % des stimmberechtigten Kapitals der Zielgesellschaft erlangt hat. Diese Angemessenheitsvermutung führte in der Literatur und Praxis zu nicht unerheblicher Kritik und wird teilweise als verfassungswidrig angesehen[214]. Insbesondere wird geltend gemacht, dass die unwiderlegbare Angemessenheitsvermutung eine gerichtliche Überprüfung nicht mehr zulasse[215] und folglich gegen Art. 14 GG verstoße. Vor allem *Heidel* führt in seiner Stellungnahme vom 4. Mai 2006 im Zuge der öffentlichen Anhörung zum Gesetzesentwurf aus, dass auch eine hohe Annahmequote im Rahmen des Übernahmeangebots nicht gewährleiste, dass der dort angebotene Preis eine volle Kompensation für den Anteilsverlust durch den *„squeeze-out“* darstellt. Insoweit sei der Börsenpreis nur eine Untergrenze für eine angemessene Entschädigung. Ferner müsse berücksichtigt werden, dass trotz einer hohen Annahmequote im Rahmen des vorangegangenen Übernahmeangebots oftmals eine Marktenge vorliege und der Annahmequote folglich per se keine Aussagekraft zukommen könne[216]. Demnach könne auf eine gerichtliche Überprüfbarkeit der Gegenleistung nicht verzichtet werden.

Die Kritik wirkt jedoch zu pauschal[217]. So erscheint es zwar nachvollziehbar und richtig, dass entsprechend der Rechtsprechung des Bundesverfassungs-gerichts zu Art. 14 GG die Aktionäre auch beim übernahmerechtlichen *„squeeze-out“* wirtschaftlich voll entschädigt werden müssen[218]. Die in Art. 15 Absatz 5 Unterabsch. 2 der Richtlinie und in § 39 a Absatz 3 Satz 3 WpÜG umgesetzte Angemessenheitsvermutung erfüllt jedoch nach diesseitiger Ansicht diese Vorgaben der deutschen höchstrichterlichen Rechtsprechung. So liegt zum einen der Angebotspreis für das vorausgehende Übernahmeangebot stets – und oftmals nicht unerheblich – über dem Börsenpreis, so dass diese Untergrenze gerade immer überschritten sein wird. Darüber hinaus ist auch das Argument

214 So z.B. Heidel, Stellungnahme vom 4. Mai 2006; Heidel/Lochner, DB 2005, 2564 ff.; Seibt/Heiser, ZGR 2004, 200, 243 ff.

215 So die Begründung des Gesetzesentwurfs: BT-Drucksache 16/1003, S. 22.

216 Heidel, Stellungnahme vom 4. Mai 2006, S. 13 ff.; 16, 17.

217 Im Ergebnis auch Merkt/Binder, BB 2006, 1285, 1290; Handelsrechtsausschuss des Deutschen Anwaltsvereins: NZG 2006, 217, 219.

218 Vgl. BVerfG, NJW 2001, 279, 280 (Meteor-Meter); BVerfGE 100, 263, 283 (DAT/Altana).

der Marktenge wenig überzeugend, denn ein Übernahmeangebot stellt sicherlich den besten Beweis dafür dar, dass diese Marktenge gerade nicht besteht. Eine Marktenge besteht immer dann, wenn die Aktien schwer bzw. nur zu einem schlechten Preis veräußerbar sind. Dies ist jedoch gerade bei einem öffentlichen Übernahmeangebot nicht der Fall. Darüber hinaus sprechen auch praktische Beweggründe für die Vermutungsregelung beim übernahmerechtlichen „*squeeze-out*". Die Alternative zum Angebotspreis aus dem Übernahmeverfahren wäre eine Unternehmensbewertung der Zielgesellschaft, welche erst im Rahmen des Ausschlussverfahrens anzustellen wäre. Das Ausschlussverfahren läuft demnach Gefahr auf längere Zeit still zu liegen, was folglich zur Unpraktikabilität des übernahmerechtlichen „*squeeze-out*" führen würde[219]. Schließlich ist zudem die Angemessenheitsvermutung richtigerweise nicht am deutschen Grundgesetz zu messen, sondern an der EuGH Rechtsprechung[220].

Die Umsetzung des „*squeeze-out*" Verfahrens ist insgesamt somit nach der hier vertretenen Ansicht richtlinienkonform.

II.1.4 Das Andienungsrecht

Dem „*squeeze-out*" soll nach dem Vorbild des Art. 16 Absatz 2 der Richtlinie das so genannte „*sell-out*" Verfahren (auch Andienungsrecht genannt) korrespondieren. Demnach sieht die Richtlinie vor, dass ein Inhaber verbleibender Wertpapiere von dem Bieter verlangen kann, dass Letzterer seine Wertpapiere gemäß den Bedingungen des „*squeeze-out*" erwirbt. Im deutschen Übernahmerecht regelt § 39 c WpÜG dieses Andienungsrecht. Hiernach können Aktionäre, die das Angebot des Bieters weder innerhalb der Annahmefrist bzw. innerhalb der weiteren Annahmefrist (so genannte „Zaunkönigregel") angenommen haben, das Angebot innerhalb einer zusätzlichen Frist von drei Monaten nach Ablauf der ursprünglichen Annahmefrist doch noch annehmen. Diese Form der Umsetzung des Art. 16 Absatz 2 der Richtlinie wird von der herrschenden Ansicht in Praxis und Literatur als sachgerecht erachtet[221]. Insbesondere die Klarstellung in § 39 c WpÜG, dass das Andienungsrecht auch im Anschluss an ein Pflichtangebot möglich ist, macht deutlich, dass das „*sell-out*" Verfahren spiegelverkehrt zum „*squeeze-out*" ausgestaltet werden soll.

219 Merkt/Binder, BB 2006, 1285, 1291.

220 Handelsrechtsausschuss des Deutschen Anwaltsvereins: NZG 2006, 217, 219; Merkt/Binder, BB 2006, 1285, 1290.

221 Merkt/Binder, BB 2006, 1285, 1291; Handelsrechtsausschuss des Deutschen Anwaltsvereins: NZG 2006, 217, 222; wohl auch Seibt/Heisser, AG 2006, 301, 320. A.A. Schüppen, BB 2006, 165, 170.

Im Ergebnis ist folglich festzuhalten, dass § 39 c WpÜG eine richtlinienkonforme Umsetzung des *„sell-out*" Verfahrens in Deutschland gewährleistet.

II.1.5 Informationspflichten

Die Entwicklung am Finanzmarkt sowie die stets steigende Transparenz gebietet es zwangläufig, dass potentielle Bieter auch die „Marktfähigkeit"[222] von Zielgesellschaften einschätzen können. Insoweit sollte potentiellen Bietern ermöglicht werden, sich über die gewählten Abwehrmaßnahmen der Zielgesellschaften informieren zu können. Demnach sieht das neue WpÜG entsprechende Informationspflichten inländischer börsennotierter Gesellschaften vor. Die aufgezählten Informationspflichten sollen jedoch nicht ausschließlich im WpÜG geregelt werden, sondern insbesondere auch im HGB. Entsprechend dem neu eingefügten Absatz 4 des § 289 HGB ist u.a. im Lagebericht von Aktiengesellschaften bzw. Kommanditgesellschaften auf Aktien unter anderem die Zusammensetzung des gezeichneten Kapitals, etwaige Stimmrechts- und Übertragungsbeschränkungen, direkte oder indirekte Beteiligungen von mehr als 10 %, Abfindungen - so genannte *„golden parachutes*" - für Vorstandsmitglieder oder Arbeitnehmer im Falle eines Kontrollwechsels, sowie etwaige Vereinbarungen in Verbindung mit einer *„change of control*" Klausel, anzugeben. Die Vorgaben des Art. 10 Absatz 2 der Richtlinie sind hiermit ausreichend umgesetzt. Entsprechende Regelungen sind für Mutterunternehmen und deren Konzernlageberichte geplant (§ 315 Absatz 4 AktG n.F.), was ggf. zu einer doppelten Veröffentlichung führt. Dies ist jedoch hinzunehmen ist.

Des Weiteren wurde die für den Vorstand des Bieters nach § 10 Absatz 5 WpÜG bereits bestehende Pflicht, seine Entscheidung zur Abgabe eines Angebots unverzüglich schriftlich mitzuteilen, erweitert. Derartige Entscheidungen sind nunmehr auch unmittelbar dem zuständigen Betriebsrat des Bieters zu übermitteln. Gleiches gilt für die Pflicht der Zuleitung der Angebotsunterlagen (§ 14 Absatz 4 WpÜG). Auch diese sind nunmehr unmittelbar vom Bietervorstand an den zuständigen Betriebsrat zu übermitteln. Insoweit wurden die Art. 6 Absatz 1 Satz 3 und Absatz 2 Satz 3 der Richtlinie 1:1 umgesetzt.

II.2 Das französische Übernahmegesetz vom 31. März 2006

Durch das Gesetz 2006-387 vom 31 März 2006[223] wurde in Frankreich die Übernahmerichtlinie frühzeitig umgesetzt. Das Gesetz führt jedoch nicht zu einer völligen Umgestaltung des französischen Übernahmerechts, welches weitestgehend bereits richtlinienkonform ist. Dennoch waren Teile des

222 Ausdruck von Merkt/Binder, BB 2006, 1285, 1291.

223 Journal Officiel vom 1. April 2006, S. 4883.

Übernahmerechts ergänzungs- bzw. änderungsbedürftig, so dass einzelne Vorgaben der Richtlinie umgesetzt werden mussten. Das Gesetz ist am 1. April 2006 in Kraft getreten, einige Regelungen sind jedoch noch durch die Aufsichtsbehörde AMF in ihrer Verordnung umzusetzen. Diesbezüglich wurde am 25. April 2006 eine öffentliche Anhörung eingeleitet, welche am 16. Juni 2006 zu Ende ging, und deren Ergebnis noch im Jahr 2006 erwartet wird. Die Umsetzung der Übernahmerichtlinie führte hingegen nur in geringem Umfang zu einem Gleichlauf mit dem deutschen Recht. Teilweise ist sogar eine Ausweitung der Disharmonie zwischen beiden Rechtssystemen festzustellen. Deutlich wird dies insbesondere bei der Umsetzung der Art. 9 bis 12 der Richtlinie.

Anzumerken ist, dass das französische Übernahmerecht an unterschiedlichen Stellen geregelt ist. Zum einen findet das Übernahmerecht seine gesetzliche Grundlage im Finanzgesetz (*Code monétaire et financier*) sowie im Handelsgesetzbuch (*Code de commerce*). Hierbei handelt es sich insbesondere um allgemeine Regeln des Übernahmerechts. Detaillierte Verfahrensregeln sind hingegen im 2. Buch der allgemeinen Verordnung der Aufsichtsbehörde AMF (*Livre II du Règlement général*, RAMF) zusammengefasst.

Die französische Regierung legte auf der Grundlage des Berichts der Arbeitsgruppe *Lepetit* zuerst dem Wirtschaftsministerium am 27. Juni 2005 einen Gesetzesentwurf und dann am 22. September 2005 dem französischen Senat vor. Insbesondere hinsichtlich der Umsetzung des Neutralitätsprinzips und der Durchbrechungsreglung und somit bei der Frage, wie französischen börsennotierten Gesellschaften am besten gegen feindliche Übernahmen zu schützen sind, war dieser erste Gesetzesentwurf gespaltener Natur. So war zum einen die Umsetzung von Art. 11 der Richtlinie (Durchbrechungsregelung) nicht vorgesehen. Als Begründung dienten die in Frankreich zahlreich abgeschlossenen Aktionärsvereinbarungen („*pactes d'actionnaires*"), welche bei einer Umsetzung des Art. 11 ausgehebelt würden. Insoweit sollte die Einwahl („*opt-in*") in die Durchbrechungsregelung – wie auch in Deutschland – den Gesellschaften überlassen werden. Gleichwohl wurde zum anderen die Neutralitätspflicht, Art. 9 der Richtlinie, entsprechend der in Europa herrschenden Tendenz in das französische Übernahmerecht übernommen. Im Gegensatz zu Deutschland wurde folglich ein staatlicher „*opt-in*" in Bezug auf die Neutralitätspflicht vorgenommen, wobei im selben Zuge anzumerken ist, dass den Zielgesellschaften hier die Möglichkeit des Reziprozitätseinwands nach Art. 12 Absatz 3 der Richtlinie ermöglicht wurde.

In erster Lesung führte der Gesetzesentwurf sowohl im Senat als auch in der Nationalversammlung zu nur wenig Diskussion. Der Senat reichte dennoch einen Ergänzungsantrag hinsichtlich der Behandlung von Übernahmegerüchten[224] sowie Ergänzungen hinsichtlich der Reziprozitätsregelung ein.

Zu Beginn des Jahres 2006 erfuhr die Diskussion auf Grund der drohenden feindlichen Übernahmen der Gesellschaft ARCELOR durch MITTAL STEEL und der Gesellschaft SUEZ durch den italienischen Energiekonzern ENEL eine starke politische Prägung. Die französische Opposition beantragte eine Abänderung, mit dem Ziel, die Umsetzung des Art. 9 der Richtlinie zu verhindern. Die Änderungsanträge hatten jedoch keinen Erfolg. Gleichwohl wurde der Gesetzesentwurf durch die französische Regierung am 21. Februar 2006 im Rahmen der zweiten Lesung im Senat durch eine Reihe von Regelungen zur Abwehr von Übernahmen ergänzt[225]. Zu erwähnen ist hier insbesondere die Möglichkeit der Ausgabe von Aktienoptionsscheinen („*bon de souscription d'actions*" - so genannte BSA) durch eine Zielgesellschaft[226]. Diese Ergänzungen und vor allem die Frage der Ausgabevoraussetzungen führten wiederum zu heftigen Diskussionen zwischen Vertretern einer liberalen Linie und Vertretern der so genannten „Wirtschaftspatrioten"[227], welche sich vehement für einen besseren Schutz der französischen Unternehmen einsetzten[228]. Ein Kompromiss wurde letztendlich in dritter Lesung im Senat am 22. März 2006 gefunden[229].

Der Gesetzesentwurf umfasst drei Schwerpunkte. Kapitel 1 des Gesetzes regelt die Kompetenzen der Aufsichtsbehörde AMF sowie die Anwendbarkeit des französischen Übernahmerechts (Ziffer II.2.1). Durch Kapitel 2 des Gesetzes werden die Transparenz- und Informationsvorschriften ergänzt bzw. abgeändert (Ziffer II.2.2). Kapital 3 des Gesetzes regelt schließlich die Umsetzung der Vorschriften hinsichtlich der Verteidigungsmechanismen (Ziffer II.2.3).

II.2.1 Kompetenzbereich der AMF

Das Gesetz vom 31. März 2006 definiert den Kompetenzbereich der Aufsichtsbehörde AMF neu und erweitert ihn gleichzeitig. Ursprünglich beschränkte sich die Kompetenz der AMF ausschließlich auf Gesellschaften französischen Rechts mit Börsennotierung in Frankreich. Für in Frankreich börsennotierte Gesellschaften mit Sitz im Ausland bestand demzufolge eine gewisse Rechtsun-

---

224 Siehe hierzu unten: Kapitel 2 Ziffer II.2.2.

225 Hierzu: Ducourtieux/Morio, „La vulnérabilité des groupes français inquiète le Parlement", Le Monde vom 4. März 2006.

226 Siehe hierzu unten: Kapitel 2 Ziffer II.2.3.1.1.

227 Aubert/Cotty/Rontchevsky, Revue Lamy Droit des Affaires Juni 2006, n° 6, S. 10, 11.

228 Zur Diskussion: Rapport Novelli vom 1. März 2006, Dokument der Nationalversammlung n° 2921.

229 Rapport Marini vom 22. März 2006, Dokument des Senats n° 268.

sicherheit. Um diese Gesetzeslücke zu schließen, wurden in der zur Festlegung des Kompetenzbereichs der AMF entsprechenden Norm (Art. L. 433-1 des Finanzgesetzes - *Code monétaire et financier* -) weitere Regelungen eingefügt. Ähnlich wie im deutschen Gesetzesentwurf sind nunmehr sowohl der Gesellschaftssitz als auch die Börsenzulassung der emittierten Aktien zu beachten[230].

Die AMF ist demnach weiterhin für den Grundfall zuständig, wenn es sich bei der Zielgesellschaft um eine in Frankreich ansässige Gesellschaft handelt, deren Aktien an einem inländischen Markt gehandelt werden. Des Weiteren werden aber auch Gesellschaften mit Sitz in der EU oder im europäischen Wirtschaftsraum, sofern die Aktien erstmals an einem französischen reglementierten Finanzmarkt gehandelt werden, erfasst (Art. L. 433-1 Absatz 2 Alt. 1 des Finanzgesetzes). Sollte die Gesellschaft jedoch gleichzeitig in mehreren Mitgliedstaaten bzw. im europäischen Wirtschaftsraum notiert sein, sowie erstmals in Frankreich, kann die Gesellschaft selbst festlegen, ob französisches Recht anwendbar sein soll, Art. L. 433-1 Absatz 2 Alt. 2 des Finanzgesetzes). Einzelheiten des Wahlrechts sind in der noch zu erlassenden Verordnung der AMF zu regeln. Art. L. 433-1 Absatz 3 des Finanzgesetzes überträgt ferner der AMF, in ihrer Verordnung Einzelheiten über die Zuständigkeit zu regeln, wenn die Aktien eines Drittstaates an einem französischen reglementierten Markt gehandelt werden.

Die Klarstellung und Erweiterung des Kompetenzbereichs der AMF, sowie die Erweiterung der Anwendbarkeit des französischen Übernahmerechts wurden in Frankreich einheitlich begrüßt[231]. Mehrfachnotierungen, wie z.B. im Übernahmefall ARCELOR/MITTAL STEEL, in dessen Rahmen zeitweilig unklar war, ob französisches Übernahmerecht Anwendung finden sollte[232], können nun besser gehandhabt werden.
Im Vergleich zur Erweiterung des Kompetenzbereichs der Aufsichtbehörde in Deutschland fällt auf, dass das französische Recht sich überwiegend an der Börsennotierung der Aktien der Gesellschaft richtet, wohingegen sich der RegE-WpÜG eher am Sitz der Gesellschaft orientiert. Im Ergebnis dürfte der Kompetenzbereich der jeweiligen Aufsichtsbehörde jedoch in beiden Ländern entsprechend sein. Die Disharmonie zwischen beiden Übernahmerechten dürfte sich hier deshalb kaum auswirken.

---

230 Siehe hierzu: Charvériat, BRDA 06/2006, S. 12, 13.
231 Aubert/Cotty/Rontchevsky, Revue Lamy Droit des Affaires Juni 2006, n° 6, S. 10, 12.
232 Presseerklärung der AMF vom 3. Februar 2006.

II.2.2 Informationspflicht bei Gerüchten über ein Angebotsvorhaben

Mit Art. L. 433-1 Absatz 5 des Finanzgesetzes wurde eine neue Erklärungspflicht für den (potentiellen) Bieter in das französische Übernahmerecht eingefügt. Ursprung dieser Regelung ist ein Ergänzungsantrag des Senats (so genannte DANONE Ergänzung). Ziel der Erklärungspflicht ist es, einen potentieller Bieter im Falle von kursierenden Gerüchten über ein Angebotsvorhaben ggf. zu verpflichten, seine Entscheidung zur Abgabe eines Angebots unverzüglich mitzuteilen. Zwar stellt Art. L. 433-1 Absatz 5 des Finanzgesetzes keine echte Angleichung an § 10 Absatz 4 Satz 1 WpÜG dar, es wird jedoch derselbe Zweck – Steigerung der Transparenz am Finanzmarkt - verfolgt.

Nach Art. L. 433-1 Absatz 5 des Finanzgesetzes kann nun jede Person, bei welcher nach vernünftigen Erwägungen in Betracht zu ziehen ist, dass sie ein öffentliches Übernahmeangebot vorbereitet - insbesondere bei merkbaren Kursschwankungen - zur Offenlegung Ihrer Absichten gegenüber der AMF verpflichtet werden. Anders als im deutschen Übernahmerecht nach § 10 Absatz 1 WpÜG soll die Erklärungspflicht folglich von den Einschätzungen der AMF abhängig sein, die demnach auch eine Freistellung von dieser Pflicht aussprechen kann. Die Regelung weicht insofern von der entsprechenden deutschen Vorschrift ab, dass der Aufsichtsbehörde AMF ein gewisser Ermessensspielraum hinsichtlich der Erklärungspflicht des potentiellen Bieters zusteht. Eine gewisse Disharmonie bleibt folglich bei der Veröffentlichung eines Übernahmevorhabens zwischen beiden Ländern. § 10 Absatz 1 WpÜG eröffnet der BAFin diesen Ermessensspielraum gerade nicht. § 10 Absatz 1 Satz 3 WpÜG sieht lediglich vor, dass die BAFin dem Bieter auf Antrag, eine Veröffentlichung erst nach Beschluss der Gesellschafterversammlung vorzunehmen, einräumen kann, sofern keine Marktverzerrung zu befürchten ist[233].
Wie in Kapitel 1 Ziffer 1.1.2 dargestellt, bestimmte im französischen Übernahmerecht bisher der Bieter den Zeitpunkt der Preisgabe seines Übernahmevorhabens selbst, auch wenn ein potentieller Bieter entsprechend Art. 222-7 RAMF[234] grundsätzlich zu derartigen Erklärungen verpflichtet werden konnte. So wurden beispielsweise die Gesellschaften EURONEXT und DEUTSCHE BÖRSE auf Grund kursierender Gerüchte am Markt aufgefordert, ihre Absichten hinsichtlich eines Zusammenschlusses zu erklären[235]. Beide Gesellschaften erwiderten jedoch, dass die zwischen Ihnen stattgefundenen Verhandlungen keinerlei Erklärung entsprechend Art. 222-7 RAMF bedürfe.

233 Vgl. hierzu Oechsler in Ehricke/Ekkenga/Oechsler, WpÜG, § 10 Rn. 8.
234 Im Rahmen von Art. 222-7 RAMF sind Erklärungen über Absichten mitzuteilen, sofern diese eine bedeutende Auswirkung auf den Börsenkurs haben können.
235 Presseerklärung der AMF vom 21. Dezember 2005.

Nach der neu eingeführten Regelung des Art. L. 433-1 Absatz 5 des Finanzgesetzes dürfte es hingegen nicht mehr ausreichen, dass der potentielle Bieter lediglich mitteilt, dass es keinen Anlass für Erklärungen gibt. Vielmehr hat er öffentlich zur Frage, ob er ein Übernahmeangebot plant oder nicht, Stellung zu nehmen. An diese Erklärung wird er sich binden müssen; sie bringt folglich Rechtsfolgen mit sich[236].

Der französische Gesetzgeber setzt mit Art. L. 433-1 Absatz 5 des Finanzgesetzes folglich Art. 6 Absatz 1 der Richtlinie um. Ausgangspunkt der Kodifizierung dieser Pflicht ist jedoch weniger Art. 6 Absatz 1 der Richtlinie selbst. Vielmehr sind dies die im Jahre 2005 gemachten Erfahrungen am französischen Finanzmarkt. So kamen im Sommer 2005 Gerüchte auf, dass das amerikanische Unternehmen PepsiCo die Kontrolle über die französische Gesellschaft DANONE übernehmen wolle[237]. PepsiCo gab diesbezüglich jedoch nie eine offizielle Stellungnahme ab und konnte hierzu mangels Regelung auch nicht gezwungen werden. Letztendlich verliefen sich die Gerüchte. Dem französischen Finanzmarkt, sowie auch dem Gesetzgeber kam folglich die Umsetzung der Übernahmerichtlinie gelegen, um in diesem Rahmen den unbefriedigenden rechtsfreien Raum bei Übernahmegerüchten zu schließen.

Anzumerken ist, dass die Konditionen und Rechtsfolgen der Erklärung nach Art. L. 433-1 Absatz 5 des Finanzgesetzes in der Verordnung der AMF festzulegen sind. Zu regeln ist zum einen, unter welchen Voraussetzungen ein Übernahmengebot im Anschluss an eine bestätigende Erklärung hinsichtlich des Übernahmegerüchts abzugeben ist. Zum anderen sind auch die Rechtsfolgen im Falle der Verneinung des Angebotsvorhabens festzulegen. Die AMF gedenkt im zweiten Fall ein Verbot zur Angebotsabgabe über die das Gerücht betreffende Gesellschaft für einen Zeitraum von 6 Monaten Angebot zu regeln[238].

Festzuhalten ist, dass die Erklärungspflicht sowohl auf objektive (bedeutende Auswirkung auf den Kurs) als auch auf subjektive (vernünftige Erwägungen) Kriterien gestützt werden kann. Dieser weite Beurteilungsspielraum der Aufsichtbehörde AMF wird zweifelsohne zu kontroversen Diskussionen führen. Insoweit ist anzumerken, dass die Erklärungspflicht ggf. paradoxe Auswirkungen haben kann. So ist nicht auszuschließen, dass Gerüchte von Dritten absichtlich verbreitet werden, um eine Erklärung der betroffenen Parteien zu erzwingen. In jedem Fall sind die Marktteilnehmer zu größter Vorsicht

---

236 Aubert/Cotty/Rontchevsky, Revue Lamy Droit des Affaires Juni 2006, n° 6, S. 10, 13.

237 Fast täglich erschienen Presseartikel über die Übernahmegerüchte. u.a. in La Tribune vom 20., 21., 22. und 25. Juli 2005.

238 Charvériat, BRDA 06/2006, S. 12, 13; Aubert/Cotty/Rontchevsky, Revue Lamy Droit des Affaires Juni 2006, n° 6, S. 10, 13.

angeraten, um nicht etwaige Erklärungen abgeben zu müssen, die sie nicht bzw. noch nicht abgeben wollen. Ferner ist festzuhalten, dass sich deutsches und französisches Recht bei der Frage der Veröffentlichungspflicht des Bieters hinsichtlich seines Übernahmevorhabens angenähert haben, eine vollständige Angleichung blieb hingegen aus.

II.2.3 Abwehrmaßnahmen

Kapitel 3 des Gesetzes vom 31. März 2006 beinhaltet die umstrittenen Regelungen zu den Abwehrmechanismen, welche zum Ziel die Waffengleichheit zwischen den Unternehmen haben. Nachfolgend soll zuerst die Umsetzung des Optionsmodells für die Neutralitätspflicht während der Angebotsphase behandelt werden (Ziffer III.2.3.1). Anschließend wird die Umsetzung des Optionsmodells für die Durchbrechungsregelung dargestellt (Ziffer III.2.3.2).

II.2.3.1 Die Neutralitätspflicht

Im Rahmen der Umsetzung der Übernahmerichtlinie wurde von dem im französischen Recht bestehenden und in Art. L. 225-129-3 des Handelsgesetzbuchs („*Code de commerce*")[239] festgehaltenen Prinzip, dass jegliche Abwehrmaßnahme der Zustimmung der Hauptversammlung unterliegt, nicht abgewichen. Nunmehr regelt Art. L. 225-32 Absatz 1 des Handels-gesetzbuchs, „*dass während der Angebotsphase ... der Verwaltungsrat, der Aufsichtsrat ..., der Vorstand oder die Geschäftsführer der Zielgesellschaft für jegliche Maßnahme, die das Angebot zum scheitern bringen kann, ausgenommen die Suche nach anderen Angebote, die vorherige Zustimmung der Hauptversammlung benötigen*".

Art. L. 225-32 Absatz 3 des Handelsgesetzbuchs betrifft ferner die so genannten Vorratsbeschlüsse. Hiernach sind sämtliche Maßnahmen, die vor der Angebotsphase durch die Hauptversammlung genehmigt wurden und das Angebot zum Scheitern bringen können, während der Angebotsphase auszusetzen, selbst, wenn die Maßnahme teilweise bereits ausgeführt wird. Ausgenommen ist wiederum die Suche nach anderen Angeboten[240].

Der französische Gesetzgeber hat demzufolge die Neutralitätspflicht des Art. 9 der Richtlinie umgesetzt und sich im Gegensatz zu Deutschland zu einem „*opt-*

239 Art. L. 225-129-3 des Handelsgesetzbuchs wurde durch Art. 22 des Gesetzes vom 31. März 2006 abgehoben.

240 Nach Viandier handelt es sich bei der so genannten Such nach einem „weißen Ritter" nicht einmal um eine Abwehrmaßnahme: Viandier, OPA, OPE, n° 2075.

in" auf der 1. Stufe entschieden. Die Disharmonie zum deutschen Recht zeigt sich somit bereits bei der staatlich vorgegebenen Einwahl in die Neutralitätspflicht. Auf Grund der langjährigen Praxis der Anwendung der Neutralitätspflicht hat der französische Gesetzgeber erwartungsgemäß keinen Gebrauch davon gemacht, Art. 9 Richtlinie nicht umzusetzen. Demnach unterstreicht das französische Übernahmerecht, dass allein die Aktionäre über den Erfolg oder das Scheitern des Angebots entscheiden sollen, indem sie ihre Zustimmung zu einer Abwehrmaßnahme erteilen oder nicht. Das Zustimmungsprinzip führt folglich dazu, dass die Hauptversammlung eine bereits im Voraus genehmigte aber noch nicht umgesetzte bzw. nur teilweise umgesetzte Maßnahme nochmals absengen muss. Das deutsche Recht ist, wie in Kapitel 2 Ziffer II.1.2 behandelt, protektionistischer ausgestaltet.

Die Umsetzung von Art. 9 mag möglicherweise überraschen, denn in der Praxis schaltet sich die Regierung im Falle drohender Übernahmen von französischen Gesellschaften durch ausländische Bieter stets ein, um die Unabhängigkeit französischer Unternehmen zu sichern[241]. Hierbei hält sie sich auch nicht mit Vorschlägen für eine Abwehr des feindlichen Angebots zurück[242]. Frankreich wollte jedoch mit der Umsetzung des Art. 9 der Richtlinie ein Zeichen in Europa setzen und eine Vorreiterrolle spielen[243]. Die Umsetzung der Neutralitätspflicht entsprechend Art. 9 der Richtlinie stellt folglich einen wichtigen Unterschied zum deutschen Übernahmerecht dar.

Letztendlich wird eine Umsetzung der Regelungen des Art. 9 der Richtlinie dazu führen, dass die meisten Abwehrmaßnamen während der Angebotsphase jedoch aus Zeitgründen nicht umsetzbar sein werden. Zwar sollen die Ladungsfristen für die entsprechende Hauptversammlung auf 15 Tage verkürzt werden, eine Durchführung der Maßnahme dürfte jedoch nur gelingen, wenn diese vorbereitet und bereits in der Umsetzung ist[244]. Die Schwäche der Abwehrmaßnahme während der Angebotsphase wird somit deutlich. Dies war auch ein Grund, weshalb Deutschland die Neutralitätspflicht nicht umgesetzt hat.

---

241 So bereits im Rahmen der Übernahmegerüchte über Danone im Jahre 2005; bei der Übernahme des französisch-luxemburgischen Unternehmens Arcelor durch Mittal sowie bei der drohenden Übernahme von Suez durch die italienische Gesellschaft Enel (beides im Jahre 2006).

242 So leitete die Regierung im Rahmen der drohenden Übernahme von Suez durch Enel eine Fusion zwischen Suez und Gaz de France ein, um zu vermeiden, dass Suez in ausländische Kontrolle gerät. Hierzu: Les Echos vom 27. Februar 2006, S. 20. Im Rahmen der Übernahme von Arcelor durch Mittal Steel schaltete sich sogar der Staatspräsident Jacques Chirac ein. Hierzu: Les Echos vom 1. Februar 2006, S. 19.

243 Bonneau, JCP G, I, 134, vom 24. April 2006, S. 837.

244 Aubert/Cotty/Rontchevsky, Revue Lamy Droit des Affaires Juni 2006, n° 6, S. 10, 17.

II.2.3.1.1 Ausgabe von Aktienoptionsscheinen (BSA)

Als Ausgleich zur Umsetzung des Art. 9 der Richtlinie ermöglicht das französische Übernahmerecht gemäß Art. L 225-32 Absatz 2 des Handelsgesetzbuchs die Ausgabe von Aktienoptionsscheinen. Die Einführung von Aktienoptionsscheinen als Abwehrmaßnahme wurde erst in Form eines Nachtrags während der Lesung des Gesetzesentwurfs vom 21. Februar 2006 im Senat eingebracht. In den USA handelt es sich hierbei um eine gängige Abwehrmaßnahme gegen eine feindliche Übernahme, so genannte *„right plans“*. Im Vergleich zum deutschen Recht bestehen Gemeinsamkeiten mit einer bedingten Kapitalerhöhung, deren Genehmigung unter § 33 WpÜG fällt[245]. Eine identische Abwehrmaßnahme kennt das deutsche Recht jedoch nicht. Die Disharmonie bei der Neutralitätspflicht führt folglich auch zu unterschiedlichen Abwehrmaßnahmen in beiden Ländern.

Die französische Übernahmepraxis zeigt bereits jetzt, dass die Einführung dieser neuen Abwehrmaßnahme nicht nur marginal ist. So machten schon im Juni 2006 die französischen Gesellschaften SUEZ und ST. GOBAIN von dieser Abwehrmaßnahme Gebrauch und setzten einen entsprechenden Beschluss auf die Tagesordnung der Hauptversammlung. In beiden Unternehmen wurden die Beschlüsse angenommen[246].

Die Ausgabe von Aktienoptionsscheinen – wie auch die Kapitalerhöhung im Falle einer feindlichen Übernahme – haben eine Quotenverwässerung zum Nachteil des Bieters zum Ziel, gegen die sich der Bieter nicht schützen kann. Das Szenario ist stets gleich. Die Leitungsorgane der Gesellschaft geben Rechte aus, ohne dass es hierfür der Zustimmung der Hauptversammlung bedarf. Diese Rechte können weder ausgeübt noch übertragen werden. Sollte dann ein Bieter die Kontrolle der Gesellschaft ohne Zustimmung der Leitungsorgane übernehmen wollen bzw. überschreitet er den Schwellenwert von 10 % oder 20 % des Kapitals in der Zielgesellschaft, können die Rechte in Aktien zu einem Preis, welcher in der Regel bei 50 % des Wertes der Aktie liegt, umgetauscht werden[247]. Ziel der Einführung dieser Abwehrmöglichkeit ist nach Vorstellung der französischen Regierung weniger ein Scheitern des Angebots selbst. Vielmehr sollen hierdurch die Parteien zu Verhandlungen zu bewegt werden[248].

---

245 Zur bedingten Kapitalerhöhung: Ekkenga in Ehricke/Ekkenga/Oechsler, WpÜG, § 33 Rn. 97.

246 Suez: Hauptversammlung vom 5. Mai 2006; St. Gobain: Hauptversammlung vom 8. Juni 2006.

247 Couret, D. 2006, n° 20, S. 1372.

248 Siehe auch im Rapport Marini vom 22. März 2006, Dokument des Senats n° 268.

Zwar war auch bislang in Frankreich grundsätzlich die Ausgabe von Aktienoptionsscheinen im Rahmen eines Übernahmeangebots möglich. Die Aufsichtbehörde AMF ließ jedoch die kostenlose Ausgabe der Optionsscheine nicht zu. So verhinderte sie beispielsweise im Rahmen des Übernahme-vorhabens von SANOFI über AVENTIS die kostenlose Ausgabe von Aktienoptionsscheinen durch Letztere, welche im Falle eines Verlusts des Patents *Plavix* durch den Angreifer SANOFI umgewandelt werden konnten[249]. So sei die Ausgabe der so genannten „*Plavix Optionen*" insgesamt nicht mit den Regeln des Übernahmerechts vereinbar. Hauptargument der AMF war insbesondere, dass die Zielgesellschaft durch die Ausgabe von Aktien-optionsscheinen einseitig auf den Angebotspreis des Bieters und folglich auf seine Freiheit, einen bestimmten Preis anzubieten, Einfluss nimmt, mit der Folge, dass eine gewisse Unruhe am Finanzmarkt entstehe. Dies könne von der AMF nicht hingenommen werden[250].

Bemerkenswert ist, dass es für die Genehmigung dieser nunmehr durch Gesetz ausdrücklich zugelassenen Abwehrmaßnahme entsprechend Art. L. 225-98 des Handelsgesetzbuchs lediglich einer einfachen Mehrheit der außerordentlichen Hauptversammlung der Zielgesellschaft bedarf. Das deutsche Recht fordert hingegen für die ähnliche Maßnahme des genehmigten Kapitals eine qualifizierte Mehrheit (3/4 Mehrheit). Der Unterschied beider Maßnahmen wird folglich deutlich. Die Ausgabe von BSA dient der Abwehr von feindlichen Übernahmen, wohingegen das genehmigte Kapital in der Regel eine Finanzierungsart darstellt. Es besteht also auch in diesem Punkt Disharmonie zwischen beiden Rechtssystemen.

Das Erfordernis einer einfachen Mehrheit durch die außerordentliche Hauptversammlung ist das Ergebnis einer langwierigen Diskussion im Rahmen des Gesetzgebungsverfahrens. Da beim häufig auftretenden Nießbrauch an Aktien entsprechend Art. L. 225-110 des Handelsgesetzbuchs das Stimmrecht im Rahmen einer außerordentliche Gesellschafterversammlung grundsätzlich dem Aktionär zusteht und nicht dem Inhaber des Nießbrauchs, musste für die Beschlussvoraussetzungen zur Ausgabe von Aktienoptionsscheinen ein Kompromiss gefunden werden, um die Abwehrmaßnahme nicht zu konterkarieren. Der Kompromiss wurde letztendlich in der einfachen Stimmenmehrheit gefunden[251].

---

249 Hierzu: De Vauplane/Daigre, Banque et Droit mai-juin 2004, S. 33.
250 Entscheidung AMF n° 204 vom 23. April 2004.
251 Eingehend hierzu: Couret, D. 2006, n° 20, S. 1372, 1375 f.; Aubert/Cotty/Rontchevsky, Revue Lamy Droit des Affaires Juni 2006, n° 6, S. 10, 17.

Festzuhalten ist folglich, dass die Ausgabe von Aktienoptionsscheinen als Abwehrmaßnahme sowohl während der Angebotsphase als auch präventiv tauglich ist.

II.2.3.1.2 Reziprozität

Der französische Gesetzgeber hat sich dafür entschieden, die in Art. 12 der Richtlinie vorgesehene Reziprozitätsregelung umzusetzen, um eine Waffengleichheit zwischen den Unternehmen zu gewährleisten. Der neu eingeführte Art. L. 233-33 des Handelsgesetzbuchs regelt demzufolge, dass die Hauptversammlung der Zielgesellschaft die Nichtanwendbarkeit der in Art. L. 233-32 Handelsgesetzbuch geregelten Beschränkungen bei der Durchführung von Abwehrmaßnahmen beschließen kann, wenn der Gesellschaft ein Übernahmeangebot droht, und der Bieter keine der Neutralitätspflicht entsprechende Regelungen anwendet. Demnach entsprechen sich § 33 c WpÜG und Art. L. 233-33 des französischen Handelsgesetzbuchs ausnahmsweise.

In der ersten Lesung der französischen Nationalversammlung wurde kritisiert, dass im Falle einer Bietergruppe unklar sei, ob die Reziprozitätsregel auch dann greift, wenn nur einer der Bieter keine dem Art. 9 der Richtlinie entsprechende Regelung anwendet. Eine Lösung dieses Problems wurde dann in zweiter Lesung gefunden. Demnach kann die Reziprozitätsregel durch die Zielgesellschaft auch dann geltend gemacht werden, wenn die Bieter im Rahmen eines *„acting in concert"* gemeinsam handeln oder aber ein Beherrschungsverhältnis zwischen den Bietern besteht[252]. In Zweifelsfällen hat hierüber die Aufsichtsbehörde AMF zu entscheiden. Ein Beschwerdeverfahren vor dem Beschwerdegericht von Paris bleibt möglich. Bemerkenswert ist schließlich, dass im Rahmen des Gesetzgebungsverfahrens durch den Berichterstatter *Lepetit* vorgetragen wurde, dass diese Regelung auch auf nicht börsennotierte Bieter anzuwenden ist[253]. In Deutschland wurde diese Frage hingegen bisher nicht diskutiert.

Folge der Reziprozitätsregel ist, dass die Zielgesellschaft ihre beschlossenen Abwehrmaßnahmen (also z.B. die Ausgabe von Aktienoptionsscheinen) geltend machen kann, wenn ein oder mehrere Bieter die Neutralitätspflicht nach Art. 9 der Richtlinie nicht anwenden. Voraussetzung ist jedoch, dass die Hauptverhandlung die Geltendmachung der Reziprozität im Hinblick auf ein potentielles Angebot im Voraus beschlossen hat. Dieser Beschluss darf maximal 18 Monate zurückliegen. Es ist demnach sinnvoll, die Geltendmachung der Reziprozität zu antizipieren, um nicht eine Hauptversammlung während des Angebotsverfah-

252 Rapport Novelli vom 1. März 2006, Dokument der Nationalversammlung n° 2921.
253 Journal Officiel déb. Sénat vom 21. Februar 2006, S. 735.

rens einberufen zu müssen. Mehrere französische Unternehmen haben einen entsprechenden Beschluss bereits gefasst[254]. Wendet der Bieter hingegen die Neutralitätspflicht ebenfalls an, sind sämtliche Abwehrmaßnahme der Zielgesellschaft auszusetzen und bedürfen einer erneuten Zustimmung der Hauptversammlung.

II.2.3.2 Die Durchbrechungsregelung

Der neu eingefügte Art. L. 233-34 des Handelsgesetzbuchs sieht vor, dass satzungsmäßige Übertragungshindernisse für börsennotierte Aktien einem Übernahmeangebot nicht entgegengehalten werden können. Demzufolge hat der französische Gesetzgeber Art. 11 Absatz 2 Unterabsch. 1 der Richtlinie umgesetzt. Darüber hinaus wird den Unternehmen frei gestellt, ob sie in ihrer Satzung die Aussetzung vertraglicher Übertragungshindernisse (Art. L. 233-35 des Handelsgesetzbuchs), vertraglicher oder satzungsmäßiger Stimmrechtsbindungen (Art. L. 233-36 und L. 233-37 des Handelsgesetzbuchs), vertraglicher oder satzungsmäßiger Restriktionen (Art. L. 233-38 des Handelsgesetzbuchs) und außerordentliche Bestellungs- bzw. Abberufungshindernisse für Geschäftsführer (Art. L. 233-39 des Handelsgesetzbuchs) während der Angebotsphase regeln. Mit anderen Worten wird den Unternehmen durch die einzelnen Vorschriften ein *„opt-in"* auf der zweiten Stufe für die übrigen Regelungen des Art. 11 der Richtlinie ermöglicht.

Im Gegensatz zu Deutschland hat sich Frankreich folglich entschieden, sich nur teilweise nicht in die Durchbrechungsregel einzuwählen. Es besteht also wiederum eine teilweise unterschiedliche Umsetzung in Frankreich und Deutschland und somit also auch eine Disharmonie zwischen beiden Übernahrechten. Eine derartige „Teileinwahl" sieht die Richtlinie zwar ausdrücklich nicht vor, dürfte jedoch unschädlich sein, solange der Mitgliedstaat sämtliche Regelungen des Art. 11 berücksichtigt, also zumindest ein *„opt-in"* durch die Gesellschaften vorsieht. Andererseits stellt sich die Frage, ob die Teileinwahl Auswirkungen auf die Reziprozität haben kann. Belässt es beispielsweise eine Gesellschaft (als Bieter) allein bei der gesetzlich zwingend vorgegebenen Einwahl hinsichtlich satzungsmäßiger Übertragungshindernisse, die Zielgesellschaft hat sich jedoch komplett in die Durchbrechungsregel eingewählt, ist fraglich, ob die Zielgesellschaft mangelnde Reziprozität geltend machen kann. Nach der hier vertretenen Ansicht kann sich die Reziprozität dann nur auf die einzelne Beschränkung beziehen. Es wäre also die präventive Abwehrmaßnahme auszusetzen, für die Reziprozität besteht.

---

254 U.a. Suez, Sait-Gobain, Hermès, Eurazéo und Ipsos.

Letztendlich stellt sich in Frankreich jedoch im Rahmen der Durchbrechungsregel die Frage der Reziprozität nicht. Denn der französische Gesetzgeber hat Art. 12 Absatz 3 der Richtlinie, also die Möglichkeit durch Beschluss der Gesellschaften den Einwand mangelnder Reziprozität geltend zu machen, im Gegensatz zu Art. 9 der Richtlinie, nicht ermöglicht. Die Reziprozitätsregelung findet im französischen Übernahmerecht folglich auf die Durchbrechungsregelung keine Anwendung. Der Senat war ursprünglich anderer Ansicht und setzte sich für eine entsprechende Anwendung ein. Schließlich änderte der Senat jedoch seine Auffassung und vertrat, dass durch die Möglichkeit eines nachträglichen *„opt-out“* für Gesellschaften, die sich freiwillig in die Durchbrechungsregelung eingewählt haben, ein ähnlicher Effekt wie die Reziprozität erreicht wird[255].

III. Zusammenfassung

Die Regelungen der Übernahmerichtlinie und vor allem ihre Umsetzung machen deutlich, dass eine Harmonisierung zwischen den einzelnen Übernahmerechten nahezu illusorische ist. Eklatante Unterschiede bestehen insoweit nicht nur wie in Kapitel 1 gesehen in der Struktur der Angebotsarten, sondern insbesondere bei der Neutralität der Zielgesellschaft und den zulässigen Abwehrmaßnahmen. Demzufolge ist auch nach der Umsetzung der Richtlinie in Frankreich und Deutschland eine Disharmonie zwischen beiden Rechtssystemen zu vermerken. Diese Disharmonie spiegelt sich insbesondere auch gerade in den Punkten wieder, in denen sich der Europäische Gesetzgeber Waffengleichheit, also Harmonie, erhofft hatte.

Die Darstellungen in Kapitel 2 haben gezeigt, dass diese Disharmonie ihren Ursprung nicht nur in der Historie des jeweiligen Übernahmerechts hat, sondern insbesondere – wie auch bereits die komplette Diskussion über die Übernahmerichtlinie – politisch bedingt ist. So zeigt die Umsetzung der Neutralitätspflicht bzw. die Ermöglichung von Abwehrmaßnahmen gegen feindliche Übernahmen in Deutschland, dass das WpÜG protektionistisch ausgelegt ist. Das französische Übernahmerecht wurde diesbezüglich zweifelsohne übernahmefreundlicher und somit marktfreundlicher gestaltet, denn das Neutralitätsgebot wurde im Gegensatz zu Deutschland umfassend umgesetzt. Demnach ist zwar eine Disharmonie zwischen den gesetzlichen Regelungen beider Übernahmerechte festzustellen. Die Marktfreundlichkeit des französischen Übernamerechts wird jedoch oftmals durch Einschalten des französischen Staates kompensiert,

---

255 Siehe hierzu: Rapport Marini vom 22. März 2006, Dokument des Senats n° 268.

wenn wichtige und traditionsreiche französische Unternehmen von Übernahmen durch ausländische Gesellschaften betroffen sind.

KAPITEL 3: Gemeinsames Handeln – *„acting in concert“* bzw. *„action de concert“*

Der Begriff des gemeinsamen Handelns bzw. *„acting in concert“*. unterliegt im deutschen Übernahmerecht seit Inkrafttreten des WpÜG einer stetigen Entwicklung; insbesondere durch die Rechtsprechung. Das französische Übernahmerecht kann hingegen auf eine langjährige Erfahrung mit dem übernahmerechtlichen Institut des gemeinsamen Handelns (im Französischen *„action de concert“*) verweisen. Vorliegend soll die Frage untersucht werden, ob sich die in Kapitel 1 und 2 hervorgehobene Disharmonie zwischen beiden Rechtssystemen auch auf den Begriff des gemeinsamen Handelns reflektiert. Ziel des vorliegenden Kapitels ist es folglich, das gemeinsame Handeln rechtsvergleichend zu beleuchten und Gemeinsamkeiten bzw. Unterschiede herauszuarbeiten.

Nachfolgend ist vorab auf den Sinn und Zweck des *„acting in concert“* bzw. der *„action de concert“* einzugehen (Ziffer I.). Unter Ziffer II. wird der französische Weg hin zu einem einheitlichen Rechtsbegriff der *„action de concert“*, welcher in Art. L. 233-10 des Code de commerce im Gegensatz zum deutschen Recht als Rahmenvorschrift ausgestaltet wurde, vorgestellt. Anschließend ist auf die einzelnen Tatbestandsmerkmale der *„action de concert“* und deren inhaltliche Auslegung einzugehen (Ziffer III.). In diesem Rahmen sollen auch die Funktion und Aufgaben der AMF bezüglich der Auslegung des Begriffs der *„action de concert“* behandelt und unter Ziffer III.5 die Frage des Nachweises der *„action de concert“* aufgeworfen werden. Die einzelnen Abhandlungen erfolgen selbstverständlich stets mit einem Blick auf das deutsche Recht und den derzeitigen Diskussionsstand in Deutschland. Die nationalen Neuerungen durch die Übernahmerichtlinie 2004 bzw. deren Umsetzung sowohl im französischen als auch im deutschen Übernahmerecht werden in Ziffer III.6 behandelt. Unter Ziffer IV erfolgt schließlich eine Zusammenfassung.

I. Sinn und Zweck des Begriffs

Die *„action de concert“* im französischen Recht hat verschiedene Ursprünge. *„Concert“* – aus dem Italienischen *„concerto“* – ist vor allem eine Absprache zwischen mehreren Personen. Zum einen wurde der Begriff dem englischen City Code on Take Over and Mergers nachgebildet. Zum anderen nahm man die

Europäische Transparenzrichtlinie vom 12. Dezember 1988 und den Vorschlag für eine 13. Richtlinie betreffend Übernahmeangebote als Vorbild.

Die französische Literatur befasst sich bei der dogmatischen Herleitung der „*action de concert*" jedoch auch mit vergleichbaren Begriffen aus anderen Rechtsgebieten. Zum einen wird auf das „kollusive Handeln" im Rahmen eines Vertragsverhältnisses mit dem Ziel, sich widerrechtlich einen Vorteil zu erwirken, verwiesen. Diese Art des gemeinsamen Handels wird auch als Komplott bezeichnet[256]. Zum anderen wird auf das gemeinsame zweckgerichtete rechtliche Handeln mehrerer Personen („*acte conjoint*") abgestellt, wobei hier eine vorherige Absprache nicht zwingend ist. Im Gegensatz hierzu ist aber die vorherige Absprache gerade wesentlicher Bestandteil der „*action de concert*". Des Weiteren handelt es sich beim „*acte conjoint*" regelmäßig nur um eine Einzelfallmaßnahme, was ebenfalls nicht Merkmal der „*action de concert*" ist.

Ferner findet die französische Literatur, ähnlich wie auch *Casper*[257] in der deutschen Literatur, Ansatzpunkte für die „*action de concert*" im Kartell- und Wettbewerbsrecht. Eine Parallele ist insbesondere deshalb gegeben, da weder für die „*action de concert*" noch für das abgestimmte Verhalten im Kartellrecht nach § 1 GWB bzw. Art. 81 EGV (im Französischen „*action concertée*", definiert in Art. L. 420-1 des Code de commerce) das einseitige, nicht abgestimmte Parallelverhalten erfasst ist. Auch wenn die französische Kartellbehörde in diesem Punkt weiter zu gehen scheint als der EuGH und als die deutsche Rechtsauffassung hierzu, indem sie ein abgestimmtes Verhalten im Falle eines „wissentlichen" Parallelverhalten bejaht[258], bleibt es auch im französischem Recht beim Grundsatz des Erfordernisses einer Absprache. So hat das oberste französische Verwaltungsgericht („*Conseil d'Etat*") entschieden, dass auch eine stillschweigende Absprache nicht aus einem einseitigen Parallelverhalten herrühren kann[259].

Viandier[260] verweist schließlich noch auf den Bandenbegriff im Strafrecht, welcher stets voraussetzt, dass die einzelnen Mitglieder einer Bande den Willen zur Beteiligung aufweisen müssen.

---

256 Viandier, OPA, OPE, n° 1412.

257 Casper, ZIP 2003, 1469, 1471 f.; Oechsler in Ehricke/Ekkenga/Oechsler, WpÜG, § 30 Rn. 23.

258 Cons. Commission de la concurrence, Rapport 1981, 7.

259 Cons. d'Etat, 4e et 1re s.sect., 29 juin 1988, réq. N° 66393 : JCP 89, éd. E, II, 15490.

260 Viandier, OPA, OPE, n° 1413.

Hintergrund für die Einführung der „*action de concert*" im französischen Recht war zum einen, den verdeckten Aufkauf von Wertpapieren an der Börse zu verhindern und somit die Transparenz des Kapitalmarkts zu stärken. Zum anderen sollte in Anlehnung an die europäische Transparenzrichtlinie vom 12. Dezember 1988[261] die Umgehung von Informationspflichten durch die Marktteilnehmer eingeschränkt werden. Der französische Gesetzgeber schuf einen für beide Zwecke einheitlichen Rechtsbegriff der „*action de concert*", welcher seit seiner Einführung im Jahr 1989 mehrfache Auslegung erfuhr[262]. Im Zeitpunkt der Einführung einer Regelung zur Zurechnung von Stimmrechten Dritter, § 30 Absatz 2 WpÜG, für das deutsche Übernahmerecht konnte das französische Recht somit bereits auf eine mehr als zehnjährige Erfahrung mit dem Institut der „*action de concert*" verweisen[263].

Dem deutschen Gesetzgeber ging es bei der Einführung des Begriffs des „*acting in concert*" in Form des § 30 Absatz 2 WpÜG vor allem um eine Angleichung an internationale Standards, was jedoch gleichzeitig die oben genannten Zwecke impliziert. Diesbezüglich ist anzumerken, dass der deutsche Gesetzgeber die Transparenzrichtlinie vom 12. Dezember 1988 hinsichtlich der Informationspflichten börsennotierter Gesellschaften in §§ 21 ff. WpHG - und somit zeitlich weit vor der Regelung des übernahmerechtlichen Problems - umgesetzt hat. Dem deutschen Gesetzgeber ist es aber im Gegensatz zum französischen Gesetzgeber, der das wertpapierhandelsrechtliche und das übernahmerechtliche Problem zum selben Zeitpunkt löste, nur bedingt gelungen, die Problematik des gemeinsamen Handelns für das Wertpapierhandelsrecht (§ 22 Absatz 2 WpHG) und das Übernahmerecht (§ 30 Absatz 2 WpÜG) einheitlich zu regeln. Insoweit herrscht nunmehr zumindest in der Literatur Einigkeit darüber, dass ein getrennte Auslegung je nach Normzweck vorzunehmen ist[264].

Es wird folglich schnell deutlich, dass deutsches und französisches Übernahmerecht auch im Hinblick auf den Begriff des „*acting in concert*" von Disharmonie geprägt ist. Diese Disharmonie schlägt sich nicht nur in der jeweiligen zeitlichen

---

261 RL 88/627/EWG, ersetzt durch RL 2001/34/EG, aktuelle Fassung: ABl. EG Nr. L 390 vom 15. Dezember 2005.

262 Hierzu Martin/Viandier, RJDA 4/1992, S. 239; Le Cannu, Rev. sociétés 1991, S. 675; Daigre, RD bancaire et bourse 1999 n° 76, S. 208 und insbesondere die Aufsatzreihe von Schmidt/Baj RD bancaire et bourse n° 25, mai-juin 1991, S. 86; n° 27, sept.-oct. 1991, 182; n° 33 sept.-oct. 1992, S. 184; n° 35 janv.-févr. 1993, S. 29.

263 Das englische Recht hat mit dem Begriff des „acting in concert" sogar noch eine längere Erfahrung vorzuweisen. Hierzu: Casper, ZIP 2003, 1469, 1470.

264 Seibt, ZIP 2004, 1829, 1831; Casper; ZIP 2003, 1469, 1472 f.; Schneider, WM 2006, 1321, 1322 f.; für die Rechtsprechung: OLG Stuttgart, ZIP 2004, 2232, 2238; unklar hingegen bei: Berger/Filgut, AG 2004, 592, 594; a.A. Hopt, ZHR 166 (2002), 383, 410; Möller, AG 2002, 170, 174; Liebscher, ZIP 2002, 1005, 1009.

Einführung des Begriffs nieder, sondern insbesondere auch in der systematischen Gestaltung des Instituts.

So taucht der Begriff des gemeinsamen Handelns im deutschen Recht sowohl im WpHG in § 22 Absatz 2 als auch in § 30 Absatz 2 WpÜG und schließlich in § 2 Absatz 5 Satz 3 WpÜG auf. Es gibt also gerade keinen einheitlichen Rechtsbegriff des gemeinsamen Handelns im deutschen Recht, auch wenn es Ziel des Gesetzgebers war, § 22 Absatz 2 WpHG an § 30 Absatz 2 WpÜG anzugleichen. Ferner sehen Teile der deutschen Literatur in dem Begriff des *„acting in concert"* nur einen neuen kapitalmarktrechtlichen Zurechnungstatbestand für Stimmrechte[265]. Demnach ergebe sich aus der Konstruktion des *„acting in concert"* gemäß § 30 Absatz 2 WpÜG nur ausnahmsweise, wer tatsächlich Bieter eines Übernahmeangebots ist[266]. Vielmehr gehe es allein um die Frage, in welchen Situationen dem Bieter – wer Bieter ist, stehe also schon fest, wobei dessen Eigenschaft über § 2 Absatz 4 WpÜG zu ermitteln ist – Stimmrechte Dritter zugerechnet werden und ob dieser dann ggf. zur Abgabe eines Pflichtangebots gemäß § 35 Absatz 2 WpÜG verpflichtet ist.

Der Auffassung von *Casper*, dass im Rahmen eines *„acting in concert"* zunächst zu ermitteln sei, wer überhaupt Bieter ist und dann erst die Zurechnung der Stimmrechte erfolge, kann so nicht gefolgt werden. Denn nach der hier vertretenen Ansicht soll § 30 Absatz 2 WpÜG i.V.m. § 2 Absatz 4 und 5 WpÜG gerade helfen, den bzw. die Bieter des (Pflicht-) Angebots zu ermitteln. Zugegebenermaßen ist jedoch die Systematik von § 2 Absatz 4 und 5 WpÜG und § 30 Absatz 2 WÜG bzw. deren Wortlaute unglücklich gewählt. Hierbei ist jedoch zu beachten, dass § 30 Absatz 2 WpÜG und § 2 Absatz 5 WpÜG unterschiedlich auszulegen sind[267]. Insoweit kann es im Rahmen der Zurechnungsnorm des § 30 Absatz 2 WpÜG nur zu einer Stimmrechts-zurechnung auf Grund Verhaltensabstimmung im Hinblick auf das Pflichtangebot ankommen. § 2 Absatz 5 WpÜG hat hingegen nicht nur für Übernahme- und Pflichtangebote, sondern gleichfalls auch für nicht auf den Kontrollerwerb gerichtete Angebote zu gelten. § 30 Absatz 2 WpÜG ist folglich nach ganz herrschender Meinung die speziellere Norm[268]

Diesbezüglich muss man sich vor Auge halten, dass Sinn und Zweck des *„acting in concert"* im Rahmen des Übernahmerechts ist, den heimlichen Kontrollwechsel zu verhindern. Personen, die den Kontrollwechsel nicht alleine,

---

265 Casper, ZIP 2003, 1469 ff.; Pentz, ZIP 2003, 1478 ff.; von Bülow in Kölner Kommentar zum WpÜG, § 30 Rn. 106.
266 Casper, ZIP 2003, 1469, 1474.
267 Pittroff, Die Zurechnung von Stimmrechten gemäß § 30 WpÜG, S. 268.
268 Schneider, WM 2006, 1321, 1323; Seibt/Heiser, AG 2006, 301, 307 f. m.w.N.

sondern mit Hilfe Dritter, also gemeinsam, herbeiführen, sollen zur Abgabe eines (Pflicht-) Angebots gezwungen werden. Zwar findet eine Zurechnung von Stimmrechten gemäß § 30 Absatz 2 WpÜG auch beim freiwilligen Übernahmeangebot Anwendung. Da beim freiwilligen Übernahmeangebot jedoch der Bieter von Anfang an bekannt ist, ist die Zurechnung der Stimmrechte hier nur bedingt interessant. Dies hat sich durch die Vorgaben des Art. 5 Absatz 1 der Übernahmerichtlinie geändert, da nunmehr im Rahmen der Angebotsunterlagen auch Angaben zu gemeinsam handelnder Person zu machen sind. Der Begriff des „*acting in concert*" war bisher somit streng gesehen für die Zurechnung von Stimmrechten im Hinblick auf das Pflichtangebot von Interesse. Da es aber beim Pflichtangebot gerade keinen (freiwilligen) Bieter gibt, sondern dieser erst durch die Definition des „*acting in concert*" festgestellt wird, kann vor Zurechnung der Stimmrechte nach § 30 Absatz 2 WpÜG gerade keine vorherige Ermittlung des Bieters erfolgen. Bieter des Pflichtangebots gemäß § 35 Absatz WpÜG ist eben die Person, die die Kontrolle erlangt. Erlangt diese Person die Kontrolle nur gemeinsam mit Dritten, so sind konsequenterweise alle beteiligten Personen nach § 35 WpÜG zur Abgabe eines Pflichtangebots verpflichtet[269].

Das Beispiel *Caspers*[270], dass im Rahmen eines Pools, indem das Mitglied A eine höhere Beteiligung (20 %) hält als die Mitglieder B und C (jeweils 5 %), zusammen jedoch die Kontrolle nach § 29 Absatz 2 WpÜG (30 %) erlangt wird, hingegen lediglich A zur Abgabe eines Pflichtangebots verpflichtet sein soll, geht fehl. Es stellt sich die Frage, wie A, mit einer Beteiligung von 20 %, einziger Bieter eines Pflichtangebots sein soll? Wieso soll gerade A zur Abgabe des Pflichtangebots verpflichtet sein und nicht B oder C? Allein die höhere Beteiligung gegenüber B und C rechtfertigt dies nicht, da auch B und C Beteiligte des „*acting in concert*" sind. Denn betrachtet man die Mitglieder einzeln, so erlangt gerade keines die Kontrolle, so dass auch keines der Mitglieder zur Abgabe eines Pflichtangebots veranlasst werden kann[271]. Demzufolge sind die Stimmrechte von A, B und C auf Grund des „*acting in concert*" zusammenzurechnen, was zu einer wechselseitigen Zurechnung der Stimmrechte führen kann[272]. Demnach ist das „*acting in concert*" geradezu „konstitutiv" für die Frage, wer Bieter des Pflichtangebots ist, auch wenn der Wortlaut des § 30 Absatz 2 WpÜG bereits vom „Bieter" spricht.

Das französische Recht kennt diese im deutschen Recht vorzufindende Auslegungsproblematik, wer Bieter ist, nicht. Dies ist darauf zurückzuführen,

---

269 Ebenso Schneider, WM 2006, 1321.
270 Casper, ZIP 2003, 1469, 1474.
271 So auch Pentz, ZIP 2003, 1478, 1486 f.
272 Pentz, ZIP 2003, 1478, 1480, 1488; von Bülow in Kölner Kommentar zum WpÜG, § 30, Rn. 119, 141 ff.

dass nach mehrjähriger Erfahrung mit dem Begriff der „*action de concert*“ die Auslegungsfragen gelöst sind und der Wortlaut des Art. L. 233-10 Code de commerce (französische Handelsgesetzbuch) nunmehr, wie nachfolgend darzustellen ist, ausgereift ist. Ferner ist nicht zu leugnen, dass die Einführung eines Rahmenbegriffs der „*action de concert*“ nur Vorteile mit sich bringt, was die derzeit vorhandenen Auslegungsprobleme in Deutschland nur bestätigen.

II. Die „*action de concert*“ – Rahmenvorschrift für börsennotierte Gesellschaften

Die deutsche Literatur betrachtet das „*acting in concert*“ nach § 30 Absatz 2 WpÜG allein spezifisch für das Übernahmerecht[273]. Das „*acting in concert*“ stelle insbesondere keinen „übergreifenden Rechtsbegriff“ dar[274].

Ganz anders ist die Situation im französischen Recht. Die „*action de concert*“ spielt dort eine zentrale Rolle im Recht der börsennotierten Gesellschaften[275]. Im Gegensatz zum deutschen Recht hat der Begriff der „*action de concert*“ deutlich rechtsübergreifende Funktion. Er wurde durch Gesetz n° 89-351 vom 2. August 1989 sowohl im Gesellschaftsrecht als auch im Kapitalmarkt- und Börsenrecht integriert, mit dem Ziel, den verdeckten Aufkauf von Wertpapieren an der Börse zu verhindern und das Umgehen von Informationspflichten von börsennotierten Gesellschaften einzudämmen[276]. Die „*action de concert*“ ist in Art. L. 233-10 des Code de commerce (ehemals Art. 356-1-3 des Gesetzes vom 24. Juli 1966) definiert und als allgemeingültige Rahmenvorschrift konzipiert, auf die zahlreiche Gesetze und Vorschriften verweisen.

Im Börsenrecht ist der Begriff nunmehr in Art. L. 433-3 des Finanzgesetzes (*„Code monétaire et financier“*) aufgegriffen. Durch diese Vorschrift wurde der AMF die Aufgabe übertragen, die Voraussetzungen des Vorliegens einer „*action de concert*“ im Sinne des Art. L. 233-10 des Code de commerce und somit die Voraussetzungen der Informationspflichten und der Pflicht zur Abgabe eines Pflichtangebots festzulegen. Das französische Recht hat diesbezüglich eine unmittelbare Verbindung zwischen Gesellschafts- und Kapitalmarktrecht geschaffen. Das deutsche Recht tut sich hierbei merklich

273 Seibt/Heiser, AG 2006, 301, 307; Schneider, WM 2006, 1321, 1323.
274 Casper, ZIP 2003, 1469, 1472; von Bülow in Kölner Kommentar zum WpÜG, § 30 Rn. 106; Seibt, ZIP 2004, 1829, 1831.
275 Viandier, OPA, OPE, n° 1411; Lamy, Droit du Financement 2005, n° 1424.
276 Anzumerken ist, dass der Begriff der „action de concert“ bereits in einer Entscheidung der COB im Jahre 1978 anzutreffen war; Rapport COB 1990, 150.

schwer, was durch die Auslegungsprobleme von § 30 Absatz 2 WpÜG und § 22 Absatz 2 WpHG deutlich wird[277].

Die Vorschriften des französischen Übernahmerechts verweisen mehrfach auf Art. L. 233-10 des Code de commerce. Im Rahmen des Pflichtangebots heißt es beispielsweise in Art. 234-2 RAMF:

„erlangt eine natürliche oder juristische Person alleine oder gemeinsam im Sinne des Art. L. 233-10 des Code de commerce ein Drittel des Kapitals oder der Stimmrechte einer Gesellschaft, so ist sie verpflichtet, unverzüglich die Aufsichtsbehörde zu benachrichtigen und ein öffentliches Angebot ... abzugeben".

Festzuhalten ist, dass das französische Recht einen übergreifenden Rechtsbegriff der *„action de concert"* eingeführt hat, dessen Definition sich im allgemeinen Gesellschaftsrecht befindet und sowohl im Übernahmerecht dieselbe Auslegung erfährt als auch im Rahmen der wertpapierrechtlichen Informationspflichten. Demzufolge ist das französische Recht hier zweifelsfrei fortschrittlicher als das deutsche Recht[278]. Es ist folglich auch eine Disharmonie im Anwendungsbereich des gemeinsamen Handelns zwischen beiden Übernahmerechten zu verzeichnen.

III. Der Tatbestand der *„action de concert"* - Art. L. 233-10 Code de commerce

Der Begriff der *„action de concert"* ist in Art. L. 233-10 Code de commerce definiert. Hiernach

„wird angenommen, dass diejenigen Personen gemeinsam handeln („action de concert"), die eine Absprache im Hinblick auf den Erwerb oder die Veräußerung von Stimmrechten oder im Hinblick auf eine gemeinsame Stimmrechtsausübung mit dem Ziel, eine gemeinsame Unternehmenspolitik zu installieren, getroffen haben".

Diese gesetzliche Definition ist grundsätzlich auf alle Gesetze oder sonstigen Vorschriften, die auf Art. L. 233-10 Code de commerce verweisen, anwendbar.

---

277 Vgl. Casper, ZIP 2003, 1469 f.; 1472 f.; Schneider, WM 2006, 1321 ff.
278 In diesem Sinne auch Tomasi, Bull. européen international, 4/2003, n° 216.

Jede Änderung des Anwendungsbereichs der Definition bedarf des parlamentarischen Gesetzgebungsverfahrens[279].

Im Gegensatz zu § 30 Absatz 2 WpÜG ist die Definition des Art. L. 233-10 Code de commerce nicht nur Grundlage für die Zurechnung von Stimmrechten, sondern findet insbesondere auch Berücksichtigung bei den Fragen,

- ob die einschlägigen Schwellenwerte überschritten sind, die zur wertpapierrechtlichen Informationspflicht führen;
- welche Personen der Informationspflicht unterliegen;
- ob ein Pflichtangebot, Squeeze-Out-Verfahren oder ein Kurssicherungsverfahren eingeleitet werden muss.

Art. L. 233-10 Code de commerce umfasst somit entsprechend dem Sinn und Zweck der „*action de concert*" sowohl wertpapierhandelsrechtliche als auch übernahmerechtliche Fragestellungen, welche im deutschen Recht hingegen, wie bereits unter Ziffer I dargestellt, in zwei verschiedenen Gesetzen getrennt behandelt werden.

Ausgangspunkt der „*action de concert*" ist eine Absprache („*accord*") zwischen mehreren Personen. Unter Ziffer III.1 sind die im französischen Recht erforderlichen Voraussetzungen für das Vorliegen einer Absprache darzustellen. Anschließend sind die für die „*action de concert*" einschlägigen Arten der Absprache zu behandeln (Ziffer III.2). Schließlich stellt sich die Frage der Dauer einer Absprache im Sinne des Art. L. 233-10 Code de commerce (Ziffer III.3).

III.1 Vorliegen einer Vereinbarung („*accord*")

Die französische Literatur verweist beim Begriff der Vereinbarung auf die Definition des Vertrags entsprechend Art. 1101 Code civil[280]. Einigkeit besteht folglich darin, dass für das Vorliegen einer Absprache zwingend zwei übereinstimmende Willenserklärungen mit dem Ziel, gemeinsam zu handeln, zusammen treffen[281]. Das deutsche Recht scheint in diesem Punkt weniger strenge Maßstäbe zu setzen und hebt sich somit vom strengeren französischen Recht ab. Eine quasi-rechtsgeschäftliche Vereinbarung wird in der deutschen Rechtslitera-

279 De Vauplane/Bornet, n° 747.

280 Bonneau/Faugérolas, Les offres publiques, n° 203; Viandier, OPA, OPE, n° 1431.

281 De Vauplane/Bornet, n° 749; Viandier, OPA, OPE, n° 1431.

tur nicht gefordert[282]. Die französische Übernahmepraxis zeigt jedoch, dass diese Voraussetzung im Einzelfall relativiert wird, wie im Fall LAGADERE unter Ziffer III.1.1 aufgezeigt wird. Nachfolgend sollen zur Verdeutlichung der zwischen deutschem und französischem Übernahmerecht divergierenden Interpretation des Tatbestandsmerkmals der Vereinbarung zwei Problemfälle von Vereinbarungsvarianten dargestellt werden.

III.1.1 Sternvereinbarungen

Häufig kommen so genannte Sternvereinbarungen vor. So hat beispielsweise die Aufsichtsbehörde im Jahre 1993 im Fall LAGADERE GROUPE entschieden, dass Sternvereinbarungen vorliegen können[283]: Zwischen den Gesellschaften GEC und ARJIL GROUPE bestand eine Vereinbarung im Hinblick auf die Kontrolle in der Gesellschaft LAGADERE GROUPE, welche als „*action de concert*“ gewertet wurde. Ferner bestand zwischen DAIMLER BENZ und ARJIL GROUPE eine Vereinbarung, welche Letztere verpflichtete, keinem direkten Konkurrenten von DAIMLER BENZ am Kapital von LAGADERE GROUPE zu beteiligen. Auch diese Vereinbarung wurde als „*action de concert*“ gewertet. Die Aufsichtsbehörde zog aus diesen beiden Vereinbarungen den Schluss, dass letztendlich auch eine „*action de concert*“ zwischen allen drei Beteiligten, also GEC, ARJIL GROUPE und DAIMLER BENZ im Hinblick auf die Kontrolle in LAGADERE GROUPE vorlag, obwohl GEC und DAIMLER BENZ keine unmittelbare Absprache getroffen hatten.

Dieses Beispiel zeigt somit, dass eine Person mit einem Dritten bereits dann als gemeinsam handelnd angesehen werden kann, wenn dieser Dritte selbst gemeinsam mit dem eigenen Partner handelt. Ausschlaggebend ist folglich dass objektiv ein gemeinsames Ziel vorliegt[284].

Nach dem Stand der heutigen Literaturansicht[285] in Deutschland und auch nach der PIXELPARK-Rechtsprechung[286] ist anzunehmen, dass die deutsche Auslegung des „*acting in concert*“ den obigen Fall nicht umfasst, da es an einer ausdrücklichen Vereinbarung, mithin an einem Gesamtplan, zwischen allen Beteiligten fehlen dürfte[287].

---

282 Oechsler in Ehricke/Ekkenga/Oechsler, WpÜG, § 30 Rn. 23; Riehmer in Haarmann/Riehmer/Schüppen, WpÜG, § 30 Rn. 62.
283 Avis SBF n° 93-1068 du 21 avril 1993 : Banque et Droit n° 37, mai-juin 1993, 22.
284 Viandier, OPA, OPE, n° 1432, 1443.
285 Vgl. insbesondere Seibt, ZIP 2004, 1829, 1831 ff.; von Bülow in Kölner Kommentar zum WpÜG, § 30 Rn. 113 ff.; Liebscher, ZIP 2002, 1005, 1008; Pittroff, Die Zurechnung von Stimmrechten gemäß § 30 WpÜG, S. 268 ff.
286 OLG Frankfurt am Main, ZIP 2003, 1977; OLG Frankfurt am Main, NZG 2004, 865.
287 So insbesondere Schneider, WM 2006, 1321, 1323 ff.

III.1.2 Gentlemen's Agreement

Fraglich ist hingegen auch in Frankreich, ob eine Vereinbarung im Sinne des Art. L. 233-10 Code de commerce angenommen werden kann, ohne dass eine rechtlich bindende Absprache getroffen wurde. Gemeint sind beispielsweise so genannte Gentlemen's Agreements.

In der deutschen Rechtsliteratur vertritt *Casper*[288], diese Fallgestaltung unter den Auffangtatbestand „in sonstiger Weise" entsprechend § 30 Absatz 2 Satz 1 2. Alt. WpÜG zu subsumieren, da unter den Begriff der Vereinbarung nur rechtlich bindende Absprachen fielen[289]. Da es sich hier aber nur um eine theoretische Frage handelt, denn Gentlemen's Agreements fallen unstreitig unter § 30 Absatz 2 WpÜG[290], ist hierauf nicht näher einzugehen.

Im französischen Übernahmerecht ist die Einordnung hingegen nicht derart eindeutig. *Schmidt/Baj* sind als Vertreter der französischen Rechtsliteratur zwar ebenfalls dafür, dass eine Vereinbarung nicht vorliege, wenn diese keinen rechtlich bindenden Charakter aufweist[291]. Im Gegensatz zu § 30 Absatz 2 WpÜG kennt Art. L. 233-10 Code de commerce jedoch nicht den Auffangtatbestand „in sonstiger Weise". Demzufolge dürfte nach der Auslegung von *Schmidt/Baj* ein Gentlemen's Agreement keine *„action de concert"* darstellen. Diese Position vertrat beispielsweise das Handelsgericht in Nîmes im Rahmen des parallelen Angebots von NESTLÉ über EXOR und PERRIER[292]. *Viandier* schlägt zur Lösung dieses Problems vor, dass jedoch spätestens bei der Ausführung des Gentlemen's Agreements eine *„action de concert"* anzunehmen ist[293].

III.2 Zur Form der Vereinbarung

Art. L. 233-10 Code de commerce legt keine bestimmte Form für das Vorliegen einer Vereinbarung fest. Eine *„action de concert"* kann somit schriftlich als auch mündlich, ausdrücklich oder konkludent geschlossen werden oder auch Teil einer anderen Vereinbarung, beispielsweise eines Vertrages, sein[294]. Ausreichend ist, dass die Vereinbarung existiert und bewiesen werden kann. Zur

---

288 Casper, ZIP 2003, 1469, 1475; so auch: Seibt, ZIP 2004, 1829, 1832.

289 A.A. Riehmer in Haarmann/Riemer/Schüppen, WpÜG, § 30 Rn. 62 f..

290 Vgl. Oechsler in Ehricke/Ekkenga/Oechsler, WpÜG, § 30 Rn. 23; Riehmer in Haarmann/Riemer/Schüppen, WpÜG, § 30 Rn. 62.

291 Schmidt/Baj, RD bancaire et bourse n° 25, mai-juin 1991, S. 86, 88.

292 Trib. Com. Nîmes, 18 févr. 1992 : Bull. Joly 1992, 536 ; Trib. Com. Nîmes, 6 mars 1992: JCP E 1992, I, 145.

293 Viandier, OPA, OPE, n° 1433.

294 Vgl. auch Martin/Viandier, RJDA 4/92, S. 239.

Frage der Beweisbarkeit des gemeinsamen Handelns ist später unter Ziffer III.5 noch näher einzugehen.

Im deutschen Recht genügt ebenfalls eine mündliche Vereinbarung. Diese muss jedoch zumindest konkludent getroffen sein[295]. Da sich hier keine Unterschiede zwischen deutschem und französischem Recht ergeben, ist auf die Form der Vereinbarung nicht weiter einzugehen.

III.3 Inhalt der Vereinbarung

Gemäß § 30 Absatz 2 WpÜG erfolgt eine Zurechnung von Stimmrechten Dritter im deutschen Recht, wenn auf Grund einer Vereinbarung oder in sonstiger Weise der Bieter oder sein Tochterunternehmen sein Verhalten in Bezug auf die Zielgesellschaft mit dem Dritten abstimmt. Inhalt der Vereinbarung ist somit die Abstimmung des Verhaltens gegenüber der Zielgesellschaft mit einem Dritten. Der deutsche Gesetzgeber hat sich hierbei für eine weite Formulierung entschieden, die nach dem Wortlaut eigentlich jedes Verhalten umfasst, was - in Anbetracht der Rechtsfolge des *„acting in concert"*, also die Abgabe eines Pflichtangebots - auf Unverständnis stoßen mag. Durch den Begriff „Abstimmung in Bezug auf die Gesellschaft" hat der deutsche Gesetzgeber Raum für jegliche denkbaren Interpretationsvarianten im Hinblick auf ein Vorliegen eines *„acting in concert"* eröffnet. Insoweit hat auch die Praxis bereits Fallgestaltungen hervorgebracht, die diesen weiten Wortlaut des § 30 Absatz 2 WpÜG einschränkt[296]. Zuletzt hat der BGH durch Urteil vom 18. September 2006 den Begriff des *„acting in concert"* in zweierlei Hinsicht eingeschränkt[297]. Zum einen beschränkt er § 30 Absatz 2 Satz 1 WpÜG ausdrücklich auf die Ausübung von Stimmrechten aus Aktien in der Haupt-versammlung der Zielgesellschaft. Zum anderen findet die Einzelfallausnahme des § 30 Absatz 2 Satz 1 HS 2 WpÜG Anwendung, wenn eine Abstimmung nur die Wahl der Aufsichtsratsvorsitzenden betrifft.

Casper plädiert dafür, dass die verabredete Einflussnahme einen konkreten gesellschaftsrechtlichen Bezug auf die Zielgesellschaft haben muss[298]. *Von Bülow* präzisiert, dass das Verhalten im Hinblick auf die Ausübung von

295 Casper, ZIP 2003, 1469, 1475; hierzu auch Versteegen in Kölner Kommentar zum WpÜG, § 2 Rn. 42; Schneider, WM 2006, 1321, 1326 f.
296 Insbesondere die Pixelpark-Entscheidung des OLG Frankfurt am Main: ZIP 2003, 1977; OLG; NZG 2004, 865.
297 Entscheidung u.a. abgedruckt in BB 2006, 2432 mit Kommentar von Kocher auf S. 2436.
298 Casper, ZIP 2003, 1469, 1476.

Verwaltungsrechten aus Aktien der Zielgesellschaft gerichtet sein muss[299]. *Pentz* ist wiederum der Ansicht, dass es bei Vereinbarungen, wonach sich die Beteiligten verpflichten, ihre Beteiligung weder zu erhöhen, noch über diese zu verfügen (so genannte Standstill-Vereinbarungen) am notwendigen Bezug zur Zielgesellschaft fehlt und somit keine Zurechnung auslösen könne[300]. *Schneider*[301] ist schließlich der Ansicht, dass der Inhalt der Vereinbarung keinen Einzelfall betreffen darf, sondern breitflächig und auf eine gewisse Dauer angelegt sein muss, mithin ist ein Gesamtplan zu verlangen. Der Regierungsentwurf zum WpÜG hilft hier nur bedingt weiter. Zwar weisen die Formulierungen darauf hin, dass insbesondere gleichgerichtete Abstimmungs-verhalten umfasst sind, der Anwendungsbereich des § 30 Absatz 2 WpÜG wird hierauf jedoch nicht begrenzt[302], so dass es weiterhin der Praxis überlassen wird, welche Fallgestaltungen ein „*acting in concert*" begründen. Festzuhalten ist jedoch, dass die deutsche Literatur entsprechend der PIXELPARK-Entscheidung überwiegend eine enge Auslegung des § 30 Absatz 2 WpÜG befürwortet[303]. Die neuere Entwicklung zeigt jedoch, dass diese Auffassung keineswegs einheitlich ist. So hat z.B. das OLG München in der Entscheidung vom 27. April 2005[304] vorgegeben, dass ein Verhalten nachhaltig auf die Herrschaftsverhältnisse der Zielgesellschaft wirken muss. Dies sei bei Abstimmungsvorgängen im Aufsichtsrat der Zielgesellschaft gegeben. Der BGH hat diese Rechtsprechung des OLG München jedoch wieder durch das bereits oben erwähnte Urteil vom 18. September 2006 aufgehoben. Insoweit ist nach Auffassung des BGH bei einer einmaligen Abstimmung gerade kein nachhaltiges Verhalten auf die Herrschaftsverhältnisse der Zielgesellschaft festzustellen, sondern stelle vielmehr einen Einzelfall im Sinne des § 30 Absatz 2 Satz 1 HS 2 WpÜG dar. Demnach hat der BGH zwar Sicherheit im konkreten Fall der Wahl des Aufsichtsratsvorsitzenden geschaffen. Die Auslegungs-problematik bei Hauptverhandlungen bleibt jedoch weiter offen[305] Auch die BAFin tut sich diesbezüglich nicht leicht. Im Fall DEUTSCHE BÖRSE wurde zum Maßstab gemacht, dass tatsächlich auf den Vorstand und den Aufsichtsrat der Zielgesellschaft eingewirkt wird, obwohl § 30 Absatz 2 WpÜG ein derartiges Tatbestandsmerkmal nicht vorsieht[306]. In der deutschen Übernahme-praxis wird es

299 Von Bülow in Kölner Kommentar zum WpÜG, § 30 Rn. 114; ähnlich: Pentz, ZIP 2003, 1478, 1480.

300 Pentz, ZIP 2003, 1478, 1481.

301 Schneider, WM 2006, 1321, 1324.

302 Vgl. BT-Drucksache 14/7034, S. 33 und 54.

303 Seibt, ZIP 2004, 1829, 1831; Saenger/Kessler, ZIP 2006, 837, 842; Casper/Bracht, NZG 2005, 839, 841.

304 OLG München, WM 2005, 1221; die Entscheidung kritisierend: Saenger/Kessler, ZIP 2006, 837; Casper/Bracht, NZG 2005, 839, 841.

305 So auch Kocher, BB 2006, 2436.

306 Pressemitteilung der BAFin vom 19. Oktober 2005.

demnach noch weiterer Urteile von Oberlandesgerichten bzw. des BGH erfordern, bis sich eine einheitliche Linie hinsichtlich des erforderlichen Inhalts einer Vereinbarung, welche zu einem „*acting in concert*“ führt, herauskristallisiert.

Derartige Erfahrungen konnte die französische Übernahmepraxis im Hinblick auf die „*action de concert*“ bereits reichlich sammeln, was zu mehrfachen Änderungen der Definition der „*action de concert*“ geführt hat. Die Disharmonie in der Auslegung des Instituts des „gemeinsamen Handelns“ zwischen Deutschland und Frankreich ist demnach insbesondere in der Unerfahrenheit mit dem Begriff des „*acting in concert*“ im deutschen Recht begründet. In Frankreich wurde die Definition zuletzt im Jahre 2003 angepasst. In der heutigen Fassung sind explizit zwei Fallgestaltungen der Vereinbarung erfasst. Zum einen die Vereinbarung im Hinblick auf einen Erwerb oder Veräußerung von Stimmrechten (Ziffer I.3.1). Zum anderen die Vereinbarung im Hinblick auf die Ausübung mit Ziel einer gemeinsamen Unternehmenspolitik (Ziffer I.3.2).

III.3.1 Erwerb oder Veräußerung von Stimmrechten

Die Tatbestandsalternative „Erwerb oder Veräußerung von Stimmrechten“ mag für den deutschen Betrachter überraschend sein. Insoweit bezieht sich § 30 Absatz 2 WpÜG nur auf Stimmrechte aus Aktien. Insbesondere war diese Alternative auch nicht in der Transparenzrichtlinie vom 12. Dezember 1988 vorgesehen. Dennoch steht diese Tatbestandsalternative im Einklang mit dem Ziel der Transparenz der Märkte und der Verhinderung des geheimen gemeinsamen Anschleichens zur Kontrollübernahme[307]. Zu bedauern ist hingegen, dass der Wortlaut unglücklich gewählt wurde, denn das französische Handelsgesetzbuch verbietet in Art. L. 242-9 Code de commerce ausdrücklich die Veräußerung von Stimmrechten. Demzufolge wird Art. L. 233-10 Code de commerce dergestalt ausgelegt, dass sich der Erwerb und die Veräußerung auf die Gesellschaftsanteile (Aktien) bezieht, denen die Stimmrechte anhaften[308].

Mit Erwerb oder Veräußerung („*acquisition ou cession*“) sind sämtliche Operationen gemeint, die eine Eigentumsübertragung (von Aktien) zum Ziel haben, so dass sich derartige Vereinbarungen nicht nur auf den klassischen Kauf beschränken. Vielmehr werden jegliche Vereinbarungen, Klauseln, Protokolle und Praktiken in der Praxis erfasst[309]. Hieraus folgt gleichzeitig, dass unverbindliche Vereinbarungen - also Vereinbarungen, welche den Parteien die freie Wahl

---

307 Lamy, Droit du Financement 2005, n° 1424.

308 Bonneau/Faugérolas, Les offres publiques, n° 203, n° 205.

309 Le Cannu, Rev. sociétés 1991, 692; Bonneau/Faugérolas, Les offres publiques, n° 203, n° 205; De Vauplane/Bornet, n° 751; Viandier, OPA, OPE, n° 1463.

hinsichtlich der Verfügung überlassen - gerade nicht erfasst werden. Das Prüfungsprivileg über derartige Operationen steht ausdrücklich der AMF zu. In diesem Zusammenhang hat der damalige CMF im Fall CLUB MÉDITERRANÉE entschieden, dass bei Vereinbarung eines gegenseitigen Vorkaufsrechts zwischen Aktionären desselben Unternehmens kein Fall der *„action de concert"* vorliege, da durch diese Vereinbarung die freie Wahl hinsichtlich der Ausübung des Rechts bestehen bleibt. Der CMF ging jedoch noch weiter, indem er feststellte, dass auch die Vereinbarung über die Einführung von Klauseln über Vorkaufsrechte keine *„action de concert"* darstelle, sofern die freie Selbstbestimmung der Parteien nicht eingeschränkt wird[310]. Der CMF hat diese Auslegung mehrfach wiederholt[311]. Wird im Rahmen solcher Vereinbarungen jedoch eine Partei zum Verkauf verpflichtet, handelt es sich nicht mehr um ein ordinäres Vorkaufsrecht, sondern um eine Veräußerungsvereinbarung, die zumindest dem Veräußerer die freie Wahl nimmt[312].

Die Literatur hat aus den verschiedenen Entscheidungen des CMF gefolgert, dass Vorkaufsrechte grundsätzlich keine *„action de concert"* begründen[313]. Ausnahmen hiervon hat der CMF jedoch in mehreren Fällen gemacht. Beispielsweise wurde eine *„action de concert"* dann bejaht, wenn die Klausel vorsieht, dass im Falle der Ausübung des Vorkaufsrechts die Aufteilung der Anteile auf Grund Vereinbarung der Unterzeichner erfolgt[314].

Des Weiteren kann es in der Praxis vorkommen, dass die Vereinbarung an sich nicht die Voraussetzungen einer *„action de concert"* erfüllt, jedoch zusätzliche Umstände hinzutreten, die dann dazu führen, dass eine *„action de concert"* bejaht wird. Bei der Beurteilung der Vereinbarung berücksichtigt der CMF insbesondere den Zeitpunkt und die äußeren Umstände des Abschlusses der Vereinbarung. So hat der CMF in einem Fall entschieden, dass auf Grund der aktuellen Verhältnisse zwischen den Aktionären die Vereinbarung eines Vorkaufsrechts, entgegen dem Grundsatz, ausnahmsweise eine *„action de concert"* begründe[315].

Viandier hat versucht, die verschiedenen Entscheidungen des CMF, welche er bezeichnend als „labyrinthisch" darstellt, in eine allgemeingültige und sämtliche Beurteilungsgrundsätze des CMF umfassende Definition der *„action de*

---

310 Avis SBF n° 90-1500, 17. Mai 1990.

311 So zuletzt im Fall Bourse Direct, CMF, Déc. n° 201C0606, 29 mai 2001.

312 De Vauplane/Bornet, n° 752.

313 De Vauplane/Bornet, n° 751 f.; Bonneau/Faugérolas, Les offres publiques, n° 203, n° 208; Viandier, OPA, OPE, n° 1490.

314 Avis SBF n° 92-1104, 27 avril 1992, Fall CEGEP.

315 CMF, Déc. n° 90-4035, 26 déc. 1990 und n° 91-116, 11 janv. 1991.

concert" zusammenzufassen. Demnach liegt nach *Viandier* eine „*action de concert*" dann vor, wenn „*die Parteien einer Vereinbarung, welche zum Ziel den Erwerb oder die Veräußerung von Stimmrechten hat, ihre Entscheidungsfreiheit hinsichtlich des Erwerbs oder der Veräußerung ihrer Anteile einschränken bzw. festlegen, indem sie insbesondere eine über die Vereinbarung hinausgehende Absicht verfolgen*"[316].

Festzuhalten ist somit, dass der CMF als ungeschriebenes negatives Tatbestandsmerkmal der ersten Alternative des Art. L. 233-10 Code de commerce die fehlende bzw. eingeschränkte Entscheidungsfreiheit mindestens einer Partei der Vereinbarung voraussetzt, damit eine „*action de concert*" bejaht werden kann. Da es sich letztendlich, trotz des Versuchs von *Viandier*, eine allgemeine Definition auszuformulieren, in der Regel um Einzelfall-entscheidungen des CMF (nun AMF) handelt, sollen nachfolgend einige Fall-gestaltungen beschrieben werden.

III.3.1.1 Vereinbarungen im Familienkreis

Das Vorliegen einer verwandtschaftlichen Linie oder Allianz begründet keine „*action de concert*". Die französische Rechtsprechung ist diesbezüglich der Auffassung, dass Vereinbarungen innerhalb des Familienkreises zu instabil sind, um hieraus eine „*action de concert*" zu folgern. Zwar kann der Umstand, dass beide Parteien Mitglied einer Familie sind, als „zusätzlicher Umstand" durch die AMF gewertet werden. Ausreichend ist dies hingegen für das Vorliegen einer „*action de concert*" nicht[317].

Ähnliches wird auch im deutschen Recht vertreten. Eine Zurechnung von Stimmrechten von Angehörigen der gleichen Familie oder des Ehepartners erfolgt nicht bereits auf Grund des Näheverhältnisses. Insbesondere ist auf Familienmitglieder auch nicht § 30 Absatz 1 Satz 1 Nr. 1 WpÜG (Zurechnung von Stimmrechten eines Tochterunternehmens) analog anzuwenden[318].

III.3.1.2 Verkauf von Aktien

Der einfache Verkauf von Aktien an einen anderen Aktionär oder an einen Dritten begründet keine „*action de concert*" zwischen dem Verkäufer und dem Käufer. Zwar liegen hier zwei übereinstimmende Willenserklärungen vor, jedoch keine Absprache für ein gemeinsames Handeln, welches auf Dauer

316 Viandier, OPA, OPE, n°1468, 1469.
317 Rappr. Taittinger, CMF, Déc. n° 201C0932, 26 juillet 2001.
318 Pentz, ZIP 2003, 178, 185; Oechsler in Ehricke/Ekkenga/Oechsler, WpÜG, § 2 Rn. 15 und § 30 Rn. 8; a.A. Seibt, ZIP 2004, 1829, 1832; Schneider, WM 2006, 1321, 1323.

angelegt ist. Der Cour d'appel de Paris hat bereits im Jahr 1992 diesbezüglich eindeutig Stellung genommen[319].

Im deutschen Recht wird dieselbe Auffassung vertreten. Eine Zurechnung von Stimmrechten ist nur dann anzunehmen, sofern eine über den Zeitpunkt des Vollzugs der Transaktion hinausgehende Vereinbarung zwischen Käufer und Verkäufer über die Ausübung der Stimmrechte getroffen wurde[320].

III.3.1.3 Kapitalerhöhung

Die Abstimmung der Aktionäre, eine Kapitalerhöhung unter Ausschluss des Vorzugsrechts jedoch zu Gunsten einer bestimmten Person durchzuführen, begründet ebenfalls keine „*action de concert*". Anders läge der Fall hingegen, wenn die Kapitalerhöhung Teil einer Vereinbarung wäre, durch die die Parteien eine gemeinsame Unternehmenspolitik in der Gesellschaft installieren wollen. Diese Konstellation stellt jedoch eher ein Fall der zweiten Tatbestandsalternative des Art. L 233-10 Code de commerce dar[321].

III.3.1.4 Absprachen im Pool

Abgesprochene Veräußerungen oder Erwerbe in einem Pool, also Verfügungen, die vorab zwischen Mitgliedern eines Pools vereinbart waren, begründen in Frankreich eine „*action de concert*". Hierbei handelt es sich gerade nicht ausschließlich um die Verfügung selbst, sondern um ein abgesprochenes Verhalten. Im deutschen Recht fällt die so genannte „Poolung" von Stimmrechten ebenfalls unter § 30 Absatz 2 WpÜG[322].

Ebenso verhält es sich bei Absprachen im Rahmen eines öffentlichen Übernahmeangebots. Eine „*action de concert*" liegt stets auch dann vor, wenn sich die Aktionäre zusammensetzen und eine gemeinsame Position hinsichtlich des Angebots ausarbeiten[323].

---

319 Paris, 1re ch., CBV, 10 mars 1992, Bull. Joly 1992, 425.
320 Von Bülow in Kölner Kommentar zum WpÜG, § 30 Rn. 133.
321 Viandier, OPA, OPE, n° 1479.
322 Oechsler in Ehricke/Ekkenga/Oechsler, WpÜG, § 30 Rn. 25; von Bülow in Kölner Kommentar zum WpÜG, § 30 Rn. 117.
323 Fall Axa: SBF, avis n° 96-1129, 4 avril 1996; Fall Carrefour: CMF, Déc. n° 200C0190, 4 février 2000; Fall Eurofins Scientific: CMF, Déc. n° 202C1383, 18 octobre 2002.

III.3.1.5 Verfügungsverbot

Es kommt durchaus häufig vor, dass Aktionärsvereinbarungen ein Verfügungsverbot („*engagement d'inaliénabilité*") vorsehen. In der Regel sind derartige Verfügungsverbote aber nicht ausreichend, um eine „*action de concert*" zu begründen. Voraussetzung ist jedoch, dass das Verfügungsverbot keinen Raum für eine etwaige Absprache zwischen den Parteien lässt. Das Verfügungsverbot muss nach Ansicht der AMF vielmehr eine objektive Verpflichtung in der Vereinbarung darstellen[324]. Ferner darf das Verfügungs-verbot nicht die Stabilität der Kontrolle zum Ziel haben. Im Fall GROUPE KINDY hat der damalige CMF (nunmehr AMF) die Vereinbarung eines Verfügungsverbot über eine Dauer von 30 Monaten und eine zusätzliche Verpflichtung zur vorherigen Absprache für sämtliche Hauptversammlungen als „*action de concert*" angesehen. Der CMF begründetet seine Entscheidung damit, dass die Vereinbarung die Stabilität der Unternehmungsführung zum Ziel hatte[325].

Aus den oben genannten Entscheidungen folgt jedoch auch, dass Verfügungsverbote, die ein anderes Ziel verfolgen, wie beispielsweise die Verhinderung eines Kursverfalls, keine „*action de concert*" darstellen. Sobald das Verfügungsverbot nicht auf dem Gedanken, die Stabilität der Unternehmenskontrolle zu sichern, beruht, ist keine „*action de concert*" anzunehmen[326].

Eine einheitliche Linie der AMF ist jedoch auch hier nur schwer zu erkennen. In einer Entscheidung im Jahre 1994[327] hat der CMF ein Verfügungsverbot, welches zum Ziel hatte, einen Kursverfall zu verhindern, jedoch eine Laufzeit von mehreren Jahren aufwies, als „*action de concert*" ausgelegt. Begründet wurde diese Entscheidung damit, dass die Laufzeit von mehreren Jahren ein Indiz für eine Stabilität der Kontrolle sei und folglich eine „*action de concert*" anzunehmen sei. Im Fall CAP GEMINI[328] entschied der CMF hingegen, dass keine „*action de concert*" vorläge, obwohl das Verfügungsverbot eine Laufzeit von vier Jahren hatte.

Das französische Verfügungsverbot („*engagement d'inaliénabilité*") kann mit den im deutschen Recht bezeichneten „Standstill-Vereinbarungen"[329] verglichen

---

324 CMF, Déc. n° 200C0451, 21 mars 2001.

325 Avis SBF, n° 94-2122, 6 juillet 1994. Ähnliche Entscheidungen: Fall Infogrames: Avis SBF, n° 95-3563, 15 déc. 1995; Fall Buffalo Grill: CMF, Déc. n° 199C1092, 10 août 1999.

326 Viandier, OPA, OPE, n° 1484 bezugnehmend auf den Fall Cap Gemini: CMF, Déc. n° 200C0662, 3 mai 2000.

327 Avis SBF, n° 94-115, 12 janv. 1994.

328 Siehe FN 327.

329 Hierzu: von Bülow in Kölner Kommentar zum WpÜG, § 30 Rn. 124.

werden. Vertreten wird, dass ein „*acting in concert*" nur dann vorläge, wenn solche Vereinbarungen weitere Verpflichtungen im Hinblick auf die Ausübung oder Nichtausübung der zustehenden Aktionärs- und Stimmrechte enthielten[330]. Dies kommt dem von der AMF geforderten Merkmal „Sicherung der Unternehmenskontrolle" gleich, so dass anzunehmen ist, dass die BAFin und die AMF in der Praxis denselben Maßstab bei Verfügungsverboten bzw. „Standstill-Vereinbarungen" ansetzen.

III.3.1.6 Ausstiegsklausel

Interessant erscheinen hier schließlich auch Klauseln, die einen gemeinsamen Ausstieg aus der Gesellschaft regeln („*sortie conjointe*"). Ebenfalls sind in Aktionärsvereinbarungen häufig Klauseln anzutreffen, die eine Regelung vorsehen, dass im Falle des Ausstiegs eines Aktionärs aus der Gesellschaft die andere Partei der Vereinbarung ebenfalls die Möglichkeit des Ausstiegs gewährt werden soll. Der CMF vertritt bereits seit 1990, dass derartige Ausstiegklauseln eine „*action de concert*" begründen. Diese Auffassung wurde vom CMF mehrfach bestätigt[331].

Abweichend hiervon nahm der CMF hingegen im Fall TREDI keine „*action de concert*" an, da die Partner der Vereinbarung eine gewisse Freiheit hinsichtlich der Veräußerung behielten. Demzufolge begründe allein das Vorliegen einer gemeinschaftlichen Ausstiegsklausel nicht zwingend eine „*action de concert*". Ein Prinzip ist hieraus jedoch nicht zu folgern. Wie so oft kommt es allein auf die Ausgestaltung der Klausel und auf die Umstände der Vereinbarung an. An Variationsmöglichkeiten mangelt es diesbezüglich nicht.

III.3.2 Ausübung der Stimmrechte und gemeinsame Unternehmenspolitik

Die zweite Tatbestandsalternative des Art. L. 233-10 Code de commerce umfasst Vereinbarungen zur Ausübung der Stimmrechte mit dem Ziel, eine gemeinsame Unternehmenspolitik in der Zielgesellschaft zu installieren. Anders ausgedrückt, sind hier Vereinbarungen gemeint, die nicht die Übertragung der Stimmrechte zum Inhalt haben, sondern die Gestaltung des Stimmrechtsausübung in Bezug auf die Kontrolle der Zielgesellschaft. Diesbezüglich ist anzumerken, dass Art. L. 233-10 Code de commerce keinen Rahmen für die Art der Stimmrechtsausübung vorgibt. Demzufolge ist sowohl die Stimmrechtsausübung in Hauptversammlungen als auch im Verwaltungsrat oder allgemein

330 Von Bülow in Kölner Kommentar zum WpÜG, § 30 Rn. 124; Sudmeyer, BB 2002, 685, 688; Pentz, ZIP 2003, 1478, 1481.

331 Fall Aigle: avis SBF, n° 94-3045, 17 oct. 1994; Fall Mermet Industries: CMF, Déc. n° 201C1188, 24 sept. 2001.

genommen im Rahmen der Unternehmensführung gemeint[332]. Zweifel bestehen hingegen bei der Stimmrechtsausübung im Aufsichtsrat – soweit vorhanden –, da dieser sich in der Regel nicht in die Unternehmens-führung einmischt[333]. Im deutschen Recht dürfte diese Frage seit dem Urteil des BGH vom 18. September 2006[334] hingegen geklärt sein, da Abstimmungen im Aufsichtsrat für das Funktionieren der Aufsichtsratstätigkeit für unerlässlich gehalten werden und kein „*acting in concert*" begründen[335].

Ziel der Vereinbarung muss eine gemeinsame Unternehmenspolitik sein. Der ursprüngliche französische Gesetzesentwurf sah darüber hinaus eine gewisse Dauerhaftigkeit der gemeinsamen Unternehmenspolitik vor[336]. Die erfolgte Streichung des Merkmals „dauerhaft" hatte jedoch keine Auswirkungen, da eine Politik stets auf eine gewisse Dauer angelegt ist. Ferner ist ein gewisses Ausmaß und Gewicht der gemeinsamen Ziele zu fordern. Es reicht für die Begründung einer „*action de concert*" beispielsweise nicht aus, dass die Parteien sich lediglich auf eine bestimmte Person als Geschäftsführer einigen[337]. Die Beschränkung der Vereinbarung auf einen Einzelfall, also eine ganz spezifische Entscheidung, ist folglich nicht ausreichend[338]. Ausreichend muss hingegen die Vereinbarung sein, welche finanzielle, soziale, kommerzielle und technologische Grundzüge, also die Strategie der Gesellschaft gemeinsam abzustimmen, beinhaltet. Dementsprechend hat der CMF im Fall DELMAS-VIELJEUX angenommen, dass durch die nach Erwerb der Aktien der Gesellschaft erfolgte Veränderung im Verwaltungsrats der einzelnen Gesellschaften des Konzern und die Ernennung neuer Geschäftsführer, sowie die Veröffentlichung eines Konzentrationsvorhabens eine neue Unternehmens-politik vereinbart wurde und somit zwischen den Erwerbern eine „*action de concert*" vorliege[339].

In diesem Zusammenhang ist nochmals die Problematik des simplen Parallelverhaltens anzusprechen[340]. Für das Merkmal der „gemeinsamen Unternehmenspolitik" reicht es gerade nicht aus, dass im Rahmen von mehreren Hauptversammlungen gleich abgestimmt wird. Ein gemeinsames Abstimmungsverhalten stellt somit lediglich ein Indiz dar, dessen Wirkung je nach Fall variiert[341].

---

332 Bonneau/Faugérolas, Les offres publiques, n° 203, n° 209; Viandier, OPA, OPE, n° 1510.
333 Viandier, OPA, OPE, n° 1510.
334 BGH, BB 2006, 2432.
335 Kocher, BB 2006, 2436.
336 Projet n° 544, 14 im Rahmen des Gesetzgebungsverfahrens NRE.
337 Schmidt/Baj RD bancaire et bourse n° 25, mai-juin 1991, S. 86, 90.
338 De Vauplane/Bornet, n° 765.
339 CBV, Communiqué du 13 juin 1991.
340 Siehe hierzu bereits oben unter Kapitel 3 Ziffer I.
341 Ebenso für das deutsche Recht: Krause, NJW 2004, 3681, 3685.

Nachfolgend sollen wiederum einige Fallgestaltungen mit der entsprechenden Positionierung des ehemaligen CMF dargestellt werden.

III.3.2.1 Zentralisierung der Stimmrechte

Sowohl die französische Rechtsliteratur als auch der CMF vertreten, dass bei jeder Zentralisierung von Stimmrechten, insbesondere durch Gründung einer Beteiligungsgesellschaft, eine *„action de concert"* vorliege[342]. So hat beispielsweise der CMF im Fall CANAL+ entschieden, dass die von den Gesellschaften HAVAS und CGE zur Verwaltung der jeweiligen Beteiligungen in CANAL+ gegründete Beteiligungsgesellschaft eine *„action de concert"* begründe, da es Aufgabe der gegründeten Gesellschaft war, eine gemeinsame Politik und die jeweiligen Stimmrecht gemeinsam auszuüben[343].

In der deutschen Rechtsliteratur gehen hingegen die Meinungen im Falle der Einschaltungen einer Zwischengesellschaft auseinander. *Von Bülow*[344] verneint allgemein das Vorliegen eines *„acting in concert"* mit der Begründung, dass gerade keine Abstimmung in Bezug auf die Zielgesellschaft vorliege, sondern lediglich in Bezug auf die zwischengeschaltete Beteiligungsgesellschaft. Dieser Auffassung ist jedoch nicht zuzustimmen[345], da derartige Beteiligungsgesellschaften häufig insbesondere zum Zweck der Ausübung einer gemeinsamen Politik und einer gemeinsamen Stimmrechtsausübung im Hinblick auf eine Zielgesellschaft gegründet werden. Ein abgestimmtes Verhalten der Aktionäre der Beteiligungsgesellschaft, die den Zweck der Verwaltung und Ausübung der Aktionärsrechte im Hinblick auf die Zielgesellschaft wahrnimmt, würde demnach nie ein *„acting in concert"* begründen können. Eine derartige Auslegung führt nach der hier vertretenen Ansicht dazu, dass durch einfache Zwischenschaltung einer Beteiligungsgesellschaft die Umgehung des § 30 Absatz 2 WpÜG zugelassen würde. Dies ist insbesondere vor dem Hintergrund zu betrachten, dass die Einschaltung von Beteiligungsgesellschaften in der Praxis häufig anzutreffen ist[346]. Auch wenn der Wortlaut den Fall der Zwischenschaltung einer Beteiligungsgesellschaft nicht ausdrücklich umfasst, muss die Auslegung des § 30 Absatz 2 WpÜG bereits dazu führen, dass diese Fallgruppe

---

342 Le Cannu, Rev. sociétés 1991, S. 675, 696.
343 Fall Canal+: SBF, Avis n° 94-482, 10 févr. 1994. Ähnliche Entscheidungen: Fall Danone: SBF, Avis n° 96-549, 9 févr. 1996; Fall Bouygues: CMF, Avis 197C0737, 19 déc. 1997.
344 Von Bülow, Kölner Kommentar zum WpÜG, § 30, Rn. 120; wohl auch Liebscher, ZIP 2002, 1005, 1012.
345 So auch Pentz, ZIP, 2003, 1478, 1484.
346 Viandier, OPA, OPE, n° 1514.

ein „*acting in concert*" begründet. Alles andere wäre praxisfremd und würde internationalen Standards gerade nicht entsprechen[347].

III.3.2.2 Zusammensetzung der Gesellschaftsorgane

Für die AMF stellt die Absprache bezüglich der Zusammensetzung der Gesellschaftsorgane ein Indiz für das Vorliegen einer „*action de concert*" dar. Diese Haltung hat der CMF in zahlreichen Enzscheidungen bestätigt. Im Fall SOCIÉTÉ LE LOUVRE hat der CMF entschieden, dass die Absprache zur Gewährung eines Rechts zur Ernennung eines Mitglieds in der strategischen Führungsebene des Aufsichtsrats, welcher über sämtliche einschneidenden Fragestellungen hinsichtlich der Gesellschaft konsultiert wird, eine „*action de concert*" darstellt[348]. Ein weiteres Beispiel stellt der Fall AIGLE dar. Hier wurde eine Absprache hinsichtlich der Sitzverteilung im Verwaltungsrat der Gesellschaft bei gleichzeitiger Festlegung der Kompetenzen als „*action de concert*" angesehen[349].

Viandier vertritt hingegen die Ansicht, dass eine alleinige Vereinbarung bezüglich der Zusammensetzung der Mitglieder in den einzelnen Gesellschaftsorganen erst dann eine „*action de concert*" begründe, wenn gleichzeitig die Absprache einer gemeinsamen Unternehmensführung vorliegt[350]. Der Ansicht von *Viandier* ist insoweit zuzustimmen. Denn es ist bei jeder Fallgestaltung nicht aus den Augen zu verlieren, dass Art. L. 233-10 Code de commerce fordert, dass eine gemeinsame Unternehmenspolitik durch die Vereinbarung installiert wird. Eine Vereinbarung über die Zusammensetzung eines Organs der Gesellschaft begründet jedoch nicht zwangsläufig, dass auch eine gemeinsame Politik zwischen den Parteien abgesprochen ist. Der Aufsichtsbehörde AMF ist jedoch zuzustimmen, dass eine solche Vereinbarung Indizwirkung für das Vorliegen einer „*action de concert*" haben kann. Es scheint, dass der ehemalige CMF die Ansicht *Viandiers* im Einzelfall ebenfalls vertrat. So hat er im Fall CROMÉTAL entschieden, dass die einfache Zusage eines Aufsichtsratssitzes keine „*action de concert*" begründe[351]. Ferner wird das Vorliegen einer „*action de concert*" verneint, wenn die Vereinbarung hinsichtlich der Zusammensetzung der Organe die (nicht börsennotierte) Holding der Zielgesellschaft betrifft (Fall

---

347 Im Ergebnis auch Oechsler in Ehricke/Ekkenga/Oechsler, WpÜG, § 2 Rn. 17; auch Schneider, WM 2006, 1321, 1323.

348 CMF, Avis n° 198C0241, 9 mars 1998.

349 SBF, Avis n° 94-3045, 17 oct. 1994. Weiter Entscheidungen diesbezüglich: Fall Colas, SBF, Avis n° 95-273, 27 janv. 1995; Fall BCI Navigation: CMF, Déc. n° 200C0877, 7 juin 2000.

350 Viandier, OPA, OPE, n° 1516.

351 CMF, Avis n° 198C0354, 14 avril 1998.

MOULINEX). Die Vereinbarung bezüglich der Zusammensetzung der Organe wurde hier hinsichtlich zweier Gesellschaften (Mutter- und Tochtergesellschaft) geschlossen, wobei die Tochtergesellschaft 57 % von MOULINEX hielt. Eine gemeinsame Stimm-rechtsausübung im Hinblick auf MOULINEX wurde verneint[352].

III.4 Dauer der „*action de concert*"

Art. L. 233-10 Code de commerce regelt weder die Dauer noch das Ende der „*action de concert*". In der Praxis kommt es jedoch oft vor, dass die Vereinbarung zwischen den gemeinsam handelnden Personen die Dauer selbst regelt. Die Vereinbarung endet somit mit Ablauf des dort festgelegten Zeitraums, sofern die Parteien diese nicht ausdrücklich oder konkludent fortführen. Die Beendigung einer „*action de concert*" hat zur Folge, dass ggf. die entsprechenden Aktien-Schwellenwerte bei der jeweiligen Partei unterschritten werden. Eine Beendigung und somit die Unterschreitung eines Schwellenwerts wird von jeder Partei gegenüber der AMF schriftlich mitgeteilt[353].

Ist hingegen kein bestimmter Beendigungszeitpunkt zwischen den Parteien festgelegt, kann die Feststellung der Beendigung Probleme bereiten. Diesbezüglich kann es auch vorkommen, dass die Parteien sich nicht einig sind, ob die Vereinbarung beendet ist oder weiterläuft. *Schmidt/Baj* vertreten die Ansicht, dass für die Beendigung bzw. Fortführung der „*action de concert*" ausschlaggebend ist, dass jedes Mal, wenn deren Vorliegen geltend gemacht wird, dies bewiesen werden muss. Hieran ändere auch nichts, dass die „*action de concert*" bereits zu einem früheren Zeitpunkt bewiesen wurde[354].

Im Fall BOUYGUES/BOLLORÉ[355], der in Frankreich großes Aufsehen erweckte, hatte sich der CMF zunächst für die Klärung der Frage der Beendigung einer „*action de concert*" für kompetent erklärt. Das Prüfungsprivileg des CMF wurde auf die Art. L. 233-10 und 233-11 Code de commerce gestützt. Beide Vorschriften regeln die Informationspflichten börsennotierter Gesellschaften entsprechend §§ 21 ff. WpHG und § 30 Absatz 2 WpÜG im deutschen Recht. Die Art. L. 233-10 und 233-11 Code de commerce verhalfen den Aufsichtsbehörden, Vereinbarungen zwischen Aktionären und somit das Vorliegen einer „*action de concert*" festzustellen. Aus Zweckmäßigkeitsgrün-

---

352 SBF, Avis n° 94-1799, 15 juin 1994.

353 Bsp. Fall Aigle: CMF, Déc. n° 200C0393, 10 mars 2000; Fall Metaleurop: CMF, Déc. n° 200C0195, 7 févr. 2000.

354 Schmidt/Baj, RD bancaire et bourse 1993, 29 ff.

355 Der Fall wurde in mehreren Zeitschriften besprochen: De Vauplane, Banque et droit, n° 63, janv.-févr. 1999, S. 36; Daigre, RD bancaire et bourse, nov.-déc. 1999, n° 76, S. 208.

den und insbesondere im Hinblick auf die Rechtsfolge der *„action de concert“* (Abgabe eines Pflichtangebots) war die Frage der Feststellung einer *„action de concert“* dem CMF (nun AMF) zu übertragen. Im Umkehrschluss ist es folglich auch zweckmäßig, dass allein der CMF die zuständige Institution für die Frage der Beendigung der *„action de concert“* sein konnte[356]. Des Weiteren wurde angeführt, dass die Alternative zu einer Entscheidung durch den CMF nur die gerichtliche Aufhebung der Vereinbarung sein kann. Ein Abwarten auf eine gerichtliche Entscheidung wurde jedoch einheitlich als unangemessen für die Bedürfnisse des Marktes angesehen und entspreche nicht dem Transparenzgrundsatz. Eine derartige, ggf. über Monate andauernde, Rechtsunsicherheit konnte nicht hingenommen werden. Zwar wurde die grundsätzliche Zuständigkeit der Gerichte hinsichtlich der Auslegung von Verträgen und dem Verhalten der Parteien nicht in Frage gestellt. Für die Frage der Existenz einer *„action de concert“* seien jedoch nicht die Gerichte, sondern der CMF zuständig[357].

Der CMF hatte somit zu entscheiden, ob BOUYGUES und BOLLORÉ weiterhin gemeinsam im Sinn des Art. L. 233-210 Code de commerce handelten. Der Fall lag wie folgt. Der BOLLORÉ Konzern unterzeichnete, nachdem er an der Gesellschaft BOUYGUES eine Beteiligung erworben hatte, ein Protokoll mit der Gesellschaft SCDM (kontrolliert von M. und O. BOUYGUES), welches zum Inhalt die Gründung einer Beteiligungsgesellschaft hatte. Ferner waren Inhalt des Protokolls u.a. die Verpflichtung, vor jeder Hauptversammlung eine gemeinsame Stimmrechtsausübung abzustimmen, sowie eine zwingende Zustimmung der anderen Partei im Falle des Erwerbs weiterer Anteile. Das Protokoll wurde dem CMF übermittelt, der das Vorliegen einer *„action de concert“* zwischen den Parteien feststellte[358]. Kurze Zeit später kritisierte BOLLORÉ die Geschäftsführung und Strategie von BOUYGUES. Daraufhin rief die Gesellschaft SCDM den CMF an und beantragte die Feststellung der Beendigung der *„action de concert“* mit der Begründung, dass die kontraproduktive Haltung von BOLLORÉ die Vereinbarung und somit die *„action de concert“* gegenstandlos machen würde. Parallel rief die Gesellschaft SCDM das Handelsgericht an und beantragte die Feststellung der Nichtigkeit bzw. die Aufhebung der Vereinbarung. BOLLORÉ entgegnete, dass das Ziel der Vereinbarung von finanzieller Art sei und dieses weiterhin bestünde.

Der CMF nahm in dieser Sache erstmals im August 1998 Stellung[359] und äußerte Zweifel am Fortbestand der *„action de concert“*. Er wies darauf hin, dass er unter Berücksichtigung der weiteren Entwicklung und insbesondere unter

---

356 Viandier, OPA, OPE, n° 1536 ff.
357 Viandier, OPA, OPE, n° 1537.
358 Avis 198C0737, 19 déc. 1997.
359 Avis 198C0807, 27 août 1998.

Berücksichtigung des jeweiligen Parteiverhaltens entscheiden werde. Die Unstimmigkeiten zwischen den Parteien hielten im weiteren Verlauf an, was den CMF im November 1998[360] veranlasste, das Ende der „*action de concert*" auszusprechen. Hierbei nahm er zur Frage des Verhältnisses zwischen der zivilrechtlichen Vereinbarung (Vertrag) und der „*action de concert*" Stellung. Er stellte fest, dass das Abschließen von Verträgen nicht mit dem gemeinsamen Handeln („*action de concert*") gleichzusetzen sei. Der Vertrag sei vielmehr nur die Formalisierung getroffener Absprachen. Die „*action de concert*" sei hingegen insbesondere von einem gemeinsamen Interesse bzw. Zweck („*intérêt commun*") geprägt. Da auf Grund des Verhaltens beider Parteien diese gemeinsamen Interessen nicht mehr vorhanden seien, ist festzustellen, dass die Parteien nicht mehr gemeinsam handeln. Die „*action de concert*" wurde für beendet erklärt. Kurze Zeit später erklärte BOLLORÉ, auf die Ausführung der einzelnen Absprachen in der Vereinbarung zu verzichten, was zur Beendigung des Rechtsstreits vor dem Handelsgericht führte.

Festzuhalten ist somit, dass das Hauptkriterium für die Frage der Fortführung der „*action de concert*" das Vorliegen eines gemeinsamen Interesses („*intérêt commun*") ist. Sobald dieses Interesse nicht mehr besteht, muss die „*action de concert*" als beendet angesehen werden, unbeachtet der verschiedenen Vereinbarungen, die zwischen den Parteien bestehen. Demzufolge sind die Aktionärsvereinbarung und das gemeinsame Handeln streng voneinander zu trennen[361]. Anzumerken ist, dass die Entscheidung des CMF in der französischen Rechtsliteratur zwar auf Grund ihrer Klarheit und Klarstellung insgesamt begrüßt wurde. Gleichzeitig wurde jedoch die Frage aufgeworfen, inwieweit eine Institution an Stelle der Gerichte entscheiden könne[362]. So vertraten *De Vauplane/Bornet*, dass „das Schweigen des Gesetzes und die daraus resultierenden Unsicherheiten nicht dazu führen dürfen, dass die Entscheidungskompetenz der Gerichte übergangen wird"[363].

Anzumerken ist noch, dass die BAFin eine ähnliche Ansicht wie der CMF (AMF) vertritt. Im Rahmen des gemeinsamen Erwerbs des BEIERSDORF Aktienpakets durch die TCHIBO HOLDING AG, die HAMBURGER Gesellschaft für Vermögens und Beteiligungsverwaltung mbH und der TROMA Alters- und Hinterbliebenenstiftung stellte sich die Frage, ob diese Unternehmen auf Grund des Vorliegens eines „*acting in concert*" ein Pflichtangebot abzugeben hatten. Das Vorliegen eines „*acting in concert*" wurde jedoch von

---

360 Avis 198C01041, 13 nov. 1998.

361 Lamy, Droit du Financement 2005, n° 1426; De Vauplane/Bornet, n° 769.

362 Lamy, Droit du Financement 2005, n° 1426; De Vauplane/Bornet, n° 769; Daigre, RD bancaire et bourse, nov.-déc. 1999, n° 76, S. 208.

363 De Vauplane/Bornet, n° 769.

der BAFin verneint. Ein „*acting in Concert*" liege beim gemeinsamen Erwerb von Aktien nur dann vor, wenn ein über dem Erwerb hinausgehendes gemeinsames Interesse verfolgt wird[364]. Da ein gemeinsames Interesse verneint wurde, war auch keines der Unternehmen zur Abgabe eines Pflichtangebots gezwungen.

III.5 Nachweis der „*action de concert*"

Die obigen Ausführungen haben gezeigt, dass der Nachweis einer „*action de concert*" äußerst schwierig ist. Die AMF misst folglich den Mitteilungen der Parteien eine große Bedeutung zu (Ziffer III.5.1). Der französische Gesetzgeber hat jedoch in Art. L. 233-10 Code de commerce insgesamt vier Vermutungstatbestände eingefügt, um den Nachweis der „*action de concert*" zu erleichtern (Ziffer III.5.2).

III.5.1 Mitteilung der Parteien

Zeigen die Parteien der AMF an, dass sie (ihrer Ansicht nach) gemeinsam im Sinne des Art. L. 233-10 Code de commerce handeln, bestätigt die AMF den Eingang dieser Mitteilung. Es scheint jedoch, dass sie den eigentlichen Inhalt der Vereinbarung aus der die Parteien eine „*action de concert*" herleiten, nicht analysiert. Die AMF stellt somit im Falle der Übermittlung durch die Parteien nicht ausdrücklich fest, dass eine „*action de concert*" vorliegt. So hat der CMF im Fall TOTAL lediglich bestätigt, dass er Kenntnis vom gemeinsamen Handeln der Aktionäre genommen habe[365]. Hieraus ist somit zu folgern, dass die Mitteilungen der Parteien nur dann unerheblich sind und die Rechtsfolgen des Art. L. 233-10 Code de commerce ausbleiben, wenn die Umstände im Einzelfall nicht das Gegenteil eines gemeinsamen Handelns ergeben[366].

Gleiches gilt im umgekehrten Fall, dass die Parteien anzeigen, nicht gemeinsam zu handeln. Auch hier stellt die Mitteilung vorerst ein Indiz für das Nichtvorhandensein einer „*action de concert*" dar. Hegt die Aufsichtsbehörde Zweifel an der Mitteilung, so liegt es an ihr, den Beweiswert der Mitteilung zu ermitteln[367].

---

364 Pressemitteilung, BAFin vom 23. Januar 2004. Hierzu auch: Seibt, ZIP 2004, 1829, 1832.

365 SBF, Avis n° 92-503, 18 sept. 1992; ebenfalls im Fall Christian Dalloz: CMF, Avis n° 197C0727, 17 déc. 1997; Fall Léon de Bruxelles: CMF, Avis n° 198C0062, 16 janv. 1998.

366 So auch das Handelsgericht von Nîmes: Trib. Com. Nîmes, 6 mars 1992: JCP 1992, E, 145, n° 14.

367 Diesbezüglich Fall Infosources, CMF, Déc. n° 200C1281, 11 août 2000; Fall GSFR: CMF, Déc. n° 202C0237, 27 févr. 2002.

Als Indizien für das Vorliegen einer „*action de concert*" sind ferner sämtliche Mittel denkbar[368]; Presseerklärungen, Reorganisationsmaßnahmen, geschäftliche oder persönliche Verbindungen zwischen den Parteien. Ein Musterbeispiel hierfür ist der bereits erwähnte Fall DELMAS-VIELJEUX. Der CMF bejahte eine „*action de concert*", da kurz nach dem Aktienerwerb die Zusammensetzung des Verwaltungsrats verändert wurde, neue Geschäftsführer berufen wurden und schließlich eine neue Unternehmenspolitik aufgenommen wurde[369].

III.5.2 Vermutungstatbestände des Art. L. 233-10 Absatz 2 Code de commerce

Der französische Gesetzgeber hat nach dem Vorbild des City Codes die Definition der „*action de concert*" durch Einfügung von insgesamt vier Vermutungstatbeständen ausgeweitet; Art. L. 233-10 Absatz 2 Code de commerce. Hierbei handelt es sich nicht um Vermutungen hinsichtlich erfolgter Absprachen, sondern um Vermutungen von Abhängigkeitsverhältnissen. Das französische Recht weicht hier erheblich vom deutschen Recht ab. Insoweit wird vertreten, dass das Vorliegen eines „*acting in concert*" nicht auf Vermutungen gestützt werden kann. Vermutungen sind mithin unzulässig[370]. Dieses Fehlen von Vermutungstatbeständen im deutschen Recht stellt einen bedeutenden Disharmoniepunkt zwischen beiden Rechtssystemen im Rahmen des Rechtsvergleichs hinsichtlich des gemeinsamen Handelns dar.

Da die einzelnen Vermutungstatbestände wenig Raum zur Interpretation lassen, soll es hier genügen, die einzelnen vom Gesetzgeber klar formulierten Tatbestände aufzuzählen.

- Das Vorliegen einer „*action de concert*" wird erstens zwischen der Gesellschaft, ihrem Verwaltungsratsvorsitzenden und ihren Geschäftsführern oder den Mitgliedern der Geschäftsführung vermutet. Eine Ausweitung auf weitere Personen ist nicht zulässig, so dass eine „*action de concert*" hinsichtlich weiterer Personen bewiesen werden muss.

- Der zweite Vermutungstatbestand betrifft die Gesellschaft an sich und die von ihr im Sinne des Art. L. 233-3 Code commerce kontrollierten Gesellschaften[371].

- Drittens wird eine „*action de concert*" zwischen Gesellschaften, die durch dieselbe Person oder dieselben Personen kontrolliert werden, vermutet. Die Literatur weist diesbezüglich darauf hin, dass das Fehlen des Verweises auf

368 Le Cannu, Rev. sociétés 1991, S. 675, 697.

369 Communiqué du CBV 31 juin 1991.

370 Hierzu ausführlich: Seibt, ZIP 2004, 1829, 1834; Schneider, WM 2006, 1321, 1327.

371 Zum Kontrollbegriff siehe oben: Kapitel Ziffer II.1.

die Definition der Kontrolle nach Art. L. 233-3 Code commerce nur ein Redaktionsversehen sein kann[372].

- Schließlich wird eine „*action de concert*“ zwischen den Gesellschaftern einer „*société par actions simplifiée*“ (SAS)[373] (vereinfachte Aktiengesellschaft) und den von ihr kontrollierten Gesellschaften vermutet.

Die vier genannten Vermutungstatbestände haben alle ein bestehendes Beherrschungsverhältnis gemeinsam, welches keine Abstimmung zwischen den Parteien zulässt. Entsprechend der obigen Tatbestände ist somit vielmehr zu vermuten, dass zwischen diesen Parteien gerade keine Unstimmigkeit herrscht, so dass ein gemeinsames Handeln anzunehmen ist[374].

Im deutschen Recht ist die Frage der Beweisbarkeit des Vorliegens eines „*acting in concert*“ und der dazugehörigen Frage des Indizienbeweises bzw. der Vermutung noch in der Entwicklung. Die Darlegungs- und Beweislast für ein abgestimmtes Verhalten liegt nach *Pentz* bei der Partei, die sich hierauf zu ihren Gunsten beruft[375]. Dies bedeutet jedoch, dass im Zweifel ein Minderheitsaktionär das Vorliegen eines „*acting in concert*“ zu beweisen hat, wenn er hierdurch die Abgabe eines Pflichtangebots erzwingen will. In der Regel dürfte dies für ihn unmöglich sein, so dass die von *Pentz* getätigte Aussage wohl nicht zutreffend ist. Vielmehr ist anzunehmen, dass hierüber, wie auch im Fall BEIERSDORF AG[376] geschehen, die BAFin entscheidet und folglich ihr die Beweislast obliegt. Der Ansicht von *Pentz* sowie auch von *Schneider*, dass es nicht zu einer Beweislastumkehr zu Lasten der Beteiligten mangels Vermutungstatbestände im deutschen Recht kommen kann, ist hingegen zuzustimmen[377]. Schließlich ist der Ansicht von *Pentz* bezüglich der Nichtanwendbarkeit des § 30 Absatz 1 Satz 1 Nr. 1 WpÜG (Zurechnung der Stimmrechte eines Tochterunternehmens) auf Absatz 2 unter Bezugnahme auf den zweiten französischen Vermutungstatbestand, der genau diesen Fall erfasst, entgegenzutreten. *Seibt* hingegen spricht sich für eine entsprechende Anwendung aus, sofern es sich um eine Zurechnung im konzern- oder handelsrechtlichen Sinne handelt[378]. Die Entwicklung im deutschen Recht wird zeigen, ob das Vorliegen

372 Viandier, OPA, OPE, n° 1548.
373 Die SAS stellt eine dem französischen Gesellschaftsrecht eigene Rechtsform dar.
374 Viandier, OPA, OPE, n° 1545.
375 Pentz, ZIP 2003, 1478, 1481; Seibt, ZIP 2004, 1829, 1834; Schneider, WM 2006, 1321, 1327.
376 Siehe oben unter Kapitel 3 Ziffer III.4.
377 Pentz, ZIP 2003, 1478, 1481; Schneider, WM 2006, 1321, 1327; a.A. Schockenhoff/Schumann, ZGR 2005, 588, 594.
378 Seibt, ZIP 2004, 1829, 1835.

eines *„acting in concert"* auch durch Vermutungen und Indizienbeweise begründet werden kann[379]. Die Entwicklung ist hier abzuwarten.

III.6 Auswirkungen durch die Übernahmerichtlinie 2004

Die Übernahmerichtlinie 2004 sieht in Art. 2 Absatz 1 lit. d) eine Definition des Begriffs des „gemeinsamen Handelns" vor. Demnach sind

„gemeinsam handelnde Personen natürliche und juristische Personen, die mit dem Bieter oder der Zielgesellschaft auf der Grundlage einer ausdrücklichen oder stillschweigenden, mündlich oder schriftlich getroffenen Vereinbarung zusammenarbeiten, um die Kontrolle über die Zielgesellschaft zu erhalten bzw. den Erfolg des Übernahmeverbots zu vereiteln."

Es leuchtet ein, dass diese Definition der Richtlinie kaum Neuerungen oder neue Erkenntnisse für die Auslegung bzw. Feststellung eines *„acting in concert"* hervorbringt. Einzige wirkliche Neuheit sowohl im deutschen als auch im französischen Übernahmerecht ist die Ausweitung des Begriffs auf ein gemeinsames Handeln mit der Zielgesellschaft[380].

Der französische Gesetzgeber hat Art. 2 Absatz 1 lit. d) der Richtlinie dennoch umgesetzt und die Vorschrift des Art. L. 233-10-1 Code de commerce eingefügt, welche vom Wortlaut fast deckungsgleich zur europäischen Vorgabe ist. Die AMF wird in einem zweiten Schritt ihre Verordnung entsprechend anpassen. Der französische Gesetzgeber hat sich jedoch im Rahmen des Gesetzgebungsverfahrens gefragt, welche Auswirkung diese spezielle Definition auf das Übernahmerecht haben wird, und insbesondere ob hierdurch zwei neue Fallgestaltungen des abgestimmten Handelns entstehen[381]. Für den ersten Fall – also das gemeinsame Handeln mit dem Bieter – ist dies zu verneinen, da dieser Fallgestaltung problemlos unter die bereits bestehende Norm des Art. L. 233-10 Code de commerce subsumiert werden kann. Denn ein gemeinsames Handeln ist sowohl in Art. L. 233-10 Code de commerce als auch in Art. L. 233-10-1 Alt. 1 Code de commerce auf die Kontrolle in der Zielgesellschaft gerichtet. Die erste Alternative in Art. L. 233-10-1 Alt. 1 Code de commerce hat folglich nur eine pädagogische bzw. klarstellende Funktion[382].

---

379 In diese Richtung: Schneider in Assmann/Pötzsch/Schneider, WpÜG, § 30 Rn. 110.

380 Seibt/Heiser, AG 2006, 301, 307; für das französische Recht: Aubert/Cotty/Rontchevsky, Revue Lamy Droit des Affaires, Juni 2006, S. 10, 14.

381 Rapport Marini vom 13. Oktober 2005, Dokument des Senats n° 20.

382 Aubert/Cotty/Rontchevsky, Revue Lamy Droit des Affaires, Juni 2006, S. 10, 14.

Anders sieht es in Bezug auf die zweite Alternative des Art. L. 233-10-1 Code de commerce – also das gemeinsame Handeln mit der Zielgesellschaft – aus. Hierdurch wurde in das französische Recht erstmals ein „defensives gemeinsames Handeln" geregelt, durch welches Zielgesellschaft und Dritter versuchen, das Angebot zum Scheitern zu bringen. Im Rahmen eines defensiven gemeinsamen Handelns ist die Zielgesellschaft folglich nicht mehr das Ziel der „*action de concert*", sondern der Initiator. Das führt dazu, dass hierunter nur Vereinbarungen zwischen der Zielgesellschaft und Dritten fallen und nicht auch Vereinbarungen mit (verkaufswilligen) Aktionären und dem Bieter. Denn verkaufswillige Aktionäre werden in der Regel nicht auf die Möglichkeit, ihre Aktien im Falle eines guten Angebots zu veräußern, verzichten. Dass der Bieter keine Vereinbarung mit der Zielgesellschaft schließen wird, versteht sich von selbst. Anzunehmen ist folglich, dass das defensive gemeinsame Handeln insbesondere bei der Frage der Reziprozität[383] eine Rolle spielen wird. So wäre durchaus denkbar, dass eine Zielgesellschaft einen „Weißen Ritter" sucht, welcher nach den neuen Regelungen ein vorteilhafteres Abwehrrecht genießt, und schließlich dessen Abwehrmaßnahmen auf Grund des gemeinsamen Handelns gegenüber dem Bieter anwenden kann[384].

Im deutschen Recht wurde Art. 2 Absatz 1 lit. d) der Richtlinie durch eine Ergänzung des § 2 Absatz 5 WpÜG umgesetzt. Insoweit sieht § 2 Absatz 5 WpÜG in Satz 2 ein gemeinsames Handeln mit der Zielgesellschaft und in Satz 3 die Aufnahme von Tochterunternehmen in die Definition der gemeinsam handelnden Personen vor. Da, wie oben dargestellt, das deutsche Übernahmerecht zwischen dem Begriff des gemeinsamen Handelns in § 2 Absatz 5 WpÜG und der Stimmrechtszurechnung nach § 30 Absatz 2 WpÜG unterscheidet, Art. 2 Absatz 1 lit. d) der Richtlinie hingegen ein einheitlicher Begriff ist, bleibt es bei der bisher im deutschen Übernahmerecht herrschenden Rechtsunsicherheit[385]. Zu Recht wurde § 2 Absatz 5 RegE-WpÜG auch dahingehend kritisiert, dass die Regelung nicht beinhalte, dass das gemeinsame Handeln auf „die Kontrolle in der Zielgesellschaft gerichtet" sein muss. Demnach hätte nach der hier vertretenen Ansicht Art. 2 Absatz 1 lit. d) der Richtlinie nicht an § 2 Absatz 5 WpÜG geknüpft werden sollen, sondern vielmehr an § 30 Absatz 2 WpÜG[386]. Paradoxe Folge der Umsetzung von § 2 Absatz 5 RegE-WpÜG ist zudem, dass diese Vorschrift auf Grund der Spezialität von § 30 Absatz 2 WpÜG keine Anwendung finden kann. Die in § 2 Absatz 5 WpÜG erfolgten Ergänzungen (Satz 2 und 3) haben folglich keinerlei Auswirkungen auf die Stimmrechtszurechnung des § 30 Absatz 2 WpÜG, obwohl Art. 2 Absatz 1 lit.

---

383 Hierzu siehe oben: Kapitel 2 Ziffer I.2.1.3.
384 Aubert/Cotty/Rontchevsky, Revue Lamy Droit des Affaires, Juni 2006, S. 10, 14.
385 Siehe auch Seibt/Heiser, AG 2006, 301, 307.
386 So auch: Seibt/Heiser, AG 2006, 301, 308.

d) der Richtlinie auch diesen Fall des „*acting in concert*“ umfasst. Insoweit greifen auch die in der Richtlinie vorgesehene Zurechnung der Stimmrechte der Muttergesellschaft bei der Tochtergesellschaft sowie die wechselseitige Zurechnung bei Tochterunternehmen nicht. Demzufolge ist das Ziel der Richtlinie im deutschen Übernahmerecht nicht erreicht. Der Regierungsentwurf ist im Hinblick auf das „*acting in concert*“ nicht richtlinienkonform und bedarf folglich der Nachbesserung[387].

IV. Zusammenfassung

Der vorgenommene Rechtsvergleich der französischen „*action de concert*“ mit dem deutschen „*acting in concert*“ macht deutlich, dass sich die in den Kapiteln 1 und 2 herausgearbeiteten Disharmonien in der Struktur beider Rechtssysteme auch in einzelnen übernahmerechtlichen Instituten widerspiegeln. Insoweit erreicht das deutsche Verständnis des „*acting in concert*“ nach § 2 Absatz 5 WpÜG und § 30 Absatz 2 WpÜG nicht die Ausmaße und Bedeutung wie im französischen Recht. Im Gegensatz zu Art. L. 233-10 Code de commerce stellt § 30 Absatz 2 WpÜG eine Zurechnungsnorm für Stimmrechte dar. Die französische Regelung umfasst hingegen gleich drei Anwendungsbereiche. Zum einen stellt Art. L. 233-10 Code de commerce eine trotz der Erforderlichkeit der Auslegung durch den CMF (nun AMF) äußerst effiziente und präzise Definition der „*action de concert*“ dar, was man von § 30 Absatz 2 WpÜG bzw. § 2 Absatz 5 WpÜG nicht gerade behaupten kann. Zweitens ist Art. L. 233-10 Code de commerce sowohl für die übernahmerechtliche Frage, ob ein Pflichtangebot abgegeben werden muss als auch für die wertpapierhandelsrechtliche Frage der Informationspflichten börsennotierter Gesellschaften anwendbar. Art. L. 233-10 Code de commerce stellt somit im Gegensatz zu § 30 Absatz 2 WpÜG eine übergreifende allgemeine Definition dar. Und drittens definiert Art. L. 233-10 Code de commerce, wer eigentlich zur Abgabe eines Pflichtangebots verpflichtet ist, mithin also wer Bieter des Pflichtangebots ist. Im Gegensatz hierzu setzt § 30 Absatz 2 WpÜG die Ermittlung des Bieters vor dessen Anwendung voraus, was nach der hier vertretenen Ansicht einer zu engen Auslegung gleichkommt.

Des Weiteren wird die hier erörterte Disharmonie durch das Fehlen von Vermutungstatbeständen für die Feststellung einer „*acting in concert*“ im deutschen Recht unterstrichen. Wo der französische Gesetzgeber präzise Vermutungstatbestände regelt, wird in Deutschland weiterhin überwiegend vertreten, dass ein „*acting in concert*“ nicht auf Vermutungen gestützt werden kann.

387 Ebenso: Seibt/Heiser, AG 2006, 301, 308.

Festzuhalten ist somit, dass die französische Vorschrift des Art. L. 233-10 Code de commerce im Verhältnis zum ungeschickt wirkenden Zusammenspiel von § 2 Absatz 5 WpÜG und § 30 Absatz 2 WpÜG als die ausgereiftere Regelung für das gemeinsame Handeln („*action de concert*" bzw. „*acting in concert*") angesehen werden muss. Hierzu bedurfte es jedoch auch über zehn Jahre an Erfahrung mit dem Institut der „*action de concert*", so dass anzunehmen ist, dass die deutsche Auffassung hinsichtlich des „*acting in concert*" sich in den nächsten Jahren entwickeln wird. Die zwischen der französischen „*action de concert*" und dem deutschen „*acting in concert*" bestehende Disharmonie lässt sich demzufolge insbesondere mit der erst jetzt in Deutschland beginnenden rückständigen Rechtsentwicklung sowie der mangelnden Erfahrung mit dem Institut begründen. Ob die deutsche Rechtsliteratur und die Rechtsprechung jedoch zu einer deckungsgleichen Auslegung mit dem französischen Recht kommen, bleibt abzuwarten.

KAPITEL 4: Finanzierungssicherung

Disharmonie zwischen deutschem und französischem Recht besteht jedoch – zumindest in Teilen - auch bei der Finanzierung. Diese liegt weniger in der ökonomischen Entscheidung des Bieters über die Art der Finanzierung seines Angebots als in den rechtlich festgesetzten Rahmenbedingungen. Nachfolgend soll diese Disharmonie herausgearbeitet werden. Es wird herbei deutlich, dass die in dieser Arbeit im Mittelpunkt stehende Disharmonie zwischen deutschem und französischem Übernahmerecht nicht erst mit der Eröffnung des eigentlichen Übernahmeverfahrens auftritt, sondern bereits zu einem Zeitpunkt, zu welchem der Markt noch Keinerlei Kenntnis von den Übernahmeabsichten des Bieters hat. Die Unterschiede zwischen beiden Rechtssystemen ergeben sich insbesondere in den unterschiedlichen Vorgaben hinsichtlich der Einschaltung des Wertpapierdienstleistungsunternehmens (Ziffer I.). Bei den gängigen Finanzierungsarten bestehen hingegen überwiegend Parallelen zwischen deutschem und französischem Recht (Ziffer II.). Jedoch sind auch hier gewisse Abweichungen herauszukristallisieren.

I. Unterschiede in der Einschaltung eines Wertpapierdienstleisters

Die Frage der Finanzierung einer Übernahme wird in der Praxis allein aus Zeitgründen regelmäßig schon vor der Veröffentlichung der Entscheidung zur Angebotsabgabe geklärt[388]. Da der Bieter bei Abgabe des Angebots bzw. bei Veröffentlichung der Angebotsunterlagen sowohl nach deutschem Recht (§ 11 Absatz 2 Satz 3 Nr. 1 WpÜG) als auch nach französischem Recht (Art. 231-20 RAMF) Angaben zur Finanzierung zu machen hat, ist er verpflichtet, so früh wie möglich die Finanzierung des Angebots sicherzustellen. Die Finanzierungsfrage ist folglich ein Kernpunkt im Übernahmeverfahren, so dass sie einer intensiven Vorbereitung bedarf. Sie stellt nicht nur eine Pflicht des Bieters dar, sondern betrifft gleichzeitig das Aufsichtsamt, welches über die Vollständigkeit und die Kohärenz der Angebotsunterlagen zu entscheiden hat. Schließlich betrifft die Finanzierung auch die verkaufswilligen Aktionäre, denn diese werden ihre Anteile an einen Bieter veräußern, der eine gesicherte Finanzierung gewährleisten kann[389]. Die Finanzierung des Angebots berührt somit verschiedene Interessen.

---

388 So auch Singhof/Weber, WM 2002, 1158, 1161.

389 Vgl. auch Singhof/Weber, WM 2002, 1158; Oechsler in Ehricke/Ekkenga/Oechsler, WpÜG, § 13 Rn. 2; Süßmann in Geibel/Süßmann, WpÜG, § 13 Rn. 1.

Im Gegensatz zum früheren Übernahmekodex wurden mehrere Bestimmungen in das WpÜG bezüglich der Finanzierung des Angebots aufgenommen. Zentrale Vorschrift ist § 13 WpÜG. Hiernach hat der Bieter vor der Veröffentlichung der Angebotsunterlagen die notwendigen Maßnahmen zu treffen, um sicherzustellen, dass ihm die zur vollständigen Erfüllung des Angebots notwendigen Mittel im Zeitpunkt der Fälligkeit des Anspruchs auf die Gegenleistung zur Verfügung stehen; § 13 Absatz 1 Satz 1 WpÜG. Der Bieter hat diesbezüglich detaillierte Angaben zu machen[390]. Hierbei spielt es keine Rolle, ob die Gegenleistung als Geld- oder als Sachleistung erfolgen soll[391]. Die jeweiligen vom Bieter ergriffenen Maßnahmen zur Sicherung der Finanzierung seines Angebots sind letztendlich einzelfallbedingt. Dennoch muss jede Finanzierungsmaßnahme im Rahmen eines öffentlichen Angebots vor dem Hintergrund einer höchstmöglichen Annahmequote und unter der Berücksichtigung von Options- und Wandlungsrechten getätigt werden. Entscheidet sich der Bieter im Rahmen seines öffentlichen Übernahmeangebots für ein Barangebot, ergeben sich indes weitere Pflichten, auf die noch eingegangen werden soll.

Im Gegensatz zu § 13 WpÜG kennt das französische Recht keine ausdrückliche Regelung, die dem Bieter eine gesicherte Finanzierung der Übernahme auferlegt. Lediglich Art. 231-20 n° 4 e) RAMF schreibt vor, dass der Bieter bei Mitteilung seines Angebotsvorhabens („*projet de note d'information*") die Finanzierungsbedingungen anzugeben hat[392]. Eine dem § 13 WpÜG vergleichbare ausführliche Regelung ist im französischen Übernahmerecht nicht vorhanden.

Eine Erklärung für diesen Unterschied ist, dass im französischen Übernahmeverfahren der Bieter stets von mindestens einem Wertpapierdienstleistungsunternehmen („*établissement de présentateur*") vertreten wird, welches gegenüber der Aufsichtsbehörde AMF für den Bieter vorstellig wird und gleichzeitig eine Ausfallhaftung für ihn übernimmt.

I.1 Die Rolle des Wertpapierdienstleisters

Die Rolle des Wertpapierdienstleisters ist vorrangig die Beratung des Bieters. Hier ergeben sich keine Unterschiede zwischen deutschem und französischem Übernahmerecht. Er legt mit dem Bieter die Einzelheiten des Angebots fest und schlägt je nach Einzelfall auch die Zielgesellschaft vor. Der Wertpapierdienstleister unterliegt somit einer allgemeinen Beratungspflicht.

---

390 Vgl. Lenz/Behnke, BKR 2003, 43, 46.

391 BT-Drucksache 14/7034, S. 44.

392 Vgl. Lamy, Droit du Financement 2005, n° 1449; Instructions COB, Bull. Joly Bourse mai-juin 2002, S. 235, 245.

Darüber hinaus ist das Auftreten des Wertpapierdienstleistungsunternehmens im französischen Übernahmerecht für den Bieter durch Art. 231-13 RAMF zwingend festgeschrieben. Der Wertpapierdienstleister ist zum einen Partner zum anderen Vertreter des Bieters. Er wird auch als Mediator im Rahmen des Übernahmeverfahrens bezeichnet[393]. Nicht der Bieter selbst, sondern sein eingeschalteter Wertpapierdienstleister wird beispielsweise gegenüber der Aufsichtsbehörde tätig, wenn die Eröffnung des Angebotsverfahrens verschoben werden soll[394]. Oder will der Bieter die Angebotskonditionen während der Prüfung der Unterlagen durch die Aufsichtsbehörde ändern, wird ebenfalls der Wertpapierdienstleister tätig[395]. Diese zwei Beispiele aus der Praxis zeigen, dass im französischen Übernahmerecht das Wertpapierdienstleistungsunternehmen eine entscheidende, weitaus bedeutendere Rolle als im deutschen Übernahmeverfahren spielt. Diese verstärkte Rolle als Beitrag zu einer erhöhten Sicherheit und Transparenz am Markt gesehen.

Der Bieter bevollmächtigt das Wertpapierdienstleistungsunternehmen nach den allgemeinen zivilrechtlichen Regeln; Art. 1984 ff. Code civil. In der Regel beinhaltet die Vollmacht auch diverse Angaben hinsichtlich der Vergütung des Dienstleisters[396]. Anzumerken ist jedoch, dass die Bevollmächtigung lediglich für Maßnahmen gegenüber der Aufsichtsbehörde gilt. Will der Bieter gegen eine Entscheidung der Aufsichtsbehörde Beschwerde vor dem Cour d'appel de Paris einlegen, wird nicht der Wertpapierdienstleister tätig, sondern der Bieter selbst, da der Wertpapierdienstleister keine Aktivlegitimation vor den ordentlichen Gerichten besitzt. Die Beendigung der Bevollmächtigung ist selbstverständlich jederzeit gemäß Art. 2004 Code civil möglich. Der Wertpapierdienstleister ist dann aber umgehend auszuwechseln, sofern das Übernahmeverfahren andauert[397]. Die Annahmeentscheidung der Aufsichtsbehörde wird hierdurch jedoch nicht rückwirkend unwirksam[398].

Die Einschaltung des Wertpapierdienstleistungsunternehmens im französischen Recht „entmündigt" den Bieter also gewissermaßen. Außer beim so genannten vereinfachten Verfahren („*procédure simplifiée*") steht der Bieter im französischen Übernahmeverfahren also immer nur mittelbar, vertreten durch ein oder

393 Viandier, OPA, OPE, n° 1078.
394 Angebot Immobilière Mallet, SBF, avis n° 88-2948, 15 déc. 1988.
395 Angebot Exor, SBF, avis n° 91-3643, 5 déc. 1991 (Änderung des Angebotspreises).
396 Es ist durchaus üblich, dass als Vergütung ein Prozentssatz des Wertes der letztendlich angebotenen Anteile vereinbart wird. Interessant ist hierbei, dass die Vergütungsvereinbarung gerichtlich überprüfbar ist. So hat der Kassationsgerichtshof entschieden, dass die Vergütung gemindert wird, wenn diese unangemessen erscheint: Cass. Civ. 1, 3 juin 1986, JCP 88, 20791; Cass. Com 2 mars 1993, D. 93, IR, 78; hierzu auch Viandier, OPA, OPE, n° 1080.
397 Viandier, OPA, OPE, n° 1081; Bonneau/Faugérolas, Les offres publiques, n° 203, n° 263.
398 Viandier, OPA, OPE, n° 1081.

mehrere Wertpapierdienstleistungsunternehmen, mit den Aufsichts-behörden in Kontakt. Die Wertpapierdienstleistungsunternehmen spielen im französischen Übernahmerecht somit eine entscheidende und unverzichtbare Rolle, was sich insbesondere auch auf die Finanzierungsanforderungen hinsichtlich des Angebots auswirkt. Auf Grund der umfassenden Haftung der zwingend einzuschaltenden Wertpapierdienstleistungsunternehmen ist eine dem § 13 Absatz 1 Satz 2 WpÜG entsprechende Regelung überflüssig.

Im deutschen Recht hingegen setzt § 13 Absatz 1 Satz 2 WpÜG die Einschaltung eines Wertpapierdienstleistungsunternehmens entgegen des Diskussionsentwurfs zum Referentenentwurf[399] (§ 15 WpÜG-RefE) nur im Rahmen eines Barangebots zwingend voraus[400]. Aber auch hier wird der deutsche Bieter im Gegensatz zum französischen Recht weiterhin selbst tätig. Vielmehr benötigt er nur eine Bestätigung des Wertpapierdienstleistungs-unternehmens, *„dass er die notwendigen Maßnahmen getroffen hat, um sicherzustellen, dass die zur Erfüllung des Angebots notwendigen Mittel im Zeitpunkt des Angebots auf die Geldleistung zur Verfügung stehen*".

Festzustellen ist folglich bereits eine Disharmonie zwischen deutschem und französischen Recht bei der Einschaltung eines bzw. mehrerer Wertpapierdienstleistungsunternehmen. Um einen hat der Bieter in Frankreich stets – also nicht nur beim Barangebot - einen Wertpapierdienstleister einzuschalten. Zum anderen hat Letzterer in Frankreich durch seine Rolle als Vertreter des Bieters einen erheblich größeren Verantwortungs- und Aufgabenbereich als in Deutschland.

I.2 Anforderungen an den Wertpapierdienstleister

Der Begriff des unabhängigen Wertpapierdienstleistungsunternehmens ist im deutschen Übernahmerecht nicht definiert. Folgt man der Gesetzesbegründung zum WpÜG[401] soll es sich jedoch um solche gemäß § 2 Absatz 4 WpHG handeln, die entweder ihren Sitz im Inland oder in einem der EU angehörigen Staat haben. Erfasst werden hiernach nur Unternehmen, die einmal Wertpapierleistungen erbringen und zudem auch Kreditinstitute nach §§ 1 Absatz 1, 2 Absatz 1 KWG oder Finanzdienstleistungsinstitute nach §§ 1 Absatz 1 a, 2 Absatz 6 KWG sind[402].

---

399 Referentenentwurf zum Wertpapiererwerbs- und Übernahmegesetz vom 12. März 2001.

400 Auch für Barangebote stand die Finanzierungsbestätigung wegen der zu erwartenden Kosten in Kritik. Hierzu: Berrar, ZBB 2002, 174, 176.

401 BT-Drucksache 14/7034, S. 44.

402 Assmann in Assmann/Schneider, WpHG, § 2 Rn. 78; Berrar, ZBB 2002, 174, 176; Zinser, WM 2002, 15, 17; Schulz, M&A 2002, 559, 562.

§ 2 Absatz 4 WpHG verweist aber auch auf § 53 Absatz 1 Satz 1 KWG. Neben inländischen Kreditunternehmen fallen hierunter auch Institute mit Sitz in einem anderen Staat des Europäischen Wirtschaftsraums, die berechtigt sind, ohne erneute Zulassung im Inland durch Zweigniederlassungen oder im Wege des grenzüberschreitenden Dienstleistungsverkehrs im Inland tätig zu sein[403]. Fraglich ist jedoch, ob auch ausländische Kreditinstitute mit Sitz in einem so genannten Drittstaat eine Finanzierungsbestätigung abgeben können. Die Gesetzesbegründung zum WpÜG sagt hierzu nichts. Anzunehmen ist, dass gerade diese Kreditinstitute ausgenommen werden sollen, da ansonsten möglicherweise der gleichzeitig angestrebte Überwachungsstandard nicht gewährleistet werden kann. *Singhof/Weber*[404] gehen dagegen eher von einem redaktionellen Versehen aus. *Süßmann*[405] zweifelt auf Grund des Wortlauts an der Anwendbarkeit der Definition des § 2 Absatz 4 WpHG auf das WpÜG, so dass er eine generelle Anerkennung der Bestätigungen solcher Institute in den Raum stellt. Hierbei übersieht er jedoch, dass gerade dann die Überwachung gegebenenfalls solcher Finanzinstitute schwierig wird. Auf Grund der ausdrücklichen Verweisung des § 2 Absatz 4 WpHG auf § 53 Absatz 2 Satz 1 KWG fallen unter den zugelassenen ausländischen Kreditinstituten jedenfalls solche, die in Deutschland eine Zweigstelle[406] betreiben. Demnach ist *Singhof/Weber* im Ergebnis zuzustimmen, dass Finanzierungsbestätigungen so genannter Drittstaaten anzuerkennen sind, wenn sie der Aufsicht der Bundesanstalt unterliegen und somit das Gesetzesziel erreicht wird. Es ist wohl auch in der Praxis kaum vorstellbar, dass ein Bieter eine Übernahme nach deutschem Recht vornimmt und hierzu sich eines Wertpapierdienstleistungs-unternehmens bedient, welches auf dem deutschen Markt in keiner Weise vertreten ist.

Im französischen Übernahmerecht können als Wertpapierdienstleistungsunternehmen Investmentbanken („*entreprises d'investissement*") und Kreditinstitute („*établissements de crédit*") auftreten[407]. Voraussetzung ist, dass der Wertpapierdienstleister Finanzprodukte unmittelbar vom Emittent zeichnet oder unmittelbar vom Verkäufer erwirbt, in Absicht, diese an seine Kunden zu platzieren („*activité de prise ferme*"); Art. 312-4 RAMF. Die Anzahl der den Bieter vertretenden Wertpapierdienstleister ist nicht begrenzt. In der Praxis treten in der Regel zwei Dienstleister für den Bieter auf[408]. Beispielweise traten

403 BT-Drucksache 14/7034, S. 44.
404 Singhof/Weber, WM 2002, 1158, 1160.
405 Süßmann in Geibel/Süßmann, WpÜG, § 13, Rn. 25; kritisch auch Berrar, ZBB 2002, 174, 176.
406 Zum Begriff der Zweigstelle: Marwede in Boos/Fischer/Schulte-Mattler, KWG, § 53 Rn. 9.
407 Viandier, OPA, OPE, n° 1074.
408 Viandier, OPA, OPE, n° 1076; Bonneau/Faugérolas, Les offres publiques, n° 203, n° 261.

im Rahmen der Übernahme von AVENTIS die Banken BNP PARIBAS und MERILL LYNCH für den Bieter SANOFI-SYNTHELABO auf. Es ist jedoch auch schon vorgekommen, dass der Bieter von fünf Finanzdienstleistern vertreten wurde[409].

Im Gegensatz zum deutschen Recht ist die Herkunft des Wertpapierdienstleistungsunternehmens unproblematisch. Bereits im Jahre 1989 ließ die französische Aufsichtsbehörde zum Beispiel ein Angebot einer kanadischen Bank, also einem Wertpapierdienstleister aus einem Drittstaat, zu[410]. Im Jahre 1990 folgte ein Angebot einer amerikanischen Bank[411]. 1996 hat erstmals ein deutsches Kreditinstitut gemeinsam mit einer französischen Bank ein Angebot für den Bieter abgegeben[412].

I.3 Die Finanzierungsbestätigung im deutschen Recht

Im deutschen Recht regelt § 13 Absatz 1 Satz 2 WpÜG ausdrücklich, dass der Bieter im Falle eines Barangebots eine Finanzierungsbestätigung eines unabhängigen Wertpapierdienstleistungsunternehmens vorzulegen hat. Eine § 13 Absatz 1 Satz 2 WpÜG entsprechende Bestätigung kennt das französische Übernahmerecht nicht. Dies folgt aus dem Umstand, dass das Wertpapierdienstleistungsunternehmen selbst – als Vertreter des Bieters – der Aufsichtsbehörde AMF die Angebotsunterlagen übermittelt und hierdurch eine ordnungsgemäße Finanzierung bestätigt.

Sinn und Zweck von § 13 Absatz 1 Satz 2 WpÜG ist zum einen, unseriöse und wirtschaftlich unerfüllbare Angebote zu verhindern[413]. Zum anderen soll auch der Bieter vor zu hoher Überschuldung geschützt werden. Denn insbesondere bei Barangeboten wird der Bieter in der Regel nur zum Teil auf eigene Barreserven zurückgreifen können[414]. Zu schützen sind jedoch nicht nur die beteiligten Parteien. Ganz allgemein ist eine Gefährdung des nationalen Finanzsystems möglichst auszuschließen[415]. Durch das Merkmal der Unabhängigkeit soll unterbunden werden, dass der Bieter auf Grund guter Verbindungen

409 Angebot Dafsa, SBF, avis n° 89-170, 18 janv. 1989.

410 Angebot Cheval blanc, SBF, avis n° 89-1089, 26 avril 1989.

411 Angebot Leroy-Somer, SBF, avis n° 90-170, 16 janv. 1990.

412 Angebot Docks de France, SBF, avis n° 96-2211, 2 juill. 1996; Société Général und Deutsche Morgan Grenfell vertreten durch Deutsche Bank France SNC.

413 Singhof/Weber, WM 2002, 1158, 1159; Zinser, WM 2002, 15, 17; Vogel in Haarmann/Riehmer/Schüppen, WpÜG, § 13 Rn. 2; Oechsler in Ehricke/Ekkenga/Oechsler, WpÜG, § 13 Rn. 1.

414 Steinmeyer/Häger, WpÜG, § 13 Rn. 5.

415 Assmann/Bozenhardt, Übernahmeangebote, ZGR Sonderheft 1990, S. 58.

Gefälligkeitskredite erhält[416]. Diese Ziele werden zwar unter anderem auch durch die Kreditvergaberichtlinien gemäß §§ 13 ff. KWG erreicht. Nicht selten sind jedoch Kreditgesellschaften bzw. Investmentbanken Anteilsinhaber des Bieters oder stellen mehrere Aufsichtsratsmitglieder in der Bietergesellschaft, so dass häufig derartige Gefälligkeitskrediten gewährt wurden.

Die genannten Ziele der Finanzierungsbestätigung sind im französischen übernahmerecht selbstverständlich ebenfalls wieder zu finden. Die Umsetzung erfolgt jedoch auf andere Weise. Das französische Übernahmerecht löst dieses vielmehr Problem allgemein, indem eine Einschaltung eines Wertpapierdienstleisters zwingend vorausgesetzt wird. Der Bieter, vertreten durch mindestens ein Wertpapierdienstleistungsunternehmen, hat gemäß Art 231-13 Absatz 2 RAMF schriftlich der Aufsichtsbehörde die Ernsthaftigkeit und Unwiderruflichkeit des Angebots zu garantieren[417]. Das abzugebende Angebot ist hierbei von mindestens einem Anbieter zu unterzeichnen. Dies gilt auch bei Auftreten von mehreren Wertpapierdienstleistern. So ist es bereist vorgekommen, dass nur einer der beiden Vertreter das Angebot unterzeichnet hat[418].

Durchaus möglich ist, dass sich ein Kreditinstitut im Rahmen einer eigenen Angebotsabgabe selbst vertritt[419]. Diese von der Aufsichtsbehörde des Öfteren tolerierte Praxis, stößt hingegen in der französischen Literatur teilweise auf Kritik. Insbesondere *Viandier* sieht in einer derartigen Konstellation einen Widerspruch gegen das Garantieprinzip im Rahmen des Übernahmeangebots[420]. Auch wenn das Règlement der AMF eine derartige „Eigenvertretung" nicht ausdrücklich verbietet, so muss man sich doch die Frage stellen, was bei der abzugebenden Garantie übrig bleibt, wenn der Garant seine eigene Verpflichtung garantiert. Andererseits werden die Wertpapierdienstleister in der Praxis solange von dieser Möglichkeit Gebrauch machen, wie die Aufsichtsbehörde und die Rechtsprechung des Cour d'appel de Paris eine „Eigenvertretung" zulassen. So bestätigte der Cour d'appel de Paris eine „Eigenvertretung" im Rahmen des Angebots der „NOUVELLES GALERIES", indem er feststellte, dass der CCF („*Crédit commercial de France*") als Bieter anzusehen sei, zum anderen aber auch über eine ausreichende Finanzdecke verfüge, um das eigene Angebot entsprechend der damaligen Art. 5.2.1 und 5.2.5 des Règlement CBV

416 BT-Drucksache 14/7034, S. 44; Zschocke, DB 2002, 79,80; Steinmeyer/Häger, WpÜG, § 13 Rn. 7; Süßmann in Geibel/Süßmann, WpÜG, § 13 Rn. 27.
417 Ausführlich hierzu: Rosaz/Debré, Bull. Joly Bourse, n° 4 juillet- août 2004.
418 Angebot Siaco, CMF, Déc. n° 200C0705, 12 mai 2000.
419 z.B. Angebot CPR, CMF, Déc. 200C1445, 21 septembre 2000. Hier Angebot durch Crédit Agricole Indosuez und Lazard für Crédit Agricole Indosuez.
420 Viandier, OPA, OPE, n° 1077.

(„*Conseil des bourses de valeurs*") a.F. abzusichern[421]. Letztendlich bleibt somit die weitere Entwicklung diesbezüglich der AMF und der Rechtsprechung überlassen. Es ist folglich anzunehmen, dass eine Änderung dieser Praxis, wie so oft im französischen Übernahmerecht, erst dann erfolgt, wenn in der Praxis Problemfälle auftreten.

Festzuhalten bleibt, dass das Wertpapierdienstleistungsunternehmen nach französischem Übernahmerecht somit nicht nur eine ausreichende Finanzierung bestätigt, sondern weit mehr, nämlich den Bestand des Angebots an sich und die Einhaltung der Regelungen des Übernahmeverfahrens. Der Wertpapierdienstleister trägt demnach auch eine entscheidende Verantwortung im Rahmen des Angebotsverfahrens. Eine ausdrückliche Finanzierungsbestätigung ist folglich auf Grund der Ausfallhaftung des Wertpapierdienstleisters nicht erforderlich. Insoweit ist hier eine gewisse Disharmonie zum deutschen Recht zu verzeichnen.

I.4 Haftung des Wertpapierdienstleisters

Das deutsche Übernahmerecht kennt zwei Haftungstatbestände. Zum einen haftet das Wertpapierdienstleistungsunternehmen für die Vollständigkeit und Richtigkeit der Angebotsunterlagen nach § 12 WpÜG. Zum anderen haftet es auf Grund der ausgestellten Finanzierungsbestätigung anstelle des Bieters gemäß § 13 Absatz 2 WpÜG, wenn im Zeitpunkt der Fälligkeit die notwendigen Mittel auf Bieterseite nicht vorhanden sind bzw. nicht rechtzeitig zur Verfügung stehen. Beide Haftungstatbestände setzen ein Verschulden des Wertpapierdienstleistungsunternehmens voraus. Es handelt sich also gerade nicht um eine Garantiehaftung des Wertpapierdienstleisters[422]. Kann der Wertpapierdienstleister nachweisen, dass er die Fehlerhaftigkeit der Finanzierungsbestätigung nicht gekannt hat und diese Unkenntnis nicht auf grober Fahrlässigkeit beruht, scheidet seine Haftung aus. Schließlich ist erforderlich, dass das Nichtergreifen von Maßnahmen kausal für das Fehlen von Finanzmitteln hinsichtlich des Erwerbs der Aktien ist. Hierbei hat sich der Wertpapierdienstleister nicht auf den Zeitpunkt der Abgabe des Angebots zu fokussieren, sondern auf den Zeitpunkt der Fälligkeit des Anspruchs[423].

---

421 Paris, 1re ch., CBV, 24 juin 1991: Bull. Joly 1991, S. 806.

422 Süßmann in Geibel/Süßmann, WpÜG, § 13 Rn. 33; Berrar, ZBB 2002, 174, 179 spricht von einer „reinen Wissenserklärung"; Singhof/Weber, WM 2002, 1158, 1163: eine Garantie wäre (ähnlich wie im französischen Recht, siehe unten) nur dann zu bejahen, wenn die Finanzierungserklärung über eine „öffentliche Erklärung" die Wirkung einer Garantie hat; a.A. Oechsler, NZG 2001, 817, 826.

423 Süßmann in Geibel/Süßmann, WpÜG, § 13 Rn. 33.

Disharmonien in der Finanzierung eines Übernahmeangebots zum französischen Recht werden insbesondere in der Haftungsfrage des zwingend einzuschaltenden Wertpapierdienstleisters deutlich. Dies wird sowohl bei der Haftung gegenüber den geschädigten Aktionären auf Grund mangelhafter Finanzierung (Ziffer I.1.3.1) als auch gegenüber dem Bieter (Ziffer I.1.3.2) deutlich.

I.4.1 Haftung gegenüber den Aktionären

Die Haftung des Wertpapierdienstleisters gegenüber den geschädigten Aktionären umfasst das positive Interesse der geschädigten Aktionäre und beruht letztendlich auf den kaufrechtlichen Vorschriften des BGB. Der Geschädigte ist also so zu stellen, wie er bei ordnungsgemäßer Erfüllung des Bieters stünde[424]. Hierbei sind im deutschen Rechtskreis auf Grundlage des allgemeinen Schadensrechts zwei Möglichkeiten diskutiert worden. Zum einen wird vertreten, dass der Wertpapierdienstleister die entsprechenden Aktien gegen Zahlung der versprochenen Vergütung (Angebotspreis) übernehmen müsse[425]. Zum anderen wurde gefordert, dass der Wertpapierdienstleister den Aktionären den Differenzbetrag zwischen dem Börsenpreis nach Scheitern des Übernahmeangebots und dem Angebotspreis zu erstatten habe[426]. Schließlich wird für ein Wahlrecht des Aktionärs zwischen beiden Varianten plädiert[427]. Durchaus denkbar scheint auch, dass in den Angebotsunterlagen des Bieters eine der beiden Varianten festgeschrieben ist[428].

Im französischen Übernahmerecht unterscheidet sich die Haftung des Wertpapierdienstleistungsunternehmens gegenüber Dritten, sprich gegenüber den anbietenden Aktionären, entscheidend vom deutschen Recht. Der eingeschaltete Wertpapierdienstleister haftet hier nicht aus kaufrechtlicher Pflichtverletzung des Bieters, sondern aus eigener Garantiehaftung. Nach Art. 231-13 RAMF „garantiert“ der Wertpapierdienstleister neben dem Bieter die Ernsthaftigkeit und Unwiderruflichkeit des Angebots und somit, wie oben gesehen, die Finanzierung. Hierdurch sollte vermieden werden, dass die das Angebot annehmenden Aktionäre den Nachweis für eine Pflichtverletzung und das Verschulden des Vertreters des Bieters erbringen müssen[429].

---

424 BT-Drucksache 14/7034, S. 44.
425 So Thaeter/Barth, NZG 2001, 545, 548.
426 So Süßmann in Geibel/Süßmann, WpÜG, § 13 Rn. 34.
427 Berrar, ZBB 2002, 174, 183.
428 Berrar, ZBB 2002, 174, 183 spricht sich dafür aus, dass das Wahlrecht in den Angebotsunterlagen eingeschränkt werden kann.
429 Comp. en matière de syndication, Paris, 3ème ch., 13 juill. 1983: Rev. Banque, déc. 1983, 1463.

Hierbei handelt es sich jedoch nicht um eine vertragliche Garantieübernahme, sondern um eine Art gesetzlich festgeschriebene Garantiehaftung in Verbindung mit einer Schuldübernahme[430]. In der Literatur wurde ferner von einer Bürgschaft („*cautionnement*“) des Wertpapierdienstleisters gesprochen[431]. Die herrschende Literatur verwirft jedoch diese Konstruktion, da der Wertpapierdienstleister gerade keine vertragliche Verpflichtung (Garantie) gegenüber den einzelnen Aktionären abgibt. Wird der Bieter von mehreren Finanzdienstleistern vertreten, haften diese gesamtschuldnerisch („*solidaire*“). Diesbezüglich bedurfte es jedoch eines Rückgriffs auf die im Handelsrecht einschlägige Vermutung der gesamtschuldnerischen Haftung, welche durch die Rechtsprechung eingeführt wurde[432]. Denn ausgehend vom allgemeinen Vertretungsrecht kann keine Gesamtschuldnerschaft zwischen Vertretern begründet werden; Art. 1995 Code civil. Die selbständige Garantiehaftung des Wertpapierdienstleisters im französischen Recht weicht demzufolge erheblich von den deutschen Haftungsregelungen ab.

Der Umfang der Haftung des Wertpapierdienstleisters im französischen Übernahmerecht ist weitgehend, begrenzt jedoch auf den unwiderruflichen Charakter des Angebots des Bieters und dessen Verpflichtungen. So haftet der Vertreter des Bieters beispielsweise, wenn dieser außerhalb der zulässigen Fälle Abstand von seinem Angebot nimmt bzw. wenn dieser nicht in der Lage ist, seine Verpflichtungen zu erfüllen; insbesondere den angebotenen Preis zu zahlen. In solch einem Fall tritt der Wertpapierdienstleister an die Stelle des Bieters und wird so behandelt als würde er ein eigenes Angebot abgeben. Der Ausfall des vertretenen Bieters führt demnach dazu, dass der Vertreter (Wertpapierdienstleister) als Schuldner im Rahmen des Übernahmeangebots behandelt wird[433]. Es stellt sich im französischen Recht somit nicht die Frage, ob das Wertpapierdienstleistungsunternehmen die Aktien anstelle des Bieters übernehmen muss oder aber ob den Aktionären der Differenzbetrag zwischen Angebotspreis und Wert der Aktie ausbezahlt wird. Haftungsfolge ist stets die erste Variante; also die Übernahme der Aktien durch den Wertpapierdienstleister.
Anzumerken ist hier jedoch, dass die Haftung den Wertpapierdienstleister ausschließlich finanziell belasten kann. Das Wertpapierdienstleistungsunternehmen hat folglich im Falle eines Tauschangebots nicht etwa Aktien aufzulegen, die Teil des Angebots des Bieters waren. Hier wären also entsprechende Geldmittel einzusetzen[434].

---

430 Viandier, OPA, OPE, n° 1087.

431 Bézard, S. 65.

432 Cass. Civ., 18. juill. 1929: DH 1929, 556.

433 Viandier, OPA, OPE, n° 1089.

434 Bonneau/Faugérolas, Les offres publiques, n° 203, n° 264.

I.4.2 Haftung gegenüber dem Bieter

Anknüpfungspunkt der Haftung gegenüber dem Bieter in Frankreich sind die allgemeinen zivilrechtlichen Regelungen des Vertretungsrechts. Demzufolge haftet das Wertpapierdienstleistungsunternehmen, wenn es in seiner Eigenschaft als Vertreter des Bieters seine Pflichten entsprechend Art. 1991 ff. Code civil verletzt. Der Vertreter des Bieters haftet somit beispielsweise nach Art. 1992 Code civil, wenn er im Rahmen des Angebotsverfahrens eine Frist versäumt.

Problematisch wird jedoch oft sein, den tatsächlichen Schaden des Bieters zu ermitteln, da im Zeitpunkt der Pflichtverletzung des Wertpapierdienstleisters das Angebotsverfahren noch nicht beendet sein wird bzw. unter Umständen noch gar nicht begonnen hat. Es handelt sich dann somit nur um einen Verlust einer Erwerbschance[435]. Im Zweifel kann jedoch der Bieter neben der allgemeinen zivilrechtlichen Vertreterhaftung auch auf die vertragliche Beraterhaftung des Wertpapierdienstleisters zurückgreifen. Diesbezüglich hat die französische Rechtsprechung entschieden, dass der Wertpapierdienstleister allein zum Tätigwerden („*obligation de moyen*") verpflichtet ist und nicht etwa einen Erfolg schuldet[436]. Der Bieter ist somit beweispflichtig, wenn er gegen den Wertpapierdienstleister vorgehen will. Ein Rückgriff wird in der Praxis ferner durch die weit reichenden Haftungsbeschränkungen im Rahmen der Bevollmächtigung zugunsten des Wertpapierdienstleisters erschwert[437].

Im deutschen Recht fällt die Haftung aus zivilrechtlichem Vertretungsrecht weg, da der Wertpapierdienstleister nicht Vertreter des Bieters ist. Eine Haftung des Wertpapierdienstleistungsunternehmens kann sich somit allein aus dem Beratervertrag ergeben[438]. Diese Disharmonie in der Haftung beruht folglich auf den unterschiedlichen Aufgaben und Pflichten des Wertpapierdienstleisters in Deutschland und Frankreich im Rahmen des Übernahmeangebots.

I.5 Unabhängigkeit des Wertpapierdienstleistungsunternehmens

§ 13 Absatz 1 Satz 2 WpÜG fordert, dass die Finanzierungsbestätigung von einem „unabhängigen" Wertpapierdienstleistungsunternehmen auszustellen ist. Das Merkmal der Unabhängigkeit wird hingegen nicht definiert. Es soll erfüllt sein, wenn zwischen Bieter und Wertpapierdienstleistungsunternehmen keinerlei gesellschaftsrechtliche Bindung besteht, auf Grund derer der Bieter Einfluss beim Dienstleister nehmen könnte und umgekehrt Gefälligkeitsbe-

---

435 Viandier, OPA, OPE, n° 1083.
436 Cass. Com. 3 octobre 1995, RJDA 1996, n° 91.
437 Dico. Joly Bourse, n° 230.
438 Hierzu: Berrar, ZBB 2002, 174, 184, 185.

scheinigungen durch Letzteren ausgestellt werden[439]. Der Bieter unterliegt somit der Pflicht, einen Wertpapierdienstleister auszuwählen, welcher weder direkten Einfluss auf die eigene Gesellschaft noch auf die Zielgesellschaft besitzt, noch darf der Bieter selbst einen Einfluss auf die Finanzierungsbestätigung des Wertpapierdienstleisters haben. Die Anforderungen an die Auswahl des bestätigenden Dienstleisters wäre folglich vergleichbar mit denen bei der Auswahl eines Abschlussprüfers nach § 319 Absatz 2 und 3 HGB. Dagegen ist es nicht hinderlich, wenn das bestätigende Institut den Bieter bei der Vorbereitung oder der Durchführung des Angebots berät, mit dem Bieter in Geschäftsbeziehung steht oder die Übernahme finanziert[440]. Geschäftlicher Kontakt ist also stets unbedenklich.

Interessenkonflikte können jedoch beispielsweise dadurch entstehen, dass Vertreter des Dienstleisters Mitglied im Aufsichtsrat der Bietergesellschaft (Ziffer I.5.1) bzw. der Zielgesellschaft (Ziffer I.5.2) sind. Gespalten ist die deutsche Rechtsliteratur insbesondere im Falle der Mitgliedschaft eines Vorstandes oder eines leitenden Angestellten des bestätigenden Bankinstituts im Aufsichtsrat der Zielgesellschaft[441].

Letztendlich ist die Unabhängigkeit des Dienstleisters im Rahmen der Finanzierung des Angebots einzelfallbedingt. Auch die deutsche Diskussion zeigt, dass der Begriff der Unabhängigkeit des Dienstleisters im Übernahmeverfahren nicht einheitlich zu definieren ist. Dies erscheint jedoch nicht weiter tragisch. Die französische Übernahmepraxis zeigt (wie so oft), dass starre Definitionen eher hinderlich sind. Sind die Aufsichtsbehörden zur Auslegung eines Begriffs befugt, sollte dies auch in Anspruch genommen werden. Eine größere Flexibilität ist hierdurch garantiert.

Anzumerken ist, dass die Diskussion hinsichtlich der Problematik der Unabhängigkeit des Wertpapierdienstleisters im französischen Recht weitaus weniger präsent ist als in der deutschen Literatur. Selbstverständlich besteht auch im französischen Übernahmerecht der Grundsatz der Unabhängigkeit des Wertpapierdienstleistungsunternehmens. Zum einen ist es einem unterschriftsberechtigten Angestellten eines Kreditunternehmens auf Grund Art. 17 des Décret n° 84-708 vom 24. Juli 1984 nur unter ausdrücklicher Zustimmung der Geschäftsleitung erlaubt, eine Aufsichts-, Verwaltungsrats- oder Vorstandsfunk-

439 Süßmann in Geibel/Süßmann, WpÜG, § 13 Rn. 27; Steinmeyer/Häger, WpÜG, § 13 Rn. 7; Oechsler in Ehricke/Ekkenga/Oechsler, WpÜG, § 13 Rn. 6.

440 Steinmeyer/Häger, WpÜG, § 13 Rn. 7; Singhof/Weber, WM 2002, 1158, 1160; Oechsler in Ehricke/Ekkenga/Oechsler, WpÜG, § 13 Rn. 6.

441 Semler/Stengel, NZG 2003, 1, 7 f.; Oechsler, NZG 2001, 817, 824; Herkenroth, AG 2001, 33 ff.

tion in einer Gesellschaft auszuüben[442]. Dies verhindert zwar eine Verflechtung in den Führungsetagen der Unternehmen nicht, verringert sie jedoch aber zumindest. Zum anderen kann sich, wie oben gesehen[443], das Wertpapierdienstleistungsunternehmens im Rahmen eines Übernahmeangebots sogar selbst vertreten und somit also auch selbst die Finanzierung des Angebots sichern. Es überrascht deshalb nicht, dass es an einer entsprechenden Diskussion in Frankreich fehlt. Hierzu kommt, dass im französischen Übernahmerecht der Wertpapierdienstleister als ein Berater und Wegbegleiter des Bieters im Rahmen des Angebotsverfahrens angesehen wird. Selbst eine enge gesellschaftsrechtliche Bindung zwischen Wertpapierdienstleister und Bieter wird zumindest bis heute von der Aufsichtsbehörde als unschädlich betrachtet. Beispielweise hat die frühere Aufsichtsbehörde COB im Rahmen einer freundlichen Übernahme keine Abhängigkeit der die Zielgesellschaft beratenden Bank gesehen, obwohl diese bereits in Geschäftsbeziehungen mit dem Bieter stand[444]. Allein *Viandier* erlaubt sich, die Unabhängigkeit im Falle der „Selbstvertretung“ des Bieters anzuzweifeln[445].

Die nachfolgend unter den Ziffern I.5.1. und I.5.2. zu diskutierenden Problematiken beschränken sich somit auf eine rein deutsche Betrachtung.

I.5.1 Mitgliedschaft im Aufsichtsrat des Bieters

Nur wenige Autoren befassen sich mit der Konstellation, dass ein Vertreter des die Finanzierung bestätigenden Unternehmens ein Mandat im Aufsichtsrat des Bieters wahrnimmt. Dieser Fall wird indes in der Praxis nicht selten vorkommen[446]. Zum Teil wird dieser Umstand als unbedenklich in Bezug auf § 13 Absatz 1 Satz 2 WpÜG angesehen[447]. Andere sehen hingegen eine Interessenkollision, stellen aber die Unabhängigkeit des bestätigenden Bankinstituts nicht in Frage[448].

Sicherlich ist nicht abzustreiten, dass das Aufsichtsratsmitglied, welches an der Zustimmung zur Übernahme in der Bietergesellschaft mitwirkt[449], eine gewisse

442 Hierzu: Lamy Sociétés Commerciales 2006, n° 610.

443 Siehe Kapitel 4 Ziffer I.3.

444 Paris, 19 oct. 1999, COB c/Aimard, affaire Primagaz: Bull. Joly Bourse 2000, § 35, 162, note Daigre.

445 Viandier, OPA, OPE, n° 1077.

446 Nach Schätzung von Lutter wurden Vorstände deutscher Banken in den 90er Jahren in etwa der Hälfte der 100 größten deutschen Unternehmen vertreten: NJW 1995, 2766.

447 Singhof/Weber, WM 2002, 1158, 1160.

448 Süßmann in Geibel/Süßmann, WpÜG, § 13 Rn. 30.

449 Zwar ist für die Angebotsentscheidung der Vorstand zuständig. In der Praxis kommt es aber nicht selten vor, dass der Aufsichtsrat hierzu angerufen wird.

Einflussmöglichkeit bezüglich der Entscheidung über die Erteilung der Finanzierungsbestätigung hat. Stimmt das Mitglied im Aufsichtsrat des Bieters für eine Übernahme, wird es auch als Vorstandsmitglied der bestätigenden Bank für die Erteilung einer Finanzierungsbestätigung plädieren. Auch wenn die Entscheidung über die Erteilung der Finanzierungsbestätigung bei einem mehrgliedrigen Vorstand gemäß § 77 Absatz 1 Satz AktG nicht alleine gefällt wird, so wird sie doch beeinflusst. Sind nun die Vorstandskollegen gegen die Erteilung einer Finanzierungsbestätigung, so eröffnet sich ein Interessenkonflikt. Ob diese Pflichtenkollision jedoch ausreicht, um die Unabhängigkeit des Wertpapierdienstleistungsunternehmens anzuzweifeln, ist hingegen zu verneinen. *Singhof/Weber*[450] sind der Ansicht, dass in diesem Fall die bereits oben erwähnte gesellschaftsrechtliche Verbindung fehle. *Süßmann*[451] schlägt dagegen vor, dass sich das Aufsichtsratsmitglied bei der Entscheidung über die Finanzierungsbestätigung enthalten sollte. Dies entspricht dem Lösungsvorschlag für den umgekehrten Fall, also im Falle einer Mitgliedschaft des Bankenvertreters im Aufsichtsrat der Zielgesellschaft[452].

Das Problem eines Interessenkonflikts löst sich jedoch bereits durch die Haftungsnorm des § 13 Absatz 2 WpÜG von selbst. Auch wenn das Aufsichtsratsmitglied ein Übernahmeangebot der Bietergesellschaft an sich befürwortet, hat es nach pflichtgemäßer Sorgfalt im Rahmen des § 93 Absatz 1 Satz 1 AktG in seiner Funktion als Vorstand des Kreditunternehmens bei Finanzierungsproblemen auf Seiten des Bieters gegen die Erteilung einer Finanzierungsbestätigung zu stimmen. Ansonsten macht es sich selbst gemäß § 93 Absatz 2 AktG gegenüber dem Dienstleister schadensersatzpflichtig. Auf Grund des weit reichenden Haftungsrisikos des bestätigenden Unternehmens nach § 13 Absatz 2 WpÜG sollte sich der Einfluss eines Aufsichtsratsmitglieds der Bietergesellschaft bei der Entscheidung über die Gewährung der Finanzierungsbestätigung als eher gering erweisen. Ob dies die Praxis bestätigt, ist hingegen fraglich.

Grundsätzlich hat das bestätigende Unternehmen die finanzielle Lage des Bieters vorher umfassend zu überprüfen[453]. Wird dies – womöglich durch Zutun des Aufsichtsratsmitglieds – versäumt bzw. vorsätzlich unterlassen, kann die Haftung nach § 13 Absatz 2 WpÜG nur gerecht sein.

---

450 Singhof/Weber, WM 2002, 1158, 1160.
451 Süßmann in Geibel/Süßmann, WpÜG, § 13 Rn. 30.
452 Oechsler, NZG 2001, 817, 824.
453 Hierzu: Singhof/Weber, WM 2002, 1158, 1162 ff.

I.5.2 Mitgliedschaft im Aufsichtsrat der Zielgesellschaft

Problematisch erscheint jedoch der Fall, dass Vertreter des Dienstleisters eine Mitgliedschaft im Aufsichtsrat der Zielgesellschaft innehaben[454]. Der Interessenkonflikt ist hier eindeutig. Das bestätigende Finanzunternehmen, bei dem das Aufsichtsratsmitglied eine leitende Funktion wahrnimmt, wird in der Regel ein Interesse an einem Gelingen der Übernahme durch den Bieter haben. Stellt sich dagegen der Vorstand der Zielgesellschaft gegen die Übernahme, befindet sich das Aufsichtsratsmitglied, das gleichzeitig über die Finanzierungsbestätigung des Bieters entscheiden soll, in einem Interessen-konflikt. Für ihn stellt sich dann die Frage, ob er durch eine Zustimmung bei der Entscheidung über die Ausstellung der Bestätigung den Bieter mittelbar bei seiner geplanten Übernahme unterstützen soll, oder aber im Rahmen seiner Aufsichtsratstätigkeit Maßnahmen des Vorstands der Zielgesellschaft gegen eine Übernahme absegnet. Es ist sodann zu befürchten, dass das Aufsichtsratsmitglied nicht mehr in der Lage ist, seine Tätigkeit in der Zielgesellschaft pflichtgemäß und unabhängig zu erfüllen.

Herkenroth[455] stellt in seinem Artikel mehrere Lösungsmöglichkeiten für diesen Konflikt dar. Die Lösungsvorschläge reichen von Inkompatibilität der beiden Tätigkeiten über Stimmverbot bzw. Stimmenthaltung bis zur Amtsniederlegung oder Abberufung des Aufsichtsratsmitglieds. Eine profunde Darstellung sämtlicher Vorschläge würde hier jedoch den Rahmen sprengen, so dass lediglich einige Lösungsansätze angesprochen werden sollen. *Herkenroth* selbst stellt keinen eigenen Lösungsweg vor, sondern umgeht die Problematik elegant, in dem er für eine Selbstregulierung des Marktes plädiert[456]. Seiner Ansicht nach löse sich das Problem von selbst, wenn die Banken und Versicherungen ihr Engagement in Nichtbanken verringern.
Interessant erscheint aber auch der Blick auf die Corporate Governance Grundsätze, die im Abschnitt 5 des Kodex (DCGK) die Aufgaben und Pflichten des Aufsichtsrats regeln. Der Kodex[457] spricht insbesondere auch den Fall einer Übernahme an. Demnach haben Vorstand und Aufsichtsrat der Zielgesellschaft im Falle eines Übernahmeangebots gemäß Punkt 3.7 eine Stellungnahme abzugeben, was nochmals den Interessenkonflikt des Aufsichtsratsmitglieds, das gleichzeitig eine leitende Funktion bei der bieterbegleitenden Bank innehat, aufzeigt. Interessenkonflikte des Aufsichtsratsmitglieds werden ausdrücklich in

---

454 Hierzu: Semler/Stengel, NZG 2003, 1, 7 f.; Oechsler, NZG 2001, 817, 824; Herkenroth, AG 2001, 33 ff.

455 Herkenroth, AG 2001, 33 ff.

456 Herkenroth, AG 2001, 33, 40.

457 In der Fassung vom 12. Juni 2006; veröffentlicht unter www.corporate-governance-code.de.

Punkt 5.5 des Kodex angesprochen[458]. Nach Punkt 5.5.3 soll das Aufsichtsratsmitglied bei länger andauernden Interessenkonflikten sein Aufsichtsratsmandat niederlegen[459].

Ob jedoch das Vorliegen eines Übernahmeangebots als länger andauernder Interessenkonflikt anzusehen ist, bleibt fraglich. Vielmehr wäre von einer vorübergehenden Interessenkollision zu sprechen, denn regelmäßig dauert eine Übernahme nach Veröffentlichung der Angebotsunterlagen lediglich mehrere Wochen, was nach der hier vertretenden Ansicht kein Interessenkonflikt von Dauer darstellt. Eine Pflicht zur Niederlegung des Aufsichtsratsmandats wäre hier wohl nicht verhältnismäßig. Indes wäre eher an ein Stimmverbot bzw. an eine Stimmenthaltung zu denken. Die Stimmrechtsenthaltung bei Interessenkonflikten des Aufsichtsratsmitglieds war auch in einer älteren Fassung des Kodex vorgesehen[460].

Nach Ansicht *Oechslers*[461] sollten indes solche Interessenkonflikte nach dem Vorbild des englischen Übernahmerechts (Rule 3.3 des City Codes) dadurch verhindert werden, dass der Gesetzgeber eine Regelung schafft, die es den Wertpapierdienstleistungsunternehmen untersagt, eine Finanzierungsbestätigung auszustellen, wenn ein Vorstandsmitglied gleichzeitig im Aufsichtsrat der Zielgesellschaft sitzt. Ein Stimmrechtsverbot sei hingegen kein Ersatz für den Mangel an Motivation, sich aktiv für die Belange der Zielgesellschaft einzusetzen. Allein eine Abstandspflicht des Finanziers vermeide die Interessenkollision.

Ob letztendlich eine Stimmenenthaltung, ein Stimmrechtsverbot oder sogar eine Mandatsniederlegung vorzuziehen ist, soll hier nicht entschieden werden, da diese Frage nicht den Bieter und somit das Übernahmerecht, sondern das Dienstleistungsunternehmen und folglich das Gesellschaftsrecht betrifft. Vielmehr ist zu fragen, ob der Bieter im Falle einer derartigen Konstellation verpflichtet ist, ein anderes Dienstleistungsunternehmen zu beauftragen. Sinn und Zweck des Unabhängigkeitsmerkmals des § 13 Absatz 1 Satz 2 WpÜG ist laut Gesetzesbegründung jedoch nur die Verhinderung von Gefälligkeitsbescheinigungen[462]. Die Vermeidung von Interessenkollisionen ist indes nicht

---

458 Hierzu: Peltzer, Deutsche Corporate Governance, S. 93 ff.

459 A.A. Semler/Stengel, NZG 2003, 1, 7 f. Eine Niederlegung eines Amtes sei hiernach insbesondere bei Einzelfällen lebensfremd. Vielmehr wird ein Fernbleiben von den jeweiligen Sitzungen für ausreichend gehalten.

460 Schneider/Strenger, AG 2000, 106, 113 unter 4.b) Fassung Januar 2000.

461 Oechsler, NZG 2001, 817, 824.

462 BT-Drucksache 14/7034, S. 44.

erwähnt[463]. Eine Pflicht des Bieters zum Wechsel des Dienstleisters im Falle von Interessenkonflikten lässt sich demzufolge nicht aus § 13 Absatz 1 Satz 2 WpÜG herauslesen. Dies käme einer Nachforschungspflicht des Bieters über die jeweiligen gesellschaftsrechtlichen Verbindungen des bestätigenden Unternehmens gleich. Zwar können derartige Konflikte durchaus vorkommen bzw. sind diese auch in der Öffentlichkeit bekannt[464]. Gleichwohl hat derartige Konflikte nicht der Bieter zu lösen. Vielmehr ist es Aufgabe des Dienstleisters, sich von eventuell bestehenden Interessenkonflikten freizumachen. Schließlich besteht auch die Möglichkeit eines Eingriffs der BAFin nach § 4 Absatz 1 WpÜG.

I.6 Finanzierungsbestätigung beim Tauschangebot

Im französischen Übernahmerecht ergeben sich – wie bereits oben erwähnt - beim Bar-, Tausch- oder Mischangebot keine Unterschiede hinsichtlich der Einschaltung eines Wertpapierdienstleistungsunternehmens. Eine Einschaltung ist hingegen nur im Rahmen des „vereinfachten Verfahrens" („*procédure simplifiée*") entbehrlich.

Im deutschen Übernahmerecht wird hingegen hinsichtlich der Einschaltung eines Wertpapierdienstleistungsunternehmens zwischen Barangebot und Tauschangebot unterschieden. § 13 Absatz 1 Satz 2 WpÜG ist so zu verstehen, dass beim Tauschangebot keine Finanzierungsbestätigung erforderlich ist[465]. Dies mag verwundern, da § 13 Absatz 1 Satz 1 WpÜG den Bieter natürlich auch bei Tausch- bzw. Mischangeboten verpflichtet, eine fundierte Finanzierung des Angebots zu gewährleisten. Die Entbehrlichkeit der Finanzierungsbestätigung bei Tauschangeboten und folglich die im Vergleich zum französischen Recht damit auftretende Disharmonie ist letztendlich auf rechtspolitische Gründe zurückzuführen[466].

II. Finanzierungsarten

Dem Bieter eröffnen sich mehrere Möglichkeiten, die Übernahme einer Zielgesellschaft zu finanzieren. Ausgangspunkt ist dabei die Frage, ob er ausreichende Eigenmittel besitzt oder ob die Akquisition (zumindest teilweise) fremdfinanziert werden muss. Da liquide Mittel in der Regel aber in dem

463 Singhof/Weber, WM 2002, 1158, 1160.
464 Herkenroth, AG 2001, 33 ff.
465 So Handelsrechtsausschuss des Deutschen Anwaltsvereins, NZG 2001, 420, 424.
466 Vgl. Berrar, ZBB 2002, 174, 176; Singhof/Weber, WM 2002, 1158, 1159 FN 9; Handelsrechtsausschuss des Deutschen Anwaltsvereins, NZG 2001, 420, 424.

erforderlichen Ausmaß nicht vorhanden sind, ist bei der Eigenfinanzierung insbesondere an das „genehmigte Kapital“ (Ziffer I.2.1.) und an die Kapitalerhöhung (Ziffer I.2.2.) zu denken. Die meisten Übernahmen dürften jedoch fremdfinanziert sein. Im Rahmen der Fremdfinanzierung soll insbesondere das Institut des Leveraged-Buy-Out (LBO) hervorgehoben werden (Ziffer I.2.3.). Die Aufnahme von Darlehen soll hier nicht weiter interessieren.

II.1 Finanzierung durch „genehmigtes Kapital“

Oftmals wird der Bieter über ein noch nicht in Anspruch genommenes genehmigtes Kapital im Sinne der §§ 202 bis 206 AktG verfügen, welches er dann zur Ausgabe neuer Aktien als Gegenleistung verwenden kann[467]. Die entsprechenden Vorschriften im französischen Recht sind die Art. L. 225-129 Absatz 3 und Art. L. 225-136 Code de commerce.

Das genehmigte Kapital sollte aus zeitlichen Gesichtspunkten und auf Grund der umständlichen Umsetzung der Kapitalerhöhung den Kapitalgesellschaften die Möglichkeit eröffnen, einen absehbaren spontanen Kapitalbedarf durch Ausgabe junger Aktien decken zu können[468]. Voraussetzung ist, dass die Satzung den Vorstand nach § 202 AktG für höchstens fünf Jahre ermächtigt, das Grundkapital für einen bestimmten Betrag durch Ausgabe neuer Aktien gegen Einlage zu erhöhen[469]. Ein weiterer Vorteil ist ferner, dass hier im Gegensatz zur bedingten Kapitalerhöhung nicht bekannt gegeben werden muss, dass eine bestimmte Übernahme eines anderen Unternehmens beabsichtigt wird. Der Nennbetrag des genehmigten Kapitals darf gleichwohl nicht die Hälfte des Grundkapitals übersteigen. Ferner dürfen die neuen Aktien nur mit Zustimmung des Aufsichtsrats ausgegeben werden; § 202 Absatz 3 Satz 2 AktG.

Das genehmigte Kapital ist sicherlich eine denkbare Gangart für die Finanzierung einer Übernahme. Ferner ist die summenmäßige und zeitliche Begrenzung kein echter Nachteil, da grundsätzlich in jeder Hauptversammlung ein neues bzw. weiteres genehmigtes Kapital beschlossen werden kann. Auch wird die Abhängigkeit von der Zustimmung des Aufsichtsrates kaum ein Hindernis darstellen.

In der Praxis stellt das genehmigte Kapital für Übernahmen weiterhin eine oft gewählte Finanzierungsvariante dar. Entscheidet sich der Bieter für ein Tauschangebot, indem er als Gegenleistung eigene Aktien erbringt, bietet sich

467 Süßmann in Geibel/Süßmann, WpÜG.§ 13 Rn. 5.
468 Hierzu bereits Assmann/Bozenhardt, Übernahmeangebote, ZGR Sonderheft 9, 1990, S. 59.
469 Schmidt, Gesellschaftsrecht, § 29 III, S. 901.

das genehmigte Kapital als Finanzierungsmittel besonders an. Insbesondere in Frankreich und immer mehr auch in Deutschland kommt es vor, dass der Bieter sein Übernahmeangebot in Form des Aktientauschs finanziert. Im Hinblick auf den Titel dieser Arbeit kann folglich von einer Disharmonie zwischen deutschem und französischem Recht allenfalls bezüglich der Häufigkeit der Anwendung dieser Finanzierungsmethode gesprochen werden. In Frankreich dürfte allein von der Anzahl der jährlich zu verzeichnenden Übernahmen das genehmigte Kapital als Finanzierungsmittel öfters vorzufinden sein. Dies gilt nicht nur bei Übernahmen von börsennotierten Gesellschaften. Demzufolge beschließen immer mehr Gesellschaften in ihrer Hauptversammlung ein genehmigtes Kapital, ohne sich auf eine bestimmte Akquisition festlegen zu müssen. Voraussetzung ist jedoch, dass der Bieter das Bezugsrecht der Altaktionäre ausschließt, um so den Aktionären der Zielgesellschaft die eigenen Aktien anbieten zu können. Wichtig ist jedoch, dass bei Beschlussfassung des genehmigten Kapitals in der Hauptversammlung die formellen Begründungsvoraussetzungen vorliegen. Dies gilt vor allem für den Bezugsrechtsausschluss nach § 203 Absatz 1 bzw. 2 AktG. Hier ist insbesondere die SIEMENS/NOLD Entscheidung des BGH[470] aus dem Jahre 1997 von großer Bedeutung. Die Rechtsprechung des BGH führte zu einer Lockerung der Berichtspflicht des Vorstandes über die Gründe für den Bezugsrechtsausschluss (§ 186 Absatz 4 Satz 2 AktG).

Eine weitere Möglichkeit, die ebenfalls in den Rahmen der Emittierung neuer Aktien fällt, ist die Finanzierung des Angebots durch Ausgabe von Anteilen einer eigens für die Transaktion geschaffenen neuen Gesellschaft. Diese Finanzierungsform wurde beispielsweise im Fall DAIMLER-CHRYSLER gewählt[471].

II.2 Finanzierung durch Kapitalerhöhung

Unklarheit herrscht jedoch, wenn der Bieter nicht über eine ausreichende Menge eigener Aktien zum Umtausch verfügt und auch kein ausreichendes genehmigtes Kapital vorweisen kann[472]. Er ist dann ggf. gezwungen, eine klassische Kapitalerhöhung durchzuführen. Es wird sich hierbei in der Regel um eine bedingte Kapitalerhöhung handeln. Die bedingte Kapitalerhöhung ist nur für bestimmte Zwecke – hier Finanzierung der Übernahme – zulässig; § 192 AktG.

---

470 BGHZ 136, 133, 139 f.= NJW 1997, 2813; Bungert, NJW 1998, 488 ff.

471 Dieser Zusammenschluss wird dargestellt bei Thoma/Reuter, M&A 1999, 314.

472 So auch der Handelsrechtsausschuss des Deutschen Anwaltsvereins, NZG 2001, 1003, 1004.

Trotz der Häufigkeit von Kapitalerhöhungen in der Praxis wird dieses Institut zum Zwecke der Finanzierung einer Unternehmensakquisition im Rahmen des WpÜG wohl in der Regel teils aus rechtlichen, teils aus praktischen Gründen nicht in Betracht kommen. Zwar ist die bedingte Kapitalerhöhung im Gegensatz zur ordentlichen Kapitalerhöhung vereinfacht durchzuführen, sie wird jedoch häufig aus Zeitgründen ausscheiden müssen. Die vierwöchige Frist des § 14 Absatz 1 Satz 1 WpÜG macht es dem Bieter so gut wie unmöglich, eine Kapitalerhöhung in diesem Zeitraum durchzuführen. Zwar kann die Frist zur Übermittlung der Angebotsunterlagen gemäß § 14 Absatz 1 Satz 3 WpÜG bei erforderlichen Kapitalmaßnahmen um vier Wochen verlängert werden. Der Gesetzgeber ging aber davon aus, dass ein notwendiger Kapitalerhöhungsbeschluss dann bereits vor Veröffentlichung des Angebots herbeigeführt wurde[473]. Um nicht eine Ablehnung des Angebots durch die BAFin zu riskieren, müsste der Bieter also sicherstellen, dass die benötigten Hauptversammlungsbeschlüsse vor Angebotsabgabe vorliegen. Ansonsten wäre er wohl gezwungen, sein Angebot gemäß § 21 Absatz 1 Nr. 2 WpÜG in ein Barangebot abzuändern, mit der Konsequenz, dass wiederum die Voraussetzungen des § 13 Absatz 1 Satz 2 WpÜG erfüllt sein müssen. Ein vorheriger Hauptversammlungsbeschluss wäre hingegen nur über das Instrument des genehmigten Kapitals möglich.

In Frankreich wurde mit dem Art. L. 225-148 Code commerce für die Fälle einer Übernahme in Form eines Tauschangebots ein vereinfachtes Verfahren der Kapitalerhöhung durch das Gesetz n° 94-679 vom 8. August 1994 eingeführt, welches die Kapitalerhöhung erleichtert. Hiernach sind die Regelungen des Verfahrens bei der ordentlichen Kapitalerhöhung nach Art. L. 225-147 Code de commerce nicht anwendbar, wenn es sich um eine Kapitalerhöhung einer Gesellschaft handelt, deren Aktien an einem geregelten Markt gehandelt werden und die zu emittierenden Aktien zum Tausch im Rahmen eines Übernahmeangebots verwendet werden sollen. Die Kapitalerhöhung erfolgt dann nach der Vorschrift des Art. L. 225-129 Code de commerce, wobei die Abschlussprüfer hinsichtlich der Voraussetzungen und Folgen der Kapitalerhöhung äußern müssen[474]. Der französische Gesetzgeber hat somit eine Brücke zwischen Gesellschaftsrecht und Übernahmerecht geschlagen, so dass im französischen Recht grundsätzlich eine Kapitalerhöhung zur Finanzierung einer bereits bestimmten Übernahme durchaus in Frage kommt. Das französische Kapitalerhöhungsverfahren im Falle des Tauschangebots führt somit zu einer gewissen Disharmonie mit dem deutschen Recht.

473 Süßmann in Geibel/Süßmann, WpÜG, § 13 Rn. 5.
474 Lamy, Sociétés Commerciales 2006, n° 3839.

II.3 Finanzierung durch „Leveraged-Buy-Out" (LBO)

Trotz der unstreitig vorhandenen Vorteile eines genehmigten Kapitals dürften jedoch die meisten Unternehmensübernahmen zumindest teilweise fremdfinanziert sein. Neben der klassischen Kreditaufnahme, die hier nicht weiter interessieren soll, hat sich insbesondere das Institut des Leveraged-Buy-Out etabliert[475].

Auch in Deutschland erfolgen Unternehmenskäufe immer häufiger mit Hilfe dieser Buy-Out-Technik. Die praktische Relevanz ist folglich besonders groß. Vereinfacht dargestellt, werden hierbei die erforderlichen Kreditmittel von Kreditinstituten oder Investmentbanken bereitgestellt und durch das Vermögen der zu erwerbenden Zielgesellschaft besichert[476]. Die Übernahme wird folglich fremdfinanziert. Ziel ist es, möglichst wenig Eigenkapital für den Unternehmenskauf einzusetzen und die Lasten der Finanzierung der Zielgesellschaft aufzuerlegen. Gleichzeitig ist eine Finanzierung durch LBO auch steuerlich von Interesse. Die Tilgung der erhaltenen Darlehen erfolgt dann aus dem *„cash-flow"* des erworbenen Unternehmens. Der eingesetzte Kaufpreis soll somit rasch aus der Substanz der Zielgesellschaft zurückfließen[477]. Besonders geeignet sind somit Unternehmen mit stillen Reserven, Gesellschaften mit großem Grundbesitz und vor allem Holdings. Ist die Gesamtkapitalrendite höher als die Zinsen auf das Fremdkapital, ergibt sich der erstrebte *„Leverage Effect"* (im Französischen: *„Effet de levier"*). Ein Scheitern des LBO ist dagegen anzunehmen, wenn statt des erwarteten Gewinns vom erworbenen Unternehmen Verluste erwirtschaftet werden[478]. Der gewünschte *„Leverage Effect"* kann aber auch dann ausbleiben, wenn die Zielgesellschaft zu schnell expandiert und folglich unvorhergesehene finanzielle Mittel benötigt. Unter diesem Gesichtspunkt hat ein französischer Autor zusammengefasst, dass die am besten geeignete Zielgesellschaft zwar eine starke Position mit hoher Rentabilität auf einem stabilen Markt, jedoch geringe – zumindest auf kurzfristige Sicht – Investitionsbedürfnisse, und wenn möglich eine gesunde finanzielle Situation haben sollte[479].

---

475 In Frankreich wurden im Jahr 2005 insgesamt 192 LBO Finanzierungen registriert; siehe Les Echos vom 25. April 2006, S. 36.

476 Liebscher, ZIP 2001, 853, 855; Becker, DStR 1998, 1429 ff.; Oechsler in Ehricke/Ekkenga/Oechsler, WpÜG, § 13 Rn. 18 ff.; Jacomet/Matignon/Montet, Bulletin Joly 1990, S. 415, 416; Bertrel/Jeantin, Acquisitions et fusions des sociétés commerciales, S. 171.

477 Zu den betriebswirtschaftlichen Grundlagen des LBO siehe: Becker, DStR 1998, 1429 ff.

478 Holzapfel/Pöllath, Der Unternehmenskauf, S. 243.

479 M. Delfosse, Lamy, Sociétés Commerciales 2004, n° 863; Viandier, JCP 1990, I, 3476, n° 8.

Dem Bieter stehen mehrere Möglichkeiten offen, ein LBO durchzuführen. Eine grundlegende Bearbeitung der verschiedenen LBO Techniken würde vorliegend den Rahmen sprengen. Diesbezüglich soll auf die Spezialliteratur verwiesen werden[480]. Dennoch ist hier eine Auseinandersetzung mit den verschiedenen Anwendungsmöglichkeiten des LBO und deren rechtlichen Probleme auf Grund der Praxisrelevanz unumgänglich. Denn im Rahmen von öffentlichen Übernahmeangeboten sind die verschiedenen Anwendungsvarianten nur bedingt tauglich. Die einzelnen Finanzierungsarten sollen hier auf der Grundlage des Aufsatzes von *Becker*[481] zusammengefasst werden:

- Der Käufer kann den Kauf ohne drittfinanzierte Kredite durchführen. Hierbei trägt er an die Verkäufer Schuldscheine über den Kaufpreis bzw. über einen Teil heran. Die Zielgesellschaft bestätigt diese Schuldscheine bzw. verbürgt sich für den Kaufpreis. Die verkaufenden Gesellschafter erhalten insofern Sicherungsrechte an den Aktiva der eigenen Gesellschaft. Die Rückzahlung erfolgt dann über die Aktiva und Erträge der Zielgesellschaft. Diese Art von Finanzierung wird als internes Buy-Out bezeichnet[482].

- Die Finanzierung wird jedoch in den meisten Fällen durch einen Dritten erfolgen. Der Dritte, in der Regel eine Investmentbank, stellt dem Käufer die für die Übernahme erforderlichen Mittel zur Verfügung. Die Bank erhält vorerst vom Bieter ungesicherte Schuldscheine, die nach Erwerb der Zielgesellschaft von dieser bestätigt werden bzw. sich für die erhaltenen Kredite verbürgt. Diese Variante wird als externes Buy-Out bezeichnet[483].

- Die zumindest in Frankreich am häufigsten praktizierte Variante besteht darin, dass zur Durchführung des Buy-Outs eine neue Gesellschaft (Holding) errichtet wird, die zum Zweck des Erwerbs der Gesellschaftsanteile der Zielgesellschaft gegründet wird[484]. Die neu gegründete Gesellschaft erhält dann die Finanzierungsmittel von einem Dritten und erwirbt das Zielobjekt. Die Tilgung des Kredits erfolgt entweder direkt aus dem cash-flow der Zielgesellschaft oder durch Zahlung von Dividenden an die übernehmende Gesellschaft,

---

480 Holzapfel/Pöllath, Der Unternehmenskauf, S. 241 ff.; Kessel, Leveraged Buy-out der Aktiengesellschaft; Graebner, Die Auseinandersetzung um Leveraged Buyouts; Klass, Der Buy-Out von Aktiengesellschaften. In französischer Sprache: Bertrel/Jeantin, Acquisitions et fusions des sociétés commerciales, S. 171; Jacomet/Matignon/Montet, LBO : utilisation de l'effet de levier juridique et financier lors d'une acquisition, bull. Joly 1990, S. 415; Paillusseau/Lazarski/Caussain/Peyramaure, cession d'entreprise 1999, 51 ff.

481 Becker, DStR 1998, 1429, 1430.

482 Becker, DStR 1998, 1429, 1430; Lutter/Wahlers, AG 1989, 1, 3.

483 Becker, DStR 1998, 1429, 1430; Lutter/Wahlers, AG 1989, 1, 3.

484 Grund hierfür sind die gesellschaftlichen Einschränkungen hinsichtlich der Finanzierung in Form eines LBO. Siehe hierzu unten: Kapitel 2 Ziffer III.2.3.2.

die dann wiederum Zahlungen an die Bank leistet[485]. Danach erfolgt in der Regel eine Verschmelzung zwischen der neu gegründeten Gesellschaft und der Zielgesellschaft, wobei der Kreditgeber Sicherungsrechte an den Aktiva dieser Gesellschaft erhält. Alternativ zur Verschmelzung kann auch eine Vermögensübernahme nach erfolgter Anteilsübernahme durch die neu gegründete Gesellschaft stattfinden.

Die Fremdfinanzierung ist für den Bieter sicherlich eine durchaus komfortable Lösung. Andererseits beinhaltet sie eine Reihe von Risiken, die er nicht unterschätzen darf. Insbesondere eine hohe Verschuldung der Zielgesellschaft stellt ein Problem dar. Sollte die Finanzierung nicht aus den Aktiva und den Erträgen der Zielgesellschaft gelingen, kann dies zum Zusammenbruch des erworbenen Unternehmens führen.

Ein weiteres Risiko ist die Gefahr der Ausplünderung der Zielgesellschaft, dem so genannten „*asset stripping*“. Ist eine Rückzahlung des erhaltenen Kredits aus den Aktiva der Zielgesellschaft nicht möglich, wird der Erwerber bestimmte Vermögensgegenstände der Gesellschaft veräußern müssen, um so die Kredite zurückzahlen zu können. Gleichzeitig verliert dadurch die erworbene Gesellschaft dann aber an Wert. Diese Probleme treffen zwar streng genommen nur die Zielgesellschaft, so dass der Pflichtenkreis des Bieters eigentlich nicht betroffen ist. Der Vorstand des Bieters muss sich aber gegenüber dem eigenen Aufsichtsrat und der Hauptversammlung für eine gescheiterte Akquisition rechtfertigen. Derartige Fehleinschätzungen bzw. Fehlinvestitionen mit finanziellen Einbußen für die Bietergesellschaft führen dann oftmals zur Entlassung des Vorstandes. Verfolgt der Bietervorstand also nicht von vornherein eine Strategie der Ausplünderung der Zielgesellschaft, so gehört es zu seinem Pflichtenkreis, die Finanzierung und die Rückzahlung des Kredits äußerst genau zu planen.

II.3.1 Einschränkungen durch die §§ 57 I 1 und 71 a AktG

Die Buy-Outs bringen jedoch nicht nur finanzwirtschaftliche Probleme mit sich, sondern auch gesellschaftsrechtliche. Auf Grund der Fremdfinanzierung durch die Zielgesellschaft selbst stellt sich die Frage, ob der Grundsatz der Kapitalerhaltung bei der Zielgesellschaft und das Verbot der Einlagenrückgewähr verletzt werden[486].

§ 57 Absatz 1 AktG regelt den Kapitalerhaltungsgrundsatz. Schutzgut ist das Vermögen der Aktiengesellschaft. Wird dieses Vermögen durch Maßnahmen

485 Lamy Sociétés Commerciales 2006, n° 862.
486 Vgl. Vogel in Haarmann/Riehmer/Schüppen, WpÜG, § 13 Rn. 41.

zugunsten eines Aktionärs beeinträchtigt, sprich die Absicherung des Kaufpreises durch Gewährung von Sicherheiten durch das Vermögen der eigenen Gesellschaft, so sind diese Maßnahmen dem Verbot des § 57 Absatz 1 Satz 1 AktG unterworfen. Ist der Bieter noch nicht Aktionär der Zielgesellschaft, wird er dies spätestens mit dem Erwerb der Anteile. In der Regel besitzt er aber bereits vor der Übernahme einen gewissen Aktiensockel. Demnach ist es folglich einer Aktiengesellschaft verboten, den Aktionären Leistungen aus dem Gesellschaftsvermögen – und nicht nur aus der erbrachten Einlage – zu erbringen, es sei denn es handelt sich um eine ordnungsgemäße Verteilung des Bilanzgewinns[487]. Hierunter fällt dann insbesondere auch die Variante der Absicherung eines vom Käufer aufgenommenen Kredits durch das Gesellschaftsvermögen. Verboten ist also die Gewährung von Sicherheiten zugunsten der Aktionäre nach in Form des internen Buy-Outs[488]. Man spricht dann von einer verdeckten Einlagenrückgewähr, die dadurch gekennzeichnet ist, dass die Gesellschaft einem Aktionär unter dem Deckmantel eines neutralen Geschäfts Zuwendungen macht. Bereits die Bestellung der Sicherheit und nicht erst die Verwertung dieser Sicherheit stellt einen Verstoß gegen § 57 Absatz 1 Satz 1 dar[489]. Die oben angesprochenen Buy-Outs sind folglich mit dem Kapitalerhaltungsgrundsatz des Aktiengesetzes nicht vereinbar und praktizierbar.

Ferner ist bei den Buy-Outs § 71 a Absatz 1 Satz 1 AktG zu berücksichtigen. Hiernach ist ein Rechtsgeschäft nichtig, das einen Vorschuss, ein Darlehen oder eine Sicherheitsleistung durch die Gesellschaft an einen anderen zum Zwecke des Erwerbs von Aktien der Gesellschaft zum Gegenstand hat. Es gibt beim Buy-Out mehrere Fallgruppen, die in den Anwendungsbereich des § 71 a Absatz 1 Satz 1 AktG fallen. In der Regel ist dann auch gleichzeitig § 57 Absatz 1 Satz 1 AktG erfüllt. Ein solcher Fall läge vor, wenn zum Beispiel die Zielgesellschaft selbst einen Kredit bei einem Dritten aufnimmt, diesen an den Erwerber weiterleitet, durch eigene Aktiva besichert, und Erwerber und Zielgesellschaft sich darüber einig sind, dass der Kredit zum Erwerb der Gesellschaftsteile dienen soll[490]. Rechtlich gesehen unterstützt somit die Zielgesellschaft den Erwerb eigener Aktien. Dies wäre ferner auch der Fall, wenn die Zielgesellschaft die Absicherung der Verbindlichkeiten des Erwerbers gegenüber den verkaufswilligen Aktionären oder außenstehenden Kreditgebern übernimmt[491]. Diese Variante des Buy-Outs widerspricht folglich auch den

---

487 Lutter in Kölner Kommentar, AktG, § 57 Rn. 5.

488 Peltzer, DB 1987, 973, 976 basierend auf RGZ 146, 84, 92.

489 Henze, Großkommentar zum AktG, § 57 Rn. 51 ff.; Vogel in Haarmann/Riehmer/Schüppen, WpÜG, § 13 Rn. 42.

490 Becker, DStR 1998, 1429, 1431; Lutter/Wahlers, AG 1989, 1, 9.

491 Becker, DStR 1998, 1429, 1431; Lutter/Wahlers, AG 1989, 1, 9.

gesellschaftsrechtlichen Grundsätzen. Die Rechtsfolge solcher Rechtsgeschäfte ist deren Nichtigkeit.

Umstritten ist jedoch die Situation, wenn die Sicherung durch die Zielgesellschaft erst nach Erwerb der Anteile durch den Bieter erfolgt, also im Fall des externen Buy-Outs. Hier wird der Kauf eigener Aktien nicht direkt unterstützt, sondern ermöglicht dem Aktionär vielmehr den Behalt der Aktien. Der Wortlaut des § 71 a AktG („...zum Zwecke des Erwerbs...") spricht eigentlich gegen eine Anwendung[492]. Dennoch vertritt die herrschende Meinung, dass im Falle der nachträglichen zur Verfügungsstellung von Geldmittel zur Absicherung der Verbindlichkeiten aus dem Kauf der Aktien, § 71 a Absatz 1 Satz 1 AktG weit auszulegen sei und somit zur Anwendung gelange. Andernfalls wäre eine Umgehung unschwer möglich[493]. *Fleischer*[494] verneint dagegen zu Recht eine weite Auslegung des § 71 a AktG auf feindliche Übernahmen, die einer Ausplünderung („*asset stripping*") der Zielgesellschaft dienen sollen. Denn hierbei wird der Erwerb bzw. Erhalt nicht von der Zielgesellschaft finanziert bzw. abgesichert. Vielmehr wird der Erwerb in der Regel nur zwischenfinanziert. Die anschließende Ausplünderung hat dann nichts mehr mit dem Kapitalerhaltungsgrundsatz bzw. dem Erwerb eigener Aktien zu tun. Dennoch gibt es durchaus feindliche Übernahmen, die den Erhalt der Zielgesellschaft vorsehen und nach den oben genannten Buy-Out Varianten finanziert werden. In diesen Fällen ist eine Ausdehnung des § 71 a AktG zu bejahen.

Anzumerken ist ferner, dass in den genannten Fällen neben § 71 a AktG auch § 57 Absatz 1 Satz 1 AktG Anwendung findet. Denn eine Leistung zugunsten eines Aktionärs liegt bereits dann vor, weil eine Übertragung der Aktien ohne die anschließende Bestellung der Sicherheiten nicht erfolgt wäre. Erhält die Aktiengesellschaft keine vollwertige Gegenleistung, stellt schon die Leistung einer Sicherheit und nicht erst deren Verwertung eine verbotene Einlagenrückgewähr dar[495].

Schließlich ist noch zu beurteilen, inwieweit es sich auswirkt, wenn die Zielgesellschaft nicht dem Erwerber Sicherheit leistet, sondern dem finanzie-

---

492 Vgl. Oechsler, Münchener Kommentar zum AktG, § 71 a Rn. 27.

493 Holzapfel/Pöllath, Der Unternehmenskauf, S. 251; Becker, DStR 1998, 1429, 1431; Lutter/Wahlers, AG 1989, 1, 9; Fleischer, AG 1996, 494, 501; Oechsler, Münchener Kommentar zum AktG, § 71 a Rn. 27; Vogel in Haarmann/Riehmer/Schüppen, WpÜG, § 13 Rn. 43.Verneinend Otto, DB 1989, 1389, 1395.

494 Fleischer, AG 1996, 494, 501.

495 Becker, DStR 1998, 1429, 1431; Lutter/Wahlers, AG 1989, 1, 10; Lutter in Kölner Kommentar zum AktG, § 57 Rdnr. 75. Zu anderen Ergebnissen kann es bei der Durchführung von Buy-Outs im Vertragskonzern kommen, da hier zum Teil die §§ 57, 71 a AktG keine Anwendung finden. Hierzu: Becker, DStR 1998, 1429, 1431

renden Dritten Sicherheiten für die Kredite des Erwerbers gibt. Fraglich wäre hier, ob insofern auch eine Nichtigkeit des Rechtsgeschäfts nach §§ 57, 71 a AktG wie im Verhältnis Zielgesellschaft/Erwerber möglich ist. Die Nichtigkeit eines solchen Rechtsgeschäftes wird jedoch nur dann als zwingende Folge angenommen, wenn der finanzierende Dritte Kenntnis des Verwendungszweckes – also das Vorliegen einer Einlagenrückgewähr – hat. Ist dies der Fall, was nicht unbedingt immer gegeben ist, muss eine Nichtigkeit dieses Rechtsgeschäfts bejaht werden[496]. Fraglich ist dann wiederum, ob gleichzeitig der Sicherungsvertrag zwischen Erwerber und Drittem nichtig ist. *Oechsler* verneint eine Nichtigkeit der Sicherheitsbestellung an den Dritten auf Grund der Vereinbarung zwischen Erwerber und Zielgesellschaft und schlägt vielmehr eine Durchgriffshaftung der Zielgesellschaft gegenüber dem Finanzier (Dritten) vor[497]. Aber auch für diese Lösung ist erforderlich, dass der Finanzierungszweck (Erwerb eigener Aktien) auf Seiten des Finanziers bekannt war. Denn eine Durchgriffshaftung setzt stets voraus, dass ein normalerweise bestehender Vertrauensschutz im bestimmten Fall nicht greift.

II.3.2 Das zweistufige Erwerbsmodell

Festzuhalten ist folglich, dass die Vorschriften des deutschen Aktienrechts die Finanzierung einer Übernahme durch ein LBO erschweren bzw. sogar verhindern. Deshalb wird in der Praxis häufig das so genannte zweistufige Erwerbsmodell angewandt, wobei die Überführung des Vermögens der Zielgesellschaft auf eine für den Erwerb neu gegründete Gesellschaft vollzogen wird[498]. Dies führt neben der Umgehung des gesellschaftsrechtlichen Problems der verbotenen Einlagenrückgewähr auch zu steuerrechtlichen Vorteilen[499].

In der ersten Stufe erwirbt die neu gegründete Übernahmegesellschaft – in der Regel eine GmbH – die Gesellschaftsanteile des Zielunternehmens, vorliegend durch ein öffentliches Übernahmeangebot. Beim Aktienkauf („*share deal*“) ist es grundsätzlich nicht möglich, die stillen Reserven der Zielgesellschaft in das Abschreibungspotential zu verwandeln, so dass auf der zweiten Stufe entweder das Vermögen der Zielgesellschaft im Wege der Einzelübertragung („*asset deal*“) auf die Übernahmegesellschaft transferiert wird oder die Zielgesellschaft mit der Erwerbergesellschaft verschmolzen wird. Das Vermögen der Zielgesellschaft wird in diesem Fall durch eine Verschmelzung der Zielgesellschaft mit

---

496 Holzapfel/Pöllath, Der Unternehmenskauf, S. 251; Becker, DStR 1998, 1429, 1433; Lutter/Wahlers, AG 1989, 1,11; Oechsler, Münchener Kommentar zum AktG, § 71 a Rn. 24.

497 Oechsler, Münchener Kommentar zum AktG, § 71 a Rn. 24.

498 Möllers in Kölner Kommentar zum WpÜG, § 13 Rn. 45 f.

499 Hierzu: Otto, DB 1994, 2121; Picot in Picot Handbuch Mergers & Acquisitions, S. 171 ff.

der neu gegründeten Gesellschaft übertragen[500]. Diese Entscheidung wird von der Hauptversammlung der Zielgesellschaft mit Hilfe der Stimmen des neuen Mehrheitsgesellschafters (Bieter) gefällt. Es besteht fortan nur die Erwerbsgesellschaft. Die Erwerbsgesellschaft kann dann die neu erlangten Aktiva zur Besicherung der aus dem Erwerb entstandenen Verbindlichkeiten verwenden. Die Kapitalerhaltungsvorschriften (§ 57 Absatz 1 Satz 1 AktG) finden hier keine Anwendung, da die Besicherung nicht gegenüber ehemaligen, gegenwärtigen oder künftigen Aktionären erfolgt, sondern eigene Verbindlichkeiten mit eigenen Vermögensgegenständen gegenüber außenstehenden Gläubigern besichert werden[501].

Die im französischen Recht § 71 a AktG entsprechende Vorschrift findet sich Art. L. 225-216 Code de commerce. Gleichzeitig beinhaltet Art. L. 225-216 Code de commerce auch die Problematik des § 57 Absatz 1 Satz 1 AktG. Beide gesellschaftsrechtlichen Problempunkte des LBO finden sich im französischen Recht somit in einer Vorschrift. Anders als in Deutschland behandelt die französische Literatur fast ausschließlich nur das zweistufige Erwerbsmodel[502]. Denn es wird überwiegend angenommen, dass die Varianten des internen und externen Buy-Outs gegen die unternehmerischen Interessen der Zielgesellschaft verstoßen[503]. Neben den Fragen der Einlagenrückgewähr und dem Rückkauf eigener Aktien werden in Frankreich auch die Probleme der Untreue („*abus de biens sociaux*") nach Art. L. 241-3 Absatz 4 i.V.m. Art. L. 242-6 Absatz 3 Code de commerce und des Mehrheitsmissbrauchs („*abus de majorité*") im Rahmen eines LBO diskutiert[504].

Das zweistufige Erwerbsmodell wirft auch in Frankreich rechtliche Probleme auf. Zwar billigt die Rechtsprechung auf der Grundlage des Urteils *Rozenblum*[505] in bestimmten Fällen eine Bereitstellung von Darlehen an eine andere Gesellschaft. Jedoch sind hieran strenge Voraussetzungen geknüpft. *Bertrel*[506] hat die Problematik folgendermaßen zusammengefasst: Die *Rozenblum* Rechtsprechung setzt voraus, dass zum einen ein Konzern vorliegt, und dass zum anderen die Maßnahme (Kreditzusage) im Rahmen eines gemeinsamen wirtschaftlichen Konzerninteresses getätigt wird. In der Regel sind diese

500 Vgl. Vogel in Haarmann/Riehmer/Schüppen, WpÜG, § 13 Rn. 44.

501 Becker, DStR 1998, 1429, 1433; Fleischer, AG 1996, 494, 498; Lutter/Wahlers, AG 1989, 1, 9.

502 Vgl. z.B. Bertrel/Jeantin, Acquisitions et fusions des sociétés commerciales, S. 159 ff. ; Uettwiller, Rev. Sociétés oct.-déc. 1996, 747 ff.

503 Bichot, Rev. de droit bancaire et financier mai-juin 2002, S. 171.

504 Uettwiller, Rev. Sociétés oct.-déc. 1996, 751 ff; Bichot, Rev. de droit bancaire et financier mai-juin 2002, S. 171.

505 Cass. Crim. 4. février 1985, D. 1985, S. 478.

506 Bertrel, Droit et Patrimoine 1993, S. 52.

Voraussetzungen bei der Durchführung eines LBO indes nicht erfüllt. Die *Rozenblum* Rechtsprechung fordert zusätzlich, dass eine von der Zielgesellschaft geleistete Sicherheit stets eine Gegenleistung gegenüber stehen muss. Es gilt somit zu verhindern, dass die finanzielle Lage der Zielgesellschaft überstrapaziert wird[507]. Problematisiert wird diesbezüglich insbesondere die Rückzahlung von an die Übernahmegesellschaft gewährten Krediten durch Dividendenzahlungen der Zielgesellschaft. Zum anderen wird der Fall der Verschmelzung zwischen Übernahmegesellschaft und Zielgesellschaft problematisiert, da dann das gesamte Vermögen der Zielgesellschaft zur Tilgung verwendet werden kann. Für beide Fälle wird ein Verstoß gegen die Vorschrift des Art. L. 225-216 Code de commerce aber verneint[508]. Auch die Rechtsprechung hat durch Urteil des Kassationsgerichtshofs („*Cour de Cassation*“) vom 15. November 1994[509] klargestellt, dass die Tilgung eines von der Holding aufgenommenen Kredits durch Dividendenzahlungen der Zielgesellschaft nicht gegen Art. L. 225-216 Code de commerce verstößt.

Im Rahmen der Verschmelzung wird ferner der Verdacht der Untreue („*abus de biens sociaux*“) bzw. des Mehrheitsmissbrauchs („*abus de pouvoirs*“) aufgegriffen. Es ist somit durchaus denkbar, dass sich die Minderheitsaktionäre der Zielgesellschaft mit einer Anfechtungs- bzw. Nichtigkeitsklage gegen den Verschmelzungsbeschluss wehren. Dennoch verneint auch hier die h.M. eine Untreue durch die Geschäftsführung im Falle einer Verschmelzung[510]. Denn sie erfolgt auf Grund einer Entscheidung in der jeweiligen Hauptversammlung und stellt somit keinen Akt der Geschäftsführung dar, welcher Tatbestandsmerkmal des französischen Straftatbestands der Untreue ist. Dennoch gibt es Stimmen, die in der Fusion einen Mehrheitsmissbrauch durch die Holding als Mehrheitsgesellschafter in der Zielgesellschaft sehen. Hierbei handelt es sich jedoch um eine Mindermeinung. Auch die Rechtsprechung hält sich mit der Annahme eines Mehrheitsmissbrauchs im Rahmen von Akquisitions-finanzierungen durch die Zielgesellschaft zurück. Eines der wenigen Urteile, das einen Missbrauch bejahte ist das Urteil des Kassationsgerichts („*Cour de Cassation*“) vom 10. Juli 1995[511]. In diesem Fall sah das Gericht einen Verstoß gegen geltendes Gesell-

507 Lamy Droit du Financement 2005, n° 1312.

508 Viandier, JCP 1990, I, 3476, n° 10 f. bzw. 17 f.; Bichot, Rev. de droit bancaire et financier mai-juin 2002,171; Feydeau, Banque et droit 1989, S. 119, 125; Uetwiller, Revue Société 1996, S. 747, 751. Viandier verneint einen Verstoß gegen Art. L. 225-216 Code de commerce bei Dividendenausschüttungen durch die Zielgesellschaft, da diese gerade kein Vorschuss, Darlehen oder Sicherheit darstellen. So auch Le Nabesque, JCP E 1992, I, 107, 19.

509 Cass. Com. 15. nov. 1994, n° 2073 P in BRDA 94-23.

510 Viandier, JCP 1990, I, 3476; Uetwiller, Revue Société 1996, S. 747, 753, Le Nabesque, JCP E 1992, I, 107, 19 ff.; Lamy Droit du Financement 2005, n° 1312.

511 Cass. Crim. 10. Juli 1995, n° 3367 in BRDA 95-20.

schaftsrecht im Rahmen eines LBO mit anschließender Fusion als gegeben an. Hier wurden jedoch eindeutige Verstöße der Geschäftsführung des Übernehmers und nicht grundsätzlich die Transaktion beanstandet[512].

Im deutschen Recht wird dagegen die Verschmelzung der Holding mit der Zielgesellschaft bezüglich der Einlagenrückgewähr und dem Erwerb eigener Aktien als unproblematisch gesehen[513]. Allein *Fleischer*[514] diskutiert das Problem einer Umgehung des § 71 a AktG. *Fleischer* unterscheidet wie im französischen *Rozenblum* Urteil zwischen Buy-Outs durch außenstehende Erwerber und Buy-Outs im Vertragskonzern. Er kommt aber in beiden Fällen zum Ergebnis, dass es sich um eine zulässige Erwerbsvariante handelt, da den außenstehenden Aktionären und Gesellschaftsgläubigern ausreichend Schutz gewährt wird[515].

Festzuhalten ist folglich, dass im französischen Recht die Kritik am mehrstufigen Erwerbsmodell und die Befürchtung einer Umgehung geltenden Gesellschaftsrechts zwar größer ist als in der deutschen Literatur. Eine mehrstufige Buy-Out-Finanzierung wird aber nicht als unzulässige Umgehung der Vorschriften der Kapitalerhaltung und des Verbots der Einlagenrückgewähr gesehen. Vielmehr soll es sich um einen zulässigen Umweg handeln. Eine einschneidende Disharmonie zwischen beiden Rechtsystemen bzw. Rechtsprechungen ist folglich nicht zu erkennen.

III. Zusammenfassung

Eine Disharmonie zwischen deutschem und französischem Übernahmerecht in der Finanzierung ist weniger im Pflichtenkreis des Bieters anzutreffen als vielmehr bei dem einzuschaltenden Wertpapierdienstleistungsunternehmen. Letzteres wird im französischen Übernahmeverfahren als Vertreter des Bieters tätig. Dementsprechend ist der Verantwortungsbereich des Dienstleisters im Vergleich zum deutschen Recht um ein Vielfaches größer. So übermittelt beispielsweise nicht der Bieter die Angebotsunterlagen, sondern die eingeschaltete Bank, welche stets Intermediär zwischen Aufsichtsbehörde und Bieter ist. Ferner wirkt sich der gesteigerte Verantwortungsbereich der Bank insbesondere in der Haftung gegenüber dem Bieter und den Aktionären der Zielgesellschaft aus. In Abweichung zum deutschen Recht haftet die Bank dem Bieter gegenüber

512 Ausführliche Bemerkungen zum Urteil: Uetwiller, Revue Société 1996, 747, 755 f.

513 So auch Vogel in Haarmann/Riehmer/Schüppen, WpÜG, § 13 Rn. 44.

514 Fleischer, AG 1996, 494, 504 f.

515 Fleischer, AG 1996, 494, 504 f. Im Ergebnis auch Oechsler, Münchener Kommentar zum AktG, § 71 a Rn. 21.

u.a. aus den zivilrechtlichen Vertretungsregeln und gegenüber den Aktionären der Zielgesellschaft aus Garantie. Schließlich ist hervorzuheben, dass der Bieter im französischen Übernahmeverfahren stets ein Wertpapierdienstleister einzuschalten hat, wohingegen das deutsche Übernahmerecht eine entsprechende Vorgabe lediglich beim Barangebot vorsieht. Festzuhalten ist demnach, dass auch in der Angebotsfinanzierung eine nicht unerhebliche Disharmonie zwischen beiden Rechtssystemen besteht.

Von Disharmonie kann hingegen bei den Finanzierungsarten nicht gesprochen werden. Die unterschiedlichen rechtlichen Varianten, wie Kapitalerhöhung und die LBO-Finanzierung, kommen sowohl in Deutschland als auch in Frankreich vor, wobei jedoch anzumerken ist, dass das französische Recht die Kapitalerhöhung im Rahmen einer Übernahme durch Tauschangebot vereinfacht.

KAPITEL 5: Angebotspreisfindung

Die Angebotspreisfindung ist eine Kernproblematik des deutschen Übernahmerechts. Hier unterliegt der Bieter im Falle der Abgabe eines öffentlichen Übernahmeangebots nach §§ 29 ff. WpÜG bzw. bei der Abgabe eines Pflichtangebots erheblichen Restriktionen und Vorgaben. Eine dieser Vorgaben ist die so genannte Mindestpreisregelung nach § 31 Absatz 1 Satz 1 WpÜG. Hiernach muss die angebotene Gegenleistung des Bieters „angemessen" sein. Die Regelung des § 31 WpÜG hat sowohl in der Praxis als auch in der Literatur zu erheblichen Diskussionen geführt[516]. Ein weiterer zentraler Punkt der Preisfindung stellt der so genannte Gleichbehandlungsgrundsatz nach § 3 Absatz 1 WpÜG dar. Ziel des Kapitels 5 ist Herausarbeitung der aktuellen Diskussion in der Preisfindung im deutschen Übernahmerecht (Ziffer I). Unter Ziffer II. erfolgt sodann ein Vergleich mit den entsprechenden Vorschriften in Frankreich. Mittelpunkt von Ziffer II. ist erwartungsgemäß die Hervorhebung der auch in der Preisfindung vorzufindenden beklagenswerten Disharmonie zwischen deutschem und französischem Übernahmerecht. Schließlich ist unter Ziffer III. zu prüfen, welche Auswirkungen die neue Übernahmerichtlinie 2004 bzw. deren Umsetzung auf beide Rechtssysteme bezüglich der Angebotspreisfindung mit sich bringt.

I. Die Angebotspreisfindung im deutschen Übernahmerecht

§ 31 Absatz 1 Satz 1 WpÜG schreibt dem Bieter vor, dass er zum einen eine „angemessene" Gegenleistung anzubieten hat und zum anderen diese Gegenleistung entsprechend dem Gleichbehandlungsgrundsatz des § 3 Absatz 1 WpÜG allen Aktionären anbieten muss. Es erfolgt somit eine Preiskontrolle durch den Gesetzgeber bzw. die Aufsichtsbehörde BAFin[517]. Nachfolgend ist der gesetzliche Rahmen für die Ermittlung der Gegenleistung zusammen-zufassen (Ziffer I.1) bevor unter Ziffer I.2 auf die Frage der Anwendbarkeit der Mindestpreisregel, der für freiwillige Übernahmeangebote einzugehen ist. Unter Ziffer I.3 sind sodann einzelne Fragestellungen bezüglich der Angemessenheit der Gegenleistung und unter Ziffer I.4 bezüglich des Gleichbehandlungsgebots zu behandeln.

---

516 Zur Geltendmachung zivilrechtlichen Ansprüche im Hinblick auf die Angemessenheit der Gegenleistung: Verse, ZIP 2004, 199.

517 Hierzu: Oechsler in FS Hadding, S. 1027 ff.

I.1 Der gesetzliche Rahmen für die Ermittlung des Angebotspreises

§ 31 Absatz 1 Satz 2 WpÜG setzt für die Bestimmung der Angemessenheit der Gegenleistung zwei Vorgaben. Demnach ist zum einen grundsätzlich der durchschnittliche Börsenkurs der Aktien der Zielgesellschaft – die so genannte Börsenpreisregel[518] – zugrunde zu legen und zum anderen der Preis von Vorerwerben des Bieters zu berücksichtigen, so genannte Gleichpreisregelung[519]. Diese Vorgaben des § 31 Absatz 1 Satz 2 WpÜG werden als Eckpunkte gesehen und durch die §§ 3 bis 5 WpÜG-AngebotsVO konkretisiert. Die Konkretisierung in einer Verordnung sah der Gesetzgeber als erforderlich an, um die in der Praxis gewonnenen Erfahrungen bezüglich der Angemessenheit der Gegenleistung gegebenenfalls schnell berücksichtigen zu können. Hierdurch können weitere Konkretisierungen auf einfachere Art als durch eine Gesetzesänderung den Praxisbedürfnissen hinzugefügt werden[520].

Nach § 3 Absatz 2 WpÜG-AngebotsVO darf die Höhe der Gegenleistung den nach den §§ 4 bis 6 der Verordnung festgelegten Mindestwert nicht unterschreiten. Demnach muss die Gegenleistung in Bezug auf die zu berücksichtigenden Vorerwerbe nach § 4 Absatz 1 WpÜG-AngebotsVO mindestens dem Wert der höchsten vom Bieter gewährten oder vereinbarten Gegenleistung innerhalb der letzten drei Monate (seit der Gesetzesänderung vom 8. Juli 2006 innerhalb von 6 Monaten)[521] vor Veröffentlichung der Angebotsunterlagen entsprechen. Bezüglich des zweiten Eckpunktes (inländischer Börsenkurs) muss die Gegenleistung nach § 5 Absatz 1 WpÜG-AngebotsVO mindestens dem gewichteten durchschnittlichen inländischen Börsenkurs der Aktien nach Veröffentlichung gemäß § 10 Absatz 1 Satz 1 WpÜG entsprechen. Ausnahmsweise ist die Gegenleistung anhand einer Unternehmensbewertung der Zielgesellschaft zu ermitteln, wenn nach Veröffentlichung gemäß § 10 Absatz 1 Satz 1 WpÜG an weniger als einem Drittel der Börsentage Börsenkurse festgestellt worden sind und mehrere nacheinander festgestellte Börsenkurse mehr als 5 % voneinander abweichen; § 5 Absatz 4 WpÜG-AngebotsVO.

Schließlich ist bei der Preisermittlung gemäß § 3 Absatz 1 WpÜG zu berücksichtigen, dass Inhaber von Wertpapieren der Zielgesellschaft, die derselben Gattung angehören, gleich zu behandeln sind. Entsprechend dieser Vorgabe sieht § 3 Satz 3 WpÜG-AngebotsVO vor, dass die Höhe der Gegenleistung für Aktien, die nicht derselben Gattung angehören, getrennt zu ermitteln sind. In diesem Zusammenhang ist insbesondere auch § 31 Absatz 4 WpÜG zu

---

518 Thun in Geibel/Süßmann, WpÜG, § 31 Rn. 4.
519 Thun in Geibel/Süßmann, WpÜG, § 31 Rn. 4.
520 BT-Drucksache 14/7034, S. 57.
521 BGBl I 2006, 1426. Hierzu siehe unten Kapitel 5 Ziffer III.

erwähnen, der im Falle eines Parallelerwerbs während eines laufenden Angebotsverfahrens eine höhere als im Angebot genannte Gegenleistung gewährt[522].

Diese Ausgestaltung des rechtlichen Rahmens zur Ermittlung einer „angemessenen“ Gegenleistung ist in Deutschland vielfach auf Kritik gestoßen. Die Notwendigkeit und der Zeck der deutschen Regelungen wurden sogar angezweifelt[523] bzw. im Verhältnis zum Richtlinienvorschlag der EU-Kommission vom 2. Oktober 2002 als unzureichend angesehen[524]. Auf Grund der verabschiedeten EU-Übernahmerichtlinie wurde der deutsche Gesetzgeber jedoch zur Anpassungen gezwungen[525]. Hierauf ist aber später einzugehen[526]. Im Zuge der Umsetzung der Übernahmerichtlinie wurde § 4 Satz 1 WpÜG-AngebotsVO an Art. 5 Absatz 4 der Richtlinie angepasst. Die hier vorzunehmende Darstellung der bisherigen Rechtslage und Diskussion in Deutschland soll zum einen dazu dienen, die bis zur Umsetzung der Richtlinie vorzufindenden nicht unerheblichen Unterschiede zwischen deutschem und europäischem Recht zu veranschaulichen. Zum anderen hat die Vorschrift jedoch teilweise weiterhin Gültigkeit, denn der deutsche Gesetzgeber hält an den bislang verankerten Grundprinzipien, die über den Mindeststandard der Richtlinie hinausgehen weiterhin fest[527].

I.2 Anwendbarkeit der Mindestpreisregel auf freiwillige Übernahmeangebote

Die Mindestpreisregel des § 31 WpÜG gilt sowohl für (freiwillige) Übernahmeangebote nach § 29 Absatz 1 WpÜG als auch über die Verweisung des § 39 WpÜG für Pflichtangebote nach § 35 Absatz 2 Satz 1 WpÜG, was in der Literatur teilweise auf erhebliche Kritik gestoßen ist[528]. Weder das französische Übernahmerecht[529] noch das angloamerikanische Übernahme-recht[530] kennen das Erfordernis einer angemessenen Gegenleistung im Rahmen des freiwilligen

522 Hierzu: Oechsler in Ehricke/Ekkenga/Oechsler, WpÜG, § 31, Rn. 36.
523 Rodewald/Siems, ZIP 2002, 926, 927.
524 Seibt, FAZ vom 9. Oktober 2002, S. 19; Seibt/Heiser, ZIP 2002, 2193, 2195. Kritik an der europäischen Regelung von Kallmeyer, DB 2002, 2695.
525 Vgl. hierzu: Maul/Muffat-Jeandet, AG 2004, 221, 230 f.; Krause, NJW 2004, 3681, 3688; unklar Wiesner, ZIP 2004, 343, 347, der keinen Änderungsbedarf sieht, da gerade keine zwingende / Preisregelung vorgegeben sein.
526 Siehe unten: Kapitel 5 Ziffer III.
527 Seibt/Heiser, AG 2006, 301, 309.
528 Mülbert, ZIP 2001, 1223 ff.; Habersack, ZHR 166 (2002), 619, 624; Schüppen, WPg 2001, 958, 976; Steinmeyer/Häger, WpÜG, Einleitung Rn. 31.
529 Hierzu unten: Kapitel 5 Ziffer II.
530 Vgl. Rodewald/Siems, ZIP 2002, 926, 927.

Übernahmeangebots. Das Angemessenheitserfordernis in der Preisfindung im deutschen Recht trägt folglich zur Disharmonie zwischen deutschem und französischem Übernahmerecht bei. In Letzterem ist das Erfordernis eines angemessenen Preises nämlich gesetzlich nicht vorgeschrieben[531].

Insbesondere *Mülbert*[532] lehnt eine Anwendung der Mindestpreisregelungen im Rahmen eines freiwilligen Übernahmeangebots kategorisch ab. Der deutsche Gesetzgeber vertritt jedoch die Auffassung, dass für freiwillige Übernahmeangebote und Pflichtangebote grundsätzlich die gleichen Vorschriften gelten sollten[533]. Grund hierfür ist, dass dem Bieter, der durch ein freiwilliges Übernahmeangebot die Kontrollmehrheit in der Zielgesellschaft erlangt hat, nicht im Anschluss noch ein Pflichtangebot aufgebürdet werden solle. Durch § 35 Absatz 3 WpÜG wird der Bieter ausdrücklich von einem Pflichtangebot befreit. Eine gegenteilige Regelung würde hingegen nur einen unnötigen Zeit- und Kostenaufwand für den Bieter darstellen, den es zu vermeiden galt. Die gewählte einheitliche Regelung ist jedoch nur dann stimmig, wenn bereits das freiwillige Übernahmeangebot den Regeln des Pflichtangebots unterliegt. Ansonsten seien Umgehungen des Minderheitenschutzes zu befürchten. Denn wäre bei einem freiwilligen Übernahmeangebot keine angemessene Gegenleistung für den Bieter verpflichtend, könnte dieser die einfache Mehrheit in der Zielgesellschaft weitaus günstiger erlangen als bei Beachtung einer Mindestpreisregel. Dies wäre dann beispielsweise möglich, wenn er bereits eine größere Beteiligung an der Zielgesellschaft besitzt (jedoch unter 30 %, da ansonsten die Pflichtangebotsschwelle erreicht ist) und so nur noch eine Minderheit, nämlich etwa ein Drittel der Aktien zur Erlangung der einfachen Mehrheit benötigt. In solch einem Fall wird er, wie *Mülbert* richtigerweise darstellt, einen geringeren Preis vorschlagen, als wenn er beispielsweise eine ¾ Mehrheit erlangen will[534]. Denn je geringer der benötigte Anteil ist, desto niedriger kann das Angebot des Bieters ausfallen. Diese Umgehungsmöglichkeit hat der Gesetzgeber durch die Anwendung einer angemessenen Gegenleistung auf freiwillige Übernahmeangebote zunichte gemacht.

Mülbert sieht die einheitliche Regelung dagegen als völlig verfehlt an. Allein der Umstand einer möglichen Umgehung des Pflichtangebots könne nicht das verfassungsrechtliche Gut der Handlungsfreiheit des Bieters aus Artikel 2 Absatz 1 GG einschränken[535]. Auch verstoße die vom Gesetzgeber gewählte

---

531 Siehe unten: Kapitel 5 Ziffer II.

532 Mülbert, ZIP 2001, 1221, 1223 ff.

533 BT-Drucksache 14/7034, S. 60.

534 Mülbert, ZIP 2001, 1221, 1224.

535 Insoweit entspricht die Ansicht Mülberts weitgehend der Rechtsansicht im französischem Recht; siehe unten: Kapitel 5 Ziffer II.

Regelung gegen die Niederlassungs- und Kapitalverkehrsfreiheit nach Artikel 43 ff. und 56 ff. EG-Vertrag[536]. Ferner gäbe es ökonomisch gesehen für eine Gleichstellung von freiwilligen Übernahmeangebot und Pflichtangebot auch keine Rechtfertigung. Nicht nachzuvollziehen sei, weshalb der Bieter sein Angebot nicht frei in Art und Höhe gestalten könne, wo doch der jeweilige Aktionär seinerseits frei entscheiden kann, ob er das Angebot annimmt oder nicht. Auch sei der Druck des Minderheitendaseins (so genanntes *„pressure-to-tender"* oder *„prisoner's Dilemma"*)[537] kein Argument für die Mindestpreisregeln, denn schließlich biete die „Zaunkönigregelung" des § 16 Absatz 2 WpÜG eine nachträgliche Austrittsmöglichkeit. Eine einheitliche Regelung sei auch deshalb nicht zu akzeptieren, da es sich beim freiwilligen Übernahmeangebot um ein kapitalmarktrechtliches Rechtsinstitut handele, wobei das Pflichtangebot dem Konzerneingangsschutz zuzuordnen ist.

Mülbert ist vielmehr der Ansicht, dass der Bieter die Möglichkeit erhalten müsse, sein freiwilliges Übernahmeangebot so zu gestalten, wie er es für richtig und Erfolg versprechend hält. Dies entspräche den Regeln des Kapitalmarktes. Um jedoch der oben dargestellten Umgehung entgegenzutreten, schlägt *Mülbert* vor, dass der Erfolg des freiwilligen Übernahmeangebots von der Annahme der Mehrheit der außenstehenden Aktionäre abhängig gemacht werden müsse. Umzusetzen sei dies, indem das Angebot kraft Gesetzes unter die Bedingung gestellt wird, dass dem Bieter bis zum Ablauf der Nachfrist die Mehrheit der von den außenstehenden Aktionären gehaltenen Aktien zum Erwerb angeboten wird. Wird die Mehrheit verfehlt, greift die aufschiebende Bedingung ein, und die auf Grund des Angebots geschlossenen Kaufverträge zwischen Bieter und Aktionären kommen nicht zustande[538]. Damit wäre der Aktionärsschutz ausreichend berücksichtigt.

Auch *Schüppen* kritisiert die starke Einschränkung der Privatautonomie des Bieters bei freiwilligen Übernahmeangeboten[539]. *Schüppen* spricht sich aber im Gegensatz zu *Mülbert* für ein zweistufiges Angebotsverfahren aus. Also für die Auslösung eines Pflichtangebots bei Überschreitung der Kontrollschwelle im Rahmen eines freiwilligen Übernahmeangebots. Im Gegenzug solle der Bieter freie Wahl in Art und Höhe des Angebots bei freiwilligen Übernahmeangeboten bekommen. Nicht der Gesetzgeber solle über die Angemessenheit eines Angebots entscheiden, sondern der Markt.

---

536 Mülbert, ZIP 2001, 1221, 1222 f.

537 Hierzu: Mülbert/Birke, WM 2001, 705, 713; Oechsler in FS Hadding, S. 1027, 1030; Lüttmann, Kontrollwechsel in Kapitalgesellschaften, S. 38 ff.; Witt, Übernahmen von Aktiengesellschaften und Transparenz der Beteiligungsverhältnisse, 82 ff.

538 Mülbert, ZIP 2001, 1221, 1224

539 Schüppen, WPg 2001, 958, 976.

Trotz der zum Teil richtigen Ansätze kann die Ablehnung *Mülberts* und *Schüppens* gegenüber einer einheitlichen Anwendung der Mindestpreisregeln auf das freiwillige Übernahmeangebot und auf das Pflichtangebot nicht überzeugen. Vielmehr ist der Ansicht von *Rodewald/Siems*[540] zu folgen, die das deutsche System grundsätzlich für stimmig ansehen[541]. Die Entscheidung des Gesetzgebers, sich für eine Befreiung vom Pflichtangebot bei vorherigem Übernahmeangebot (§ 35 Absatz 3 WpÜG) auszusprechen, mag durch das Argument der Kosten- und Zeitersparnis für den Bieter durchaus überzeugen. Eine Anwendung der Mindestpreisregeln auf das freiwillige Übernahmeangebot ist dann zwangsläufig geboten, da ansonsten die oben angesprochenen Umgehungstatbestände bezüglich der Mindestpreisregeln und somit des Aktionärsschutzes zu befürchten sind. Der Ansicht von *Rodewald/Siems* soll hier beigepflichtet und durch folgende Argumentation unterstrichen werden.

Zu bedenken ist stets, dass ein Bieter, der ein freiwilliges Übernahmeangebot abgibt, von vornherein die Kontrolle in der Zielgesellschaft erlangen möchte; § 29 Absatz 1 WpÜG. Will er nur seine Beteiligung erhöhen, könnte er sich auch auf ein einfaches Angebot zum Erwerb von Wertpapieren beschränken. Das vom Bieter gesetzte Ziel des Kontrollwechsels bringt hingegen in der Regel grundlegende Änderungen in der Unternehmenspolitik mit sich und entfaltet somit Auswirkungen auf die Investitionsentscheidung der Aktionäre[542]. Ein Kontrollwechsel ist aber auch Folge einer (möglicherweise ungewollten) Überschreitung des Schwellenwertes von 30 % nach § 29 Absatz 2 WpÜG. Überschreitet ein Aktionär diesen Schwellenwert, ohne dass er ein freiwilliges Übernahmeangebot abgegeben hat, löst dieser Umstand ein Pflichtangebot nach § 35 Absatz 2 WpÜG aus. Das Pflichtangebot ist somit Folge des Kontrollerwerbs[543]. Den Aktionären wird auf Grund des Kontrollwechsels dann die Möglichkeit gegeben, ihre Beteiligung an der Zielgesellschaft zu einem „angemessenen“ Preis zu veräußern[544]. Diese konzernrechtliche Seite des Pflichtangebots schützt also den Aktionär vor einem ungewollten Minderheitendasein und einem möglichen Squeeze-Out zu schlechteren Bedingungen. Demgegenüber hat das freiwillige Übernahmeangebot zwar seinen Ursprung im

540 Rodewald/Siems, ZIP 2002, 926, 928; auch Riehmer sieht in der einstufigen Angebotsregelung größere Flexibilität und Steuerungsmöglichkeiten für den Bieter: Riehmer in Haarmann/Riehmer/Schüppen, WpÜG, Vor §§ 29 bis 34, Rn. 16.

541 So auch: Oechsler in Ehricke/Ekkenga/Oechsler, WpÜG, § 31 Rn. 2; Seibt/Heiser, ZGR 2005, 200, 222; Seibt/Heiser, AG 2006, 301, 309.

542 Liebscher, ZIP 2001, 853, 866.

543 Riehmer in Haarmann/Riehmer/Schüppen, WpÜG, Vor. §§ 29 bis 34, Rn. 15.

544 Zehetmeier-Müller in Geibel/Süßmann, WpÜG, Einleitung Rn. 87; Hirte, in Hirte WpÜG, Teil 1 Einleitung, S. 5; Steinmeyer/Häger, WpÜG, § 35 Rn. 2; Hommelhoff, in: FS Semler 1993, S. 455, 460 ff.; auch: Henze in Hoffmann-Becking, RWS Forum Gesellschaftsrecht, S. 289, 294.

Kapitalmarktrecht, letztendlich sind die tatsächlichen Folgen für die überwiegende Mehrzahl der Aktionäre die gleichen. Das so genannte *„prisoner's Dilemma"* ist bei beiden Kontrollwechseln für die Aktionäre präsent. In beiden Fällen kann sich der Aktionär als Minderheitsaktionär wieder finden bzw. er verkauft seine Titel. Ob dies nun kapitalmarktrechtlich als neue Anlageentscheidung oder konzernrechtlich als Austrittsrecht zu sehen ist, spielt im Ergebnis keine Rolle. Für den Aktionär macht es keinen Unterschied, ob er auf Grund eines freiwilligen Übernahme-angebots oder durch ein Pflichtangebot zum Minderheitsaktionär wird. Daher ist es ihm auch in der Regel gleichgültig, ob er eine angemessene Gegenleistung im Rahmen eines freiwilligen Übernahmeangebots oder durch ein Pflichtangebot erhält. Das freiwillige Übernahmeangebot umfasst also de facto das Pflichtangebot[545]. Demnach macht es auch durchaus Sinn, für beide Angebots-arten die gleichen Vorschriften (Mindestpreisregeln) anzuwenden. Entscheidet sich dann der Gesetzgeber, wie in Deutschland, auch noch für ein einstufiges Angebotssystem, so ist eine Anwendung der Mindestpreisregel auf freiwillige Übernahmeangebote nur konsequent.

Unterstützung fand diese Argumentation auch durch Art. 5 Absatz 2 der Übernahmerichtlinie 2004[546]. Hiernach besteht keine Verpflichtung zur Abgabe eines Pflichtangebots, wenn die Kontrolle in einer Gesellschaft nach einem freiwilligen Übernahmeangebot erlangt worden ist. Dies gilt jedoch nur, wenn das freiwillige Übernahmeangebot in Form eines Vollangebots abgegeben wurde und im Einklang mit der Richtlinie steht. Diese Voraussetzungen sind beim freiwilligen Übernahmeangebot nach § 29 Absatz 1 WpÜG erfüllt. Durch Einführung dieser Regelung wird ausdrücklich das deutsche einstufige Angebotssystem für zulässig erklärt und als Alternative zur zweistufigen Angebotskonzeption anerkannt[547]. Daher ist die Vorschrift des § 35 Absatz 3 WpÜG richtlinienkonform und kann unverändert bleiben[548].

In der deutschen Übernahmepraxis führte insbesondere der Fall WELLA AG[549] zu einer tief greifenden Diskussion hinsichtlich der Auslegung des § 31 Absatz 1 WpÜG. Der Fall lag wie folgt: Den Aktionären der WELLA AG wurde vom Bieter, PROCTER & GAMBLE, ein öffentliches Übernahmeangebot gemacht.

545 Rodewald/Siems, ZIP 2002, 926, 928.

546 Vgl. Maul/Muffet-Jeandet, AG 2004, 221, 230.

547 A.A. Mülbert, NZG, 2004, 633, 640, f., der die Mindestpreisregel unter Bezugnahme auf die Regelungen beim Squeeze-Out Verfahren (Art. 15 Absatz 5, 16 Absatz 3 der RL) für richtlinienwidrig hält.

548 So auch Seibt/Heiser, AG 2006, 301, 309.

549 Dargestellt bei Habersack, ZIP 2003, 1123. Auch Seibt, ZIP 2003, 1865 ff.; Verse, ZIP 2004, 199 ff.

Allerdings wurde für Stammaktien eine weitaus höhere Gegenleistung (92,25 €) angeboten als für Vorzugsaktien (65 €). Der durchschnittliche inländische Börsenkurs während der letzten drei Monate vor Veröffentlichung nach § 10 WpÜG lag bei den Stammaktien bei 57 € und bei den Vorzugsaktien bei 64,25 €.

Gegenstand der Diskussion war nun, ob im Rahmen des Übernahmeangebots von PROCTER & GAMBLE die Berücksichtigungsgebote des § 31 Absatz 1 Satz 2 WpÜG eingehalten wurden und allgemeiner, ob ein Angebot, welches am durchschnittlichen Börsenkurs und an Vorerwerben ausgerichtet ist, auch stets angemessen ist[550]. Insoweit forderten Inhaber von Vorzugsaktien eine entsprechend dem für Stammaktien angebotene hohe Prämie. Diese Frage ist insoweit berechtigt, da § 31 Absatz 1 Satz 2 WpÜG lediglich „grundsätzlich" eine Berücksichtigung des Börsenkurses und der Vorerwerbe fordert. Der Terminus „grundsätzlich" impliziert jedoch Ausnahmen und somit Interpretationsspielraum. Ausdrücklich geregelt ist hingegen nur ein Ausnahmetatbestand, der oben bereits erwähnte Fall des § 5 Absatz 4 WpÜG-AngebotsVO.

Die deutsche Rechtsliteratur spricht sich diesbezüglich dafür aus, dass ein Angebot, welches auf dem durchschnittlichen Börsenkurs entsprechend § 5 WpÜG-AngebotsVO basiert, auch angemessen ist[551]. Gleichzeitig scheint sich die Literatur darüber einig zu sein, dass eine Erhöhung der Gegenleistung außerhalb des Falls des § 5 Absatz 4 WpÜG-AngebotsVO und über das in §§ 3 ff. WpÜG-AngebotsVO festgelegte Niveau nicht besteht. Zur Ermittlung der Angemessenheit der Gegenleistung bedürfe es somit keiner Bewertung der Zielgesellschaft. *Habersack*[552] begründet dies wie folgt: Bereits die Auslegung des Wortlauts spricht dafür, dass zumindest „grundsätzlich" die Berücksichtigungsgebote für die Ermittlung der Gegenleistung ausreichen. Zweitens führe auch eine Berücksichtigung der Entstehungsgeschichte der Vorschrift des § 31 WpÜG dazu, dass anzunehmen sei, dass der Börsenpreis und die Vorerwerbe auf Grund der engen zeitlichen Vorgaben in Übernahmeverfahren die maßgeblichen Kriterien für den Angebotspreis darstellen[553]. Drittens zeigt entsprechend der Ansicht von *Habersack* auch die Stellung des § 5 Absatz 4 WpÜG-AngebotsVO als einzige geregelte Ausnahme, dass eine Unternehmensbewertung gerade den Ausnahmefall darstellt. *„Es wäre unverständlich und überflüssig, wenn es auch bei Existenz aussagekräftiger Börsenkurse, mithin für den*

550 Habersack, ZIP 2003, 1123.

551 Kremer/Oesterhaus, Kölner Kommentar zum WpÜG, § 31 Rn. 16; Steinmeyer/Häger, WpÜG § 31 Rn. 8; Haarmann in Haarmann/Riehmer/Schüppen, § 31 Rn. 24; Oechsler in FS Hadding, S. 1027, 1031ff.

552 Habersack, ZIP 2003, 1123, 1125 ff.

553 BT-Drucksache 14/7034, S. 55.

Regelfall des § 5 Absatz 1 WpÜG-AngebotsVO, einer ergänzenden Unternehmensbewertung bedürfte"[554]. Auch eine teleologische Auslegung ergäbe, dass eine klassische Unternehmensbewertung für Übernahmeverfahren ungeeignet sei. Schließlich hielten § 31 Absatz 1 Satz 2 WpÜG und §§ 3 ff. WpÜG-AngebotsVO auch einer verfassungsrechtlichen Überprüfung stand[555]. Da § 31 WpÜG nicht mit den §§ 305, 320 b AktG (Abschluss eines Beherrschungs- oder Gewinnabführungsvertrages), in deren Rahmen für eine Abfindung der Börsenkurs nur als unterste Grenze angesehen wird, vergleichbar ist, sondern vielmehr §§ 311 ff. AktG entspricht, sind die Berücksichtigungsgebote des § 31 Absatz 1 Satz 2 WpÜG als ausreichend zu erachten.

Festzuhalten ist somit, dass die Literatur die Regelungen des deutschen Übernahmerechts zur Ermittlung eines angemessenen Angebotspreises für schlüssig und ausreichend hält. Diesbezüglich ist anzumerken, dass im Fall der WELLA AG das OLG Frankfurt[556] und schließlich auch das Bundesverfassungsgericht[557] den Widerspruch, die Beschwerde und die Verfassungsbeschwerde von Inhabern von Vorzugsaktien gegen die Gestattungsentscheidung der BAFin zur Veröffentlichung des Übernahmeangebots von PROCTER & GAMBLE richtigerweise zurückgewiesen hat. Bedauerlicherweise setzten sich die BAFin bzw. die Gerichte nicht inhaltlich mit dem Problem auseinander, sondern verneinten lediglich die Antrags- und Widerspruchsbefugnis der Beschwerdeführerin.

I.3 Die Gleichpreisregelung

Der Fall WELLA AG löste ebenfalls eine Diskussion bezüglich des Verhältnisses zwischen dem Gleichbehandlungsgebot des § 3 Absatz 1 WpÜG und erfolgten Vorerwerben aus, denn die dort gezahlten Prämien stellten eine Steigerung von 43,58 % für Stammaktien, jedoch nur 14,03 % für Vorzugsaktien. Insbesondere *Habersack* warf diesbezüglich die Frage auf, ob eine derartige Abweichung mit dem Gleichbehandlungsgrundsatz vereinbar sei[558].

Obwohl in der Presse vereinzelt Stimmen laut wurden[559], dass Vorerwerbe von Aktien generell, also auch Vorerwerbe anderer Aktiengattungen, zu berücksich-

---

554 Habersack, ZIP 2003, 1123, 1126; Wackerbarth, Münchener Kommentar zum AktG, WpÜG, § 31 Rn 47.
555 Habersack, ZIP 2003, 1123, 1127.
556 OLG Frankfurt am Main, Beschluss vom 4. Juli 2003, ZIP 2003, 1392; Besprechung Seibt.
557 BVerfG, Beschluss vom 2. April 2004, ZIP 2004, 950.
558 Habersack, ZIP 2003, 1123, 1127 ff.
559 Heidel, Financial Times Deutschland vom 8. April 2003, S. 32.

tigen seien, spricht sich die herrschende Ansicht der Rechtsliteratur[560] dafür aus, dass Vorerwerbe im Sinne des § 31 Absatz 1 WpÜG nur im Rahmen ihrer Gattung zu berücksichtigen sind. Wiederum soll auf Grundlage der Stellungnahme von *Habersack*[561] die Begründung der herrschenden Ansicht dargestellt werden. Für die herrschende Ansicht müsse bereits der Wortlaut des § 3 Absatz 1 WpÜG anzuführen, der ausdrücklich auf die Gattungsbezogenheit von Aktien hinweist. Nach *Habersack* hätte es für eine gattungsübergreifende Berücksichtigung von Vorerwerben einer ausdrücklichen Einschränkung des § 3 Absatz 1 WpÜG bedurft. Ferner ließe auch die Entstehungsgeschichte der Regeln für den Angebotspreis eine andere Auslegung nicht zu. Folglich dürften auch Inhaber von Aktien verschiedener Gattungen bezüglich der Höhe der Gegenleistung ungleich behandelt werden, sofern für jede Gattung die Regelungen der §§ 4 und 5 WpÜG-AngebotsVO berücksichtigt werden[562].

Für den Fall WELLA AG bedeutet dies somit, dass der Bieter nicht verpflichtet war, den Inhabern von Vorzugsaktien prozentual dieselbe Prämie zu gewähren wie den Inhabern von Stammaktien. Diesbezüglich ist auch *Habersack* zuzustimmen, dass diese Lösung nur gerecht ist, da Vorzugsaktien mangels Stimmrecht eben gerade keine prämienwürdige Herrschaftsposition verkörpern[563].

Teile der Literatur bedauerten ferner bei Einführung des § 4 WpÜG-AngebotsVO, dass der Gesetzgeber keine Ausnahme- und Befreiungstatbestände vorgesehen hat[564]. Der Handelsrechtsausschuss des DAV[565] kritisierte, dass die Regelung des § 4 WpÜG-AngebotsVO im Vergleich zum damaligen Referentenentwurf den ursprünglich vorgesehenen Paketabschlag von bis zu 15 % nicht mehr vorsieht. § 4 WpÜG-AngebotsVO zwinge nunmehr den Bieter auch den Kleinaktionären einen Paketzuschlag zu zahlen, obwohl dieser Mehrwert auf Grund der geringen Beteiligung in der Zielgesellschaft eigentlich nicht gerechtfertigt sei.

Die damalige Kritik in Literatur und Praxis zeigt, dass die deutschen und europäischen Vorstellungen hinsichtlich der Angemessenheit des Preises erheblich auseinander gingen. Eine Disharmonie war demnach nicht nur im

560 Versteegen in Kölner Kommentar zum WpÜG, § 3 Rn. 18 ff.; Kremer/Oesterhaus in Kölner Kommentar zum Anh. 31 WpÜG-AngebotsVO, Rn. 10; Steinmeyer/Häger, WpÜG § 31 Rn. 9; Schüppen in Haarmann/Riehmer/Schüppen, § 3 Rn. 4, 6.

561 Habersack, ZIP 2003, 1123, 1128 f.

562 So auch: Versteegen in Kölner Kommentar zum WpÜG, § 3 Rn. 18 ff.; Kremer/Oesterhaus in Kölner Kommentar zum Anh. 31 WpÜG-AngebotsVO, Rn. 10

563 Habersack, ZIP 2003, 1123, 1129.

564 Thun in Geibel/Süßmann, WpÜG, § 31 Rn. 83.

565 Stellungnahme des Handelsrechtsausschusses des DAV, NZG 2001, 1003, 1006.

Vergleich zum französischen Recht deutlich spürbar. Mit der Umsetzung der Übernahmerichtlinie soll nunmehr die Angemessenheit entsprechend Artikel 5 Absatz 4 der Richtlinie dann vorliegen, wenn der Bieter den höchsten Preis anbietet, den er innerhalb eines Zeitraums von bis zu zwölf Monaten für die gleichen Aktien erzielt hat[566]. Die übrigen Regelungen des Artikels 5 Absatz 4 der Richtlinie bleiben überwiegend unverändert[567]. Dies stößt heute noch auf Unverständnis. Es ist nicht nachzuvollziehen, weshalb der deutsche Gesetzgeber von der Befreiungsmöglichkeit entsprechend Artikel 5 Absatz 4 Unterabsch. 2 der Richtlinie kein Gebrauch zu machen gedenkt. Hiernach können die Mitgliedstaaten ihre Aufsichtsstellen ermächtigen, mithin die BAFin, den in Artikel 5 Absatz 4 Unterabsch. 1 festgelegten Mindestpreis unter ganz bestimmten Voraussetzungen und eindeutig festgelegten Kriterien abzuändern. Bei der Festlegung solcher Kriterien sieht die Übernahmerichtlinie in Artikel 5 Absatz 4 Unterabsch. 2 ausdrücklich die gemeinsame Festlegung des Angebotspreises durch Verkäufer und Käufer, den Fall der Manipulation des Marktpreises, den Fall der Beeinflussung des Marktpreises durch außergewöhnliche Umstände (z.B. Börsencrash) und den Fall der Rettung eines finanziell angeschlagenen Unternehmens vor.

Weder der ursprüngliche Referentenentwurf vom 19. Dezember 2005 noch die heute geltende Regelung sehen eine solche flexiblere Handhabung des § 4 WpÜG-AngebotsVO vor. Die Chance einer Abweichung zu den Mindestpreisregelungen wurde folglich nicht wahrgenommen. Es wäre wünschenswert und für die Rechtssicherheit geboten gewesen, wenn der deutsche Gesetzgeber hier ausdrückliche Kriterien gesetzt hätte[568]. Anders ist es in Frankreich. Hier musste der Gesetzgeber zwar erst eine Mindestpreisregel einführen. Gleichzeitig hat er jedoch in Art. 234-6 RAMF ausdrückliche Ausnahmeregelungen festgelegt[569].

I.4 Die Börsenpreisregel

Weit größeren Gesprächsstoff als die Mindestpreisregel bietet in der Praxis die Börsenpreisregel des § 31 Absatz 1 Satz 2 WpÜG i.V.m. § 5 WpÜG-AngebotsVO. In der älteren Literatur wurde zur Gegenleistung bei Übernahmeangeboten vertreten, dass der durch ein Übernahmeangebot angesprochene Aktionär sich nicht in der Situation eines außenstehenden Aktionärs im Sinne von § 305 Absatz 1 AktG befinde. Eine Abfindung auf Basis des objektiven Unternehmenswerts wie sie beim Beherrschungsvertrag üblich ist, sei nicht

566 Zur Umsetzung des Art. 5 Absatz 4 der Richtlinie siehe unten: Kapitel 5 Ziffer III.
567 Seibt/Heiser, AG 2006, 301, 309.
568 Im Ergebnis auch Seibt/Heiser, ZGR 2005, 200, 219.
569 Siehe unten: Kapitel 5 Ziffer III.

gleichzusetzen mit der Gegenleistung im Übernahme-verfahren[570]. Übernahmerecht und Konzernrecht fielen diesbezüglich lange Zeit auseinander. Dadurch dass nun aber der Börsenkurs auch bei konzernrechtlichen Umstrukturierungen herangezogen wird, ist diese Diskussion beendet und somit nicht weiter darzustellen[571]. Vielmehr ist auf die Lücken der Börsenpreisregel einzugehen, die sich insbesondere durch die stetige Volatilität der Finanzmärkte aufgetan haben.

I.4.1 Angemessenheit des durchschnittlichen Börsenkurses

§ 31 Absatz 1 Satz 2 WpÜG gibt vor, dass sich die Angemessenheit der Gegenleistung grundsätzlich am durchschnittlichen Börsenkurs der Aktien der Zielgesellschaft richtet. Dabei spielt es keine Rolle, ob der Bieter ein Bar-, Tausch- oder gemischtes Angebot abgibt. Durch § 5 Absatz 1 WpÜG-AngebotsVO wird der durchschnittliche Börsenkurs konkretisiert, indem der durchschnittliche Wert der letzten drei Monate vor Veröffentlichung des Angebots maßgebend sein soll. Dieser Mindestpreis wird ausschließlich von der BAFin durch ein elektronisch gestütztes Berechnungsverfahren ermittelt[572]. Hierdurch erfuhr die Gegenleistung beim Pflicht- bzw. Übernahmeangebot im Vergleich zu Artikel 17 des ehemaligen Übernahmekodex eine Änderung. Während nach Artikel 17 noch der höchste Börsenkurs als angemessene Gegenleistung galt, stellt das WpÜG nur noch auf einen durchschnittlichen Wert ab. Auf den höchsten Börsenkurs wird nur noch im Falle so genannter Vorerwerbe gemäß § 4 WpÜG-AngebotsVO abgestellt. Die Veränderung bei der Berechnung der Angemessenheit der Gegenleistung bedeutet also für den Bieter eine finanzielle Erleichterung im Gegensatz zum ehemaligen Kodex. Doch selbst an dieser für den Bieter entlastenden und den Aktionär noch akzeptablen Regelung wurde starke Kritik verübt, ja sogar von einem Konstruktionsfehler gesprochen[573]. Die Kritik steht in direktem Zusammenhang mit dem Tiefgang der Finanzmärkte ab dem Jahr 2000. Dem Gesetzgeber wird vorgeworfen, ein im Ansatz zwar richtiges aber zu starres Regelwerk bezüglich der Gegenleistung bei öffentlichen Übernahmeangeboten entworfen zu haben: Denn es fehle an Ausnahmeregeln im Falle stark sinkender Börsenkurse. Insbesondere kritisieren auch *Rodewald/Siems*[574] das Fehlen eines Korrektur-instrumentariums

570 Assmann/Bozenhardt, Übernahmeangebote ZGR Sonderheft 1990, S. 90.

571 Der Börsenkurs wird auf Grund des DAT/Altana-Beschlusses vom 27.4.1999, BVerfGE 100, 289 ff. nun auch im Spruchstellenverfahren als Richtwert genommen. Dem schloss sich auch der BGH durch Beschluss vom 12.03.2001 an. Vgl. auch Vetter, DB 2001, 1347; Thun in Geibel/Süßmann, WpÜG, § 31 Rn. 88; Haarmann in Haarmann/Riehmer/Schüppen, WpÜG, § 31 Rn. 16 ff.; Hüttemann, ZGR 2001, 454, 456 ff.

572 Vgl. Lenz/Behnke, BKR 2003, 43, 44.

573 FAZ vom 16. September 2002, S. 13.

574 Siehe auch Rodewald/Siems, ZIP 2002, 926, 928.

im WpÜG bzw. in der WpÜG-AngebotsVO. Viele wirtschaftlich sinnvolle Transaktionen seien durch die zu starren Vorschriften des § 31 Absatz 1 Satz 2 WpÜG und § 5 Absatz 1 WpÜG-AngebotsVO verhindert worden. Es scheint somit, dass der Gesetzgeber durch die eigens geschaffenen Regeln sein eigentliches Ziel, Transaktionen zu fördern, torpediert. Demzufolge wurde der Ruf nach Ausnahmeregeln immer lauter.

Durch Ausgliederung der Konkretisierung der Angemessenheit der Gegenleistung in eine Rechtsverordnung hat der Gesetzgeber sich zwar die Möglichkeit offen gelassen, schnell auf Probleme oder Veränderungen in der Praxis zu reagieren. Der immer wieder zyklisch festzustellende Einbruch der Finanzmärkte wäre eigentlich ein solcher Fall, der zu einer Korrektur des Regelwerkes führen könnte. Denn drastische Kursrückgänge fallen nicht unter den Ausnahmetatbestand des § 5 Absatz 4 WpÜG-AngebotsVO, da stets ein Börsenkurs festgestellt werden kann. Bisher wird von dieser Möglichkeit jedoch kein Gebrauch gemacht.

I.4.2 Änderungsvorschlag

Die Einführung von Ausnahmetatbeständen vom Richtwert des durchschnittlichen Börsenkurses hat sich seit Einführung des WpÜG nicht durchgesetzt und war in Anbetracht des vorgelegten und verabschiedeten Referentenentwurfs zur Umsetzung der Übernahmerichtlinie nicht zu erwarten.

Dennoch sollte diese Möglichkeit nicht in Vergessenheit geraten. Insoweit wird hier vorgeschlagen, in § 5 WpÜG-AngebotsVO einen Absatz 5 einzufügen. Der neue Absatz müsste dann eine Flexibilitätsregelung beinhalten, die im Falle starker und länger anhaltender Kursverluste eine Alternative zum durchschnittlichen Börsenkurs bietet. Die Anwendbarkeit dieser Ausnahme müsste unter der Bedingung der Zustimmung der BAFin stehen, deren Entscheidung nicht angreifbar sein sollte, zumindest nicht durch einordentliches Gericht. Denn die Einführung eines Spruchverfahrens wäre bedenklich, da der Übernahmevorgang selbst behindert würde. Dieses Problem wäre nur durch weiterreichende Regelungen hinsichtlich der zeitlichen Bearbeitung derartiger Verfahren zu lösen. Es ist aber nicht davon auszugehen, dass der deutsche Gesetzgeber in diese Richtung tätig werden wird. Alternative denkbar wäre hingegen eine Alleinzuständigkeit eines spezialisierten Senats eines Oberlandesgerichts, ähnlich zum *„squeeze-out“* Verfahren[575], um so langwierigen Verfahren entgegenzutreten.

---

575 Siehe hierzu obern: Kapitel 2 Ziffer II. 1.3.

Insoweit ist in diesem Punkt wiederum eine beklagenswerte Disharmonie im Vergleich zu Frankreich festzustellen. Das französische Übernahmerecht kennt hingegen – wie nachfolgend darzustellen sein wird – eine Überprüfung des Angebotspreises sowohl durch die Aufsichtsbehörde als auch durch das ein spezielles Beschwerdegericht (*Cour d'appel de Paris*). Ferner wurden im Rahmen der Umsetzung der Richtlinie in der neuen Vorschrift des Art. 234-6 RAMF mehrere Flexibilitätsregelungen eingefügt, deren Anwendung von der Aufsichtsbehörde AMF überwacht wird.

Teile der Literatur vertreten dagegen, dass allein auf Grund des Wortlauts des § 31 Absatz 1 Satz 2 WpÜG („...grundsätzlich...") die Möglichkeit einer Unterschreitung des Börsenkurses eröffnet sei, so dass es Ausnahmeregelungen gar nicht bedürfe[576]. Hiergegen spricht aber die Konkretisierung der Angemessenheitsregel des § 31 WpÜG durch § 5 Absatz 1 WpÜG-AngebotsVO. Zwar lässt eine nur „grundsätzliche" Anwendung einer Norm auf eine Ausnahmeregelung schließen. Im konkreten Fall wird diese Norm aber weiter konkretisiert. Enthält diese Konkretisierung dann keine Ausnahme-regelung, kann nicht davon ausgegangen werden, dass eine solche gewollt war[577].

I.4.3 Der Fall des § 5 Absatz 4 WpÜG-AngebotsVO

Eine Ausnahme von der Anwendung des durchschnittlichen Börsenkurses zur Ermittlung einer angemessenen Gegenleistung nach § 31 Absatz 1 Satz 2 WpÜG i.V.m. § 5 Absatz 1 WpÜG-AngebotsVO stellt die Unternehmensbewertung nach § 5 Absatz 4 und § 6 Absatz 6 WpÜG-AngebotsVO dar.

Gemäß § 5 Absatz 4 und § 6 Absatz 6 WpÜG-AngebotsVO kann der durchschnittliche Börsenkurs kein taugliches Bewertungskriterium sein, wenn in den letzten drei Monaten vor der Veröffentlichung der Verpflichtung der Abgabe eines Angebots weniger als ein Drittel der Börsentage Börsenkurse festgestellt wurden und mehrere nacheinander festgestellte Börsenkurse mehr als 5 % voneinander abweichen. Offensichtliche Kursausreißer sollen demzufolge nicht berücksichtigt werden, denn diese sind für die Ermittlung des Anteilswertes nicht mehr aussagekräftig[578] [579]. In derartigen Fällen ist gemäß § 5 Absatz 4

576 Ekkenga/Hofschroer, DStR 2002, 768, 770.

577 Ähnlich Rodewald/Siems, ZIP 2002, 926, 928.

578 BT-Drucksache 14/7034, S. 80.

579 Begründung des Regierungsentwurfs zum WpÜG, ZIP 2001, 1262, 1285; deutlich wurde beispielsweise die fehlende Aussagekraft des Börsenkurses insbesondere bei den so genannten „start up" Unternehmen Ende der 90er/Anfang 2000. Die Börsenkurse am Neuen Markt erreichten ungeahnte Werte (Beispiel INTERSHOP). Diese Werte waren aber in der Regel Spekulationswerte, die mit dem eigentlichen betriebswirtschaftlichen Wert des Unternehmens nichts zu tun hatten. Als diese Spekulationswelle im Jahr 2001 zu Ende ging,

WpÜG-AngebotsVO wieder auf die klassischen betriebs-wirtschaftlichen Bewertungsmethoden zur Bestimmung einer angemessenen Gegenleistung zurückzugreifen. Nach § 2 Nr. 3 WpÜG-AngebotsVO hat dann der Bieter die angewandten Bewertungsmethoden in die Angebotsunterlagen aufzunehmen und darzulegen, warum die Anwendung dieser Methoden angemessen ist. Bei mehreren angewandten Methoden ist für jede Methode einzeln der Gegenwert der Zielgesellschaft anzugeben. Weiter ist zu begründen, welches Gewicht den verschiedenen Methoden beigemessen worden ist. Hierbei sind die oben genannten subjektiven Erwägungen des Bieters nicht zu beachten. Vielmehr ist ein objektiver Unternehmenswert zu ermitteln[580]. Dennoch wird bei einer vom Bieter in Auftrag gegebenen Unternehmensbewertung der Zielgesellschaft kaum auszuschließen sein, dass auch subjektive Elemente in die Bewertung mit einfließen. Da jedoch die Unternehmensbewertung nach § 5 Absatz 4 WpÜG-AngebotsVO der Feststellung einer angemessenen Gegen-leistung im Rahmen des § 31 WpÜG dient, die insbesondere dem Aktionär ein Austrittsrecht zu einem akzeptablen Preis gewähren soll, wäre eine neutrale Prüfung durch einen unabhängigen Prüfer wünschenswert. Ziel ist es also, einen rein objektiven Wert der Zielgesellschaft zu ermitteln, ohne Berücksichtigung der subjektiven Elemente des Käufers.

Die Rechtsprechung hat ebenfalls bereits im Rahmen des Spruchstellenverfahrens nach den §§ 304, 305 AktG entschieden, dass zur Ermittlung des Abfindungsanspruchs der Aktionäre echte Synergieeffekte grundsätzlich nicht zu berücksichtigen sind[581]. Auch, wenn die Situation der Aktionäre der Zielgesellschaft im Rahmen eines Übernahme- bzw. Pflicht-angebots eine andere ist, kann hier nichts anderes gelten. Denn schließlich fließen beim durchschnittlichen Börsenkurs auch keine subjektiven Elemente des Bieters in die Berechnung der Gegenleistung mit ein.

Teilweise wird jedoch in der Literatur eine Unternehmensbewertung für überflüssig gehalten[582]. Insbesondere sei kein Schutzbedürfnis für die Aktionäre der Zielgesellschaft zu erkennen, da bei einem liquiden Markt regelmäßig große Aktienpakete in festen Händen sind und die Inhaber ihre Aktien nur zu einem angemessenen Preis verkaufen. Es ist sicherlich richtig, dass ein Großaktionär

---

fielen die Börsenkurse ins Bodenlose, so dass auch hier wiederum der Börsenkurs kein tauglicher Richtwert für ein Angebotspreis sein konnte. Diese Diskussion wurde nunmehr auf Grund der Schwäche der Finanzmärkte im Jahre 2002 auf alle börsennotierten Unternehmen ausgeweitet.

580 Haarmann in Haarmann/Riehmer/Schüppen, WpÜG, § 31 Rn. 40.

581 So BayObLG, AG 1996, 127, 128 f. im Rahmen des Abfindungsanspruchs nach § 305 AktG. Hierzu auch: Oechsler in Ehricke/Ekkenga/Oechsler, WpÜG, § 31 Rn. 23.

582 Vgl. Thun in Geibel/Süßmann, WpÜG,§ 31 Rn. 100.

seine Beteiligung nur bei einem lukrativeren Angebot abgeben wird. Nach dem Gleichbehandlungsgrundsatz profitieren dann auch auf Grund des § 4 WpÜG-AngebotsVO und § 31 Absatz 4 WpÜG Kleinaktionäre von einem höher bezahlten Preis. Es sind aber durchaus Übernahmen denkbar, bei denen sich der Großteil der Aktien in Streubesitz befindet, ohne dass ein einflussreicher Aktionär Druck auf den Bieter machen kann. Um dann eine angemessene Gegenleistung nach § 5 Absatz 4 WpÜG-AngebotsVO ermitteln zu können, wird man nicht an einer Unternehmensbewertung vorbeikommen. Eine Abschaffung dieser Pflicht wäre folglich nicht gerechtfertigt.

Im Falle von Unstimmigkeiten bezüglich der Auswahl des Prüfers im Rahmen des § 5 Absatz 4 WpÜG-AngebotsVO bietet die Vorschrift keine Lösung an. Anzudenken wäre ein Eingreifen der Aufsichtsbehörde nach § 4 Absatz 1 Satz 2 WpÜG. Hiernach hat die BAFin Missständen im Rahmen eines Angebotsverfahrens durch Anordnungen entgegenzuwirken. Findet die Auswahl des Prüfers durch den Bieter nicht die Zustimmung der Zielgesellschaft, ist durchaus ein Missstand gemäß § 4 Absatz 1 Satz 2 WpÜG anzunehmen. Eine Schlichtung durch die Aufsichtsbehörde wäre dann sicherlich angebracht. Würde man die Bewertung hingegen einer der beiden Parteien überlassen, so wäre eine einseitige Bewertung kaum zu verhindern.

II. Angebotspreisfindung im französischen Recht

Die Preisfindungsproblematik ist im französischen Recht trotz der über Jahre gesammelten Erfahrungen noch heute von Aktualität und unterliegt einer stetigen Entwicklung. Die Disharmonie zum deutschen Recht ist hier besonders auffallend. Das französische Übernahmerecht unterscheidet sich vom deutschen Recht zu allererst, wie oben bereits gesehen, in der Struktur der Angebotsarten[583]. Als „normales Verfahren“ wird im französischem Recht das öffentliche Übernahmeangebot angesehen, im deutsche Recht hingegen der einfache Erwerb von Aktien. Diese strukturellen Unterschiede spiegeln sich insbesondere auch in der Preisfindung für die Gegenleistung wieder.

Im französischen Übernahmerecht werden dem Bieter im Rahmen des Normalverfahrens, also beim freiwilligen Übernahmeangebot („*offre publique d'achat ou d'échange*“) grundsätzlich keine gesetzlichen Vorgaben bei der Festlegung seiner Gegenleistung gemacht. Gemäß Art. 231-13 Absatz 3 n° 3 RAMF hat der Bieter lediglich im Rahmen des an die AMF zu übermittelnden Angebotsvorhabens („*projet d'offre*“) den Preis und die bei der Preisfindung

583 Siehe hierzu: Kapitel 1 Ziffer I.1.1.

berücksichtigten Elemente anzugeben. Die französischen Übernahmeregeln schreiben demnach beim öffentlichen Übernahmeangebot entgegen der deutschen Regelung des § 31 WpÜG keine „angemessene“ Gegenleistung vor[584]. Dieser Unterschied trägt folglich entscheidend zur Disharmonie zwischen deutschem und französischem Recht bei.

Vielmehr vertritt die überwiegende Rechtsansicht in Frankreich, dass sich der Bieter am Markt zu orientieren hat und unter Berücksichtigung der erhofften Rentabilität der Akquisition einen angemessenen Preis selbst ermittelt. Der Bieter offerierte somit bislang in der Regel zwar einen attraktiven Preis an, ohne jedoch einen zu hohen Aufschlag zu zahlen, welcher es ihm gegebenenfalls nicht erlaubte, eine notwendige Nachbesserung im Falle eines Konkurrenzangebotes zu tätigen[585]. Durch die Umsetzung von Art. 5 Absatz 2 der Richtlinie war der französische Gesetzgeber nunmehr angehalten, dieses freie Preisfindungssystem aufzugeben und sich an die Mindestpreisvorgabe der Richtlinie zu halten. Insoweit wurde durch das Gesetz 2006-387 vom 31. März 2006 Art. L. 433-3 des Finanzgesetzes eingefügt. Es erfolgte somit zwangsläufig eine Angleichung zum deutschen Recht. Von Rechtsharmonie kann jedoch nicht gesprochen werden. Hierauf soll jedoch später eingegangen werden[586]. Vorerst soll das bis zur Umsetzung der Richtlinie maßgeblich und für das freiwillige Übernahmeangebot auch heute noch geltende Preisfindungs- und Preisüberwachungssystem im französischen Übernahmerecht darlegt werden, um so die Unterschiede zum deutschen Recht zu veranschaulichen.

Der Bieter ist bei der Preisfindung grundsätzlich auch im französischen Recht gewissen Einschränkungen und Rahmenbedingungen ausgesetzt. Insbesondere behält sich die Aufsichtsbehörde (AMF) vor, den Angebotspreis zu überprüfen. Des Weiteren ist gegebenenfalls eine gerichtliche Überprüfung der Entscheidungen der Aufsichtsbehörde über die Art und Höhe der Gegenleistung durch das zuständige Instanzgericht (*Cour d'appel de Paris*) möglich. Dies hat sich auch durch die Umsetzung der Richtlinie nicht geändert.

II.1 Überprüfung der Gegenleistung durch die AMF

Der Prüfungsrahmen der AMF in Bezug auf die Gegenleistung stellte lange Zeit auch nach verschiedenen Urteilen des Cour d'appel de Paris ein Problem im französischen Übernahmerecht dar. Insbesondere die Literatur stand nicht im Einklang mit der Rechtsprechung. Obwohl Art. 231-23 RAMF die Möglichkeit

584 Im Falle Centrest z. B lag das Angebot bei 0,01 € für einen Anteil: CMF, Déc. n° 201C0441, 26 avril 2001.
585 Viandier, OPA, OPE, n° 940.
586 Siehe unten : Kapitel 5 Ziffer III.

eröffnet, vom Bieter eine Überarbeitung seines Angebots (und somit auch der Gegenleistung) zu verlangen, war lange Zeit unklar, wie die AMF den Angebotspreis bzw. das Umtauschverhältnis des Bieters bewerten sollte. Zwar ist allgemein anerkannt, dass die AMF nicht einen neuen, möglicherweise gerechteren Preis anstelle des Bieters festlegen darf[587]. Es stellte sich aber stets die Frage, ob die AMF ihre neutrale Stellung zugunsten eines objektiveren und gerechteren Preises einsetzen sollte, oder ob sie lediglich die Einhaltung der allgemeinen Interessen der Minderheitsaktionäre zu überwachen hatte. Im Jahre 1994 entschied dann der Cour d'appel de Paris, dass die AMF (damals noch CMF) weder einen gerechten noch einen maximalen Preis vorzuschlagen habe, sondern vielmehr überprüfen müsse, ob das Angebot für alle Aktionäre akzeptabel sei. Hierbei sollte sie dieselben Bewertungsmethoden wie beim Squeeze-Out-Verfahren („*offre publique de retrait*") einsetzen[588]. Die Rechtsprechung bestätigte in mehrfacher Weise (insbesondere in Squeeze-Out-Verfahren) eine Prüfungskompetenz des CMF in Bezug auf einen gerechten Angebotspreis[589]. Die Überprüfung müsse unter Berücksichtigung der bekannten Kriterien zu einer angemessenen und gerechten Bewertung der Zielgesellschaft führen[590]. Allerdings sei es nicht Aufgabe der Aufsichtsbehörde, die Richtigkeit der vom Bieter angegebenen Daten zu überprüfen[591].

Die Überprüfung der Gegenleistung durch die AMF erfolgt im Rahmen der Prüfung des Angebotsvorhabens („*projet d'offre*")[592]. Gemäß Art. 231-13 Absatz 3 n° 3 RAMF muss das Angebotsvorhaben die entscheidenden Elemente zur Preisfindung zu enthalten. Die AMF hat sodann gemäß Art. 231-21 Absatz 1 n° 2 RAMF bei der Überprüfung des Angebots insbesondere auch den Angebotspreis und das angebotene Tauschverhältnis unter Einbeziehung der regelmäßig anzuwendenden objektiven Bewertungsmaßstäbe und der Eigenschaften der Zielgesellschaft zu berücksichtigen. Die AMF kann im Rahmen dieser Überprüfung eine Überarbeitung des Angebots durch den Bieter verlangen. Beispielsweise forderte der CMF im Rahmen des Angebots CFI eine

---

587 Daigre, Rev. Droit bancaire et financier mars/avril 2002, S. 55, 57 ; De Vauplane/Bornet, n° 795-3; Bucher/Rontchevsky, Dictionnaire Joly Bourse et Produits Financiers, n° 184.

588 CA Paris, 16 mai 1994, Banque et Droit 1995, n° 41, S. 57. Insbesondere auch CA Paris, 3 mai 2001: JCP G 2001, II, 10546, affaire Schneider/Legrand. Hierzu auch Hovasse, Droit des Sociétés juillet 2001, S. 20 f.; Viandier, JCP E 2001, S. 1046, 1048 ff.

589 U.a. CA Paris, 16 mai 1995, Rev. Sociétés 1995, S. 535 ; CA Paris, 17 déc. 2000, Rev. CMF, n° 35, fév. 2001, S. 84.

590 CA Paris, 16 déc. 1999, Banque et Droit, n° 69, jan.-févr. 2000, S. 30, note H. de Vauplane; Bull. Joly Bourse, 2000, S. 135.

591 CA Paris, 23 oct. 2001, Banque et Droit, n° 80, nov.-déc. 2001, S. 24 ; CA Paris, 3 juill. 1998, JCP G 1999, II, 10008.

592 Wymeersch, ZGR 2002, 520, 533.

Überarbeitung des Angebots, da seiner Ansicht nach die Immobilien der Zielgesellschaft unterbewertet waren[593].

Trotz der oben dargestellten Rechtsprechung stellt sich dennoch die Frage, inwiefern der Bieter bei der Festlegung seines Angebotspreises frei ist, wenn sowohl die Aufsichtsbehörde als auch das Instanzgericht den Angebotspreis überprüfen und den Bieter zu einer Revision seines Angebots zwingen können. Die französische Literatur legt diesbezüglich wert darauf, dass es gerade nicht darum ginge, dem Bieter – im Gegensatz zum deutschen Recht – die Preisermittlungsmethode vorzuschreiben, sondern vielmehr eine Über-prüfbarkeit des Angebots durch die Aufsichtsbehörde, für den Fall, dass diese den Preis für inakzeptabel erachtet, zu ermöglichen[594]. Bezeichnend ist diesbezüglich die Äußerung des Cour d'appel de Paris im Rahmen einer Entscheidung über ein Angebot aus dem Jahre 1995, indem er feststellte, dass insbesondere einer der Existenzgründe von öffentlichen Übernahmeangeboten gerade die Kontrollerlangung in einer Zielgesellschaft mittels eines unter dem eigentliche Wert des Zielunternehmens offerierten Angebotspreises ist[595]. Durch dieses Urteil wird deutlich, dass die französische Rechtsprechung dem Bieter nicht die Höhe der Gegenleistung vorschreiben will.

In der Praxis fällt auf, dass die AMF immer öfter Stellung zu den jeweiligen Preisermittlungsmethoden der Bieter nimmt und vor allem ihre Zustimmung zum angebotenen Preis in ihren Stellungnahmen begründet. Beispielsweise hat der CMF im Rahmen seiner Annahmeentscheidung des Angebots ACCOR CASINOS über EUROPÉENNE de CASINOS ausdrücklich die einzelnen Elemente zur Preisermittlung des Bieters für geeignet und angemessen gehalten und seine Annahmeentscheidung hierauf gestützt[596].

Durch die Umsetzung der Übernahmerichtlinie, mithin mit der Einführung der Mindestpreisregel des Art. 5 Absatz 4 der Richtlinie, wurde die Überprüfungsbefugnis der AMF zwar nicht eingeschränkt jedoch anders gestaltet[597]. Da beim Pflichtangebot nunmehr ein Mindestpreis nach Art. L. 433-3 des Finanzgesetzes gesetzlich vorgeschrieben ist, hat die AMF die Einhaltung dieser Vorgabe zu prüfen. Anzumerken ist jedoch, dass die Mindestpreisregelung im französischen

---

593 SBF, avis n° 92-2971, 13. nov. 1992.
594 Viandier, OPA, OPE, n° 942.
595 Paris, 1ère ch., CBV, F. Noel et autre c/ Crédit Lyonnais ; affaire Banque Colbert, RJDA 1995, S. 776.
596 CMF, Déc. N° 201C1528, 27 décembre 2001. Ähnlich: Fall Immobail CMF, Déc. n° 199C1318, 16 septembre 1999; Fall Castorama Dubois Investissements, CMF, Déc. n° 202C1426, 25 octobre 2002.
597 Aubert/Cotty/Rontchevsky, Revue Lamy Droit des Affaires, juin 2006, n° 6, S. 10, 14.

Übernahmerecht nur für das Pflichtangebot gilt und nicht auch für das freiwillige Übernahmeangebot[598].

II.2 Die Rolle des Instanzgerichts - Cour d'appel de Paris

Der Cour d'appel de Paris wurde bereits 1988 durch Dekret zur gerichtlichen Überprüfungsinstanz (Berufungsgericht) der Entscheidungen des CBV (Conseil des Bourses de valeurs, heute CMF bzw. AMF) bestimmt. Anfangs stellte das Übernahmerecht, insbesondere die Überprüfung der Gegenleistung, nur einen sehr geringen Teil der Entscheidungen des Gerichts dar. Es handelte sich hierbei hauptsächlich um Entscheidungen des CBV in Squeeze-Out-Verfahren oder Kurszusageverfahren („*garantie de cours*"). Nach und nach häuften sich dann aber Klagen gegen die Annahme von Übernahmeangeboten durch den CBV. Insbesondere wurde immer öfter auch die vom Bieter angebotene Gegenleistung angegriffen. Dementsprechend war der Cour d'appel de Paris Mitte der 90er Jahre gefordert, die Rahmenbedingungen für die Preisfindung im Übernahmerecht festzulegen. Seither kann von einer gefestigten Rechtsprechung bei der Kontrolle von Annahmeentscheidungen im Rahmen von Übernahmeverfahren des CMF (AMF) gesprochen werden[599].

Die Kontrolle des Gerichts bewegt sich hierbei auf zwei Ebenen. Erstens überprüft das Gericht die formelle Seite der Entscheidung der Aufsichtsbehörde. Auf der zweiten Ebene erfolgt eine Kontrolle des Inhalts der Entscheidung der AMF.

In jüngerer Vergangenheit hat der Cour d'appel de Paris in einer Aufsehen erregenden Entscheidung vom 3. Mai 2001[600] nochmals festgestellt, dass es Aufgabe des Richters sei, die Interessen der Aktionäre im Rahmen von Börsenoperationen zu schützen. Insbesondere war auch Inhalt dieser Entscheidung die Durchsetzung der Begründungspflicht des CMF im Rahmen seiner Annahme- bzw. Ablehnungsentscheidungen eines Übernahmeangebots. Damit erfolgte eine Annäherung an die individuelle Begründungspflicht der Behörden im Verwaltungsrecht. Besonderheit dieses Urteils war ferner, dass erstmals eine Entscheidung des CMF in seiner Gesamtheit aufgehoben wurde. Seit Gründung des CBV (später CMF und jetzt AMF) wurden nur wenige Entscheidungen des CMF annulliert.

---

598 Siehe hierzu unten: Kapitel 5 Ziffer III.

599 Thin, LPA du 22 nov. 1995, S. 40; auch de Foucaud/Goix, Banque et Droit n° 82, mars-avril 2002, S. 18, 20 ff.

600 CA Paris, 3 mai 2001 : JCP G 2001, II, 10546, affaire Schneider/Legrand. Hierzu auch Hovasse, Droit des Sociétés juillet 2001, S. 20 f.; Viandier, JCP E 2001, S. 1046, 1048 ff.

Gleichwohl hat die heutige Rechtsprechung zur Gegenleistung im französischen Übernahmerecht, wie bereits erwähnt, nicht nur Zustimmung erfahren. Abgesehen von der Festlegung der Kriterien zur Ermittlung der Gegenleistung und deren einheitlichen Anwendung auf das gesamte Übernahmerecht, wird insbesondere die eigens zugewiesene Rolle des Richters angezweifelt. Denn nie war es Aufgabe des Richters, die Rechtswirksamkeit des Preises im Einzelfall zu überprüfen und neu zu definieren[601]. Es bleibt somit abzuwarten, ob die Eingriffsmöglichkeit des Richters auf die Preisgestaltung im Übernahmeverfahren weiter bestätigt oder aber auf Druck der Literatur wieder eingeschränkt wird.

II.3 Die Preisermittlung beim französischen Pflichtangebot

Eine Überprüfung des Angebotspreises sowohl durch die AMF als auch durch den Cour d'appel de Paris war zumindest bis zur Umsetzung der Mindestpreisregelung nach den Vorgaben der Übernahmerichtlinie aus dem Jahr 2004 insbesondere beim Pflichtangebot angebracht. Auch nach Umsetzung der Richtlinie besteht eine Überprüfungsbefugnis von Behörde und Gericht. Unterschied ist jedoch, dass nunmehr das Gesetz genaue Vorgaben gibt, an welche Parameter die Höhe der Gegenleistung angelehnt sein muss. Könnte der Bieter hier die Höhe der Gegenleistung ebenso wie beim freiwilligen Übernahmeangebot frei bestimmen, bestünde die Gefahr, dass der zur Angebotsabgabe verpflichtete Bieter einen möglichst niedrigen Preis anbietet, um so die Anleger von der Annahme des Angebots abzuhalten und sich folglich seiner Verpflichtung zu entziehen. In der Praxis forderte die AMF deshalb unter Zustimmung der Rechtsprechung des Cour d'appel de Paris einen akzeptablen und angemessenen („*prix équitable*") Preis[602], welcher auf Grund einer Vielzahl von Eckdaten ermittelt wird. Dies erfolgt durch die so genannte „*méthode multicritère*". Der Begriff des „*prix équitable*" ist jedoch nicht deckungsgleich mit dem Begriff des angemessenen Preises nach Art. 5 Absatz 4 der Richtlinie.

Im Gegensatz zum deutschen Recht wurde der Wert des Unternehmens und somit die Gegenleistung nicht bzw. nicht ausschließlich anhand des durchschnittlichen Börsenkurses gemessen. Die in Frankreich für alle öffentlichen Übernahmeangebote bisher anerkannte Bewertungsmethode „*méthode multicritère*" zur Feststellung einer gerechten und angemessenen Gegenleistung im Rahmen eines Übernahmeangebots zählt mehrere Faktoren. Nach und nach hat die Rechtsprechung seit Anfang der 90er Jahre verschiedene Bewertungskri-

---

601 De Foucaud/Goix, Banque et Droit n° 82, mars-avril 2002, S. 18, 21.

602 Siehe hierzu insbesondere: Lamy Droit du Financement 2005, n° 1502.

terien zusammengestellt[603]. Hiervon umfasst sind neben dem durchschnittlichen Börsenkurs beispielsweise auch die Höhe der Dividenden-zahlungen, Umsatz und Goodwill. Im Gegensatz zum deutschen Recht stellt folglich der durchschnittliche Börsenkurs nur ein Teilkriterium der Bewertungs-methode dar. Die Bewertungsmethoden wichen in Deutschland und Frankreich folglich nicht unerheblich voneinander ab. Auf Klage der Aktionärs-gemeinschaft ADAM hin hat der Cour d'appel de Paris durch Urteil vom 13. November 2001[604] die Anwendung der „*méthode multicritère*" nochmals ausdrücklich bestätigt. Der Cour d'appel de Paris spricht von objektiven und kennzeichnenden Kriterien, die zu einer homogenen Preisgestaltung führen.

Die einheitliche Anwendung der Methode sowohl auf das Pflichtangebot als auch auf das freiwillige Übernahmeangebot stößt hingegen in der Literatur teils auf Kritik. Insbesondere *Baj*[605] wirft die Frage auf, ob eine derartige Anwendung der Überprüfungsmethoden auf beide Angebotsarten überhaupt legitim und rechtmäßig sei. *Baj* begründet seine Zweifel damit, dass erstens der Bieter beim freiwilligen Übernahmeangebot ein einseitiges Angebot abgibt, und hierbei nur dem Transparenzgebot gemäß Art. 231-3 des RAMF unterliege. Zweitens habe der CMF (nunmehr AMF) die Gegenleistung nur im Hinblick auf die Gleichbehandlung der Aktionäre und des Transparenzgebotes zu überprüfen. Drittens stünde das Ermitteln einer gerechten Gegenleistung durch die AMF im Widerspruch zum Verständnis der Kapitalmärkte. Die Kritik erscheint durchaus berechtigt. Im Gegensatz zum WpÜG sieht das französische Recht gerade keine einheitlich vorgeschriebene Preisregel vor. Die Rechtsprechung löse folglich die Grenzen zwischen den einzelnen Angebotsarten auf und würde somit eines der Grundprinzipien des französischen öffentlichen Übernahmeangebotes aushebeln[606]. Mit derart strengen Einschränkungen für den Bieter bei der Preisgestaltung im Rahmen eines normalen Übernahmeangebots sei eine Kontrollerlangung über eine Gesellschaft unter ihrem eigentlichen Wert nahezu unmöglich.

---

603 Hierzu De Vauplane/Bornet, n° 795-3; Bucher/Rontchevsky, Dictionnaire Joly Bourse et Produits Financiers, n° 180 ff.; Viandier, OPA, OPE, n° 947, 2800 ff.; Lamy Droit du Financement 2005, n° 1500 ff.; Bonneau/Faugérolas, Les offres publiques, n° 203, n° 218 ff.; de Foucaud/Goix, Banque et Droit n° 82, mars-avril 2002, S. 18, 19; Thin, LPA du 22 nov. 1995, S. 40, 41; Wymeersch, ZGR 2002, 520, 533.

604 CA Paris, 13 nov. 2001, Droit des Sociétés avril 2002, S. 30, note Bonneau; auch D. 2002, S. 574. Hierbei handelte es sich sogar um ein Angebot im vereinfachten Verfahren („procédure simplifiée").

605 Baj, RD bancaire et financier mai-juin 2001, S. 183; auch Viandier, OPA, OPE, n° 941, 942.

606 Darstellung der Problematik auch bei: Daigre, Rev. Droit bancaire et financier, mars-avril 2002, S. 55, 56, Viandier, OPA, OPE, n° 941, 942.

Insbesondere *Daigre*[607] trat der Kritik von *Baj* und *Viandier* entgegen. Nach *Daigre* sei das freiwillige Übernahmeangebot nicht mit einem einfachen Vertragsangebot aus dem täglichen Leben zu vergleichen. Auch wenn die Gleichbehandlung der Aktionäre bei einer völlig freien Gestaltung der Gegenleistung durch den Bieter nicht unbedingt in Gefahr sei, so gebiete es die Integrität und Transparenz des Marktes, dass eine gewisse Kontrolle über die Gegenleistung herrscht und den Bieter zu einer objektiven Preisgestaltung anhält[608]. Hinzu kommt, dass die Rechtsprechung zwar grundsätzlich eine gemeinsame Anwendung der Kriterien vorsieht, jedoch für den Einzelfall genügend Freiraum bezüglich der Gewichtung einzelner Kriterien lässt[609]. Demzufolge sei eine Überprüfung des Angebotspreises durch die AMF und das Instanzgericht sowohl beim Pflichtangebot als auch beim freiwilligen Übernahmeangebot legitim.

Die massive Kritik der Literatur wird sich nunmehr jedoch – zumindest beim Pflichtangebot - selbst erledigt haben. Ob die *„méthode multicritère"* auch beim freiwilligen Übernahmeangebot ausgedient hat, ist jedoch nicht anzunehmen. Die Gesetzgebungsdebatten im Jahr 2006 haben gezeigt, dass die *„méthode multicritère"* ein fest verankertes Institut im französischen Übernahmerecht ist und insbesondere auch beim Pflichtangebot Anwendung findet, sofern die neue Mindestpreisregelung keinen angemessenen Preis gewährleistet.

III. Auswirkungen der neuen Übernahmerichtlinie 2004

Eine wesentliche Neuerung der Übernahmerichtlinie vom 21. April 2004 ist – wie bereits mehrfach erwähnt - die Vorgabe der Einführung eines Mindestangebotspreises im Rahmen des Pflichtangebots. Artikel 5 Absatz 1 der Richtlinie schreibt den Mietgliedstaaten nunmehr vor, dass bei Abgabe eines Pflichtangebots der Angebotspreis angemessen (*„équitable"*) sein muss. Artikel 5 Absatz 4 definiert wiederum die Angemessenheit des Angebotspreises. Demnach hat sich der Bieter an dem höchsten Preis zu richten, der zwischen sechs und zwölf Monaten vor Abgabe des Angebots gezahlt wurde. Der angemessene Preis hat sich somit an den Vorerwerben des Bieters zu richten und zu errechnen.

Für das deutsche Übernahmerecht ist eine derartige Mindestpreisregelung, wie gesehen, bereits bekannt und; § 31 Absatz 1 Satz 1 WpÜG i.V.m. § 4 f. WpÜG-AngebotsVO geregelt. Da das WpÜG bisher lediglich in § 31 Absatz 3 Nr. 1 WpÜG i.V.m. § 4 WpÜG-AngebotsVO auf eine Dreimonatsfrist hinsichtlich

---

607 Daigre, Rev. Droit bancaire et financier, mars-avril 2002, S. 55, 57.
608 Daigre, Rev. Droit bancaire et financier, mars-avril 2002, S. 55, 57.
609 Lamy, Droit du Financement 2005, n° 1500 ff.

Vorerwerbe abstellte, ist einzige Neuerung die Erweiterung des Referenzzeitraum von drei auf sechs Monate.

Für das französische Übernahmerecht bedeutete Art. 5 der Richtlinie hingegen, dass der Versuch des französischen Gesetzgebers sowie der Aufsichtsbehörde AMF, dem Bieter eine gewisse Freiheit in der Festlegung des Angebotspreises zu belassen, zumindest für das Pflichtangebot nicht mehr aufrecht zu halten war. Eine derartige Festlegung des Angebotspreises kennt das französische Recht bisher nur im Rahmen des vereinfachten Verfahrens („*procédure simplifiée*"). Gemäß Art. 233-3 RAMF darf der Preis dort nicht geringer sein als der durchschnittliche Börsenkurs über einen Zeitraum von 60 Börsentage, gerechnet ab Veröffentlichung des Angebotsvorhabens.

Der französische Gesetzgeber musste folglich eine Mindestpreisregelung in das französische Übernahmerecht einführen und tat dies auch, indem er Art. L. 433-3 Absatz 1 in das Finanzgesetz („*Code monétaire et financier*") einfügte. Insoweit wird auch die als herrschend befundene Preisermittlungsmethode „*méthode multicritère*" für das Pflichtangebot nur noch Anwendung finden, sofern in der festzulegenden Frist keine Vorerwerbe erfolgten. Dem Gesetzgeber bleibt hingegen die Festlegung des Referenzzeitraums, welcher zwischen sechs und zwölf Monate zu betragen hat. Frankreich hat sich wie Deutschland für einen Referenzzeitraum von sechs Monaten entschieden.

Im Gegensatz zum deutschen Gesetzgeber hat Frankreich hingegen von der Befreiungsmöglichkeit des Art. 5 Absatz 4 Unterabsch. 2 der Richtlinie Gebrauch gemacht, nach dem die Mitgliedstaaten ihre Aufsichtsstellen ermächtigen können, den Mindestpreis unter ganz bestimmten Voraussetzungen und nach eindeutig festgelegten Kriterien abzuändern. Die Aufsichtsbehörde AMF wurde hierzu nunmehr durch Art. L. 433-3 Absatz 1 Satz 2 des Finanzgesetzes ausdrücklich ermächtigt. Die einzelnen Kriterien einer Abweichung von der Mindestpreisregel wurden in dem neu gestalteten Art. 234-6 RAMF aufgelistet, wobei die Aufzählung entsprechend dem Verordnungsentwurf nicht abschließend sein soll[610]. Ausnahmen vom Mindestpreis sollen insbesondere bei folgenden Sachverhalten möglich sein:

- bei nachweislichen Finanzschwierigkeiten der Zielgesellschaft;

- bei außergewöhnlichen Ereignissen, die einen Einfluss auf den Börsenkurs der Zielgesellschaft innerhalb der letzten 12 Monate vor dem Angebot haben können.

---

610 Aubert/Cotty/Rontchevsky, Revue Lamy Droit des Affaires, juin 2006, n° 6, S. 10, 14.

Art. 5 Absatz 4 Unterabsch. 2 der Richtlinie sieht diese beiden Fälle als Regelbeispiele selbst vor. Der neue Art. 234-6 RAMF sieht ferner vor, dass in derartigen Ausnahmefällen als Bewertungsmaßstab die üblich verwendeten Kriterien anzuwenden ist, mithin die bereits oben erwähnte Preisermittlungsmethode *„méthode multicritère"*. Das französische Recht behält sich demzufolge im Gegensatz zum deutschen Übernahmerecht eine gewisse Flexibilität bei der Preisgestaltung im Rahmen des Pflichtangebots vor.

IV. Zusammenfassung

Die Disharmonie zwischen deutschem und französischem Übernahmerecht ist bei der Preisfindung besonders auffallend. Auch wenn durch die Übernahmerichtlinie 2004 eine gewisse Angleichung zu verzeichnen ist, kann von Rechtsharmonie jedoch nicht gesprochen werden. Offensichtlich wird dies bei der Anwendung der Mindestpreisregel. Das WpÜG gibt seit dessen Bestehen vor, dass die vom Bieter angebotene Gegenleistung angemessen sein muss. Eine Unterscheidung zwischen freiwilligem Angebot und Pflichtangebot wird nicht gemacht. Grundsätzlich muss nach § 3 Absatz 2 WpÜG-AngebotsVO i.V.m. § 4 Absatz 1 WpÜG-AngebotsVO die Gegenleistung etwaige Vorerwerbe berücksichtigen und mindestens dem Wert der höchsten vom Bieter gewährten oder vereinbarten Gegenleistung innerhalb der letzten sechs Monate entsprechen. In Frankreich wurde dagegen seit jeher vertreten, dass sich der Bieter am Markt zu orientieren habe und einen angemessenen Preis selbst ermittelt. Das deutsche Recht macht demzufolge enge Vorgaben bei der Preisfindung wohingegen das französische Recht auf die Gesetze des Marktes vertraut. Auch wenn der französische Gesetzgeber nunmehr die Mindestpreisregel auf Grund der Übernahmerichtlinie beim Pflichtangebot in das nationale Übernahmerecht umsetzen musste, besteht hinsichtlich des freiwilligen Übernahmeangebots weiterhin eine auffallende Disharmonie bei der Preisfindung zwischen französischem und deutschem Recht. Diese Disharmonie setzt sich dann auch in der Mindestpreisregel selbst fort. So hat Frankreich im RAMF ausdrücklich Ausnahmetatbestände zur Mindestpreisregel geregelt. Deutschland hingegen bleibt bei einer starren Anwendung, obwohl die Übernahmerichtlinie die Möglichkeit zur Abweichung eröffne, sofern die Einzelfälle ausdrücklich geregelt sind. Festzuhalten ist somit, dass die Preisfindung im deutschen Übernahmerecht den Bieter stark ein schränkt und eine mögliche Flexibilität vermissen lässt. Demnach hat sich der deutsche Gesetzgeber deutlich für eine anlegerfreundliche Regelung entschieden. In Frankreich hingegen wird weiterhin versucht, das Prinzip der Vertragsfreiheit und somit die freie Preisfindung aufrechtzuerhalten.

KAPITEL 6: Wasserstandsmeldungen

Die so genannten Wasserstandsmeldungen verfolgen den Zweck, während des Übernahmeverfahrens Transparenz über die Beteiligung des Bieter und der mit ihm gemeinsam handelnden Personen an der Zielgesellschaft zu schaffen. Gleichzeitig soll Transparenz über den aktuellen Stand der Akzeptanz des Übernahmeangebots erreicht werden[611]. Nachfolgend soll aufgezeigt werden, dass auch hier französisches und deutsches Übernahmerecht voneinander abweichen und die abweichenden Regelungen somit Teil der insgesamt festzustellenden Disharmonie sind. So kennt das deutsche Übernahmerecht eine eigene Veröffentlichungspflicht von Wasserstandsmeldungen (Ziffer I.), das französische Recht behilft sich dagegen mit einer allgemeinen Deklarationspflicht des Bieters (Ziffer II.). Unter Ziffer III. ist sodann ein Vergleich beider Rechtssysteme bei Parallelgeschäften anzustellen. Ziffer IV. behandelt schließlich die Bieterpflichten im Falle eines Konkurrenzangebots.

I. Die Veröffentlichungspflicht des Bieters nach § 23 Absatz 1 Nr. 1 WpÜG

Die Kernvorschrift im deutschen Recht für Wasserstandsmeldungen ist § 23 WpÜG. Sinn und Zweck des § 23 WpÜG ist es, aktuelle Informationen über den voraussichtlichen Erfolg des Angebots insbesondere gegenüber den Aktionären und dem Kapitalmarkt zugänglich zu machen[612]. Sie gilt für alle Angebotsarten und besteht unabhängig neben den Mitteilungspflichten des § 21 WpHG bzw. § 20 AktG[613]. § 23 Absatz 2 WpÜG gilt hingegen auf Grund des Wortlautes nur für Übernahme- und Pflichtangebote.

Eine transparente Angebotsphase wurde vor allem nach den Erfahrungen der Übernahme von MANNESMANN durch VODAFONE gefordert. Im dortigen Übernahmeverfahren gab es weder für die Zielgesellschaft noch für die Aktionäre die Möglichkeit, den aktuellen Stand der Übernahme zu erfahren[614]. Als weitere Rechtfertigung der Veröffentlichungspflicht nach § 23 Absatz 1 Nr.

---

611 RegE BT-Drucksache 14/7034, S. 50.

612 Witt, NZG 2000, 809; Thun in Geibel/Süßmann, WpÜG, § 23 Rn. 1.

613 Schröder in Haarmann/Riehmer/Schüppen, WpÜG, § 23 Rn. 9; Möllers in Kölner Kommentar zum WpÜG, § 23 Rn. 35.

614 Hierzu Burgard, WM 2000, 611, 612; Strenger, WM 2000, 952.

1 WpÜG wird das so genannte „*prisoner's dilemma*" angeführt[615]. Durch die sich wiederholenden Wasserstandsmeldungen erhält ein Aktionär Kenntnis von der aktuellen Annahmequote. Er kann also selbst abschätzen, ob er bei einem Nichtverkauf seiner Anteile zum Minderheitsaktionär in der Zielgesellschaft wird. Der Entscheidungskonflikt des Aktionärs bezüglich seiner Deinvestitionsentscheidung wird folglich durch die Wasserstandsmeldungen in gewisser Weise entschärft.

Kritik erfährt die Anwendung des § 23 Absatz 1 WpÜG durch die Literatur im Rahmen von einfachen Erwerbsangeboten, also Angeboten, die nicht auf die Kontrolle abzielen. Eine Anwendung sei insbesondere deshalb nicht erforderlich, da sich der Aktionär nicht in dem oben angedeuteten „*prisoner's dilemma*" befindet. Ein Kontrollwechsel soll hier gerade nicht stattfinden. Der Aktionär muss demnach nicht befürchten, als Minderheitsgesellschafter in der Gesellschaft zu verbleiben. In der Regel ist bei Eintritt eines neuen Minderheitsgesellschafters auch ein Kurswechsel in der Geschäftspolitik nicht anzunehmen. Eine Anwendung des § 23 WpÜG auf einfache Erwerbsangebote sei somit nicht gerechtfertigt. Die dem Bieter hier auferlegten Pflichten seien vielmehr als nicht erforderliche Überregulierung einzustufen[616].

Der Bieter hat im Rahmen der Wasserstandsmeldungen sämtliche Wertpapiere anzugeben. Eine Begrenzung auf Wertpapiere des Angebots findet nicht statt. Bekannt zugeben ist die Anzahl der von § 2 Absatz 2 WpÜG erfassten Wertpapiere einschließlich der Höhe der jeweiligen Wertpapieranteile, sowie der ihm zustehenden und zurechenbaren Stimmrechtsanteile. Für die Angabe der Anzahl der Wertpapiere i.S.d. § 2 Absatz 2 WpÜG ist die im Gesetz ausgeführte Dreiteilung zwischen Bieter, gemeinsam handelnden Personen und Tochtergesellschaften zu beachten. Diese Dreiteilung wird in der Praxis auch bezüglich der Höhe der Anteile vorgenommen[617]. Bei der Angabe der Stimmrechtsanteile erfolgt hingegen keine Dreiteilung. Hier ist folglich nur die aktuell erlangte Quote des Bieters (unter Einberechnung der gemeinsam handelnden Personen und der Zurechnung der Stimmrechte von Tochtergesellschaften) anzugeben. Dem ist zuzustimmen, denn während des Angebotsverfahrens ist in der Regel nur die bisher erreichte Beteiligungsquote von Interesse. Eine

615 Geibel in Geibel/Süßmann, WpÜG, § 16 Rn. 25; Schröder in Haarmann/Riehmer/Schüppen, WpÜG, § 23 Rn. 4 f.; Möllers in Kölner Kommentar zum WpÜG, § 23, Rn. 3 ff.; Liebscher, ZIP 2001, 853, 865; Witt, NZG 2000, 809, 811 ff.

616 Schröder in Haarmann/Riehmer/Schüppen, WpÜG, § 23 Rn. 2 ff.

617 So Möllers in Kölner Kommentar zum WpÜG, § 23 Rn. 65; a.A. Thun in Geibel/Süßmann, WpÜG, § 23 Rn. 12 f.

derartige Handhabung entspricht auch dem Schutzzweck des § 23 WpÜG[618]. Eine separate Darstellung erfolgt dann mit Bekanntgabe des Gesamtergebnisses, was als ausreichend erachtet wird. Zu beachten ist ferner, dass noch nicht erfüllte Erwerbsvereinbarungen einzubeziehen sind. Dies wird durch einen Verweis auf § 31 Absatz 6 WpÜG in § 23 Absatz 1 Satz 2 WpÜG klargestellt.

Während der Annahmefrist sind die Angaben gemäß § 23 Absatz 1 Nr. 1 WpÜG wöchentlich zu machen[619]. Form und Art der Veröffentlichung entsprechen der Veröffentlichung der Angebotsunterlagen nach § 14 Absatz 3 WpÜG. Gefordert wird also eine Veröffentlichung im Internet und in einem überregionalen Börsenpflichtblatt. In der Praxis hat sich aber auch eine tägliche Veröffentlichung durchgesetzt, wobei diese in der Regel nur auf der Homepage des Bieters erfolgt[620]. In der Literatur wird zum Teil die Genauigkeit der Angaben angezweifelt. Auf Grund technischer Unzulänglichkeiten könne vom Bieter, ähnlich der Regelung 17.1. des City Codes, nur eine gesteigerte Ermittlungspflicht verlangt werden[621].

Während der letzten Woche der Annahmefrist hat die Veröffentlichung täglich zu erfolgen. Diese gesteigerte Pflicht erfolgt vor dem Hintergrund, dass insbesondere institutionelle Anleger regelmäßig erst im letzten Moment über den Verkauf oder das Halten der Beteiligungen entscheiden[622]. Es ist davon auszugehen, dass dann aber eine alleinige Veröffentlichung im Internet nicht ausreicht. Bieter, die bereits während des gesamten Annahmeverfahrens tägliche Wasserstandsmeldungen veröffentlicht haben, müssen also beachten, dass in der letzten Woche auch eine Bekanntgabe in der Presse zu erfolgen hat. Ein Versäumen dieser Pflicht ist gemäß § 60 Absatz 1 Nr. 1 b) WpÜG bußgeldbedroht.

Selbstverständlich hat der Bieter die veröffentlichten Quoten auch der BAFin mitzuteilen; § 23 Absatz 1 Satz 1 WpÜG. Die Mitteilung erfolgt gemäß § 45 WpÜG schriftlich oder im Wege der elektronischen Datenübermittlung. Ferner unterliegt der Bieter gegenüber der BAFin auch der Belegspflicht i.S.d. § 14 Absatz 3 Satz 2 WpÜG.

---

618 Vgl. Möllers in Kölner Kommentar zum WpÜG, § 23 Rn. 65; Thun in Geibel/Süßmann, WpÜG, § 23 Rn. 13.

619 Kritisch zur wöchentlichen Veröffentlichung in der Anfangsphase: Schröder in Haarmann/Riehmer/Schüppen, WpÜG, § 23 Rn. 26.

620 Zustimmend: Stellungnahme des Handelsrechtsausschusses des DAV, NZG 2001, 420, 425.

621 Schröder in Haarmann/Riehmer/Schüppen, WpÜG, § 23 Rn. 30.

622 BT-Drucksache 14/7034, S. 50; Pötzsch/Möller, WM Sonderbeilage Nr. 2 2000, S. 22.

II. Die Deklarationspflicht im französischen Recht

Eine entsprechende französische Regelung, die den Bieter verpflichtet, während der Annahmefrist seine erworbenen Beteiligungen an der Zielgesellschaft zu deklarieren, gibt es nicht. Demnach besteht die Disharmonie zum deutschen Recht darin, dass die Abgabe von Wasserstandsmeldungen in Frankreich nicht ausdrücklich geregelt ist, sondern vielmehr in eine allgemeine Deklarationspflicht eingekleidet ist. Begrenzt vergleichbar ist dennoch Art. 231-38 RAMF (früher 232-21 RAMF). Gleichwohl unterscheidet sich diese Vorschrift erheblich von § 23 WpÜG. Art. 231-38 RAMF stellt keine bietereigene Verpflichtung dar, sondern ist eher als allgemeine Transparenzregel aufzufassen. Um dem Transparenzgrundsatz umfassend Rechnung zu tragen, wurde der Kreis der Personen, die der täglichen Deklarationspflicht während des Annahmeverfahrens unterworfen sind, erweitert[623]. Im Gegensatz zu § 23 WpÜG hat also nicht nur der Bieter tägliche Wasserstandsmeldungen herauszugeben, sondern es werden sämtliche betroffenen Gesellschaften, ihre Verwaltungsorgane und sämtliche tätig werdende Finanzdienst-leistungsunternehmen erfasst[624]. Ferner haben auch sämtliche (gemeinsam handelnde) Personen, die mindestens 5 % des Kapitals oder der Stimmrechte halten, jegliche Kauf- bzw. Verkaufsoperationen und Übertragungs-vereinbarungen bezüglich der betroffen Beteiligungen, der AMF anzuzeigen. Nach Absatz 3 der Regelung unterliegt ferner jede Person, die mindestens 0,5 % der Anteile der Zielgesellschaft erworben hat, denselben Deklarationspflichten. Veröffentlicht werden sämtliche Wasserstandsmeldungen nach Art. 231-39 RAMF (früher 232-22 RAMF) durch die AMF mit Ausnahme derer, die durch die Vertreter des Bieters veröffentlicht werden.

Der Unterschied zum deutschen Recht besteht folglich darin, dass der Bieter nicht alleine die Deklaration sämtlicher eigenen und ihm zuzurechnenden Aktienerwerbe vornimmt. Vielmehr hat jede Person, die im Rahmen des Angebotsverfahrens Transaktionen vornimmt, selbst der Veröffentlichungspflicht nachzukommen. Man könnte annehmen, dass eine derartige Flut von Veröffentlichungen die Transparenz des Angebotsverfahrens eher mindert. Die Praxis zeigt aber, dass die Veröffentlichungen der AMF sehr übersichtlich sind[625]. In der Regel werden neben dem Bieter hauptsächlich die von ihm eingeschalteten Finanzdienstleistungsunternehmen tätig. Diese können auf Grund der Regelung des Art. 232-14 i.V.m. Art. 232-19 RAMF selbst während

623 Hierzu Hovasse, Droit des Sociétés, juin 2002, S. 27, 29.

624 Vgl. Klein/Stucki, RIW 2001, 488, 490.

625 Vgl. die Veröffentlichungen im Rahmen des Art. 232-21 RAMF („Déclaration des achats et des ventes effectués pendant une offre publique“) auf der Internetseite des CMF: www.amf-france.org.

des Angebotsverfahrens Transaktionen bezüglich der Titel der Zielgesellschaft vornehmen. Sämtliche Transaktionen sind dann der AMF zu melden und werden von ihr gemäß Art. 231-38 RAMF veröffentlicht.

Der Bieter hat neben der Anzahl der täglich erworbenen Titel ferner den Erwerbspreis und die Gesamtzahl der an diesem Tag gehandelten Titel der Zielgesellschaft anzugeben. Am wichtigsten ist jedoch die Angabe der aktuell vom Bieter besessenen Gesamtzahl der Titel der Zielgesellschaft. Im Gegensatz zum deutschen Recht ist die Angabe der Quote nicht erforderlich. Die jeweilige Quotenangabe übernimmt vielmehr regelmäßig die tägliche Fachpresse[626].

Eine Diskussion über den Inhalt der Veröffentlichungspflicht des Bieters, wie sie in Deutschland geführt wird, findet in der französischen Rechtsliteratur nicht statt. Insbesondere wird nicht beanstandet, dass auch im vereinfachten Verfahren („*procédure simplifiée*") dieselben Angabepflichten herrschen wie im normalen Verfahren. Anzumerken ist schließlich, dass im Rahmen eines Tauschangebots sich hingegen die Angabepflichten auch auf die Aktien des Bieters erweitern.

III. Pflichten aus Parallelgeschäften während der Angebotsfrist

Dem Bieter ist es grundsätzlich erlaubt, während der Annahmephase außerhalb des Angebotsverfahrens Wertpapiere der Zielgesellschaft zu erwerben. Dies folgt aus § 23 Absatz 2 WpÜG. Die entsprechenden Regelungen im französischen Übernahmerecht sind in den Art. 232-14 bis 232-19 RAMF wiedergegeben.

Mit Transaktionen außerhalb des Angebotsverfahrens sind die Erwerbe gemeint, die nicht durch eine Annahmeerklärung der Aktionäre auf das Übernahmeangebot zustande kommen. Derartige Parallelgeschäfte werden regelmäßig mit Großaktionären getätigt, die dem Bieter auf einen Schlag bedeutende Aktienpakete der Zielgesellschaft anbieten können. Der Bieter zahlt dann einen so genannten Paketzuschlag. Erfolgt ein Erwerb durch Personen, die mit dem Bieter gemeinsam handeln bzw. durch deren Tochterunternehmen, sind diese dem Bieter zuzurechnen. Hierunter fallen auch schuldrechtliche Vereinbarungen, auf Grund derer die Übereignung von Aktien verlangt werden kann; § 31 Absatz 6 WpÜG. Um jedoch den dem Übernahmeverfahren zugrunde liegenden Gleichbehandlungsgrundsatz nach § 3 Absatz 1 WpÜG zu gewährleisten, werden dem Bieter bestimmte Pflichten auferlegt. Zum einen hat er sämtliche

626 Insbesondere die täglich erscheinenden Finanzblätter „Les Echos" und „La Tribune".

Parallelgeschäfte anzuzeigen (Ziffer III.1), zum anderen hat er einen eventuell gezahlten Paketzuschlag an die anderen Aktionäre weiterzugeben (Ziffer III.2).

III.1 Anzeigepflicht von Parallelgeschäften

Voraussetzung der Anzeigepflicht ist, dass der Bieter zwischen der Veröffentlichung der Angebotsunterlagen und vor Ablauf eines Jahres[627] nach der Veröffentlichung des Ergebnisses gemäß § 23 Absatz 1 Nr. 2 WpÜG Aktien der Zielgesellschaft außerhalb des Angebotsverfahrens erwirbt. Durch die Anzeigepflicht wird den Aktionären der Zielgesellschaft die Möglichkeit eröffnet, festzustellen, ob ihnen eine höhere Gegenleistung nach § 31 Absatz 4 bzw. 5 WpÜG zusteht. Die Pflicht zur Mitteilung von Erwerben gilt jedoch nur bei Übernahme- und Pflichtangeboten.

Im französischen Übernahmerecht sind Parallelerwerbe des Bieters während der Annahmefrist in Art. 232-14 RAMF geregelt. Allerdings kann nur derjenige Bieter Parallelgeschäfte tätigen, der sein Angebot nicht vom Erreichen einer bestimmten Mindestakzeptanzschwelle abhängig gemacht hat. Stellt hingegen ein Bieter sein Angebot unter eine derartige Bedingung, ist ihm jeglicher Erwerb außerhalb des Angebotsverfahrens untersagt. Sinn dieser Einschränkung ist es, dem Bieter eines bedingungslosen Angebots einen ungehinderten Zugang zu den Titeln der Zielgesellschaft zu gewährleisten[628]. Zu verstehen ist diese Argumentation unter Heranziehung des Verbots der Rücknahme eines Angebots. Denn stünde einem Bieter, der sein Angebot von einer Mindestakzeptanzschwelle abhängig macht, die Möglichkeit offen, außerhalb des Angebotsverfahrens Aktien zu erwerben, könnte er den Eintritt der Bedingung selbst steuern. Denn je mehr Aktien er außerhalb des Verfahrens erwirbt, umso weniger Aktionäre können das Angebot annehmen. Bei Nichterreichen der Schwelle wäre das Angebot ungültig; dennoch besäße er dann unter Umständen eine bedeutende Beteiligung an der Zielgesellschaft. Die Grundsätze des Übernahmeverfahrens könnten so umgangen werden.

Im deutschen Recht spielen indes diese Überlegungen keine Rolle. Denn die Gegenleistung der das Angebot annehmenden Aktionäre richtet sich gemäß § 31 Absatz 4 und 5 WpÜG nach dem höchsten zu erzielenden Preis. Eine Umgehung der Übernahmegrundsätze brächte dem Bieter im deutschen Recht somit keinen Vorteil.

Ferner ist der vom französischen Gesetzgeber anvisierte Zeitraum nicht deckungsgleich mit dem in § 23 Absatz 2 WpÜG genannten Zeitraum. Art. 232-

627 Die Jahresfrist ist nach § 188 Absatz 2 Alt. 1 BGB zu berechnen.

628 Bucher/Rontchevsky, Dictionnaire Joly Bourse et Produits Financiers, n° 312.

14 RAMF regelt nur den Zeitraum von der Annahmefrist bis zur Ergebnisveröffentlichung. Sinn und Zweck beider Regelungen sind zwar vom Prinzip her gleich. Insbesondere soll in beiden Rechtssystemen hierdurch die Gleichbehandlung der Aktionäre und die Transparenz während des Übernahmeverfahrens sichergestellt werden. Die Umsetzung erfolgt jedoch auf eine völlig unterschiedliche Art und Weise. Das französische Übernahmerecht erlaubt es dem Bieter nicht, Aktienpakete außerhalb eines organisierten und geregelten Marktes zu erwerben[629]. Transaktionen mit befreundeten Dritten und Zahlung eines Paketzuschlags sind folglich während der Annahmefrist nicht möglich. Andererseits kann auch die Zielgesellschaft nicht ihre eigens gehaltenen Aktien („*bloc d'auto-contrôle*") an einen freundlich gesinnten Dritten zu Sonderkonditionen veräußern. Die Problematik des Paketzuschlags und der Erhöhung der Gegenleistung stellt sich somit nicht. Möglich ist jedoch, dass der Erwerbspreis der einzelnen Anteile der Zielgesellschaft, die über einen organisierten Markt erworben wurden, höher ist als der eigentliche Angebotspreis. Das Problem der Gegenleistung tritt dann wiederum auf. Parallelgeschäfte des Bieters sind in Deutschland der BAFin mitzuteilen. In Frankreich sind Erwerbe außerhalb des Verfahrens entsprechend Art. 231-38 RAMF an die AMF zu melden.

Ein bedeutender Unterschied zum deutschen Recht besteht des Weiteren im Falle eines Tauschangebots. Gemäß Art. 232-18 RAMF dürfen weder der Bieter noch die mit ihm gemeinsam handelnden Personen im Falle eines Tauschangebots oder eines gemischten Angebots außerhalb des Angebotsverfahrens tätig werden. Erst mit Ende der Annahmefrist, aber noch vor Veröffentlichung des Ergebnisses, können Transaktionen außerhalb des Angebotsverfahrens vorgenommen werden. Der Grund für eine derartige Restriktion liegt in der erfahrungsreichen französischen Übernahmepraxis, die bei oben genannten Transaktionen insbesondere eine Erleichterung von Kursmanipulationen sieht[630]. Ferner soll verhindert werden, dass einige Aktionäre ihre Titel gegen Bargeld veräußern können, obwohl das Übernahmeangebot in Form eines Tauschangebots abgegeben wurde. Eine solche Vorgehensweise verstoße gegen den Gleichbehandlungsgrundsatz[631]. Der Bieter hat neben der Anzahl der erworbenen Aktien- und Stimmrechtsanteile auch die Art (Bar-, Tausch-, oder gemischtes Angebot) und die Höhe der jeweiligen Gegenleistung anzugeben. Dies sieht entsprechend auch Art. 231-38 RAMF vor.

629 Die Konzentration der Transaktionen auf einen organisierten Markt wurde im Jahre 2000 weiter verschärft. Insbesondere wurden Befreiungstatbestände von der Konzentrationspflicht gestrichen. Hierzu: Hovasse, Droit des Sociétés, oct. 2001, S. 24, 25.

630 Viandier, OPA, OPE, n° 1881.

631 Peltier, Bull. Joly Bourse, jan.-fév. 1999, S. 21, 27; Viandier, OPA, OPE, n° 1881.

Im deutschen Recht richtet sich die Form der Veröffentlichung nach § 23 Absatz 1 Satz 1 WpÜG, welcher wiederum auf § 14 Absatz 3 Satz 1 WpÜG verweist. Nach dem Wortlaut des § 23 Absatz 2 WpÜG sind Parallelerwerbe unverzüglich zu veröffentlichen. *Steinmayer/Häger*[632] vertreten hingegen die Ansicht, dass eine Veröffentlichungspflicht erst mit Feststehen der Kontrollerlangung anzunehmen ist. Eine Begründung hierfür ergibt sich weder aus der Vorschrift selbst, noch aus der Gesetzesbegründung. In der Literatur wird hingegen vertreten, dass Art. 12 des ehemaligen Übernahmekodexes heranzuziehen ist. Hiernach hatte der Bieter stets eine Meldung zum nächstfolgenden Geschäftstag zu machen[633]. Die Ansicht von *Steinmayer/Häger*[634] überzeugt indes nicht. Denn die Aktionäre der Zielgesellschaft haben bereits während der Annahmefrist ein Interesse daran, zu erfahren, wie hoch die aktuelle Erwerbsquote des Bieters liegt, zu der auch Transaktionen außerhalb des Angebotsverfahrens beitragen. Diese Argumentation wird dadurch unterstrichen, dass § 23 Absatz 2 WpÜG die Nachbesserungsansprüche nach § 31 Absatz 4 und 5 WpÜG schützen soll. Für die Geltendmachung des Nachbesserungsanspruchs nach Absatz 5 ist aber gerade nicht die Kontrollerlangung bzw. der Erfolg des Angebots Voraussetzung[635]. Hat der Bieter im Rahmen seines Übernahmeangebots keine Mindestakzeptanzschwelle gesetzt, muss er sich auch mit einer geringeren Beteiligung begnügen. Weshalb dann aber die Informationspflicht nach § 23 Absatz 2 WpÜG nicht eingreifen sollte, ist nicht nachvollziehbar[636]. *Möllers*[637] weist richtigerweise daraufhin, dass in solch einem Fall der Schutzzweck des § 23 Absatz 2 WpÜG konterkariert wird. Besteht keine Veröffentlichungspflicht, so erlangen die Aktionäre auch keine Kenntnis von ihren Nachbesserungsansprüchen.

Zusammenfassend ist somit festzuhalten, dass zwar der Wortlaut des § 23 Absatz 2 WpÜG äußerst unglücklich gewählt wurde. Eine Veröffentlichungspflicht des Bieters ist aber bereits vor Kontrollerlangung anzunehmen[638].

Das französische Recht kennt das oben angesprochene Zeitproblem der Veröffentlichung nicht. Art. 231-38 RAMF schreibt ausdrücklich vor, dass die Mitteilung täglich nach Börsenschluss zu erfolgen hat.

---

632 Steinmayer/Häger, WpÜG, § 23 Rn. 12.

633 Thun in Geibel/Süßmann, WpÜG, § 23 Rn. 45; Riehmer/Schröder, BB 2001, Beilage 5.1, S. 11.; auch Möllers in Kölner Kommentar zum WpÜG, § 23 Rn. 95.

634 Steinmayer/Häger, WpÜG, § 23 Rn. 12.

635 Möllers in Kölner Kommentar zum WpÜG, § 23 Rn. 89.

636 So Thun in Geibel/Süßmann, WpÜG, § 23 Rn. 36 ff.

637 Möllers in Kölner Kommentar zum WpÜG, § 23 Rn. 89.

638 So auch Thun in Geibel/Süßmann, WpÜG, § 23 Rn. 36 ff.; Möllers in Kölner Kommentar zum WpÜG, § 23 Rn. 89.

III.2 Erhöhung der Gegenleistung infolge von Parallelgeschäften

Der Erwerb von Anteilen der Zielgesellschaft außerhalb des Angebotsverfahrens kann neben der Pflicht zur Veröffentlichung eine weitere Pflicht des Bieters auslösen. Ist die Gegenleistung eines solchen Erwerbs höher als die im Übernahmeangebot ist der Bieter zur Nachbesserung gemäß § 31 Absatz 4 bzw. 5 WpÜG verpflichtet. Absatz 4 bezieht sich auf die Fälle während der Annahmefrist (Parallelerwerbe); Absatz 5 bezieht sich auf Erwerbe, die innerhalb eines Jahres nach Veröffentlichung des Ergebnisses der Übernahme getätigt werden (Nacherwerbe). Hierbei sind Erwerbe von gemeinsam handelnden Personen und deren Tochterunternehmen einem Erwerb des Bieters gleichzustellen.

Die Pflicht des Bieters zur Leistung eines Unterschiedsbetrages greift bereits bei Erwerb einer einzigen höher bezahlten Aktie außerhalb des Angebotsverfahrens bzw. bei Vereinbarung einer höheren Gegenleistung ein. Insofern wird das Erreichen einer bestimmten Bagatelleschwelle nicht gewährt[639]. Aus dem Wortlaut der Vorschrift geht hervor, dass die Gegenleistung noch nicht erbracht sein muss. Allein die Vereinbarung einer höheren Leistung ist ausreichend. Die Verpflichtung zur Leistung des Unterschiedsbetrags an die übrigen Aktionäre tritt kraft Gesetz ein. Diese besitzen sodann einen direkten Anspruch gegen den Bieter, der unter Umständen gerichtlich durchzusetzen ist. Anerkannt ist, dass eine Angebotsänderung auf Grund der neuen Höhe der Gegenleistung nicht zu erfolgen hat[640]. Anzumerken ist schließlich, dass auch die Art des Angebots nicht verändert wird. Die Gegenleistung wird lediglich wertmäßig angepasst[641].

Im französischen Recht ist eine Nachbesserungspflicht ebenfalls vorgesehen. Insoweit besteht hier Rechtsharmonie zum deutschen Übernahmerecht. Geregelt ist diese in Art. 232-14 Absatz 2 RAMF. Dies mag überraschen, da der Bieter, wie bereits erwähnt, während der Annahmefrist Erwerbe außerhalb des Angebotsverfahrens nur auf einem organisierten Markt tätigen darf. Es ist anzunehmen, dass der Preis der dort gehandelten Titel geringer sein wird als im Übernahmeangebot selbst. Dennoch ist ein höherer Preis außerhalb des Angebots nicht auszuschließen, so dass die Vorschrift durchaus ihre Berechtigung hat. Im Gegensatz zum deutschen Recht weicht die Angleichung des Angebotspreises an die außerhalb des Angebots gezahlte Gegenleistung geringfügig ab. Sollte der dort erzielte Preis höher als der Angebotspreis sein, so wird letzterer automatisch um mindestens 2 % erhöht. Sollte hingegen zwischen erzieltem Preis und Angebotspreis mehr als 2 % Unterschied liegen, so hat eine

639 Thun in Geibel/Süßmann, WpÜG, § 31 Rn. 49 m.w.N.; Steinmayer/Häger, WpÜG, § 31 Rn. 68.

640 Oechsler, NZG 2001, 817, 826; Thun in Geibel/Süßmann, WpÜG, § 31 Rn. 52.

641 BT-Drucksache 14/7034, S. 56.

genaue Nachbesserung zu erfolgen. Auch hier ist nicht davon auszugehen, dass der Bieter ein neues Angebot zu erstellen hat.

IV. Pflichten im Falle eines Konkurrenzangebots

Konkurrenzangebote sind nach der Legaldefinition des § 22 Absatz 1 WpÜG Angebote, die während der Annahmefrist eines Angebots von einem Dritten abgegeben werden. Es tritt somit plötzlich ein weiterer Bieter im Angebotsverfahren auf. Demnach ist auch zwischen den Pflichten des Erstbieters (Ziffer VI.1.) und den Pflichten des Bieters des konkurrierenden Angebots (Ziffer VI.2.) zu unterscheiden. Nicht vertieft behandelt werden indes die Auswirkungen des Konkurrenzangebots auf das eigentliche Übernahmeverfahren[642].

IV.1 Pflichten des Erstbieters

Vorweg ist anzumerken, dass allein auf Grund der Abgabe eines Konkurrenzangebots durch einen Dritten keine neuen Pflichten für den Erstbieter entstehen. Eine Pflicht zur Stellungnahme oder dergleichen ist nicht vorgesehen. Hier ergeben sich keine Abweichungen zwischen deutschem und französischem Übernahmerecht. Dementsprechend kann der Erstbieter einfach abwarten und auf die Attraktivität seines Angebots vertrauen. Entscheidet sich der Erstbieter also nicht auf das Konkurrenzangebot zu reagieren, treffen ihn keinerlei zusätzliche zu seinem Angebot bereits bestehende Pflichten. Im französischen Übernahmerecht gilt nichts anderes. Auch hier kann der Bieter einfach abwarten und sein Angebot aufrechterhalten[643].

Entscheidet sich jedoch der Bieter das Konkurrenzangebot zu überbieten, so hat er die Vorschrift über die Änderung eines Angebots nach § 21 WpÜG zu berücksichtigen. Zu beachten hat der Bieter insbesondere, dass er seine Änderung innerhalb der hierfür vorgesehenen Frist vornimmt. Auf Grund des Konkurrenzangebots verlängert sich die eigene Angebotsfrist und somit auch die Frist zur Angebotsänderung nach § 21 Absatz 1WpÜG[644].

Im französischen Recht ermöglicht Art. 232-6 RAMF es dem Erstbieter, das Konkurrenzangebot zu überbieten. Art. 232-7 RAMF schreibt dem Bieter dann aber vor, dass die Gegenleistung um mindestens 2 % höher liegen muss als das

---

642 Hierzu: Thun in Geibel/Süßmann, WpÜG, § 22 Rn. 17 ff.; Steinmayer/Häger, WpÜG, § 22 Rn. 7 ff.

643 Vgl. Viandier, OPA, OPE, n° 1828.

644 Zur Problematik der Fristverlängerung: Oechsler, NZG 2001, 817, 825 f.; Thun in Geibel/Süßmann, WpÜG, § 22 Rn. 17 ff.

Konkurrenzangebot. Alternativ kann aber nach Absatz 3 ein neues Angebot durch die AMF zugelassen werden, wenn der Bieter auf eine vorher festgelegte Mindestakzeptanzschwelle verzichtet. Im deutschen Recht ist indes keine Mindesterhöhung des Ursprungspreises vorgegeben. Die Überbietungsfrist richtet sich im französischen Recht wie auch im deutschen Recht nach der Angebotsfrist des zuletzt abgegebenen Angebots; Art. 232-6 RAMF[645]. Die Entscheidung über die Annahme des neuen Angebots obliegt der AMF. Diese Entscheidung ist vom Bieter gerichtlich angreifbar. Vor der Fusion von COB und CMF im Jahre 2003 hatte der Bieter die COB entsprechend der in Art. 14 des Règlements COB 2002-04 vorgesehenen Form von seinem neuen Angebot zu unterrichten. Hierbei handelt es sich um ein Zusatzdokument zur ursprünglichen *„note d'information"*.

IV.2 Pflichten des Bieters des konkurrierenden Angebots

Der Initiator eines Konkurrenzangebots unterliegt selbstverständlich strengeren Regeln, denn für ihn ist dass Konkurrenzangebot so zusagen ein Erstangebot. Auf die Voraussetzungen des Angebots soll hier jedoch nicht nochmals eingegangen werden. Anzusprechen sind lediglich die abweichenden Pflichten. Wichtigste Voraussetzung ist, dass das Konkurrenzangebot gemäß § 22 Absatz 1 WpÜG während der Annahmefrist des Angebots des Erstbieters abgegeben wird. Maßgebender Zeitpunkt ist die Veröffentlichung des Konkurrenzangebots nach § 14 Absatz 3 WpÜG. Letztmöglicher Zeitpunkt ist das Ende der vom Bieter festgesetzten Annahmefrist[646]. Der Bieter eines Konkurrenzangebots ist indes nicht zur Abgabe eines besseren Angebots verpflichtet[647]. Die Beurteilung über die Attraktivität eines Angebots soll vielmehr dem Markt überlassen werden. Ferner besteht auch keine Pflicht dieselbe Angebotsart zu verwenden. Gibt der Erstbieter also ein Barangebot ab, so kann die Gegenleistung des Konkurrenzangebots durchaus in Aktien bestehen. Das Konkurrenzangebot muss lediglich die Titel der Zielgesellschaft des ursprünglichen Angebots umfassen.

Die französischen Regelungen bezüglich eines Konkurrenzangebots weichen nur geringfügig vom deutschen Recht ab, so dass lediglich von einer geringfügigen Disharmonie gesprochen werden kann. Abweichende Regelungen gibt es

645 Zum Gleichlauf der Angebotsfristen im Falle eines Konkurrenzangebots: Bucher/Rontchevsky, Dictionnaire Joly Bourse et Produits Financiers, n° 304 f.; Viandier, OPA, OPE, n° 1811.

646 Zur Frage, ob das Konkurrenzangebot auch noch während der weiteren Annahmefrist gemäß § 16 Absatz 2 Satz 1 WpÜG („Zaunkönigregelung") abgegeben werden kann: Thun in Geibel/Süßmann, WpÜG, § 22 Rn. 11 f.; ablehnend Oechsler, NZG 2001, 817, 825.

647 Assmann/Bozenhardt, Übernahmeangebote ZGR Sonderheft 1990, S. 109.

insbesondere zwei: Abgegeben werden kann das Konkurrenzangebot gemäß Art. 232-5 RAMF nur bis fünf Tage vor Ende der Annahmefrist des Angebots. Nach deutschem Recht kann das Konkurrenzangebot hingegen bis zum letzten Tag der Annahmefrist abgegeben werden. Wie auch beim Überbieten eines Konkurrenzangebots hat der Initiator eines solchen Angebots die Gegenleistung gegenüber dem ursprünglichen Angebot um mindestens 2 % zu erhöhen; Art. 232-7 Absatz 1 RAMF.

IV.3 Der Grundsatz des freien Wettbewerbs zwischen den Angeboten

Einer der wichtigsten Grundsätze im französischen Recht ist die Gewährleistung eines freien Wettbewerbs zwischen den verschiedenen Übernahmeangeboten[648]. Der Grundsatz erfuhr durch die Übernahmeschlachten BNP / PARIBAS / SOCIÉTÉ GÉNÉRALE und TOTAL FINA/ELF im Jahre 1999 eine Art Wiederbelebung im französischen Übernahmerecht. Ausdruck wird diesem Grundsatz in Art. 231-3 RAMF (ehemals Art. 4 Absatz 1 des Règlement COB 2002-04) verliehen. Ferner wird dieser Grundsatz auch von einer stark gefestigten Rechtsprechung getragen. Beispielweise hat der Cour d'appel de Paris im Jahre 1988 entschieden, dass jede am Übernahmeverfahren beteiligte Person offen handeln muss und sich keine Vorteile durch unerlaubte Mittel verschaffen darf[649]. Ein weiteres Urteil machte deutlich, dass eine Kontrollübernahme in der Zielgesellschaft durch einen Dritten während eines Übernahmeverfahrens nur im Wege eines Konkurrenzangebots möglich ist[650].

In Deutschland ist der Grundsatz des freien Wettbewerbs zwischen den Bietern nicht ausdrücklich geregelt. Gleichwohl stellt er auch eines der übernahmerechtlichen Grundprinzipe dar. Wieder zu finden ist er in Form des Gleichbehandlungsgebots nach § 3 Absatz 1 WpÜG und des Verbots der Marktverzerrung in § 3 Absatz 5 WpÜG. Die fehlende Aufmerksamkeit für die Problematik der Verhaltenspflichten der Bieter untereinander lässt sich daraus erklären, dass die Praxis in Deutschland noch keinen spektakulären Fall wie die Übernahmeschlacht BNP / PARIBAS / SOCIÉTÉ GÉNÉRALE hervorgebracht hat. Dennoch gelten auch hier die für den Bieter im Grundsatz statuierten Verhaltenspflichten während eines Übernahmeverfahrens.

Festzuhalten ist folglich, dass es dem Bieter verboten ist, Maßnahmen zu ergreifen, die ein Konkurrenzangebot beeinträchtigen bzw. zum Scheitern

---

648 Portier/Navelet-Noualhier/Mathieu-Bouyssou, Rev. de Droit Bancaire et Financier, juillet-août 2002, S. 226; Frison-Roche, Bull. Joly Bourse 1993, S. 720; Rontchevsky, Bull. Joly Bourse 1995, S.365; Fleischer/Jänig, RIW 2002, 729, 730.

649 CA Paris 18 mars 1988, JCP E 1988, II, 15248, S. 525, note Forschbach.

650 CA Paris 20 novembre 1991, Bull. Joly janv. 1992, S. 72.

bringen[651]. Die französische Rechtsprechung drückt dies folgendermaßen aus. *„Verboten sind jegliche Maßnahmen, die eine Partei favorisiert und etwaige Angebote Dritter verhindern; also einen entscheidenden Vorteil für den Erfolg des Angebots bedeuten"*[652].

V. Zusammenfassung

Die Pflicht des Bieters, Wasserstandsmeldungen im Rahmen des laufenden Übernahmeverfahrens abzugeben, kennt sowohl das deutsche als auch das französische Übernahmerecht. Dennoch sind auch im Bereich der Wasserstandsmeldungen nicht unerhebliche Unterschiede zwischen beiden Rechtsystemen festzustellen. Das deutsche Übernahmerecht regelt derartige Meldungen ausdrücklich in § 23 WpÜG. Das französische Recht kennt hingegen keine eigens für Wasserstandsmeldungen geschaffene Vorschrift. Vielmehr werden diese Meldepflichten durch die allgemeine Regelung der Art. 231-38 ff. RAMF umfasst. Art. 231-38 ff. RAMF beziehen sich auf jede Art von Anteilsübertragung währen des Übernahmeverfahrens Demzufolge – und hier besteht der eigentliche Unterschied zu § 23 WpÜG – unterliegt auch nicht nur der Bieter der Mitteilungspflicht der Art. 231-38 ff. RAMF, sondern jede Person, die im Rahmen des Angebotsverfahrens Transaktionen vornimmt, also auch Dritte. Weitere Disharmonie zwischen beiden Rechtssystemen bestehen hingegen jedoch nur um Detail.

Bei der Behandlung von Konkurrenzangeboten sind nur geringfügige Abweichungen zwischen deutschem und französischem Recht vorzufinden. Erwähnenswert ist hier eine insbesondere eine Disharmonie in der Höhe des Konkurrenzangebots bzw. des ggf. darauf folgende zweite Angebot des Erstbieters. So schreibt das französische Recht eine Mindesterhöhung von 2 % vor. Das deutsche Recht verzichtet dagegen auf eine Mindesterhöhung.

---

651 Vgl. De Vauplane/Bornet, n° 799-1.

652 CA Paris 27 avril 1993, RJ com. 1993, n° 1371, note Goyet; Bull. Joly Bourse, juillet-août 1993, S. 397, note Le Cannu.

SCHLUSS: Zusammenfassung in Thesen

- Das Ergebnis des Vergleichs zwischen deutschem und französischem Übernahmerecht ist eine eklatante Disharmonie zwischen beiden Rechtssystemen. Insoweit weisen beide Übernahmerechte auch nach der Umsetzung der Übernahmerichtlinie 2004/25/EG teilweise erhebliche Unterschiede sowohl in der Grundkonzeption als auch innerhalb einzelner Regelungsabschnitte auf.

- Die Übernahmerichtlinie 2004/25/EG stellt lediglich eine Kompromisslösung dar. Die erhoffte Harmonisierung der einzelnen Rechtssysteme betreffend Übernahmeangebote blieb überwiegend aus. Insoweit beschränkt sich die Richtlinie vorwiegend auf eine Festsetzung allgemeiner übernahmerechtlicher Grundsätze. Durch das so genannte Optionsmodell wurde die Disharmonie zwischen den Rechtssystemen teilweise sogar verstärkt.

- Im französischen Übernahmerecht stellt das Normalverfahren nicht wie im deutschen Recht der einfache Erwerb von Wertpapieren entsprechend §§ 2 Abs. 1 Alt. 1, 10 ff. WpÜG dar, sondern das stets auf den Kontrollerwerb gerichtete öffentliche Übernahmeangebot („*offre publique d'achat*"). Dieser grundlegende Unterschied wirkt sich auf die verschiedenen Verfahrensarten im jeweiligen Rechtssystem aus. So kennt das französische Übernahmerecht neben dem Normalverfahren das Pflichtangebot („*offre publique obligatoire*"), das vereinfachte Verfahren („*procédure simplifiée*") und das so genannte Kurssicherungsverfahren („*procédure de garantie de cours*").

- Der einfache Erwerb von Wertpapieren kommt im französischen Übernahmerecht dem französischen vereinfachten Verfahren („*procédure simplifiée*") am nächsten. Dem öffentlichen Übernahmeangebot („*offre publique*") entspricht das Übernahmeangebot nach § 29 WpÜG. Beim Pflichtangebot gibt es hingegen zwischen beiden Rechtssystemen keine systematischen Unterschiede.

- Den Zeitpunkt der Veröffentlichung der Entscheidung zur Abgabe eines Übernahmeangebots legte der Bieter im französischen Recht bis zur Umsetzung der Übernahmerichtlinie 2004 selbst fest. Damit wurde die freie Angebotsentscheidung in Frankreich stärker geschützt als in Deutschland, was zu Lasten des Anlegerschutzes geht. Eine dem § 10 Absatz 1 Satz 1 WpÜG entsprechende Regelung der „unverzüglichen" Veröffentlichung kannte das französische Übernahmerecht bis dahin nicht. Durch Einfügung des Art. L. 433-1 Absatz 5 des Finanzgesetzes ist nun auch der französische Bieter grundsätzlich zur unverzüglichen Mitteilung seines Angebotsvorhabens gegenüber der Aufsichtsbehörde AMF verpflichtet. Im Gegensatz zum deutschen Recht wird der AMF jedoch ein weitaus größerer Entscheidungs-spielraum hinsichtlich einer Befreiung von der Erklärungspflicht gewährt.

- Die von der Richtlinie angestrebte Waffengleichheit bei Übernahmen („*level playing field*") konnte auf Grund der unterschiedlichen Ein- bzw. Auswahlmöglichkeiten („*opt-in*" bzw. „*opt-out*") nur bedingt erreicht werden. Hieran ändert auch die Möglichkeit des Reziprozitätseinwands nichts.

- Die Umsetzung der Neutralitätspflicht für die Kontrollorgane der Zielgesellschaft sowie die Umsetzung der Durchbrechung von gesellschaftsrechtlichen und vertraglichen Übernahmehindernissen, welche über lange Strecken die Verabschiedung der Richtlinie verhindert haben, wurde den Mitgliedstaaten freigestellt. Die Richtlinie sieht ein so genanntes Optionsmodell vor. Entscheidet sich ein Mitgliedstaat gegen die Umsetzung der Neutralitätspflicht und/oder der Durchbrechungsregelung wird die Anwendung den nationalen Unternehmen überlassen. Diese Kompromisslösung führte jedoch zu einer Vielzahl von unterschiedlichen Anwendungsvarianten und somit zu einer weit reichenden Disharmonie zwischen den einzelnen Rechtssystemen.

- Die Unausgewogenheit der Richtlinie in Bezug auf die Einführung von Abwehrmaßnahmen spiegelt sich in den Umsetzungen in Deutschland und Frankreich deutlich wieder. Deutschland hat sich weder in die Neutralitätspflicht noch in die Durchbrechungsregelung eingewählt, sieht dafür aber in § 33 c WpÜG vor, dass die Unternehmen den Reziprozitätseinwand beschließen können. Frankreich hat sich hingegen in die Neutralitätspflicht eingewählt, gleichzeitig jedoch die Abwehrmaßnahme der Ausgabe von Aktienoptionsscheinen (BSA) ausdrücklich für zulässig erklärt. Der Reziprozitätseinwand ist für die Unternehmen in Bezug auf die Neutralitätspflicht möglich. Ferner hat sich Frankreich auch in die Durch-brechungsregelung eingewählt, wobei der Reziprozitätseinwand hier nicht zulässig sein soll. Das Umsetzungsbeispiel im Vergleich Deutschland / Frankreich zeigt, dass eine Waffengleichheit zwischen Bieter und Zielgesellschaft oftmals auf Grund der unterschiedlichen Ein- bzw. Auswahl nicht vorliegen wird.

- Die Übernahmerichtlinie konnte auch die bestehende Disharmonie zwischen beiden Rechtssystemen hinsichtlich des Ausschlussrechts von Minderheitsaktionären („*squeeze-out*") sowie dem Andienungsrecht („*sell-out*") nicht vollkommen beseitigen. Deutschland musste entsprechend der Vorgaben der Richtlinie beide Verfahren neu in das Übernahmerecht integrieren, wohingegen das französische Übernahmerecht beide Verfahren („*offre publique de retrait*" und „*offre publique de retrait obligatoire*") seit mehreren Jahren vorsieht und demzufolge einen erheblichen Erfahrungsvorsprung verzeichnen kann. Allein die Regelungen der Richtlinie konnten diesbezüglich keine Harmonie herbeiführen.

- Unterschiede zwischen deutschem und französischem Übernahmerecht sind insbesondere auch beim Zusammenwirken des Bieters mit Dritten („*acting in concert*"), bei der Einschaltung von Finanzdienstleistern sowie bei der Preisfindung für die Gegenleistung zu bemerken.

- Das gemeinsame Handeln („*acting in concert*" bzw. „*action de concert*") ist ein zentraler Begriff des französischen Finanzmarkt- und Gesellschaftsrechts. Im Gegensatz zum deutschen Recht hat der Begriff der „*action de concert*" rechtsübergreifende Funktion. Der französische Gesetzgeber schuf in Art. L. 233-10 Code de commerce eine Rahmenvorschrift für das gemeinsame Handeln, welche sowohl für das Gesellschaftsrecht als auch für das Übernahmerecht maßgebend ist. Folglich ist das französische Recht dem deutschen Recht in diesem Punkt in erheblicher Weise voraus.

- Die „*action de concert*" kann im Gegensatz zum deutschen Recht auf Vermutungen beruhen. Insoweit hat der französische Gesetzgeber mehrere Vermutungstatbestände gesetzlich festgeschrieben und ermöglicht folglich eine flexiblere Feststellung eines gemeinsamen Handelns.

- Die französische Regelung des Art. L. 233-10 des Code de commerce legt fest, wer Bieter ist. Im Gegensatz hierzu setzt § 30 WpÜG die Ermittlung des Bieters sowie dessen Anwendung voraus, was in der deutschen Rechtsliteratur zu Unstimmigkeiten führte. Demzufolge ist die französische Regelung des Art. L. 233-10 des Code de commerce und dessen Auslegung als die ausgereiftere Regelung für den Begriff des gemeinsamen Handelns anzusehen. Das in Deutschland umständliche Zusammenspiel zwischen § 30 WpÜG und § 2 Absatz 5 WpÜG ist hingegen für die Rechtssicherheit wenig förderlich.

- Eine zentrale Pflicht des Bieters in der Vorbereitungsphase des Übernahmeverfahrens ist die gesicherte Finanzierung des Angebots, welche in der Regel ein Wertpapierdienstleistungsunternehmen garantiert. Im französischen Recht spielt das Wertpapierdienstleistungsunternehmen eine weitaus wichtigere Rolle als im deutschen Übernahmerecht. Insoweit steht in Frankreich allein der Dienstleister mit der Aufsichtsbehörde AMF in Kontakt und nicht der Bieter selbst. Diese zwingende Einschaltung eines Finanzdienstleisters erhöht das Vertrauen der Anleger in den jeweiligen Bieter.
- Weitere zentrale Pflicht des Bieters im Übernahmeverfahren ist die Gegenleistung. Die Umsetzung der Übernahmerichtlinie 2004 konnte aber auch

hier die bestehende Disharmonie zwischen deutschem und französischem Übernahmerecht kaum beseitigen. Insbesondere die Ermittlung einer angemessenen Gegenleistung wird in beiden Ländern sehr unterschiedlich gehandhabt.

- Das deutsche Übernahmerecht richtet sich für die Ermittlung eines angemessenen Preises grundsätzlich am durchschnittlichen Börsenkurs der Aktien der Zielgesellschaft während der letzten drei Monate. Im französischen Recht war der Bieter hingegen grundsätzlich frei bei der Festlegung der Gegenleistung. Der französische Gesetzgeber zog somit den Schutz der Vertragsfreiheit (freier Angebotspreis) dem Anlegerschutz vor. Der französische Gesetzgeber behielt auch bei der Umsetzung der Richtlinie diese Grundhaltung zumindest beim freiwilligen Übernahmeangebot bei.

- Die vom Bieter angebotene Gegenleistung unterliegt jedoch stets der Überprüfung durch die Aufsichtsbehörde AMF. Insoweit schreitet die AMF ein, wenn sie das Angebot für inakzeptabel erachtet. Eine entscheidende Rolle bei der Preisfindung im französischen Übernahmerecht spielt ferner der Cour d'appel de Paris, welcher Mitte der 90er Jahre die Rahmenbedingungen für die Preisfindung im Übernahmerecht festgelegt hat. Die Aufsichtsbehörde und die Rechtsprechung richteten sich für die Preisermittlung nach der so genannten „*méthode multicritère*", welche wiederum eine Vielzahl von Eckdaten berücksichtigt. Durch die Vorgaben der Übernahmerichtlinie 2004 waren insbesondere im französischen Übernahmerecht einschneidende Änderungen bzw. Ergänzungen hinsichtlich der Angemessenheit der Gegenleistung erforderlich. § 4 WpÜG-AngebotsVO ist hingegen bis auf die Festlegung des Referenzzeitraums, in welchem Vorerwerbe des Bieters für den Angebotspreis maßgebend sein sollen, richtlinienkonform.

- Während des Angebotsverfahrens trifft den Bieter die Pflicht zur Abgabe so genannter Wasserstandsmeldungen, die es den Aktionären ermöglicht, die aktuelle Annahmequote zu erfahren. Ferner hat der Bieter etwaige Parallelerwerbe anzugeben, die ggf. zu einer Erhöhung der Gegenleistung führen. Hierdurch soll die Gleichbehandlung der Aktionäre und die Transparenz des Übernahmeverfahrens gewährleistet werden. Die Umsetzung dieser Ziele ist hingegen im französischen Recht unterschiedlich.

- Die Pflichten des Bieters im Falle eines Konkurrenzangebots entsprechen sich in beiden Rechtssystemen überwiegend. Das französische Recht gibt im Gegensatz zum deutschen Übernahmerecht eine Mindesterhöhung des Angebotspreises vor.

- Das deutsche Übernahmerecht hat in den letzten Jahren im internationalen Vergleich zweifelsfrei an Boden gut gemacht hat. Im Vergleich mit dem französischen Übernahmerecht wird es jedoch noch einige Zeit dauern, bis das deutsche Übernahmerecht die dortige über 20 jährige intensive Praxiserfahrung ausgleicht. Geprägt hat das französische Recht insbesondere die Rechtsprechung des Cour d'appel de Paris und die Mitteilungen bzw. Entscheidungen des CMF und der COB (nunmehr AMF). Dies führte zu einem ausgefeilten und stets international aktuellen Übernahmerecht. Deutschland ist auf diesem Feld hingegen erst am Anfang der Entwicklung. Eine überwiegende Harmonie zwischen beiden Rechtssystemen ist jedoch vorerst nicht zu erwarten. Dafür sind die vorhandenen Unterschiede zu gravierend. Die Chance einer Angleichung wurde beim Erlass der Übernahmerichtlinie verpasst.

* * *
* *

Literaturverzeichnis

Altmeppen, Holger: Neutralitätspflicht und Pflichtangebot nach dem neuen Übernahmerecht in ZIP 2001, 1073.

Assmann, Heinz-Dieter/Schneider, Uwe H.: Wertpapierhandelsgesetz, Kommentar, 3.Auflage, Köln, 2003, (zitiert: Bearbeiter in Assmann/Schneider, WpHG).

Assmann, Heinz-Dieter/ Pötzsch,Thorsten/ Schneider, Uwe H.: Wertpapiererwerbs- und Übernahmegesetz, Köln 2005, (zitiert: Bearbeiter in Assmann/Pötzsch/Schneider, WpÜG).

Assmann Heinz-Dieter/Basaldua, Nathalie/Bozenhardt, Friedrich/Peltzer, Martin: Übernahmeangebote, ZGR Sonderheft 9, Berlin/New York, 1990 (zitiert: Bearbeiter, Übernahmeangebote ZGR Sonderheft 1990).

Aubert, Marine/la *Cotty, Thierry/Rontchevsky, Nicolas*: Offre publique d'acquisition: la transposition de directive in Revue Lamy Droit des Affaires Juni 2006, n° 6, S. 10 ff.

Baj, Claude: Offre publique de Schneider sur Legrand in Revue de Droit bancaire et financier mai-juin 2001, 183.

BDI, BDA, DIHK und GDV: Gemeinsame Stellungnahme zum Referentenentwurf eines Übernahmerechtlichen-Umsetzungsgesetzes vom 24. Januar 2006.

Becker, Ralph: Gesellschaftsrechtliche Probleme der Finanzierung von Leveraged-Buy-Outs in DStR 1998, 1429.

Behrens, Peter: Rechtspolitische Grundsatzfragen zu einer Europäischen. Regelung für Übernahmeangebote in ZGR 1975, 43.

Berger, Klaus Peter/Filgut, Esther: „Acting in concert" nach § 30 Abs. 2 WpÜG in Die Aktiengesellschaft 2004, 592.

Berrar, Carsten: Die Finanzierungsbestätigung nach § 13 WpÜG in ZBB 2002, 174.

Bertrel, Jean-Pierre: Acquisition de contrôle et vampirisme financier in Droit et Patrimoine 1993, 52.

Bertrel, Jean-Pierre/Jeantin, Michel: Acquisitions et fusions des sociétés commerciales, 2. édition, Paris 1991.

Bézard, P.: Les offres publiques d'achat, 1982, (zitiert: Bézard, S.).

Bichot, Nicola: Assistance financière et opérations de LBO in Revue de Droit Bancaire et Financier 2002, 171.

Boccara, Valérie: Les défenses anti-OPA malmenées par la directive du 21 avril 2004? in PA 2004, n° 225 vom 10. November 2004, 3.

Bonneau, Thierry: La réforme 2006 des offres publiques d'acquisition in JCP G, I, 134, 24 avril 2006, S. 837.

ders.: Autocontrôle, planchers et plafonds en matière d'offres publiques d'acquisition in RD bancaire et financier, sept./oct. 2000, p. 281.

Bonneau, Thierry/Rontchevsky, Nicolas: Les offres publiques obligatoires in Bulletin Joly Bourse et Produits Financiers jan.-fév.1999, 30.

Bonneau, Thierry/Faugérolas, Laurent: Les Offres Publiques – OPA, OPE, garantie de cours, retrait..., Paris,1999 (zitiertBonneau/Faugérolas, Les offres publiques, n°).

Boos, Karl-Heinz/Fischer, Reinfrid/Schulte-Mattler, Hermann: Kommentar zum Kreditwesengesetz, 2. Auflage München, 2004 (zitiert: Verfasser in Boos/Fischer/Schulte-Mattler, KWG).

*Bornet, Jean-Pierre/*De Vauplane, Hubert*:* Droit des Marchés Financiers, 2. Edition Paris, 2001; *(zitiert : De Vauplane/Bornet, n°).*

Bucher, Frédéric/Rontchevsky, Nicolas: Dictionnaire Joly Bourse et Produits Financiers, Tome 3, Paris 2000 (Stand 2002-3); (zitiert: Bucher/Rontchevsky, Dictionnaire Joly Bourse et Produits Financiers, n°).

Bungert, Hartwin: Die Liberalisierung des Bezugsrechtsausschlusses im Aktienrecht – Zum Siemens/Nold-Urteil des BGH in NJW 1998, 488.

Burgard, Ulrich: Kapitalmarktrechtliche Lehren aus der Übernahme Vodafone-Mannesmann in WM 2000, 611.

Casper, Matthias: Acting in Concert – Grundlagen eines neuen kapitalmarktrechtlichen Zurechnungstatbestandes in ZIP 2003, 1469.

Casper, Matthias/Bracht, Hannes: Abstimmung bei der Wahl des Aufsichtsrats: ein Fall für ein Pflichtangebot? in NZG 2005, 839.

Chauvaux, Didier: La notion de contrôle conjoint in RJDA 2005, n° 1, p. 3.

Charvériat, Anne: Loi relative aux offres publiques d'acquisition in BRDA 06/2006, S. 12 ff.

Charvériat, Anne/Couret, Alain: Mémento Francis Lefebvre – Sociétés Commerciales, Paris 2006. (zitiert: Mémento Francis Lefebvre, Sociétés Commerciales 2006).

Couret, Alain: Les bons d'offre in Receuil Dalloz 2006, n° 20, S. 1372.

ders.: Retour sur la notion de contrôle in RJDA 4/1998, 279.

Daigre, Jean-Jacques: Le prix des offres publiques in Rev. Droit bancaire et financier mars/avril 2002, 55.

ders.: Les offres publiques en bourse – aspects juridiques, Paris 2001 (zitiert: Daigre, S.).

ders.: Note sous arrêt Paris, 19 octobre 1999, COB c/Aimard, affaire Primagaz in Bull. Joly Bourse 2000, § 35, 162.

ders.: Note sous arrêt CA Paris, 1er février 2000 in Bull. Joly Bourse 2000, 162.

ders.: L'action de concert: actualité récente in RD bancaire et bourse, nov.-déc. 1999, n° 76, 208.

ders.: Note sous arrêt de la CA de Paris du 20 février 1998; ADAM / CGE et HAVAS SA in JCP G 1998, II, 10096, 1051.

Deutsches Aktieninstitut: Stellungnahme zum Entwurf eines Gesetzes zur Umsetzung der Richtlinie 2004/25/EG des Europäischen Parlaments und des Rates vom 21. April 2004 betreffend Übernahmeangebote Übernahmerichtlinie-Umsetzungsgesetz vom 24. Januar 2006, S. 3.

Devèze, Jean/Couret, Alain/Hirigoyen, Gérard: Lamy, Droit du Financement, Paris 2005. (zitiert: Lamy, Droit du Financement 2005).

Diekmann, Hans: Änderungen im Wertpapiererwerbs- und Übernahmegesetz anlässlich der Umsetzung der EU-Übernahmerichtlinie in das deutsche Recht in NJW 2007, 17.

Ducourtieux, Cécile/Morio, Joel: „La vulnérabilité des groupes français inquiète le Parlement" in Le Monde vom 4. März 2006.

Ehricke, Ulrich/Ekkenga, Jens/Oechsler, Jürgen: Wertpapiererwerbs- und Übernahmegesetz, München 2003 (zitiert: Bearbeiter, Ehricke/Ekkenga/Oechsler, WpÜG).

Ekkenga Jens/Hofschroer, Josef: Das Wertpapiererwerbs- und Übernahmegesetz Teil II in DStR 2002, 768.

Fleischer, Holger: Finanzielle Unterstützung des Aktienerwerbs und Leveraged Buyout in AG 1996, 494.

Fleischer, Holger/Jänig, Ronny: Verantwortlichkeit für falsche Kapitalmarktinformationen in Frankreich – das droit des marchés financiers in RIW 2002, 729.

Fleischer, Holger/Körber, Torsten: Der Rückerwerb eigener Aktien und das Wertpapiererwerbs- und Übernahmegesetz, BB 2001, 2589.

Forschbach, T.: Note sous arrêt de la CA Paris 18 mars 1988 in JCP E 1988, II, 15248, p. 525.

Foucaud de, Alain/Goix, André: Evolution des règles relatives à la fixation du prix en matière d'offres publiques in Banque et Droit 2002, n° 82, mars-avril, 18.

Frison-Roche, Marie-Anne: Le principe juridique d'égalité des compétiteurs sur le marché boursier in Bulletin Joly Bourse et Produits Financiers 1993, 720.

dies.: La considération de la jurisprudence dans la réforme des offres publiques d'acquisition in RJDA 1999, 9.

Gastinel, Hervé/Bernard, Eric: Les marchés boursiers dans le monde – Situation et évolutions, Paris 1996.

Geibel, Stephan/Süßmann, Rainer: Wertpapiererwerbs- und Übernahmegesetz (WpÜG), Kommentar, München 2002, (zitiert: Bearbeiter in Geibel/Süßmann, WpÜG).

Goyet, Charles: Note sous arrêt de la CA de Paris du 27 avril 1993, Mutuelle du Mans Assurance-Vie et autres c/ Sté OCP in RJ com. 1993, n° 1371.

ders.: Note sous arrêt de la CA de Paris du 24 juin 1991, Nouvelles Galeries in RJ com. 1991, n° 305.

Goyet, Charles/Rontchevsky, Nicolas/Storck, Michel: Offre publique d'achat (Paris, 1er ch. H., 20 fév. 1998) in RTD com. avr-juin 1998, 379.

Graebner, Ulrich A.: Die Auseinandersetzung um Leveraged Buyouts, Frankfurt am Main 1991.

Grumberg, Armand W./Servan-Schreiber, Pierre: Défenses anti-OPA. – Adoption de la directive européenne sur OPA et enjeux pour les entreprises françaises in JCPE 2004, n° 44, 1598.

Grunewald, Barbara: Der geänderte Vorschlag einer 13. EG-Richtlinie betreffend Übernahmeangebote in WM 1991, 1361.

dies.: Was bringt der Vorschlag einer 13. EG-Richtlinie über Übernahmeangebote für das deutsche Recht? In WM 1989, 1233.

Guyon, Yves: Les offres publiques d'acquisitions en France in Kreuzer: Öffentliche Übernahmeangebote, S. 85 ff.

ders.: Traité des contrats, Les sociétés, Aménagements statuaires et conventions entre associés 23. Auflage, 1997.

Haarmann, Wilhelm/Riehmer, Klaus/Schüppen, Mathias: Öffentliche Übernahmeangebote – Kommentar zum WpÜG, 2002, (zitiert: Bearbeiter in Haarmann/Riehmer/Schüppen, WpÜG).

Habersack, Mathias: Auf der Suche nach dem gerechten Preis – Überlegungen zu § 31 WpÜG in ZIP 2003, 1123.

ders.: Aufsicht bei grenzüberschreitenden Übernahmen in ZHR 166 (2002), 619.

Handelsrechtsausschuss des Deutschen Anwaltsvereins: Stellungnahme zum Diskussionsentwurf eines Gesetzes zur Umsetzung der Übernahmerichtlinie in NZG 2006, 217 ff.

ders.: Stellungnahme zum RegE für ein Gesetz zur Regelung von öffentlichen Angeboten zum Erwerb von Wertpapieren und von Unternehmensübernahmen (WpÜG) in NZG 2001, 420 und NZG 2001, 1003.

Harbarth, Stephan: Kontrollerlangung und Pflichtangebot in ZIP 2002, 321.

Heidel, Thomas: Bestellter Sachverständige im Rahmen des Anhörungsverfahrens zum Gesetzesentwurf Drucksache 16/1003 vom 4. Mai 2006; (zitiert: Heidel, Stellungnahme vom 4. Mai 2006.

ders.: Ein unfaires Angebot in Financial Times Deutschland vom 8. April 2003, S. 32.

Heidel, Thomas/Lochner, Daniel: Verfassungswidrigkeit der Squeeze-out-Regelungen der umzusetzenden EU-Übernahmerichtlinie in Der Betrieb 2005, 2564 ff.

Helm, Dietmar: Konzernrecht und Kapitalmarktrecht in Frankreich in Hommelhoff/Hopt/Lutter, Konzernrecht und Kapitalmarktrecht, München 2001, S. 69.

Henze,Hartwig: Das neue Übernahmegesetz: Preisfindung beim Übernahmeangebot und Neutralitätspflicht des Vorstands der Zielgesellschaft in Henze/Hoffmann-Becking, RWS-Forum 20, Gesellschaftsrecht 2001, 289. (zitiert: Krieger in Henze/Hoffmann-Becking, RWS-Forum Gesellschaftsrecht).

Herkenroth, Klaus E.: Bankenvertreter als Aufsichtsratsmitglieder von Zielgesellschaften: Zur beschränkten Leistungsfähigkeit des Rechts bei der Lösung von Interessenkonflikten anlässlich der Finanzierung von Übernahmen in AG 2001, 33.

Hirte, Heribert/von Bülow, Christoph: Kölner Kommentar zum WpÜG mit AngebVO und §§ 327a-327f AktG, Köln 2003 (zitiert: Bearbeiter in Kölner Kommentar, WpÜG).

Hirte, Heribert: WpÜG – Wertpapiererwerbs- und Übernahmegesetz mit Übernahmekodex und City Code, Köln 2002 (zitiert: Hirte, WpÜG).

Holzapfel, Hans-Joachim/Pöllath, Reinhard: Unternehmenskauf in Recht und Praxis, 10. Auflage, Köln 2001. (zitiert: Holzapfel/Pöllath, Der Unternehmenskauf).

Hommelhoff, Peter/Hopt, Klaus J./Lutter, Marcus: Konzernrecht und Kapitalmarktrecht, München 2001, (zitiert: Bearbeiter in Hommelhoff/Hopt/Lutter, Konzernrecht und Kapitalmarktrecht).

Hommelhoff, Peter: Konzerneingangs-Schutz durch Takeover-Recht? Eine Betrachtung zur europäischen Rechtspolitik in FS für Johannes Semler 1993, 455.

Hommelhoff, Peter/Kleindiek, Detlef: Takeover-Richtlinie und europäisches Konzernrecht in AG 1990, 106.

Hopt, Klaus J.: Grundsatz- und Praxisprobleme nach dem Wertpapiererwerbs- und Übernahmegesetz in ZHR 166 (2002), 383.

ders.: Europäisches und deutsches Übernahmerecht in ZHR 161 (1997), 368.

Houben, Eike: Die Gestaltung des Pflichtangebots unter dem Aspekt des Minderheitenschutzes und der effizienten Allokation der Unternehmenskontrolle in WM 2000, 1873.

Hovasse, Henri: Le règlement n° 2002-04 de la COB relatif aux offres publiques d'acquisition portant sur des instruments financiers négociés sur un marché réglementé in Droit des Sociétés juin 2002, 27.

ders.: Réforme des OPA (Arrêté du 18 décembre 2000 portant homologation des modifications des titres I à VI du Règlement Général du CMF in Droit des Sociétés oct. 2001, 24.

ders.: Fondements de l'annulation de la décision du CMF de recevabilité d'une OPE in Droit des Sociétés juillet 2001, 20.

ders.: La fusion de sociétés dans la réforme des offres publiques d'acquisition in RD bancaire et bourse, jan./févr. 1999, 3.

Huber, Peter/Löber, Werner: Übernahmegesetz, Kommentar, Wien 1999, (zitiert: Huber/Löber, Übernahmegesetz).

Hübner, Ulbrich/Constantinesco, Vlad: Einführung in das französische Recht, 3. Auflage 1994.

Hüffer, Uwe: Aktiengesetz, 7. Auflage, München 2006, (zitiert: Hüffer, AktG).

Hurstel, Daniel/Süß, Gisela: Reformansätze des französischen Übernahmerechts in EuZW 1998, 203.

Hüttemann, Rainer: Börsenkurs und Unternehmensbewertung in ZGR 2001, 454.

Jacomet, Thierry/Matignon, Philippe/Montet, Sabine: LBO: utilisation de l'effet de levier juridique et financier lors d'une acquisition in Bull. Joly 1990, 415.

Kaindl, Claudia: Das Pflichtangebot im Übernahmegesetz, Wien 2001.

Kallmeyer, Harald: Zum neuen Kommissionsvorschlag für eine neue Übernahmerichtlinie in DB 2002, 2695.

Kessel,Bernd: Leveraged Buy-out der Aktiengesellschaften, Frankfurt am Main1997.

Klass, Tobias: Der Buy-Out von Aktiengesellschaften, Baden Baden 2000.

Klein, Christian/Stucki, Dominique: Öffentliche Übernahmeangebote (OPA/OPE) in Frankreich in RIW 2001, 488.

Kleindiek, Detlef: Funktion und Geltungsanspruch des Pflichtangebots nach WpÜG in ZGR 2002, 546.

Kocher, Dirk: Kommentar zum Urteil des BGH vom 18. September 2006 – ZR 137/05 in BB 2006, 2436.

Krause, Hartmut: Zwei Jahre Praxis mit dem Wertpapiererwerbs- und Übernahmegesetz in NJW 2004, 3681.

ders.: Der Kommissionsvorschlag für die Revitalisierung der EU-Übernahmerichtlinie in BB 2002, 2341.

ders.: Der revidierte Vorschlag einer Takeover-Richtlinie (1996) in AG 1996, 209.

Le Cannu, Paul: Note sous arrêt de la CA de Paris du 27 avril 1993, Mutuelle du Mans Assurance-Vie et autres c/ Sté OCP in Bulletin Joly Bourse et Produits Financiers, juillet-août 1993, 397.
ders.: L'action de concert in Revue sociétés 1991, 675.
Le Nabesque, Hervé: A propos de l'article 217-9 de la loi du 24 juillet 1966 in JCP E 1992, I, 107.
Lenz, Jürgen/Behnke, Thorsten: Das WpÜG im Praxistest - Ein Jahr Angebotsverfahren unter der Regie des neuen Gesetzes in BKR 2003, 43.
Letzel, Hans-Joachim: Das Pflichtangebot nach dem Übernahmekodex – mit Vorausschau auf das Pflichtangebot nach dem ÜbG in NZG, 2001, 260.
Liebscher, Thomas: Die Zurechnungstatbestände des WpHG und WpÜG", ZIP, 2002, 1005.
ders.: Das Übernahmeverfahren nach dem neuen Übernahmegesetz in ZIP 2001, 853.
Lutter, Marcus: Macht der Banken in NJW 1995, 2766.
Lutter, Marcus/Wahlers, Henning W.: Der Buyout: Amerikanische Fälle und die Regeln des deutschen Rechts in AG 1989, 1.
Lüttmann, Ruth: Kontrollwechsel in Kapitalgesellschaften, Baden-Baden 1992.

Maréchal, Anne/Pietrancosta, Alain: Transposition de la directive OPA: des incertitudes entourant le recours à la « clause de réciprocité » in Bulletin. Joly Bourse 2005 n° 6 vom 1. November, 203.
Marini, Philippe: Rapport vom 22. März 2006, Dokument des Senats n° 268.
Martin, D/Viandier, Alain: Lexique de l'action de concert in RJDA 4/92, 239.
Maul, Silija: Die EU-Übernahmerichtlinie – ausgewählte Fragen in NZG, 2005, 151 ff.
Maul, Silija/Muffat-Jeandet: Die EU-Übernahmerichtlinie – Inhalt und Umsetzung in nationales Recht (Teil I) in AG 2004, 221.
dies.: Die EU-Übernahmerichtlinie – Inhalt und Umsetzung in nationales Recht (Teil II) in AG 2004, 306.
Merkt, Hanno/Binder, Jens-Heinrich: Änderungen im Übernahmerecht nach Umsetzung der EG-Übernahmerichtlinie: Das deutsche Umsetzungsgesetz und verbleibende Problemfelder in BB 2006, 1285.
Mestre, Jacques/Velardocchio, Dominique: Lamy Sociétés Commerciales, Paris 2006. (zitiert : Lamy Sociétés Commerciales 2006).

Michalski, Lutz: GmbHG, Kommentar, §§ 1-34, München 2002.

Möller, Andreas: Rechtsmittel und Sanktionen nach dem Wertpapiererwerbs- und Übernahmegesetz in AG 2002, 170.
Mülbert, Peter O.: Umsetzungsfragen der Übernahmerichtlinie – erheblicher Änderungsbedarf bei den heutigen Vorschriften des WpÜG in NZG 2004, 633.

ders.: Make it or break it: the Break-Through Rule as a Break-Through for the European Takeover Directive? in Reforming Company and Takeover Law in Europe, S. 711 ff.
ders.: Übernahmerecht zwischen Kapitalmarktrecht und Aktien(konzern)recht – die konzeptionelle Schwachstelle des RegE WpÜG in ZIP 2001, 1221.
Mülbert, Peter O./Max Birke: Das übernahmerechtliche Behinderungsverbot in WM 2001, 705.

Neye, Hans-Werner: Die EU-Übernahmerichtlinie auf der Zielgeraden in ZIP 2001, 1120.
ders.: Der gemeinsame Standpunkt des Rates zur 13. Richtlinie – ein entscheidender Schritt auf dem Weg zu einem europäischen Übernahmerecht in AG 2000, 289.
ders.: Der neue Vorschlag der Kommission für eine dreizehnte Richtlinie über Übernahmeangebote in DB 1996, 1121.
Novelli, Hervé: Rapport vom 1. März 2006, Dokument der Nationalversammlung n° 2921.

Oechsler, Jürgen: Der Grundsatz der angemessenen Gegenleistung bei Übernahmeangebote nach § 31 Abs. 1 Satz 1 WpÜG in FS für Walther Hadding, Berlin 2004.
ders.: Rechtsgeschäftliche Anwendungsprobleme bei öffentlichen Übernahmeangeboten in ZIP 2003, 1330.
ders.: Münchener Kommentar zum AktG, Band 2 §§ 53a – 75, (zitiert: Bearbeiter MüKo zum AktG).
ders.: Der ReE zum Wertpapiererwerbs- und Übernahmegesetz – Regelungsbedarf auf der Zielgeraden in NZG 2001, 817.
Otto, Hans-Jochen: Buy-Out-Finanzierungen: Neue Akquisitionsstrukturen nach neuem Umwandlungsrecht in DB 1994, 2121.
ders.: Fremdfinanzierte Übernahmen – Gesellschafts- und steuerrechtliche Kriterien des Leveraged Buy-Out in DB 1989, 1389.

Pailluseau, Jean/Lazarski, Henry/Caussain, Jean-Jacques/*Peyramaure, Philippe:* Cession d'entreprise, 4. Edition, Paris 1999.
Peltier, Frédéric: Règles de bonne conduite des OPA in Bull. Joly Bourse jan.-fév. 1999, 21.
Peltzer, Martin: Rechtliche Problematik der Finanzierung des Unternehmenskaufs beim MBO in DB 1987, 973.
ders.: Deutsche Corporate Governance, München 2003.
Pentz, Andreas: Acting in Concert – Ausgewählte Einzelprobleme zur Zurechnung und den Rechtsfolgen in ZIP 2003, 1478.

Picot, Gerhard: Handbuch Mergers & Acquisitions, Stuttgart 2000. (zitiert: Bearbeiter in Picot Handbuch M&A).
Pittroff, Holger: Die Zurechnung von Stimmrechten gemäß § 30 WpÜG, Frankfurt/Main 2004.
Portier, Philippe/Navelet-Nouhalhier, Raphaële/Mathieu-Bouyssou, M.-E.: La libre compétition dans les offres publiques d'acquisition in Revue de Droit Bancaire et Financier, juillet-août 2002, p. 226.
Pötzsch, Thorsten/Möller, Andreas: Das künftige Übernahmerecht – Der Diskussionsentwurf des Bundesministeriums der Finanzen zu einem Gesetz zur Regelung von Unternehmensübernahmen und der Gemeinsame Standpunkt des Rates zur europäischen Übernahmerichtlinie – in WM Sonderbeilage Nr. 2, Heft 31/2000, 1.
Prentice, D.D.: Konzernrecht und Kapitalmarktrecht in Frankreich in Hommelhoff/Hopt/Lutter, Konzernrecht und Kapitalmarktrecht, München 2001, S. 99.

Riehmer, Klaus/Schröder, Oliver: Praktische Aspekte bei der Planung, Durchführung und Abwicklung eines Übernahmeangebots in BB 2001, Beilage 5, 1.
Rodewald, Jörg/Siems, Mathias M.: Der Preis ist heiß – Zur Angemessenheit der Gegenleistung bei Übernahmeangeboten in ZIP 2002, 926.
Rontchevsky, Nicolas: Le droit français des offres publiques d'acquisition après la loi n° 2001-420 relative aux nouvelles régulations économiques in Bulletin Joly Bourse 2001, 357.
ders.: La liberté contractuelle et la transaction à l'épreuve de la réglementation boursière in Bull. Joly Bourse 1995, 365.
Rosaz, Julie/Debré, Adrien: Obligation de garantie des établissements présentateurs dans le cadre d'offres publiques in Bull. Joly Bourse, n° 4, juillet-août 2004.

Saenger, Ingo/Kessler Nicholas: Abgestimmtes Verhalten i. S. d. § 30 Abs. 2 WpÜG bei der Aufsichtsratswahl in ZIP 2006, 837.
Schaefer, Fran W./Eichner, Christian: Abwehrmöglichkeiten des Vorstands von börsennotierten Aktiengesellschaften bei feindlichen Übernahmeversuchen - ein Rechtsvergleich zwischen Deutschland und den USA in NZG 2003, 150.
Schindler, Hendrik: Das Austrittsrecht in Kapitalgesellschaften – Eine rechtsvergleichende Untersuchung zum Austrittsrecht als Mittel des Individual- und Minderheitenschutzes im deutschen und französischen Kapitalmarktrecht, München 1999.
Schlitt, Michael: Münchener Kommentar zum AktG, Band 9/1, §§ 327a – 327 f, WpÜG, SpruchG, ,zitiert: Bearbeiter MüKo zum AktG).

Schmidt, Dominique: Contrôle et action de concert : évolutions in JCP E 2002 n° 2, p. 68.
ders.: Rapport de synthèse in stabilité du pouvoir et du capital dans les sociétés par actions in RJ com. n° spécial September 1990, S. 175.
ders./Baj, Claude: Réflexion sur la notion d'action de concert in RD bancaire et bourse, sept.-oct. 1991, n° 25, 86.
dies.: Réflexions sur les effets de l'action de concert in RD bancaire et bourse, mai-juin 1991, n° 27, 182.

dies.: Récentes évolutions de l'action de concert in RD bancaire et bourse, sept.-oct. 1992, n° 33, 184.
dies.: Conséquences de la fin de l'action de concert in RD bancaire et bourse, jan.-févr. 1993, n° 35, 29.
Schmidt, Karsten: Gesellschaftsrecht, 4. Auflage, Köln 2002.
Schneider, Uwe H.: Acting in Concert – ein kapitalmarktrechtlicher Zurechnungstatbestand in WM 2006, 1321.
Schneider, Uwe H./Strenger, Christian: Die „Corporate-Governance-Grundsätze" der Grundsatzkommission Corporate-Governance (German Panel on Corporate Governance) in AG 2000, 106.
Schockenhoff, Martin/Schumann, Alexander: Acting in Concert – geklärte und ungeklärte Rechtsfragen in ZGR 2005, 588.
Schulz, Michael: WpÜG: Angaben zur Finanzierung eines Angebots und zu den erwartenden Auswirkungen auf die wirtschaftlichen Verhältnisse beim Bieter in M&A 2002, 559.
Schüppen, Matthias: WpÜG-Reform: Alles Europa, oder was? in BB 2006, 165.
ders.: Übernahmegesetz ante portas! in WPg 2001, 958.
Seibt, Christoph H.: Grenzen des übernahmerechtlichen Zurechnungstatbestandes in § 30 Abs. 2 WpÜG (Acting in Concert) in ZIP 2004, 1829.
ders.: Rechtsschutz im Übernahmerecht in ZIP 2003, 1865.
ders.: Besprechung Beschluss des OLG Frankfurt am Main vom 4. Juli 2003 in ZIP 2003, 1392.
ders.: Übernahmerichtlinie zwingt zu Veränderungen in FAZ vom 09.10.2002, S. 19.
Seibt, Christoph H./Heiser, Kristian J.: Analyse des Übernahmerichtlinie-Umsetzungsgesetzes (Regierungsentwurf) in AG 2006, 301.
dies.: Analyse der EU-Übernahmerichtlinie und Hinweise für eine Reform des deutschen Übernahmerechts in ZGR 2005, 201.
dies.: Der neue Vorschlag einer EU-Übernahmerichtlinie und das deutsche Übernahmerecht in ZIP 2002, 2193.

Semler, Johannes/Stengel, Arndt: Interessenkonflikte bei Aufsichtsratsmitgliedern von Aktiengesellschaften am Beispiel von Konflikten bei Übernahmen in NZG 2003, 1.

Singhof, Bernd/Weber, Christian: Bestätigung der Finanzierungsmaßnahmen und Barabfindungsgewährleistung nach dem Wertpapiererwerbs- und Übernahmegesetz in WM 2002, 1158.

Steinmeyer, Roland/Häger, Michael: WpÜG: Kommentar zum Wertpapiererwerbs- und Übernahmegesetz mit Erläuterungen zum Minderheitenausschluss nach §§ 327 a ff. AktG , Berlin 2002, (zitiert: Steinmeyer/Häger, WpÜG).

Storck, Michel: Définition légale du contrôle d'une société en droit français in Revue Sociétés 1986, 385.

Strenger, Christian: Das deutsche Übernahmegesetz in WM 2000, 952.

Sudmeyer, Jan: Mitteilungs- und Veröffentlichungspflichten nach §§ 21, 22 WpHG in BB 2002, 685.

Thaeter, Ralf/Barth, Daniel: RefE eines Wertpapiererwerbs- und Übernahmegesetzes in NZG 2001, 545.

Thin, Christine: Du contrôle du prix exercé par la cour d'appel de Paris in LPA du 22 novembre 1995, 40.

Thoma, Georg F./Reuter, Till : "Shrinking the Atlantic" – Der Zusammenschluss von Daimler-Benz und Chrysler in M&A 1999, 314.

Tomasi, Martin: La nouvelle loi allemande sur les OPA: entre protectionnisme et modernité in Bull. européen international 4/2003, n° 215.

Uetwiller, Jean-Jacques: Les risques liés aux LBO (La fusion de la cible et du holding) in Revue Société 1996, 747.

De Vauplane, Hubert: La procédure de garantie de cours in Bull. Joly Bourse jan.-fév. 1999, 44.

ders.: Note sous arrêt de la CA Paris, 16 décembre 1999 in Banque et Droit, n° 69, jan.-févr. 2000, p. 30.

De Vauplane, Hubert/Daigre, Jean-Jacques: OPA – Mesures défensives – Bons Plavix in Banque et Droit n° 95 mai-juin 2004, S. 33 ff.

Verse, Dirk A.: Zum zivilrechtlichen Rechtsschutz bei Verstößen gegen die Preisbestimmung des WpÜG in ZIP 2004, 199.

Vetter, Eberhard: Börsenkurs und Unternehmensbewertung – Anmerkung zum Beschluss des BGH vom 12.03.2001 – (DAT/Altana) in DB 2001, 1347.

Viandier, Alain: OPA, OPE et autres offres publiques, Paris 2003.

ders.: Note sous arrêt de la CA de Paris du 3 mai 2001; ADAM c/ Schneider et SA Legrand in JCP E 2001, 1046.

ders.: L'article 217-9 de la loi du 24 juillet 1966 et les rachats d'entreprise in JCP 1990, I, 3476.

Wiesner, Peter M.: Die neue Übernahmerichtlinie und die Folgen in ZIP 2004, 343.

Witt, Carl-Heinz: Regelmäßige „Wasserstandsmeldungen" – unverzichtbarer Bestandteil eines künftigen Übernahmegesetzes in NZG 2000, 809.

ders.: Übernahmen von Aktiengesellschaften und Transparenz der Beteiligungsverhältnisse, Köln 1998.

Wymeersch, Eddy: Übernahmeangebote und Pflichtangebote in ZGR 2002, 520.

Zinser, Alexander: Übernahmeangebote (takeover bids) im englischen und deutschen Recht, Frankfurt am Main 2000.

ders.: Das neue Gesetz zur Regelung von öffentlichen Angeboten zum Erwerb von Wertpapieren und von Unternehmensübernahmen vom 1. Januar 2002 in WM 2002, 15.

ders.: Der britische City Code on Takeovers and Mergers in der Fassung vom 9.3.2001 in RIW 2001, 481.

Zschocke, Christian O.: Europapolitische Mission: Das neue Wertpapiererwerbs- und Übernahmegesetz in DB 2002, 79.

* * *

* *

Auszug aus dem RAMF

RÈGLEMENT GÉNÉRAL DE L'AUTORITÉ DES MARCHÉS FINANCIERS - LIVRE II - ÉMETTEURS ET INFORMATION FINANCIÈRE

TITRE III - OFFRES PUBLIQUES D'ACQUISITION

(Arrêté du 18 septembre 2006)

CHAPITRE IER - RÈGLES GÉNÉRALES ET DISPOSITIONS COMMUNES

Section 1 - Champ d'application, définitions et principes généraux

SOUS-SECTION 1 - CHAMP D'APPLICATION

Article 231-1

Le présent titre s'applique à toute offre faite publiquement aux détenteurs d'instruments financiers négociés sur un marché réglementé d'un État membre de la Communauté européenne ou partie à l'accord sur l'Espace économique européen, y compris la France, pour laquelle l'AMF est l'autorité compétente dans les cas prévus aux I et II de l'article L. 433-1 du code monétaire et financier, par une personne, agissant seule ou de concert au sens des articles L. 233-10 ou L. 233-10-1 du code de commerce, en vue d'acquérir tout ou partie desdits instruments financiers.

Il s'applique également aux offres publiques de retrait portant sur des instruments financiers qui ont cessé d'être admis aux négociations sur un marché réglementé.

L'AMF peut appliquer ces règles, à l'exception de celles régissant la garantie de cours, l'offre publique obligatoire et le retrait obligatoire, aux offres publiques visant les instruments financiers émis par des sociétés dont le siège statutaire est situé hors d'un État membre de la Communauté européenne ou partie à l'accord sur l'Espace économique européen et qui sont admis aux négociations sur un marché réglementé français.

Pour l'application du présent titre, les instruments financiers sont ceux mentionnés aux 1° et 2° du I de l'article L. 211-1 du code monétaire et financier et tous instruments équivalents émis sur le fondement de droits étrangers.

Les offres portant sur des titres de créance autres que celles mentionnées au 8° de l'article 233-1 sont régies par les dispositions du chapitre VIII du présent titre.

SOUS-SECTION 2 – DÉFINITIONS

Article 231-2

Au sens du présent titre :

1° L'initiateur d'une offre est toute personne physique ou morale ou entité qui dépose ou pour le compte de laquelle un ou plusieurs prestataires de services d'investissement déposent un projet d'offre;

2° La société visée est l'émetteur dont les instruments financiers font l'objet de l'offre;

3° Les personnes concernées sont l'initiateur et la société visée ainsi que les personnes ou entités agissant de concert avec l'un ou l'autre;

4° La période d'offre est le temps s'écoulant entre la publication par l'AMF des principales dispositions du projet d'offre et la publication des résultats de l'offre;
5° La durée de l'offre est le temps s'écoulant entre la date d'ouverture et la date de clôture de l'offre.

SOUS-SECTION 3 - PRINCIPES GÉNÉRAUX

Article 231-3
En vue d'un déroulement ordonné des opérations au mieux des intérêts des investisseurs et du marché, toutes les personnes concernées par une offre doivent respecter le libre jeu des offres et de leurs surenchères, d'égalité de traitement et d'information des détenteurs des titres des personnes concernées, de transparence et d'intégrité du marché et de loyauté dans les transactions et la compétition.

Article 231-4
Les personnes concernées sont soumises au respect des règles définies par le présent titre à compter du dépôt du projet d'offre par l'initiateur et jusqu'à la publication des résultats de l'offre.

Article 231-5
Dès le dépôt du projet d'offre, toute clause d'accord conclu par les personnes concernées, ou leurs actionnaires, susceptible d'avoir une incidence sur l'appréciation de l'offre ou son issue, sous réserve de l'appréciation de sa validité par les tribunaux, doit être portée à la connaissance des personnes concernées, de l'AMF et du public.
Si, à raison notamment de la date de conclusion de l'accord, la clause n'a pu être mentionnée dans la ou les notes d'information, les signataires publient, dès la conclusion de l'accord et selon les modalités prévues à l'article 222-22, un communiqué précisant la teneur de ladite clause.

Article 231-6
Sauf exceptions mentionnées à l'article 233-1, l'offre doit viser la totalité des titres de capital et donnant accès au capital ou aux droits de vote de la société visée.

Article 231-7
À compter du début de la période d'offre et jusqu'à la clôture de l'offre, l'ensemble des ordres portant sur les titres visés par l'offre sont exécutés sur le ou les marchés réglementés sur lequel ou lesquels les titres sont admis aux négociations.
Les règles des marchés réglementés fixent les conditions d'application des dispositions du premier alinéa.

Section 2 - Nature des offres et conditions suspensives

Article 231-8
L'offre peut consister en :

1° Une offre unique proposant l'achat des titres visés ou l'échange de ces titres contre des titres émis ou à émettre ou un règlement en titres et en numéraire ;
2° Une offre alternative ;

3° Une offre principale assortie d'une ou plusieurs options subsidiaires présentant le caractère d'un accessoire indissociable.

Lorsque les titres remis en échange ne sont pas des titres liquides admis aux négociations sur un marché réglementé d'un État membre de la Communauté européenne ou partie à l'accord sur l'Espace économique européen, l'offre doit comporter une option en numéraire.

Lorsque l'initiateur, agissant seul ou de concert, a acquis en numéraire, au cours des douze mois précédant le dépôt du projet d'offre, des titres conférant plus du vingtième du capital ou des droits de vote de la société visée, l'offre doit comporter une option en numéraire.

Lorsque l'offre est une offre alternative ou une offre unique avec règlement en titres et en numéraire, l'AMF apprécie la qualification - offre publique d'achat ou offre publique d'échange - donnée à son opération par l'initiateur.

L'initiateur peut offrir aux détenteurs de procéder à la cession différée de leurs titres sous condition que cette option puisse être exercée dans un délai raisonnable, qu'elle ait un caractère subsidiaire à l'offre principale et que son exercice soit inconditionnellement garanti par l'établissement présentateur de l'offre mentionné à l'article 231-13.

Toute formule consistant à proposer le versement à échéance de la différence entre le cours de marché et le prix proposé à terme doit comporter des garanties et avantages équivalents à ceux de la cession différée.

Article 231-9
L'initiateur peut stipuler dans son offre une condition d'obtention, à l'issue de celle-ci, d'un certain nombre de titres, exprimé en pourcentage du capital ou des droits de vote, en deçà duquel l'offre n'aura pas de suite positive.

Article 231-10
Lorsqu'un même initiateur dépose des projets d'offre sur des sociétés distinctes, il peut prévoir de ne donner une suite positive à l'une des offres, si le seuil stipulé en application de l'article 231-9 est atteint, qu'à condition que ce seuil soit également atteint dans l'autre ou les autres offres. Pendant la durée des offres, l'initiateur peut renoncer
à cette condition de seuil, notamment en cas d'offres concurrentes et de surenchères sur l'une des sociétés visées.

Article 231-11
Si le projet d'offre doit faire l'objet, au titre dudu contrôle des concentrations, d'une notification à la Commission européenne, au ministre chargé de l'économie, à l'autorité compétente à cet égard d'un autre État partie à l'accord sur l'Espace économique européen ou membre des États-Unis, l'initiateur de cette offre peut y stipuler une condition suspensive d'obtention de la décision prévue à l'article 6-1 *a* ou *b* du règlement (CE) n° 139/2004, de l'autorisation prévue à l'article L. 430-5 du code de commerce ou de toute autorisation de même nature délivrée par l'État étranger.

L'initiateur qui entend se prévaloir de ces dispositions remet à l'AMF une copie des saisines des autorités concernées et la tient informée de l'avancement de la procédure.

L'offre est caduque dès lors que l'opération projetée fait l'objet de l'engagement de la procédure prévue à l'article 6-1 *c* du règlement (CE) n° 139/2004, de la saisine du Conseil de la concurrence au titre du dernier alinéa du III de l'article L. 430-5 du code de commerce ou de l'engagement d'une procédure de même nature par l'autorité compétente de l'État étranger. L'initiateur fait connaître s'il poursuit l'examen de l'opération projetée avec les autorités ainsi saisies.

Article 231-12
Si le projet d'offre prévoit la remise de titres à émettre, l'irrévocabilité des engagements pris emporte obligation de proposer à l'assemblée générale des actionnaires de la société émettrice une résolution visant à décider ou autoriser l'émission des titres destinés à rémunérer les apporteurs à l'offre aux conditions et clauses prévues dans le projet d'offre, à moins que l'organe de direction dispose d'une délégation expresse à cet effet.

En fonction des dispositions législatives, réglementaires ou statutaires applicables à la société initiatrice, l'AMF peut autoriser celle-ci à assortir l'ouverture de son offre d'une condition d'autorisation préalable de l'opération par l'assemblée générale de ses actionnaires sous réserve que cette assemblée ait déjà été convoquée lorsque le projet d'offre est déposé.

Section 3 - Dépôt du projet d'offre et du projet de note d'information et de note en réponse

Article 231-13
Le projet d'offre est déposé par un ou plusieurs prestataires de services d'investissement, agréés pour exercer l'activité de prise ferme, agissant pour le compte du ou des initiateurs.

Le dépôt est effectué par lettre adressée à l'AMF garantissant, sous la signature d'au moins un des établissements présentateurs, la teneur et le caractère irrévocable des engagements pris par l'initiateur.

Cette lettre précise :

1° Les objectifs et intentions de l'initiateur ;
2° Le nombre et la nature des titres de la société visée qu'il détient déjà seul ou de concert ou peut détenir à sa seule initiative ainsi que la date et les conditions auxquelles leur acquisition a été réalisée au cours des douze derniers mois ou peut être réalisée à l'avenir ;
3° Le prix ou la parité d'échange auxquels l'initiateur offre d'acquérir les titres, les éléments qu'il a retenus pour les fixer et les conditions de paiement ou d'échange prévues ;
4° Éventuellement, les conditions prévues en application des articles 231-9 à 231-12.

La lettre est accompagnée :

1° Du projet de note d'information établi par l'initiateur, seul ou conjointement avec la société visée. Dans les cas prévus à l'article 261-1, le projet de note d'information de l'initiateur ne peut être établi conjointement avec la société visée sauf en cas de retrait obligatoire ;
2° Des déclarations préalables effectuées auprès d'instances habilitées à autoriser l'opération envisagée.

Dans le cas prévu au IV de l'article L. 433-3 du code monétaire et financier, la lettre est également accompagnée :
1° Du document d'offre déposé ou du projet de document d'offre qui sera déposé ;
2° De tout autre document portant engagement contraignant prouvant qu'un projet d'offre publique irrévocable et loyale est ou sera déposé sur la totalité des titres de capital et donnant accès au capital ou aux droits de vote de la société dont plus du tiers du capital ou des droits de vote est détenu et qui constitue un actif essentiel de la société visée par l'offre.

Dans tous les cas, la version électronique du projet de note d'information est transmise à l'AMF aux fins de mise en ligne sur son site.

Article 231-14
L'AMF publie les principales dispositions du projet d'offre. Cette publication marque le début de la période d'offre.

Article 231-15
Dès le dépôt du projet d'offre, le président de l'AMF peut demander à l'entreprise de marché assurant le fonctionnement du marché réglementé sur lequel sont admis les titres de la société visée d'en suspendre la négociation.

Cette demande peut également porter sur d'autres titres concernés par le projet d'offre.
La demande est faite auprès de plusieurs entreprises de marché s'il y a lieu.

Section 4 - Information des actionnaires et du public

Article 231-16
I. - Dès le début de la période d'offre, le projet de note d'information est tenu gratuitement à la disposition du public au siège de l'initiateur et auprès du ou des établissements présentateurs de l'offre. Lorsqu'il a été établi conjointement avec la société visée, le projet de note est également mis à disposition au siège de la société visée et auprès des organismes chargés d'assurer le service financier de ses titres.

Lorsque le siège de l'initiateur ou de l'établissement présentateur de l'offre n'est pas situé en France, la mise à disposition doit être effectuée auprès d'un prestataire de services d'investissement situé en France et désigné, selon les cas, par l'initiateur ou l'établissement présentateur.

Le projet de note d'information est également publié sur le site de l'initiateur et, lorsqu'il a été établi conjointement avec la société visée, sur le site de celle-ci, lorsque ces derniers disposent d'un tel site.

II. - Dans tous les cas, une copie du projet de note d'information doit être adressée sans frais à toute personne qui en fait la demande.

III. - Le projet d'offre fait l'objet, au plus tard lors de son dépôt à l'AMF, d'un communiqué dont l'initiateur s'assure de la diffusion effective et intégrale. Ce communiqué donne les principaux éléments du projet de note d'information et précise les modalités de mise à disposition du projet de note d'information.

IV. - Le projet de note d'information et le communiqué mentionné au III comportent la mention : « Cette offre et le projet de note d'information restent soumis à l'examen de l'AMF ».

Article 231-17
La société visée peut, dès la publication du communiqué mentionné au III de l'article 231-16, publier un communiqué aux fins de faire connaître l'avis de son conseil d'administration ou de son conseil de surveillance ou, dans le cas d'une société étrangère, de l'organe compétent, sur l'intérêt de l'offre ou sur les conséquences de celle-ci pour la société visée, ses actionnaires et ses salariés.

Ce communiqué mentionne, s'il y a lieu, les conclusions du rapport de l'expert indépendant désigné en application de l'article 261-1. Lorsque ce communiqué est publié préalablement à la remise du rapport de l'expert indépendant, la société visée publie un nouveau communiqué, dès la publication de ce rapport, qui mentionne les conclusions du rapport de l'expert indépendant et fait connaître l'avis motivé des membres des organes sociaux mentionnés au premier alinéa.

Dans tous les cas, lorsqu'au jour du dépôt du projet de note d'information établi par l'initiateur, l'expert indépendant n'a pas achevé sa mission ou n'a pas été désigné, la société visée informe le public par voie de communiqué de l'identité de l'expert indépendant dès la publication du projet de note de l'initiateur ou dès la désignation de l'expert.

L'AMF peut demander tout renseignement qu'elle juge nécessaire.

Section 5 - Contenu du projet de note d'information et de note en réponse

Article 231-18
Le projet de note d'information établi par l'initiateur, dont le contenu est précisé par une instruction de l'AMF, mentionne :

1° L'identité de l'initiateur ;
2° La teneur de son offre et, en particulier :
a) Le prix ou la parité proposés, en fonction des critères d'évaluation objectifs usuellement retenus, des caractéristiques de la société visée et du marché de ses titres;
b) Le nombre et la nature des titres qu'il s'engage à acquérir ;
c) Le nombre et la nature des titres de la société visée qu'il détient déjà, directement, indirectement ou de concert, ou qu'il peut détenir à sa seule initiative. Sont également précisées la date et les conditions auxquelles leur acquisition a été réalisée au cours des douze derniers mois ou peut être réalisée à l'avenir ;
d) Le cas échéant, les conditions auxquelles l'offre est subordonnée en application des articles 231-9 à 231-12 ;
e) Le calendrier prévisionnel de l'offre ;
f) Le cas échéant, le nombre et la nature des titres remis en échange par l'initiateur ;
g) Les conditions de financement de l'opération et leurs incidences sur les actifs, l'activité et les résultats des sociétés concernées ;
3° Ses intentions pour une durée couvrant au moins les douze mois à venir relatives à la politique industrielle et

financière des sociétés concernées ainsi qu'au maintien de l'admission des titres de capital ou donnant accès au capital de la société visée aux négociations sur un marché réglementé ;
4° Ses orientations en matière d'emploi. L'initiateur indique notamment, eu égard aux données dont il a connaissance, et en cohérence avec ses intentions sur la politique industrielle et financière mentionnées au 3°, les changements prévisibles en matière de volume et de structure des effectifs ;
5° Le droit applicable aux contrats conclus entre l'initiateur et les détenteurs de titres de la société visée à la suite de l'offre ainsi que les juridictions compétentes;
6° Les accords relatifs à l'offre, auxquels il est partie ou dont il a connaissance, ainsi que l'identité et les caractéristiques des personnes avec lesquelles il agit de concert ou de toute personne agissant de concert avec la société visée au sens des articles L. 233-10 et L. 233-10-1 du code de commerce lorsqu'il en a connaissance ;
7° S'il y a lieu, l'avis motivé du conseil d'administration ou du conseil de surveillance, ou, dans le cas d'un initiateur étranger, de l'organe compétent, sur l'intérêt de l'offre ou sur les conséquences que présente l'offre pour l'initiateur, ses actionnaires et ses salariés ; les conditions de vote dans lesquelles cet avis a été obtenu, les membres minoritaires pouvant demander qu'il soit fait état de leur identité et de leur position ;
8° Dans le cas prévu au IV de l'article L. 433-3 du code monétaire et financier, l'engagement de déposer un projet d'offre irrévocable et loyale sur la totalité des titres de capital et donnant accès au capital ou aux droits de vote de la société dont plus du tiers du capital ou des droits de vote est détenu et qui constitue un actif essentiel de la société visée ;
9° S'il y a lieu, le rapport de l'expert indépendant mentionné à l'article 261-3 ;
10° Les modalités de mise à disposition des informations mentionnées à l'article 231-28.

La note d'information comporte la signature de l'initiateur ou de son représentant légal attestant l'exactitude des informations figurant dans la note.

Elle comporte également une attestation des représentants légaux des établissements présentateurs sur l'exactitude des informations relatives à la présentation de l'offre et aux éléments d'appréciation du prix ou de la parité proposés.

Article 231-19
La note en réponse de la société visée, dont le contenu est précisé par une instruction de l'AMF, mentionne :

1° Les accords mentionnés à l'article 231-5 ;
2° Les éléments mentionnés à l'article L. 225-100-3 du code de commerce, le cas échéant actualisés à la date de l'offre tels que la société en a connaissance ;
3° Le rapport de l'expert indépendant dans les cas prévus à l'article 261-1. La société visée peut, sous sa responsabilité, décider de ne pas mentionner certaines informations figurant dans le rapport de l'expert indépendant afin de ne pas porter atteinte à ses intérêts légitimes, sous réserve que cette omission ne risque pas d'induire le public en erreur ;
4° L'avis motivé du conseil d'administration ou du conseil de surveillance ou, dans le cas d'une société étrangère, de l'organe compétent, sur l'intérêt de l'offre ou sur les conséquences de celle-ci pour la société visée, ses actionnaires et ses salariés. Les conditions de vote dans lesquelles cet avis a été obtenu sont précisées, les membres minoritaires pouvant demander qu'il soit fait état de leur identité et de leur position ;

5° Lorsqu'elles sont disponibles et diffèrent de l'avis mentionné au 4°, les observations du comité d'entreprise ou, à défaut, des délégués du personnel ou, à défaut, des membres du personnel ;
6° Les intentions des membres des organes sociaux mentionnés au 4° d'apporter ou non leurs titres à l'offre ;
7° Les modalités de mise à disposition des informations mentionnées à l'article 231-28.

La note en réponse comporte la signature du représentant légal de la société visée attestant l'exactitude des informations figurant dans la note.

Section 6 - Examen par l'AMF du projet d'offre

Article 231-20
I. - L'AMF dispose d'un délai de dix jours de négociation suivant le début de la période d'offre pour apprécier la conformité du projet d'offre aux dispositions législatives et réglementaires qui lui sont applicables.

II. - Dans les cas prévus à l'article 261-1, la déclaration de conformité est prononcée au plus tôt cinq jours de négociation après le dépôt du projet de note en réponse de la société visée.

III. - Dans tous les cas, l'AMF est habilitée à demander toutes justifications et garanties appropriées ainsi que toute information complémentaire nécessaire à son appréciation tant sur le projet d'offre que sur le projet de note d'information ou de note en réponse. Le délai est alors suspendu. Il recommence à courir à réception des éléments requis.

Article 231-21
Pour apprécier la conformité du projet d'offre aux dispositions législatives et réglementaires qui lui sont applicables, l'AMF examine :

1° Les objectifs et intentions de l'initiateur ;
2° Le cas échéant, la nature, les caractéristiques, les cotations, ou le marché des titres proposés en échange ;
3° Les conditions posées par l'initiateur en application des articles 231-9 et 231-10 ;
4° L'information figurant dans le projet de note d'information ;
5° Dans les cas prévus à l'article 261-1, les conditions financières de l'offre, au regard notamment du rapport de l'expert indépendant et de l'avis motivé du conseil d'administration, du conseil de surveillance ou, dans le cas d'une société étrangère, de l'organe compétent.

L'AMF peut demander à l'initiateur de modifier son projet d'offre si elle considère qu'il peut porter atteinte aux dispositions mentionnées au premier alinéa, notamment aux principes définis par l'article 231-3.

Article 231-22
Dans les cas et dans les conditions prévus à la section 2 du chapitre II et aux chapitres III à VII du présent titre, l'AMF vérifie l'application des dispositions particulières applicables au prix ou à la parité d'échange.

Article 231-23
Lorsque le projet d'offre satisfait aux exigences des articles 231-21 et 231-22, l'AMF publie une déclaration de conformité motivée qui emporte visa de la note d'information.

Dans le cas contraire, l'AMF, par décision motivée, refuse de déclarer le projet d'offre conforme.
L'AMF fixe, le cas échéant, la date de reprise des négociations sur les titres concernés si celles-ci sont encore suspendues. Elle en informe l'entreprise de marché.

Article 231-24
Dans les cas mentionnés au III de l'article L. 433-1 du code monétaire et financier, lorsque l'offre porte sur des titres de capital également admis aux négociations sur un marché situé hors d'un État membre de la Communauté européenne ou partie à l'accord sur l'Espace économique européen, réglementé ou non, que l'AMF ne se déclare pas compétente, et qu'un document d'offre a été établi dans le cadre d'une procédure régie par une autorité compétente étrangère, l'AMF peut dispenser l'initiateur et la société visée de l'établissement d'une note d'information et d'une note en réponse sous réserve que l'initiateur et la société visée publient un communiqué, conjoint ou distinct, dont l'auteur s'assure de la diffusion effective et intégrale soumis à l'appréciation de l'AMF et reprenant les principaux éléments de ce document. Seuls les articles 231-36, 231-38 et 231-41 sont alors applicables. Les informations prévues aux articles 231-5, 231-18 et 231-19 qui ne figurent pas dans le document d'offre doivent également être mentionnées dans le communiqué.

Article 231-25
Lorsqu'un document d'offre a été approuvé par l'autorité compétente d'un autre État membre de la Communauté européenne ou partie à l'accord sur l'Espace économique européen, l'initiateur et la société visée sont dispensés de l'établissement d'une note d'information et d'une note en réponse, sous réserve que leur demande soit accompagnée d'une copie du document d'offre, traduit en français, approuvé par l'autorité compétente.
Ce document est publié selon les modalités prévues à l'article 231-27.

Article 231-26
La société visée dépose auprès de l'AMF un projet de note en réponse au plus tard le cinquième jour de négociation suivant la publication de la déclaration de conformité de l'AMF. Par exception, lorsqu'un expert indépendant est désigné en application de l'article 261-1, la société visée dépose le projet de note en réponse au plus tard le vingtième jour de négociation suivant le début de la période d'offre.

La version électronique du projet de note en réponse est transmise à l'AMF aux fins de mise en ligne sur son site.
Dès son dépôt, le projet de note en réponse est mis à la disposition du public selon les modalités mentionnées aux I et II de l'article 231-16 et comporte la mention prévue au IV dudit article. Il fait l'objet, au plus tard lors de son dépôt à l'AMF, d'un communiqué dont la société visée s'assure de la diffusion effective et intégrale. Ce communiqué donne les principaux éléments du projet de note en réponse, en précise les modalités de mise à disposition et comporte la mention prévue au IV de l'article 231-16.

À l'exception des cas prévus au II de l'article 231-20, l'AMF dispose d'un délai de cinq jours de négociation suivant le dépôt du projet de note en réponse pour délivrer son visa dans les conditions prévues à l'article 231-20. Pendant ce délai, elle est habilitée à requérir toute information complémentaire nécessaire à son appréciation. Le délai est alors suspendu. Il recommence à courir à réception des éléments requis.

Section 7 - Modalités de diffusion de la note d'information et de la note en réponse

Article 231-27
1° La diffusion dans le public de la note d'information visée par l'AMF établie par l'initiateur, seul ou conjointement avec la société visée, doit intervenir avant l'ouverture de l'offre et au plus tard le deuxième jour de négociation suivant la déclaration de conformité.
2° La note d'information visée par l'AMF fait l'objet d'une diffusion effective sous l'une des formes suivantes :
a) Publication de la note dans au moins un quotidien d'information économique et financière, de diffusion nationale ;
b) Mise à disposition gratuitement de la note au siège de l'initiateur et auprès du ou des établissements présentateurs de l'offre, et publication d'un résumé de la note, selon les mêmes modalités qu'au *a*, ou d'un communiqué, dont l'initiateur s'assure de la diffusion effective et intégrale, qui précise les modalités de la mise à disposition de la note.

Lorsque le siège de l'initiateur ou de l'établissement présentateur n'est pas situé en France, la mise à disposition doit être effectuée auprès d'un prestataire de services d'investissement situé en France et désigné, selon les cas, par l'initiateur ou l'établissement présentateur. Lorsque la note d'information a été établie conjointement avec la société visée, elle est également mise gratuitement à disposition au siège de la société visée et auprès des organismes chargés d'assurer le service financier de ses titres.
Dans tous les cas, une copie de la note doit être adressée sans frais à toute personne qui en fait la demande et la version électronique de la note doit être envoyée à l'AMF aux fins de mise en ligne sur son site.
3° La société visée transmet la note en réponse à l'initiateur dès que l'AMF y a apposé son visa. La note en réponse doit faire l'objet d'une diffusion effective sous l'une des formes suivantes :
a) Publication de la note dans au moins un quotidien d'information économique et financière, de diffusion nationale ;
b) Mise à disposition gratuitement de la note au siège de la société visée et auprès des organismes chargés d'assurer le service financier de ses titres et publication d'un résumé de la note, selon les mêmes modalités qu'au *a*, ou d'un communiqué, dont l'initiateur s'assure de la diffusion effective et intégrale, qui précise les modalités de la mise à disposition de la note.
Dans tous les cas, une copie de la note doit être adressée sans frais à toute personne qui en fait la demande et la version électronique de la note doit être envoyée à l'AMF aux fins de mise en ligne sur son site.
4° La note d'information et la note en réponse visées, telle que publiées et mises à la disposition du public, sont toujours identiques à la version originale visée par l'AMF.

Section 8 - Autres informations

Article 231-28
I. - Les informations relatives aux caractéristiques, notamment juridiques, financières et comptables, de l'initiateur et de la société visée, dont le contenu est précisé par une instruction de l'AMF, sont déposées auprès de l'AMF et mises à la disposition du public, au plus tard le

jour de l'ouverture de l'offre, selon les modalités mentionnées au 2° ou au 3° de l'article 231-27.

II. - Les rapports des contrôleurs légaux des comptes de l'initiateur et de la société visée doivent également être déposés auprès de l'AMF.
Les sociétés visées et les initiateurs étrangers désignent, avec l'accord de l'AMF, un contrôleur légal qui vérifie la traduction des états financiers et de leurs notes annexes ainsi que la pertinence des compléments et adaptations, et qui transmet à l'AMF une attestation sur ses travaux.

III. - Pour l'application de la dispense prévue au 2° de l'article 212-4 et au 3° de l'article 212-5, les contrôleurs légaux attestent que les informations prévisionnelles, estimées ou *pro forma* ont été adéquatement établies sur la base indiquée et que la base comptable est conforme aux méthodes comptables appliquées par l'initiateur.
Les contrôleurs légaux des comptes procèdent à une lecture d'ensemble des informations mentionnées au I et, le cas échéant, de leurs actualisations ou leurs rectifications. Cette lecture d'ensemble ainsi que, le cas échéant, les vérifications particulières, sont effectuées conformément à une norme de la Compagnie nationale des commissaires aux comptes.

Ils établissent à destination de l'initiateur une lettre de fin de travaux, dans laquelle ils font état des rapports émis et indiquent, au terme de leur lecture d'ensemble et des éventuelles vérifications particulières effectuées conformément à la norme professionnelle mentionnée ci-dessus, leurs éventuelles observations.
Une copie de cette lettre de fin de travaux est transmise à l'AMF par l'initiateur.

IV. - L'initiateur, la société visée et au moins un des établissements présentateurs déposent, au plus tard le jour de l'ouverture de l'offre, une attestation garantissant que l'ensemble des informations requises par le présent article a été déposé et publié.

Article 231-29
Lorsque l'AMF constate une omission ou une inexactitude significative dans le contenu de l'information mentionnée à l'article 231-28, elle en informe, selon le cas, l'initiateur ou la société visée qui doivent déposer auprès de l'AMF les rectifications apportées.

Est significative toute omission ou inexactitude, au regard du présent règlement ou des instructions de l'AMF, qui est susceptible de fausser manifestement l'appréciation par l'investisseur de l'opération envisagée.
Ces rectifications sont mises à la disposition du public, dans les meilleurs délais, dans les conditions et selon les modalités mentionnées au 2° ou au 3° de l'article 231-27.

Article 231-30
La date de clôture de l'offre peut, sur décision de l'AMF, être reportée pour que les détenteurs de titres disposent au minimum d'un délai de cinq jours de négociation pour se prononcer après la publication de l'information mentionnée à l'article 231-29.

Section 9 - Calendrier de l'offre

Article 231-31
Le calendrier de l'offre est fixé en fonction de la date de la diffusion de la note d'information commune établie par l'initiateur et la société visée ou de la note en réponse établie par la société visée.

Article 231-32
L'offre est ouverte le lendemain de la diffusion soit de la note d'information visée établie conjointement par l'initiateur et la société visée, soit de la note d'information établie par l'initiateur, soit dans les cas prévus à l'article 261-1, de la note en réponse de la société visée, ainsi que des informations mentionnées à l'article 231-28 et après réception par l'AMF, le cas échéant, des autorisations préalables requises par la législation en vigueur.

Les dates d'ouverture, de clôture et de publication des résultats de l'offre sont publiées par l'AMF.

Article 231-33
Les personnes qui désirent présenter leurs titres à l'offre doivent faire parvenir leurs ordres à un prestataire habilité pendant la durée de l'offre.

Article 231-34
Pendant la durée d'une offre, l'AMF peut en reporter la date de clôture.

Article 231-35
L'AMF publie les résultats de l'offre publique qui lui sont transmis, selon le cas, par l'entreprise de marché concernée ou par l'établissement présentateur.

Section 10 - Obligations des dirigeants, des personnes concernées et de leurs conseils

Article 231-36
Les personnes concernées, leurs dirigeants et leurs conseils doivent faire preuve d'une vigilance particulière dans leurs déclarations.

Les communications à caractère promotionnel, quels que soient leur forme et leur mode de diffusion, sont communiquées à l'AMF préalablement à leur diffusion.

Ces communications doivent :

1° Annoncer qu'une note d'information ou une note en réponse a été ou sera publiée et indiquer où les investisseurs peuvent ou pourront se la procurer ;
2° Être clairement reconnaissables en tant que telles ;
3° Ne pas comporter d'indications de nature à induire le public en erreur ou susceptibles de jeter le discrédit sur l'initiateur de l'offre ou la société visée par l'offre ;
4° Être cohérentes avec les informations contenues dans les communiqués, la note d'information ou la note en réponse ;

5° Le cas échéant, comporter, à la demande de l'AMF, un avertissement sur certaines caractéristiques exceptionnelles de l'initiateur, de la société visée ou des instruments financiers qui font l'objet de l'offre.

Article 231-37
Tout élément d'information complémentaire à la note d'information ou à la note en réponse visée par l'AMF doit être porté à la connaissance du public sous forme de communiqué dont l'auteur s'assure de la diffusion effective et intégrale.

Section 11 - Contrôle des opérations d'offre publique

Article 231-38
Les personnes concernées, les membres de leurs organes d'administration, de surveillance ou de direction, les établissements présentateurs et les établissements-conseils, les personnes ou entités détenant, directement ou indirectement, au moins 5 % du capital ou des droits de vote aux assemblées générales et les autres personnes ou entités agissant de concert avec elles doivent déclarer chaque jour, après la séance de négociation, les opérations d'achat et de vente qu'ils ont effectuées sur les titres concernés par l'offre, ainsi que toute opération ayant pour effet de transférer, immédiatement ou à terme, la propriété des titres ou des droits de vote, à l'AMF.

La même obligation de déclaration s'applique aux personnes ou entités qui ont acquis, directement ou indirectement, depuis le dépôt du projet de note d'information, une quantité de titres de la société visée représentant au moins 0,5 % de son capital, tant qu'ils détiennent cette quantité de titres.

Les déclarations doivent préciser :

1° Le nom et l'adresse du vendeur ou de l'acquéreur ;
2° La date de la négociation ou de la cession ;
3° Le nombre de titres traités et le cours de la transaction ;
4° Le nombre de titres et de droits de vote possédés à l'issue de la transaction.
Dans le cas d'une offre publique d'échange, les déclarations s'entendent des opérations portant sur les titres de l'initiateur et ceux de la société visée.

Article 231-39
À l'exception de celles effectuées par les établissements présentateurs et les établissements-conseils, l'AMF publie les déclarations qui lui sont transmises.

Article 231-40
Toute personne ou entité qui vient à accroître le nombre de titres ou des droits de vote qu'elle possède d'au moins 2 % du nombre total de titres ou des droits de vote de la société visée ou qui vient à posséder un nombre de titres représentant plus de 5 %, 10 %, 15 %, 20 %, 25 % ou 30 % du capital ou des droits de vote de la société visée est tenue de publier immédiatement les objectifs qu'elle a l'intention de poursuivre au regard de l'offre en cours.

Article 231-41
Tout intermédiaire qui intervient dans l'acheminement des ordres est tenu de respecter le présent titre, dont il tient informé, en tant que de besoin, son donneur d'ordre.

Section 12 - Contestation portant sur l'équivalence des mesures défensives

Article 231-42
Toute personne qui conteste l'équivalence des mesures mentionnées à l'article L. 233-32 du code de commerce transmet simultanément à l'AMF et à la société visée les moyens et les documents sur lesquels elle fonde sa contestation. A compter de la réception de ces documents, la société visée dispose d'un délai de dix jours de négociation pour faire part à l'AMF de ses observations.

L'AMF rend sa décision dans un délai de cinq jours de négociation à compter de la réponse de la société visée.
L'AMF peut demander toute justification et information complémentaire. Le délai est alors suspendu. Il recommence à courir à réception des éléments requis.
L'AMF rend publique sa décision.

Section 13 - Suspension des effets des restrictions à l'exercice des droits de vote et des droits extraordinaires de nomination et de révocation des administrateurs, membres du conseil de surveillance, membres du directoire, directeurs généraux, directeurs généraux délégués

Article 231-43
Les effets de la limitation statutaire du nombre de voix dont chaque actionnaire dispose dans les assemblées mentionnée au premier alinéa de l'article L. 225-125 du code de commerce sont suspendus lors de la première assemblée générale qui suit la clôture de l'offre lorsque l'initiateur de l'offre, agissant seul ou de concert, vient à détenir plus des deux tiers du capital ou des droits de vote de la société visée.

Article 231-44
Lorsque les statuts le prévoient, les effets des restrictions statutaires à l'exercice des droits de vote attachés à des actions de la société ainsi que les effets de toute clause d'une convention conclue après le 21 avril 2004 prévoyant des restrictions à l'exercice des droits de vote attachés à des actions de la société sont suspendus lors de la première assemblée générale suivant la clôture de l'offre lorsque l'initiateur de l'offre, agissant seul ou de concert, vient à détenir, à l'issue de celle-ci, plus de la moitié du capital ou des droits de vote de la société visée.

Article 231-45
Lorsque les statuts le prévoient, les droits extraordinaires de nomination ou révocation des administrateurs, membres du conseil de surveillance, membres du directoire, directeurs généraux, directeurs généraux délégués, détenus par certains actionnaires sont suspendus lors de la première assemblée générale suivant la clôture de l'offre lorsque l'initiateur de l'offre, agissant seul ou de concert, détient à l'issue de celle-ci plus de la moitié du capital ou des droits de vote de la société visée.

CHAPITRE II - PROCÉDURE NORMALE

Section 1 - Dispositions générales

Article 232-1
Lorsque l'initiateur agissant seul ou de concert détient moins de la moitié du capital ou des droits de vote de la société visée, seule la procédure normale d'offre est applicable.

Article 232-2
La durée de l'offre est de vingt-cinq jours de négociation. Cette durée est prorogée, sans pouvoir excéder trente-cinq jours de négociation, lorsque la société visée n'a pas déposé de note conjointe avec l'initiateur.
Par exception, lorsque l'initiateur d'une offre se prévaut des dispositions de article 231-11, la date de clôture de l'offre et son calendrier sont arrêtés après réception par l'AMF des éléments justificatifs de l'autorisation des autorités chargées du contrôle de la concentration dans les conditions mentionnées au premier alinéa de l'article 231-11.

En accord avec l'AMF, l'entreprise de marché concernée fait connaître les conditions et délais du dépôt par les teneurs de compte des titres apportés, de la livraison et du règlement en titres ou en capitaux ainsi que la date à laquelle les résultats de l'offre seront disponibles.

Les ordres des personnes qui désirent présenter leurs titres en réponse à l'offre ne peuvent être révoqués que jusque et y compris le jour de clôture de l'offre.

Article 232-3
Le résultat de l'offre est publié en principe neuf jours de négociation au plus tard après la date de clôture.
Si l'AMF constate que l'offre a une suite positive, l'entreprise de marché fait connaître les conditions de règlement et de livraison des titres acquis par l'initiateur. Si l'AMF constate que l'offre est sans suite, l'entreprise de marché fait connaître la date à laquelle les titres présentés en réponse seront restitués aux teneurs de compte déposants.

Lorsque l'offre est assortie d'un seuil de renonciation, l'AMF publie un résultat provisoire dès qu'elle a connaissance par l'entreprise de marché du total de titres déposés auprès de l'entreprise de marché par les intermédiaires habilités aux fins de centralisation.

Article 232-4
Si l'offre connaît une suite positive, elle est réouverte dans les dix jours de négociation suivant la publication du résultat définitif.

L'AMF publie le calendrier de réouverture de l'offre qui dure au moins dix jours de négociation. Cette publication marque le début d'une nouvelle période d'offre qui s'achève à la publication des résultats.

Section 2 - Offres concurrentes et surenchères

Article 232-5
À dater de l'ouverture d'une offre et cinq jours de négociation au plus tard avant sa date de clôture, un projet d'offre publique concurrente visant les titres de la société visée ou de l'une des sociétés visées peut être déposé auprès de l'AMF.

Article 232-6
L'initiateur a la faculté de surenchérir sur les termes de son offre ou de la dernière offre concurrente au plus tard cinq jours de négociation avant la clôture de l'offre.

Article 232-7
Pour être déclarée conforme, une offre publique d'achat concurrente ou une surenchère en numéraire doit être libellée à un prix supérieur d'au moins 2 % au prix stipulé dans l'offre publique d'achat ou la surenchère en numéraire précédente.

Dans tous les autres cas, l'AMF déclare conforme le projet d'offre concurrente ou de surenchère si celui-ci, apprécié dans les conditions définies aux articles 231-21 et 231-22, emporte une amélioration significative des conditions proposées aux porteurs des titres visés.

Une offre publique concurrente ou une surenchère peut cependant être déclarée conforme si son initiateur, sans modifier les termes stipulés dans l'offre précédente, supprime le seuil en deçà duquel l'offre n'aura pas de suite positive.

Article 232-8
Si elle déclare une surenchère conforme, l'AMF apprécie s'il y a lieu de reporter la date de clôture de la ou des offres et de rendre nuls et non avenus les ordres de présentation des titres en réponse à l'offre ou aux offres.

Article 232-9
Sauf cas de relèvement automatique des termes de l'offre, l'initiateur d'une offre qui surenchérit sur les termes de son offre antérieure établit un document complémentaire à sa note d'information soumis à l'appréciation de l'AMF dans les conditions prévues à l'article 231-20.

Ce document précise les termes de la surenchère au regard des conditions précédentes et les modifications des divers éléments exigés par les articles 231-18 et 231-19.

L'avis motivé du conseil d'administration ou du conseil de surveillance ou, dans le cas d'une société étrangère, de l'organe compétent de la société visée comprenant les précisions prévues à l'article 231-19, est communiqué à l'AMF. Il est diffusé dans les conditions fixées par l'article 231-37.

Article 232-10
Une offre publique concurrente est ouverte dans les conditions prévues par l'article 231-32. Lorsque l'AMF en arrête le calendrier, elle aligne les dates de clôture des offres en présence sur la date la plus lointaine sans préjudice des dispositions de l'article 231-34.

L'ouverture d'une offre concurrente rend nuls et non avenus les ordres de présentation des titres en réponse à l'offre antérieure.

Article 232-11
L'initiateur peut renoncer à son offre publique dans le délai de cinq jours de négociation suivant la publication du calendrier d'une offre ou d'une surenchère concurrente. Il informe l'AMF de sa décision qui fait l'objet d'une publication.

L'initiateur peut également renoncer à son offre si l'offre devient sans objet, ou si la société visée, en raison des mesures qu'elle a prises, voit sa consistance modifiée pendant l'offre ou en cas de suite positive de l'offre. Il ne peut user de cette faculté qu'avec l'autorisation préalable de l'AMF qui statue au regard des principes posés par l'article 231-3.

Article 232-12
Lorsque plus de dix semaines se sont écoulées depuis la publication de l'ouverture d'une offre, l'AMF, en vue d'accélérer la confrontation des offres dans le respect de leur alternance, peut fixer un délai limite pour le dépôt de chacune des surenchères successives.

L'AMF fait connaître sa décision et les modalités de sa mise en oeuvre. Le délai limite, décompté à partir de la date de publication de la décision de l'AMF sur chaque surenchère, ne peut être inférieur à trois jours de négociation.

Article 232-13
Lorsque plus de dix semaines se sont écoulées depuis l'ouverture d'une offre, l'AMF, en vue d'accélérer l'issue des offres en présence, peut décider de recourir à un dispositif de dernière enchère.

Elle fixe la date à laquelle chacun des initiateurs devra lui faire connaître le maintien de son offre aux mêmes conditions ou le dépôt d'une ultime surenchère.

S'il y a lieu, l'AMF se prononce sur la conformité de la ou des surenchères déposées. Elle arrête la date de clôture définitive des offres.

Par exception aux dispositions de l'article 232-6, aucune surenchère ne peut alors être déposée sauf si une offre publique concurrente vient à être déposée, déclarée conforme et ouverte.

Section 3 - Interventions sur le marché des titres concernés par l'offre

SOUS-SECTION 1 - INTERVENTIONS DE L'INITIATEUR ET DES PERSONNES AGISSANT DE CONCERT AVEC LUI

Article 232-14
À compter du dépôt du projet d'offre ou de la reprise des négociations sur les titres visés par l'offre et jusqu'à la publication des résultats de celle-ci, l'initiateur d'une offre publique d'achat non assortie de l'une des conditions mentionnées aux articles 231-9 à 231-11 et les personnes agissant de concert avec lui sont autorisés à intervenir à l'achat sur le marché des titres de la société visée.

Jusqu'à la date limite posée par l'article 232-6 pour le dépôt d'une surenchère et lorsque l'intervention sur le marché est réalisée au-dessus du prix de l'offre, le relèvement de ce prix à 102 % au moins du prix stipulé et, au-delà, au niveau du prix effectivement payé sur le marché est automatique, quelles que soient les quantités de titres achetées, et quel que soit le prix auquel elles l'ont été, sans que l'initiateur ait la faculté de modifier les autres conditions de l'offre. La même règle s'applique, le cas échéant, au marché des droits de souscription à une émission de titres de capital réalisée par la société.

Passée cette date et jusqu'à la clôture de l'offre, l'initiateur et les personnes agissant de concert avec lui ne peuvent acheter des titres de la société visée à un prix supérieur à celui de l'offre.

Article 232-15
De la clôture de l'offre à la publication de son résultat, l'initiateur et les personnes agissant de concert avec lui ne peuvent acheter des titres de la société visée à un prix supérieur à celui de l'offre.

Article 232-16
Pendant la période qui s'écoule entre la clôture de l'offre et soit la date de la communication par l'AMF de la suite positive de l'offre prévue à l'article 232-3, soit la date à laquelle les titres seront restitués aux intermédiaires déposants, l'initiateur et les personnes agissant de concert avec lui ne peuvent céder sur le marché des titres de la société visée.

SOUS-SECTION 2 - INTERVENTIONS DE LA SOCIÉTÉ VISÉE ET DES PERSONNES AGISSANT DE CONCERT AVEC ELLE

Article 232-17
La société visée et les personnes agissant de concert avec elle ne peuvent intervenir directement ou indirectement sur le marché des titres de capital ou donnant accès au capital de la société.

Lorsque l'offre est réglée intégralement en numéraire, la société visée peut poursuivre l'exécution d'un programme de rachat d'actions dès lors que la résolution de l'assemblée générale qui a autorisé le programme l'a expressément prévu et, lorsqu'il s'agit d'une mesure susceptible de faire échouer l'offre, que sa mise en oeuvre fait l'objet d'une approbation ou d'une confirmation par l'assemblée générale.

SOUS-SECTION 3 - INTERVENTIONS DES PERSONNES CONCERNÉES DANS LE CAS D'UNE OFFRE PUBLIQUE D'ÉCHANGE OU D'UNE OFFRE PUBLIQUE D'ACHAT ET D'ÉCHANGE

Article 232-18
Lorsque l'offre comporte en tout ou partie la remise de titres, les personnes concernées ne peuvent intervenir sur le marché des titres de capital ou donnant accès au capital de la société visée pendant la période d'offre.

Du dépôt du projet d'offre jusqu'à la clôture de l'offre, ces personnes ne peuvent pas intervenir sur le marché des titres de capital ou donnant accès au capital émis par la société dont les titres sont proposés en échange.

SOUS-SECTION 4 - INTERVENTIONS EFFECTUÉES PAR LES ÉTABLISSEMENTS PRÉSENTATEURS ET LES ÉTABLISSEMENTS-CONSEILS

Article 232-19
Les dispositions des articles 232-14 à 232-16 et 232-18 sont applicables aux interventions pour compte propre effectuées par un établissement-conseil de l'initiateur ou de la société visée ou présentateur de l'offre, ainsi que par toute société de leur groupe.

Cependant, ledit établissement est autorisé à intervenir :

1° Sur les titres concernés par l'offre dans le cadre de ses activités d'arbitrage, de tenue de marché et de couverture de risques de position, dans la mesure où ces interventions s'inscrivent dans la continuité de ses pratiques habituelles et relèvent d'équipes, de moyens, d'objectifs et de responsabilités distincts de ceux mobilisés pour l'offre ;
2° Sur le marché quand il a reçu mandat de l'initiateur de mettre en place la couverture d'un risque pris par ce dernier à l'occasion de l'opération.

SOUS-SECTION 5 - INTERVENTIONS EN CAS DE RÉOUVERTURE DE L'OFFRE

Article 232-20
Les dispositions des articles 232-15, 232-16, 232-18 et 232-19 restent applicables pendant la période de réouverture de l'offre.

Toutefois, la société émettrice des titres de capital rémunérant une offre publique d'échange peut intervenir sur ses propres titres dans le cadre du programme de rachat d'actions prévu à l'article L. 225-209 du code de commerce.

CHAPITRE III - PROCÉDURE SIMPLIFIÉE

Article 233-1
L'emploi de la procédure simplifiée d'offre peut intervenir dans les cas suivants :
1° Une offre émise par un actionnaire détenant déjà directement ou indirectement, seul ou de concert au sens de l'article L. 233-10 du code de commerce, la moitié au moins du capital et des droits de vote de la société visée ;
2° Une offre émise par un actionnaire venant à détenir directement ou indirectement, seul ou de concert au sens de l'article L. 233-10 du code de commerce, après acquisition la moitié au moins du capital et des droits de vote de la société visée ;
3° Une offre limitée à une participation dans le capital de la société visée, l'initiateur de l'offre ne visant qu'une participation au plus égale à 10 % des titres de capital conférant des droits de vote ou à 10 % des droits de vote de la société visée, compte tenu des titres de même nature et des droits de vote qu'il détient déjà, directement ou indirectement ;
4° Une offre émise par une personne agissant seule ou de concert, au sens de l'article L. 233-10 du code de commerce, visant l'acquisition d'actions à dividende prioritaire, de certificats d'investissement ou de certificats de droits de vote ;
5° Une offre de rachat de ses actions par une société, en application de l'article L. 225-207 du code de commerce ;
6° Une offre de rachat de ses actions par une société, en application de l'article L. 225-209 du code de commerce ;
7° Une offre par la société émettrice visant des titres donnant accès à son capital ;

8° Une offre par laquelle la société émettrice propose l'échange de titres de créance ne donnant pas accès au capital contre des titres de capital ou donnant accès à son capital.

Article 233-2
L'offre publique d'achat simplifiée est réalisée par achats sur le marché, aux conditions fixées lors de l'ouverture de l'offre, sauf dans les cas d'offre limitée prévus aux 3°, 5° et 6° de l'article 233-1 et aux articles 233-4 et 233-5.
L'offre publique d'échange simplifiée est centralisée par l'entreprise de marché concernée ou, sous son contrôle, par l'établissement présentateur.
La durée d'une offre simplifiée peut être limitée à dix jours de négociation s'il s'agit d'une offre d'achat et à quinze jours de négociation dans les autres cas, sauf s'il s'agit d'une offre de rachat en application de l'article L. 225-207 du code de commerce.

Article 233-3
Si l'offre est une offre d'achat résultant de l'application du 1° de l'article 233-1 et sous réserve des dispositions des articles 231-21 et 231-22, le prix stipulé par l'initiateur de l'offre ne peut être inférieur, sauf accord de l'AMF, au prix déterminé par le calcul de la moyenne des cours de bourse, pondérée par les volumes de transactions, pendant les soixante jours de négociation précédant la publication de l'avis de dépôt du projet d'offre.

Article 233-4
Dans le cas d'une offre visant des certificats d'investissement ou des certificats de droit de vote, l'initiateur est autorisé à limiter son opération à l'acquisition d'une quantité de certificats de droits de vote ou de certificats d'investissement égale, selon le cas, au nombre de certificats d'investissement ou de certificats de droits de vote qu'il détient déjà.

Article 233-5
Si l'initiateur d'une offre simplifiée a été autorisé à se réserver la faculté de réduire les ordres de vente ou d'échange présentés en réponse à son offre, la réduction est opérée proportionnellement, sous réserve des ajustements nécessaires.

La réduction des ordres présentés à une offre de rachat déposée en application du 5° de l'article 233-1 s'opère dans les conditions prévues par le décret n° 67-236 du 23 mars 1967.
Dans ces hypothèses, l'initiateur ne peut intervenir sur le marché des titres concernés.

Article 233-6
Les dispositions des articles 232-15, 232-16, 232-18 et 232-19 s'appliquent aux offres publiques simplifiées.
Toutefois, la société émettrice des titres de capital rémunérant une offre publique d'échange simplifiée peut continuer ses interventions sur ses propres titres dans le cadre du programme de rachat d'actions prévu à l'article L. 225-209 du code de commerce.

CHAPITRE IV - DÉPÔT OBLIGATOIRE D'UN PROJET D'OFFRE PUBLIQUE

Article 234-1
Dans le présent chapitre, par titres de capital, il faut entendre titres de capital conférant des droits de vote si le capital de la société visée est constitué pour partie par des titres sans droit de vote.

Article 234-2
Lorsqu'une personne physique ou morale, agissant seule ou de concert au sens de l'article L. 233-10 du code de commerce, vient à détenir plus du tiers des titres de capital ou plus du tiers des droits de vote d'une société, elle est tenue à son initiative d'en informer immédiatement l'AMF et de déposer un projet d'offre visant la totalité du capital et des titres donnant accès au capital ou aux droits de vote, et libellé à des conditions telles qu'il puisse être déclaré conforme par l'AMF.

Le projet d'offre publique ne peut comporter aucune clause prévoyant la présentation nécessaire d'un nombre minimal de titres pour que l'offre ait une suite positive. Sous cette réserve, les dispositions des chapitres Ier et, selon le cas, II ou III du présent titre sont applicables aux offres publiques dont le dépôt est obligatoire.

Article 234-3
Sans préjudice du IV de l'article L. 433-3 du code monétaire et financier, lorsque plus du tiers du capital ou des droits de vote d'une société dont les titres de capital sont admis aux négociations sur un marché réglementé d'un État membre de la Communauté européenne ou d'un autre État partie à l'accord sur l'Espace économique européen, y compris la France, est détenu par une autre société et constitue une part essentielle de ses actifs, l'obligation définie à l'article 234-2 s'applique quand :

1° Une personne vient à prendre le contrôle de la société détentrice au sens des textes applicables à cette dernière ;
2° Un groupe de personnes agissant de concert vient à prendre le contrôle de la société détentrice au sens des textes applicables à cette dernière, sauf si l'une ou plusieurs d'entre elles disposaient déjà de ce contrôle et demeurent prédominantes et, dans ce cas, tant que l'équilibre des participations respectives n'est pas significativement modifié.

Les personnes physiques ou morales agissant seules ou de concert sont tenues au respect de l'obligation définie à l'article 234-2, lorsqu'elles viennent à détenir par suite de fusion ou d'apports plus du tiers des titres de capital ou des droits de vote d'une société dès lors que ces titres représentent une part essentielle des actifs de l'entité absorbée ou apportée.

Article 234-4
L'AMF peut autoriser, dans des conditions qui sont rendues publiques, le franchissement temporaire du seuil du tiers mentionné aux articles 234-2 et 234-3 si le dépassement porte sur moins de 3 % du capital et des droits de vote et si sa durée n'excède pas six mois. La ou les personnes concernées s'engagent à ne pas exercer, pendant la période de reclassement des titres, les droits de vote correspondants.

Article 234-5
Les dispositions de l'article 234-2 s'appliquent aux personnes physiques ou morales, agissant seules ou de concert, qui détiennent directement ou indirectement un nombre compris entre le tiers et la moitié du nombre total des titres de capital ou des droits de vote d'une société et qui, en moins de douze mois consécutifs, augmentent le nombre des titres de capital ou des droits de vote qu'elles détiennent d'au moins 2 % du nombre total des titres de capital ou des droits de vote de la société.

Les personnes qui, agissant seules ou de concert, détiennent directement ou indirectement un nombre compris entre le tiers et la moitié du capital ou des droits de vote d'une société tiennent l'AMF informée des variations du nombre de titres de capital ou des droits de vote qu'elles détiennent. L'AMF rend ces informations publiques.

Article 234-6
Lorsqu'un projet d'offre est déposé en application des articles 234-2, 234-3 et 234-5, le prix proposé doit être au moins équivalent au prix le plus élevé payé par l'initiateur, agissant seul ou de concert au sens de l'article L. 233-10 du code de commerce, sur une période de douze mois précédant le dépôt du projet d'offre.

L'AMF peut demander ou autoriser la modification du prix proposé lorsqu'un changement manifeste des caractéristiques de la société visée ou du marché de ses titres le justifie. Il en va notamment ainsi dans les cas suivants :

1° Lorsque des événements susceptibles d'influer de manière significative sur la valeur des titres concernés sont intervenus au cours des douze derniers mois précédant le dépôt de l'offre;
2° Lorsque la société visée est en situation de difficulté financière avérée ;
3° Lorsque le prix mentionné au premier alinéa résulte d'une transaction assortie d'éléments connexes entre l'initiateur, agissant seul ou de concert, et le vendeur des titres acquis par l'initiateur au cours des douze derniers mois.

Dans ces cas ou en l'absence de transaction de l'initiateur, agissant seul ou de concert, sur les titres de la société visée au cours de la période de douze mois mentionnée au premier alinéa, le prix est déterminé en fonction des critères d'évaluation objectifs usuellement retenus, des caractéristiques de la société visée et du marché de ses titres.

Article 234-7
L'AMF peut constater qu'il n'y a pas matière à déposer un projet d'offre publique lorsque les seuils mentionnés aux articles 234-2 et 234-5 sont franchis par une ou plusieurs personnes qui viennent à déclarer agir de concert :

1° Avec un ou plusieurs actionnaires qui détenaient déjà, seul ou de concert, la majorité du capital ou des droits de vote de la société à condition que ceux-ci demeurent prédominants ;
2° Avec un ou plusieurs actionnaires qui détenaient déjà, seul ou de concert, entre le tiers et la moitié du capital ou des droits de vote de la société à condition que ceux-ci conservent une participation plus élevée, et qu'à l'occasion de cette mise en concert ils ne franchissent pas l'un des seuils visés aux articles 234-2 et 234-5.
Tant que l'équilibre des participations respectives au sein d'un concert n'est pas significativement modifié par référence à la situation constatée lors de la déclaration initiale, il n'y a pas lieu à offre publique.

Article 234-8
L'AMF peut accorder une dérogation à l'obligation de déposer un projet d'offre publique si la ou les personnes concernées justifient auprès d'elle remplir l'une des conditions énumérées à l'article 234-9.

L'AMF se prononce après avoir examiné les circonstances dans lesquelles le ou les seuils ont été ou seront franchis, la répartition du capital et des droits de vote et les conditions dans lesquelles, le cas échéant, l'opération a fait ou fera l'objet d'une approbation par l'assemblée générale des actionnaires de la société visée.

Article 234-9
Les cas dans lesquels l'AMF peut accorder une dérogation sont les suivants :

1° Transmission à titre gratuit entre personnes physiques, distribution d'actifs réalisée par une personne morale au prorata des droits des associés ;
2° Souscription à l'augmentation de capital d'une société en situation avérée de difficulté financière, soumise à l'approbation de l'assemblée générale de ses actionnaires ;
3° Opération de fusion ou d'apport d'actifs soumise à l'approbation de l'assemblée générale des actionnaires ;
4° Cumul d'une opération de fusion ou d'apport soumis à l'approbation de l'assemblée générale des actionnaires et de la conclusion entre actionnaires des sociétés concernées par l'opération, d'un accord constitutif d'une action de concert ;
5° Réduction du nombre total de titres de capital ou du nombre total de droits de vote existant dans la société visée ;
6° Détention de la majorité des droits de vote de la société par le demandeur ou par un tiers, agissant seul ou de concert ;
7° Opération de reclassement, ou s'analysant comme un reclassement, entre sociétés ou personnes appartenant à un même groupe.

Article 234-10
Dans le cas d'opérations soumises à l'approbation des actionnaires de la société visée, l'AMF peut statuer sur une demande de dérogation avant la tenue de cette assemblée sous réserve de disposer d'informations précises sur l'opération projetée.

Dans les autres cas prévus à l'article 234-9, ainsi que dans les situations mentionnées à l'article 234-7, l'AMF peut statuer préalablement à la réalisation d'une opération en fonction de la nature, des circonstances et du délai de mise en oeuvre du projet et au vu des éléments justificatifs apportés par la ou les personnes concernées.
L'AMF est informée du déroulement de l'opération et, dans l'hypothèse où celle-ci n'est pas mise en oeuvre selon les conditions initialement prévues, peut constater la caducité de la décision précédemment rendue.
Si l'AMF accorde la dérogation demandée ou constate qu'il n'y a pas matière à offre publique, elle publie sa décision et fait connaître, le cas échéant, les engagements souscrits par le ou les requérants.

CHAPITRE V - PROCÉDURE DE GARANTIE DE COURS

Section 1 - Garanties de cours portant sur des instruments financiers admis aux négociations sur un marché réglementé

Article 235-1
Est tenue de déposer un projet de garantie de cours une personne physique ou morale, agissant seule ou de concert au sens de l'article L. 233-10 du code de commerce, qui acquiert ou est convenue d'acquérir un bloc de titres lui conférant, compte tenu des titres ou des droits de vote qu'elle détient déjà, la majorité du capital ou des droits de vote d'une société.

Ce projet précise l'identité du ou des cédants et cessionnaires du bloc, la quantité de titres cédés, la date, le mode de réalisation et le prix de la cession, ainsi que toute information complémentaire nécessaire à l'appréciation de l'opération.

Article 235-2
L'acquéreur du bloc s'engage à se porter acquéreur sur le marché, pendant une durée de dix jours de négociation minimum, de tous les titres présentés à la vente au prix auquel la cession des titres a été ou doit être réalisée, et seulement à ce cours ou à ce prix.

L'AMF peut autoriser un prix d'offre inférieur dans l'hypothèse où la cession serait assortie d'une clause de garantie visant un risque identifié ou d'un règlement différé, pour la totalité ou pour partie. Dans le cas d'un différé de règlement, le taux d'actualisation retenu ne peut être supérieur au taux du marché constaté lors de la cession.
Les dispositions de article 232-15 s'appliquent aux garanties de cours.

Article 235-3
Faisant application de l'article 234-2, l'AMF peut placer sous le régime de l'offre obligatoire un projet d'acquisition, ou l'acquisition, d'un ou plusieurs blocs de titres conférant la majorité du capital ou des droits de vote d'une société dans les cas suivants :

1° La transaction est assortie d'éléments connexes susceptibles d'affecter l'égalité, posée par le premier alinéa de l'article 235-2, entre le prix payé pour le bloc majoritaire et le prix offert aux autres actionnaires ;
2° Le ou les blocs sont acquis auprès de personnes qui ne détenaient pas préalablement, de concert entre elles ou avec le cessionnaire, la majorité des droits de vote de la société.

Dans l'une ou l'autre de ces hypothèses, l'offre publique se déroule selon la procédure simplifiée du 2° de l'article 233-1, si l'initiateur détient, après acquisition du ou des blocs de titres, la majorité du capital et des droits de vote de la société.

Section 2 - Garanties de cours portant sur des instruments financiers admis aux négociations sur un système multilatéral de négociation organisé

Article 235-4
Les garanties de cours portant sur des instruments financiers admis aux négociations sur un système multilatéral de négociation organisé sont soumises aux dispositions du chapitre Ier à l'exception de sa section 2. Elles sont également soumises aux articles 235-1 et 235-2.

CHAPITRE VI - OFFRES PUBLIQUES DE RETRAIT

Article 236-1
Lorsque le ou les actionnaires majoritaires détiennent de concert, au sens de l'article L. 233-10 du code de commerce, au moins 95 % des droits de vote d'une société dont les actions sont admises aux négociations sur un marché réglementé d'un État membre de la Communauté européenne ou partie à l'accord sur l'Espace économique européen, y compris la France, ou ont cessé de l'être, le détenteur de titres conférant des droits de vote n'appartenant pas au groupe majoritaire peut demander à l'AMF de requérir du ou des actionnaires majoritaires le dépôt d'un projet d'offre publique de retrait.

Après avoir procédé aux vérifications nécessaires, l'AMF se prononce sur la demande qui lui est présentée au vu notamment des conditions prévalant sur le marché des titres concernés et des éléments d'information apportés par le demandeur.

Si elle déclare la demande recevable, l'AMF la notifie à l'actionnaire ou aux actionnaires majoritaires alors tenus de déposer, dans un délai fixé par l'AMF, un projet d'offre publique de retrait libellé à des conditions telles qu'il puisse être déclaré conforme.

Article 236-2
Lorsque le ou les actionnaires majoritaires détiennent de concert, au sens de l'article L. 233-10 du code de commerce, au moins 95 % des droits de vote d'une société dont les certificats d'investissement et, le cas échéant, les certificats de droits de vote sont admis aux négociations sur un marché réglementé d'un État membre de la Communauté européenne ou partie à l'accord sur l'Espace économique européen, y compris la France, ou ont cessé de l'être, le détenteur de certificats d'investissement ou de certificats de droits de vote n'appartenant pas au groupe majoritaire peut demander à l'AMF de requérir du ou des actionnaires majoritaires le dépôt d'un projet d'offre publique de retrait visant ces titres.

Après avoir procédé aux vérifications nécessaires, l'AMF se prononce sur la demande qui lui est présentée au vu notamment des conditions prévalant sur le marché des titres concernés et des éléments d'information apportés par le demandeur.

Si elle déclare la demande recevable, l'AMF la notifie à l'actionnaire ou aux actionnaires majoritaires alors tenus de déposer, dans un délai fixé par l'AMF, un projet d'offre publique de retrait libellé à des conditions telles qu'il puisse être déclaré conforme.

Article 236-3
Le ou les actionnaires majoritaires qui détiennent de concert au sens de l'article L. 233-10 du code de commerce au moins 95 % des droits de vote d'une société dont les actions sont admises aux négociations sur un marché réglementé d'un État membre de la Communauté européenne ou partie à l'accord sur l'Espace économique européen, y compris la France, ou ont cessé de l'être, peuvent déposer auprès de l'AMF un projet d'offre publique de retrait visant les titres de capital ou de droits de vote ou donnant accès au capital non détenus par eux.

Article 236-4
Le ou les actionnaires majoritaires qui détiennent de concert au sens de l'article L. 233-10 du code de commerce au moins 95 % des droits de vote d'une société dont les certificats d'investissement et, le cas échéant, les certificats de droits de vote sont admis aux négociations sur un marché réglementé d'un État membre de la Communauté européenne ou partie à l'accord sur l'Espace économique européen, y compris la France, ou ont cessé de l'être, peuvent déposer auprès de l'AMF un projet d'offre publique de retrait visant ces titres.

Article 236-5
Lorsqu'une société anonyme dont les titres de capital sont admis sur un marché réglementé est transformée en société en commandite par actions, la ou les personnes qui contrôlaient la société avant sa transformation ou le ou les associés commandités sont tenus, dès l'adoption par l'assemblée générale des actionnaires de la résolution tendant à la transformation de la

société, de déposer un projet d'offre publique de retrait ne comportant aucune condition minimale et libellé à des conditions telles qu'il puisse être déclaré conforme.

L'initiateur du projet d'offre précise à l'AMF s'il se réserve la faculté, à l'issue de l'offre et en fonction de son résultat, de demander que l'ensemble des titres de capital ou donnant accès au capital et des titres de droits de vote de la société soient radiés du marché réglementé sur lequel ils sont admis.

Article 236-6
La ou les personnes physiques ou morales qui contrôlent une société informent l'AMF :

1° Lorsqu'elles se proposent de soumettre à l'approbation d'une assemblée générale extraordinaire une ou plusieurs modifications significatives des dispositions statutaires, notamment celles relatives à la forme de la société, aux conditions de cession et de transmission des titres de capital ainsi qu'aux droits qui y sont attachés ;
2° Lorsqu'elles décident le principe de la fusion-absorption de cette société par la société qui en détient le contrôle, de la cession ou de l'apport à une autre société de la totalité ou du principal des actifs, de la réorientation de l'activité sociale ou de la suppression, pendant plusieurs exercices, de toute rémunération de titres de capital.
L'AMF apprécie les conséquences de l'opération prévue au regard des droits et des intérêts des détenteurs de titres de capital ou des détenteurs de droits de vote de la société et décide s'il y a lieu à mise en oeuvre d'une offre publique de retrait.

Le projet d'offre, qui ne peut comporter de condition minimale, est libellé à des conditions telles qu'il puisse être déclaré conforme.

Article 236-7
L'offre publique de retrait est réalisée par achats sur le marché au prix de l'offre pendant une période de dix jours de négociation au moins ou, si les circonstances et les modalités de l'opération le justifient, par centralisation des ordres de vente ou d'échange auprès de l'entreprise de marché ou, sous son contrôle, par l'établissement présentateur.

Les dispositions des articles 232-15, 232-16, 232-18 et 232-19 s'appliquent aux offres publiques de retrait.
Toutefois, la société émettrice des titres de capital rémunérant une offre publique de retrait réalisée par voie d'échange peut continuer ses interventions sur ses propres titres dans le cadre du programme de rachat d'actions prévu à l'article L. 225-209 du code de commerce.

CHAPITRE VII - RETRAIT OBLIGATOIRE

Section 1 - Retrait obligatoire à l'issue d'une offre publique de retrait

Article 237-1
À l'issue d'une offre publique de retrait réalisée en application des articles 236-1, 236-2, 236-3 ou 236-4, l'actionnaire ou le groupe majoritaire peut se voir transférer les titres non présentés par les actionnaires minoritaires ou les porteurs de certificats d'investissement ou de certificats de droits de vote dès lors qu'ils ne représentent pas plus de 5 % du capital ou des droits de vote moyennant indemnisation de ces derniers.

Dans les mêmes conditions, l'actionnaire ou le groupe majoritaire peut se voir transférer les titres donnant ou pouvant donner accès au capital, dès lors que les titres de capital susceptibles d'être créés par conversion, souscription, échange, remboursement, ou de toute autre manière, des titres donnant ou pouvant donner accès au capital non présentés, une fois additionnés avec les titres de capital existants non présentés, ne représentent pas plus de 5 % de la somme des titres de capital existants ou susceptibles d'être créés.

Article 237-2
Lors du dépôt du projet d'offre, l'initiateur fait connaître à l'AMF s'il se réserve la faculté de demander la mise en oeuvre du retrait obligatoire une fois l'offre terminée et en fonction de son résultat, ou s'il demande que le retrait obligatoire soit réalisé dès la clôture de l'offre publique de retrait.

À l'appui du projet d'offre, l'initiateur fournit à l'AMF une évaluation des titres de la société visée, effectuée selon les méthodes objectives pratiquées en cas de cession d'actifs, tenant compte, selon une pondération appropriée à chaque cas, de la valeur des actifs, des bénéfices réalisés, de la valeur boursière, de l'existence de filiales et des perspectives d'activité.

L'AMF examine le projet d'offre dans les conditions prévues par les articles 231-21 et 231-22.

Article 237-3
Lorsque l'AMF a déclaré conforme le projet d'offre publique de retrait suivie d'un retrait obligatoire, l'actionnaire ou le groupe majoritaire insère dans un journal d'annonces légales du lieu du siège social de la société un avis informant le public du retrait obligatoire.

Article 237-4
L'initiateur désigne un teneur de compte conservateur chargé de centraliser les opérations d'indemnisation, ci-après désigné centralisateur.

Article 237-5
L'initiateur qui a demandé le retrait obligatoire dépose le montant correspondant à l'indemnisation des titres non présentés à l'offre publique de retrait dans un compte bloqué ouvert à cet effet chez le centralisateur.
L'indemnisation est fixée en prix net de tous frais.

Article 237-6
Les fonds non affectés sont conservés par le centralisateur pendant dix ans et versés à la Caisse des dépôts et consignations à l'expiration de ce délai. Les fonds sont à la disposition des ayants droit sous réserve de la prescription trentenaire au bénéfice de l'État.

Article 237-7
Le centralisateur, agissant pour le compte de l'actionnaire ou du groupe majoritaire, insère annuellement dans un quotidien d'information économique et financière, de diffusion nationale, un avis appelant les anciens actionnaires non indemnisés à exercer leur droit pendant toute la période où il conserve les fonds.

Lorsque le centralisateur a procédé au versement de la totalité des fonds bloqués correspondant aux indemnités dues aux détenteurs de titres n'ayant pas répondu à l'offre publique de retrait, il est tenu d'effectuer une publicité appropriée dans un quotidien d'information économique et financière, de diffusion nationale. Il est alors dispensé de la publicité annuelle prévue au premier alinéa.

Article 237-8
Si, lors du dépôt du projet d'offre, l'initiateur s'est réservé la faculté de procéder après l'offre au retrait obligatoire, il indique à l'AMF, dans un délai maximal de dix jours de négociation après la clôture de l'offre, s'il renonce ou non à cette faculté. Sa décision est rendue publique par l'AMF.

Si l'initiateur décide de procéder au retrait obligatoire, il fait connaître à l'AMF le prix proposé pour l'indemnisation.
Ce prix est au moins égal au prix de l'offre publique de retrait. Il lui est supérieur si des événements susceptibles d'influer sur la valeur des titres concernés sont intervenus depuis la déclaration de conformité de l'offre publique de retrait.

La décision sur le retrait obligatoire est rendue publique par l'AMF qui précise ses conditions de mise en oeuvre et notamment la date à laquelle elle devient exécutoire, le délai entre la décision et son exécution ne pouvant être inférieur au délai visé à l'article R. 621-44 du code monétaire et financier. Cette décision entraîne la radiation des titres concernés du marché réglementé sur lequel ils étaient admis.

Les dépositaires teneurs de compte procèdent aux opérations de transfert des titres non présentés à l'offre publique de retrait au nom de l'actionnaire ou du groupe majoritaire qui verse le montant correspondant à l'indemnisation de ces titres dans un compte bloqué ouvert à cet effet, dans les conditions fixées à l'article 237-9.

Article 237-9
Lorsque l'initiateur a exercé la faculté de procéder au retrait obligatoire dans les conditions prévues à l'article 237-5, le blocage des fonds et l'imputation de l'indemnité au crédit des détenteurs n'ayant pas présenté leurs titres à l'offre publique de retrait sont effectués à la date à laquelle la décision de l'AMF devient exécutoire.

Article 237-10
Si lors du dépôt du projet d'offre, l'initiateur a demandé à l'AMF de procéder au retrait obligatoire dès la clôture de l'offre et quel qu'en soit le résultat, l'avis d'ouverture de l'offre publié par l'entreprise de marché précise les conditions de mise en oeuvre du retrait obligatoire, et notamment la date de sa prise d'effet.

Dès la clôture de l'offre publique de retrait, les titres concernés sont radiés du marché réglementé sur lequel ils étaient admis. A la même date, les dépositaires teneurs de compte procèdent aux opérations de transfert des titres non présentés à l'offre au nom de l'actionnaire ou du groupe majoritaire qui verse le montant correspondant à l'indemnisation de ces titres dans un compte bloqué ouvert à cet effet, dans les conditions fixées par l'article 237-11.

Article 237-11
Lorsque l'initiateur a demandé le retrait obligatoire dès le dépôt du projet d'offre, le blocage des fonds s'effectue le lendemain de la clôture de l'offre.

À la date de blocage des fonds, le teneur de compte crédite les comptes des détenteurs de titres visés par le retrait obligatoire des indemnités leur revenant.

Article 237-12
Pendant la durée d'une offre publique de retrait précédant la mise en oeuvre d'un retrait obligatoire, seul(s) le (ou les) prestataire(s) de services d'investissement désigné(s) par l'initiateur de l'offre est (sont) habilité(s) à acquérir pour le compte de ce dernier les titres concernés.

Les personnes qui recherchent les titres faisant l'objet d'une offre publique suivie d'un retrait obligatoire doivent se procurer lesdits titres uniquement auprès du (ou des) prestataire(s) de services d'investissement désigné(s) par l'initiateur de l'offre.

Article 237-13
Seuls peuvent bénéficier de la prise en charge par l'initiateur des frais de courtage dans la limite que celui-ci a fixée et, le cas échéant, de l'impôt de bourse, les vendeurs dont les titres étaient inscrits à leur compte préalablement à l'ouverture :

1° Soit d'une offre publique simplifiée dont l'initiateur a manifesté explicitement son intention, s'il atteint 95 % des droits de vote de la société visée par l'offre, de demander la mise en oeuvre d'une offre publique de retrait suivie d'un retrait obligatoire ;
2° Soit d'une offre publique de retrait suivie d'un retrait obligatoire.

À cette fin, et dans le cadre de l'offre publique simplifiée mentionnée au 1°, une procédure de centralisation des ordres présentés en réponse à cette offre est mise en place par l'entreprise de marché concernée.
Toutes les demandes de remboursement doivent être accompagnées d'un justificatif des droits des vendeurs.

Section 2 - Retrait obligatoire à l'issue de toute offre publique

Article 237-14
Sans préjudice des dispositions de l'article 237-1, à l'issue de toute offre publique et dans un délai de trois mois à l'issue de la clôture de l'offre, l'initiateur de cette offre publique peut se voir transférer les titres non présentés par les actionnaires minoritaires dès lors qu'ils ne représentent pas plus de 5 % du capital ou des droits de vote moyennant indemnisation de ces derniers.

Dans les mêmes conditions, l'initiateur de l'offre publique peut se voir transférer les titres donnant ou pouvant donner accès au capital, dès lors que les titres de capital susceptibles d'être créés par conversion, souscription, échange, remboursement, ou de toute autre manière, des titres donnant ou pouvant donner accès au capital non présentés, une fois additionnés avec les titres de capital existants non présentés, ne représentent pas plus de 5 % de la somme des titres de capital existants ou susceptibles d'être créés.

La mise en oeuvre d'une procédure de retrait obligatoire prévu au présent article est soumise aux dispositions des articles 237-4 à 237-7 ainsi qu'aux dispositions suivantes.

Article 237-15
Lors du dépôt du projet d'offre, l'initiateur fait connaître à l'AMF s'il se réserve la faculté de demander la mise en oeuvre du retrait obligatoire une fois l'offre terminée et en fonction de son résultat.

Article 237-16
I. - L'AMF se prononce sur la conformité du projet de retrait obligatoire, dans les conditions définies aux articles 231-21 et 231-22, sauf dans l'un des deux cas suivants et à condition que le retrait obligatoire comporte le règlement en numéraire proposé lors de la dernière offre :

1° Le retrait obligatoire fait suite à une offre publique soumise aux dispositions du chapitre II ;

2° Le retrait obligatoire faire suite à une offre publique pour laquelle l'AMF a disposé de l'évaluation mentionnée au II de l'article L. 433-4 du code monétaire et financier et du rapport de l'expert indépendant mentionné à l'article 261-1.

II. - Lorsque l'AMF se prononce sur la conformité du retrait obligatoire, l'initiateur fournit, à l'appui de son projet de retrait obligatoire, une évaluation des titres de la société visée, effectuée selon les méthodes objectives pratiquées en cas de cession d'actifs, tenant compte, selon une pondération appropriée à chaque cas, de la valeur des actifs, des bénéfices réalisés, de la valeur boursière, de l'existence de filiales et des perspectives d'activité.
La mise en oeuvre du retrait obligatoire donne lieu, par les personnes concernées, à l'établissement d'un projet de note d'information dans les conditions et selon les modalités mentionnées aux articles 231-16 à 231-20, à l'exception de la description des intentions de l'initiateur pour les douze mois à venir. La ou les notes d'information sont soumises au visa de l'AMF dans les conditions fixées aux articles 231-20 et 231-26, et portées à la connaissance du public dans les conditions fixées par l'article 231-27.

Les informations relatives aux caractéristiques, notamment juridiques, financières et comptables, de la société visée, dont le contenu est précisé dans une instruction de l'AMF, sont déposées auprès de l'AMF et mises à la disposition du public dans les conditions et selon les modalités mentionnées aux articles 231-28 à 231-30.
III. - Lorsque l'AMF ne se prononce pas sur la conformité du retrait obligatoire, l'initiateur informe l'AMF de son intention de mettre en oeuvre le retrait obligatoire. L'AMF publie la date de mise en oeuvre du retrait obligatoire.
L'initiateur publie un communiqué dont il s'assure de la diffusion effective et intégrale et dont le contenu est précisé dans une instruction de l'AMF.

Article 237-17
Lorsque l'AMF a déclaré conforme le projet de retrait obligatoire ou, lorsque l'AMF ne se prononce pas sur la conformité du retrait obligatoire dès qu'il informe l'AMF de son intention de mettre en oeuvre le retrait, l'actionnaire ou le groupe majoritaire insère dans un journal d'annonces légales du lieu du siège social de la société un avis informant le public du retrait obligatoire.

Article 237-18
La déclaration de conformité précise la date à laquelle elle devient exécutoire, le délai entre la déclaration et son exécution ne pouvant être inférieur au délai visé à l'article R. 621-44 du code monétaire et financier.

Cette déclaration entraîne la radiation des titres concernés du marché réglementé sur lequel ils étaient admis. Le blocage des fonds et l'imputation de l'indemnité au crédit des détenteurs n'ayant pas présenté leurs titres à l'offre publique sont effectués à la date à laquelle la déclaration de l'AMF devient exécutoire.

Lorsque l'AMF ne se prononce pas sur la conformité du retrait obligatoire, les dispositions de l'alinéa précédent s'appliquent à compter de la mise en oeuvre du retrait obligatoire.

Les dépositaires teneurs de compte procèdent aux opérations de transfert des titres non présentés à la dernière offre au nom de l'actionnaire ou du groupe majoritaire qui verse le montant correspondant à l'indemnisation de ces titres dans un compte bloqué ouvert à cet effet, dans les conditions fixées à l'article 237-5.

Article 237-19

Dès que la déclaration de conformité devient exécutoire ou, lorsque l'AMF ne se prononce pas sur sa conformité, dès la mise en oeuvre du retrait obligatoire, les titres concernés sont radiés du marché réglementé sur lequel ils étaient admis. A la même date, les dépositaires teneurs de compte procèdent aux opérations de transfert des titres non présentés à l'offre au nom de l'actionnaire ou du groupe majoritaire qui verse le montant correspondant à l'indemnisation de ces titres dans un compte bloqué ouvert à cet effet, dans les conditions fixées par l'article 237-11.

Peter Lang · Internationaler Verlag der Wissenschaften

Gernot J. Rößler

Squeeze Out

Rechtsfragen und Probleme einer Neuerung des deutschen Aktienrechts mit Ausblick ins Übernahmerecht

Frankfurt am Main, Berlin, Bern, Bruxelles, New York, Oxford, Wien, 2007.
210 S.
Europäische Hochschulschriften: Reihe 2, Rechtswissenschaft. Bd. 4556
ISBN 978-3-631-56379-3 · br. € 39.–*

In diesem Buch über den Ausschluß von Minderheitsaktionären wird zunächst eine Übersicht über die bisherige Entwicklung nach Inkrafttreten der Regelungen über den aktienrechtlichen Squeeze Out gemäß §§ 327a ff AktG geboten. Anschließend erfolgt eine Standortbestimmung des Squeeze Out im Verhältnis zu den sonstigen Ausschlußverfahren und die Erörterung der verfassungsrechtlichen Problematik. Der Autor behandelt danach verschiedene Rechtsprobleme in diesem Kontext und zieht einen Vergleich zum 2006 bei der Umsetzung der Richtlinie 2004/25/EG neu in den §§ 39a-c WpÜG geschaffenen übernahmerechtlichen Squeeze Out. Probleme und Lösungsmöglichkeiten werden unter Berücksichtigung der widerstreitenden Interessen des Hauptaktionärs und der Minderheitsaktionäre untersucht. Schwerpunkte sind insbesondere Fragen, die sich bei der gezielten Schaffung von Squeeze-Out-Voraussetzungen, der Durchführung des Verfahrens, den Auswirkungen von Squeeze-Out-Beschlüssen und der Barabfindung stellen.

Aus dem Inhalt: Squeeze Out · Historie und Standortbestimmung §§ 327a ff. AktG · Verfassungs- und gesellschaftsrechtliche Fragen · Abfindungsprobleme · Rechtsschutz · EU-Übernahme-Richtlinie · §§ 39a-c WpÜG · Sell Out · Kritik und Perspektiven

Frankfurt am Main · Berlin · Bern · Bruxelles · New York · Oxford · Wien
Auslieferung: Verlag Peter Lang AG
Moosstr. 1, CH-2542 Pieterlen
Telefax 00 41 (0) 32 / 376 17 27

*inklusive der in Deutschland gültigen Mehrwertsteuer
Preisänderungen vorbehalten

Homepage http://www.peterlang.de